東洋文庫 893

大清律 刑律 1

伝統中国の法的思考

谷井俊仁
谷井陽子 訳解

平凡社

装幀　原　弘

凡例

一、本書は沈之奇《しんしき》撰『大清律輯註』に基づく『大清律』刑律（巻十八―二十八）の翻訳ならびに解説である。律の本文と原註（いわゆる小註）を全訳し、沈之奇の注釈に基づく解説を附した。

一、本書の底本には、東京大学東洋文化研究所（大木文庫）蔵『大清律集解附例』（沈之奇注、康熙五十四年序刊本）を用いた。底本には一部落丁があるので、その部分は同一刊本と見られる国立国会図書館蔵本で補った。

一、底本の律文テキストは、順治四年に公布された律（順治律）を、康熙九年の刑部・都察院・大理寺による校訂本に基づいて校正したものである（本書「解説」を参照）。『大清律』はさらに雍正・乾隆年間に改訂されているので、雍正律と乾隆律の改訂箇所についてはａｂｃ……でその箇所を示し、第２巻末に「改訂箇所一覧」を附して参照に供した。

一、翻訳・解説に際しては、中国政法大学図書館蔵本を底本とする沈之奇撰、懐效鋒・李俊点校『大清律輯註』（法律出版社、二〇〇〇年）を参照したが、同書の評点には必ずしも従っていない部分がある。

一、本書では、律の条文を特定する際に篇名と〈 〉に入れた条文の標題で示した（例：賊盗篇〈謀反大逆〉など）。刑律以外の条文については、名例律・吏律等の分類も附した（例：吏律・公式篇〈講読律令〉など）。標題に（ ）つきで附した訳語は、条文が扱う内容をわかりやすく表したものであり、必ずしも字義どおりの翻訳ではない。なおこうした訳語は、刑律については目次と条文の冒頭のみ、名例律については「清律の基礎知識」の「三　律の総則（名例律）」で初出の際のみ附した。

一、本書では、律の本文は太字で、原文で割註の形になっている小註は（ ）に入れて示した。律の本文は、原文では圏（〇）で区切って節を分けているが、本書ではそのように区切られた節をそれぞれ第一節・第二節等と番号を振って記した。小註が圏で区切られている場合は、括弧を分けて記した。

一、『大清律』は条例とともに公布され、『大清律輯註』も条例とその注釈を含むが、本書では条例を割愛した。解説で条例を引用する際には、『大清律輯註』所載の条例のみ、その載録順に「第一条例」「第二条例」などと記した。

一、解説は各条に分けて行なったが、一条が複数の節から成る場合、一節ごとに解説した場合もあれば、数節まとめて解説した場合もある。解説すべき事柄の分量と性格によって区別し、一定の体例を取るようにはしなかった。

一、律文には独特の用語が多く用いられるが、こうした専門用語もなるべく現代日本語として通用する語に翻訳した。解説部分では、そうした用語を引用する際に、訳語の後に括弧つきで原語を附した（例：「首謀者（造意）」「直接加害者（加功）」など）。ただし、無理に翻訳したのではかえって誤解を招くと考えた一部の用語（例：「監守盗」「常人盗」など）については、原語をそのまま用いた。

一、律文では、原則として同一の語は同一の意味で用いられているので、翻訳も基本的には同一の語に同一の訳語を当てるよう努めた。ただし、律文でも同一の語が異なる意味用法を取ることもあり、また同一の訳語を当てたのでは日本語としてどうしても不自然になってしまう場合があるので、訳語を異にした部分もある。その場合、必要に応じて訳註で説明を加えた。

一、条文の解説では、原書で律文の後に記された註を「輯註」、律文の上段に記された註を「沈註」と呼ぶ。

目次

人命篇……199

闘殴篇

罵詈篇……369

訴訟篇……379

第2巻目次

大清律《だいしんりつ》　刑律《けいりつ》

1

伝統中国の法的思考

谷井《たにい》俊仁《としひと》
谷井《たにい》陽子《ようこ》　訳解

解説　大清律　刑律——伝統中国の法的思考

谷井陽子

前言

本書は清朝の法典『大清律』全三十巻のうち、第十八巻から第二十八巻に当たる「刑律」を全文訳し、沈之奇《しんしき》撰『大清律輯註』に基づく解説を加えたものである。

律は前近代中国の成文法を代表する法典であり、特に唐律は唐令とともに古代日本にも多大な影響を与えたことでよく知られている。唐律は唐朝の滅亡後も継承され長い生命を保ったが、何と言っても八世紀前半に完成したものであり、その後の数百年間に社会の実態と合わない部分が増えていった。十四世紀後半に制定された明律は、唐律を基礎としながら元代までの他の法も取り入れ、大きく構成を改めて編纂したものであった。清律はこの明律をほぼ踏襲して最低限の手直しを加えたものであり、その後の改訂も細部の修正の域を出ていない。唐以前の律は断片的にしか残っていないので、現在完全な形で見ることができる中国律は、大雑把に言えば唐律と明清律の二種ということになる。

唐律は古典的と言われる均整の取れた構成で知られるが、明清律は唐以後の社会の変化を踏まえた歴史性が刻印されている。それぞれ異なる特質をもつのだが、唐律は公定注釈の『律疏《りっそ》』（一般に『唐律疏議』として知られている）以外にめぼしい注釈書が見られないのに対して、明清律には唐律とは比較にならないほど数多くの優れた注釈書がある。律の同時代的研究について言えば、明清律の注釈学は中国史上最も豊かな成果を後世に伝えている。本書を一読してもらえれば納得されようが、律の条文は注釈と合わせて読まなければ理解できるものではない。むしろ注釈の出来によって、どれだけ深く律文を理解できるかが変わって来ると言ってもよい。本書は清律の条文を現代日本語に翻訳し、同時代の注釈書に従って解説を加えるが、これは単に前近代中国の法律を紹介するだけでなく、中国の伝統的な法的思惟の最も高度に発展した姿を紹介することにもなるはずである。

清律は、総則篇に当たる「名例律」と、各則篇に当たる「吏律」「戸律」「礼律」「兵律」「刑律」「工律」から成るが、本書ではそのうち「刑律」だけを取り上げた。紙幅の都合もあるが、各則篇のうちでは「刑律」の使用頻度が最も高かったため、注釈が他の諸篇と比べて格段に充実しており、当時の法的思考の水準を知るのに最もふさわしいからである。「名例律」は総則なので「刑律」を読む際にも参照しなければならないが、「名例律」だけを読んでもわかりにくいため、要点をまとめて「清律の基礎知識」の中の一節とし、読者の参考に供した。

本書で『大清律』刑律を解説するに当たっては、複数の注釈書を混ぜて用いることなく、もっぱら『大清律輯註』の所説に従った。複数の注釈書から随時適当な説を採ったのでは、解釈に一貫性がなくなる恐れがあるためである（ただし『大清律輯註』に説明がない場合や学説の異同に意味がある場合などは、その旨を明記した上で他の注釈書を引用した）。『大清律輯註』を選んだのは、これが明代中期以降の法律研究の集大成と言える位置にあり、かつ清代に最も広く普及し、影響力をもった注釈書でもあるからである。『大清律輯註』に基づく本書の解説は、清律が実際に効力をもっていた時代の標準的な解釈であると思っていただいて差し支えない。

一　律と伝統中国の法

前近代中国の成文法としては、律令が代表的なものとして知られるが、令が律と並び立つ法典であった時期は実は比較的短く、中国史を通じて成文法の中心をなしたものは律であった。律は一種の刑法典であり、刑法典が法の中心的位置を占めることは、現代日本人にはやや奇異に感じられるかもしれない。だが、伝統中国の秩序観からすれば、これは実に自然なことであった。

中国の伝統的な世界観においては、社会の秩序を整える規範は「礼」であった。礼は父子・夫婦・君臣などの名分に従って、人々が互いの間でふさわしい行動を取るように定めるものである。人々が立場に応じて礼に適った行動を取ることで社会秩序が成り立ち、そのように人々を教え導くのが天子の務めであった。だが、礼の遵守は人々の自覚にかかっており、それを促すのは天子の「教化」であって強制ではなかった。言い換えれば、礼に違反したからといって、何らかの制裁措置が用意されているわけではなかったのである。強制手段を伴わない礼だけでは、遺憾ながら常に存在する悪人の逸脱行為から社会を守ることができない。その場合のやむを得ぬ対抗措置として必要なものが「法」であった。

歴史を遡って見れば、礼と教化によって社会の秩序を成り立たせようというのは、孔子に代表される儒家の主張であった。周王朝の権威が衰え、古い秩序が崩壊しつつあった春秋時代、孔子は周公が定めたとされる礼を規範とすることで、乱れた世界を立て直そうと考えた。孔子の教えはその後も受け継がれたが、古い秩序がいよいよ崩れた戦国時代には、いわゆる諸子百家が新たな秩序の形成に向けてさまざまな言説を繰り広げた。その中で、商鞅《しょうおう》や韓非子に代表される法家は、誰にでも等しく厳正に適用される法によって人々の行動を律し、社会の安定と富国強兵を図るよう主張した。

この法家の言説を採用した秦が天下統一を成し遂げたため、法家のライバルであった儒家は一時弾圧を被った。だが、秦はその苛酷な法によって支配下の人々の反発を受け、始皇帝の死後まもなく滅亡した。漢の高祖は秦の煩瑣な法に疲弊した人々に、殺人・傷害・盗みだけを罪とする「法三章」を約し、大いに歓迎されたという。だが、法三章は人心を迎えるためのプロパガンダであり、実際には秦の法体系は全体として漢に受け継がれた。ただ秦の失敗に鑑みて、漢は苛酷・煩瑣な法を淘汰して、より簡潔な法体系を作り上げた。つまり、法による統治は秦から漢に引き継がれて確立したのである。

しかし、ひたすら法によって社会を律しようという法家の思想は否定され、やがて復興した儒家の思想が影響力を増して、武帝の時代には儒学が国教化されるに至った。その結果、漢代には儒家の教えを指針とし、法家の術を手段とする統治体制が生まれた。「礼は未然の前に禁じ、法は已然の後に施す（『史記』太史公自序）」——礼は人がこれからどうすればよいかを示し、法は人がすでにしたことに対処する——という言葉に見られるように、礼と法とは相携えて社会秩序を成り立たせる規準となったのである。

天下を治めるのは天子の務めであり、天子は一方で民が礼に従うよう教化し、一方で逸脱した民を法によって取り締まる。「已然の後に施す」、すなわち事後の制裁が法に負わされた役割であるから、法は必然的に制裁手段である「刑」を伴う。こうした秩序観を背景とする以上、国家による刑罰を定めた法が最も重要な法とみなされたのは当然である。中国史上、律が成文法の中心にあったのは、こうした理由によるのである。

法は君主が人々を統制して社会に秩序を与えるものとして発達したので、人々の行為を律するに際しては、社会の安寧にどれだけ影響するかが最も重視された。私法を中心として発達したヨーロッパの法が、個人や集団の権利を重視するのとは根本的な違いがある。そのため中国では、私人の間の相続だの借貸だのといった問題は、当事者にとってはどれほど重大であっても、法の見地からは軽く見られた。今日の民法で扱われるような行為は、禁止対象となる一部の行為（借金を返さないとか他人の土地の無断使用とか）のみ法で扱われたが、どのような契約がどのような効力をもつかといった問題は、ほとんど法に定める対象とならなかった。

律以外の法としては、唐代の格や明清時代の条例のような副次法典や法的編纂物、さらにはおびただしい数の単行法規が常にあったが、いずれも律の下位に位置づけられる法であった。律と並び称される法典としては、行政組織とその執務規則を定めた令があっただけであるが、令は律ほどの体系性を確立しないまま消滅してしまった。それに対して律は、秦・漢の時代に形成されて以来、時に応じて手を加えられながら発展し、近代的な法が導入されるまで基本法典の位置を占めていた。

モンゴルの支配下に入った元代には、前代の律が廃止されたまま新たな律が制定されなかったため、単行法規と実用的な法令集だけに基づいて統治が行なわれた。だが、この特殊な時代には、すでに無効になった唐律が復刻されて流布するという一見奇妙な現象が起こっていた。現行の律がない時代に、法として効力のない律がわざわざ読まれたのは、それが「法的思考の教則本」として必要とされたからである。(1) また、前近代中国法の基本ルールとして、実際に適用する際には基本法典である律よりも副次法典の方が、副次法典よりも単行法規の方が優先されたので、その後の明清律の時代でも、条例や単行法規が増えるにつれて律が適用される頻度は下がっていった。それにもかかわらず、律が最も重要な法、第一に学ぶべき法としての位置づけを失わなかったのは、やはり同じ理由による。前近代中国において、律は基本法典であると同時に、法的思考の基礎をなすものだったのである。

二　律に見える伝統中国の法的思考

律に見える法的思考の中核をなすものは、あらゆる罪について、あらゆる条件を考慮した上で、ふさわしい刑を一律に定めるということである。律に定める刑は「杖六十」「徒一年」などと量刑を確定しており、現代日本の刑法のように「〇年以下の懲役」などと幅をもたせた規定はしていない。罪と刑は必ず一対一で対応するようになっており、裁判官の裁量によって加減する余地はない。

現実の裁判では、比較的軽い罪については敢えて律を適用しないことも可能であり、実際に律にも他の法にも依らず、裁判官の裁量のみによる審判もしばしば下されていた。しかし、一定以上重い罪については、必ず律（あるいは他の法）を適用しなければならず、その場合、裁判官は律に定められた刑よりわずかでも重い、あるいは軽い刑を勝手に科すことはできなかった。

罪と刑をきちんと対応させるため、ある犯罪に対して律を適用するには、該当する条文に定める要件をすべて満たしていなければならなかった。だが、要件を満たす条文がない行為は罪に当たらないのかと言えば、そういうわけではない。道義的に悪いことであれば何でも罪に当たるというのが、伝統中国の基本的な犯罪観だったからである。

明らかに罪を犯しているが、正確に該当する条文が律にないという場合には、「比附」すなわち一種の類推適用が認められた。犯した罪に近い罪を定めた条文を引き、事情に応じて刑をやや重くしたり軽くしたりするのである。また、比較的軽微な逸脱行為については「不応為（応《まさ》に為《な》すべからず）」という条項があり、「なすべきでない」ことをしたという罪で罰することができた。法に定められていない行為が罪になるというのは、現代日本の常識からすれば由々しいことである。しかし、中国の伝統的な考え方からすれば、あらかじめ法に記されていなかったというだけで明らかな悪事が免罪される方が、はるかに不条理であったに違いないのである。

「比附」は『漢書』刑法志にも同様の語が見られる古い法であり、唐律にも定められて明清律に引き継がれている。明清律の規定では、比附を行なうには裁判を担当した官が上司を介して刑部に報告し、上奏して許可を得なければならず、勝手に解釈して審判を下すことは禁じられていた（名例律〈断罪無正条〉）。つまり、律に該当する条文がない場合、事後的に罪を定めるにしても、既定の条文を基準にして刑の均衡を図り、全国の裁判機関の中枢である刑部で審議した上、最終的には皇帝の認可を要したのである。犯した罪にふさわしい刑を定めるため、慎重な手続きを設けていたと言うべきであろう。

また、同じ構成要件を満たす犯罪であっても、特殊な事情があったり、情状に酌むべきところがあったりした場合、やはり該当する条文を引きながら、上奏して刑の増減を願い出ることができた。許可が得られれば、その件に限って律と異なる刑が科されることになる。律の規定で量刑に幅をもたせていない代わりに、律で想定された状況と差があるとみなされた場合には、逐一個別に対応することで、罪状と刑罰の均衡を図ったのである。

このように律の隙間を埋めるようにして下された判決は、判例として蓄積された。判例に基づいて審判を下すことは原則として禁じられていたが、似たようなケースが多いと思われた場合には、今後同じように処断せよと定める単行法規として公布された。こうした単行法規が増えていくと、重要なものを取捨選択して副次法典が編まれるようになる。だが、律の条文に正確に該当しない罪や酌量すべき条件はいくらでも現れるので、時とともに単行法規は止めどなく増加していく。単行法規が増え続けたあげく、法の全体が誰にも把握できなくなって収拾がつかなくなるというのが、中国では古くから定期的に必ずと言ってよいほど起こる事態であった。

こうした事態が生じるのは、犯罪行為や犯人に関わる条件になんらかの違いがあれば、それぞれ別の刑を一律に定めるべきであるとの考え方による。刑罰は犯罪行為の種類や程度だけでなく、それを犯した人間の身分・地位・年齢・性別その他、そして特に加害者と被害者の関係（親族関係や官制上の統属関係など）に関するさまざまな条件を組み合わせた上で決定され、すべて互いに均衡を保っていなければならない。秩序からの逸脱行為とそれを犯す人間のあらゆるバリエーションとその組み合わせが、刑罰体系（唐律以降は笞・杖・徒・流・死の五刑を基礎とする）の上に正確に位置づけられるべきだと考えられていたのである。いわば、社会のあるべき秩序が、裏返しの形で刑罰の上に反映させられていたということである。

観念的にはあらゆる犯罪とそれに対応する刑罰の一覧表が成り立つとしても、現実にそのようなものを作り出すことは不可能である。したがって、刑法典である律は、無限の大きさをもつ罪と刑の対照表の、いわば骨格をなすものという意味をもつことになる。唐律や明清律のように長く法的効力をもった律は、そうした刑法全体の骨格として均衡のとれたものであり、量刑の標準として有効に機能していたのである。

唐律と明清律には同時代の注釈が完全な形で現存するが、これらの注釈は、どのような行為がどれだけの刑に当たるかという点をまず明らかにし、そこから進んでなぜその刑に当たるのかという議論に及ぶ。本書にも見えるように、明代中期以降の高度に発達した律註では、わずかな量刑の差異に多大な関心を寄せ、場合によってはそこに重大な意味を見出している。我々はともすれば、杖八十と杖九十、徒一年と徒一年半とで何ほどの違いがあるのかと思ってしまいがちであるが、伝統中国の法学者にとっては、その点こそが本質的な問題点であった。量刑の差異は社会秩序のあるべき姿を反映しているのであり、その点を揺るがせにしないことこそ法的思考の根底になければならなかったからである。

三　律とその注釈

（一）　中国律の歴史

中国の伝統的な成文法の歴史は、戦国時代の魏の文侯（在位紀元前四四五―三九六）の師であった李悝《りかい》が定めたという『法経』から説き起こすのが定番である。『大清律輯註』も各篇の歴史的沿革を記すに当たって、『法経』をその起源に据えている。『晋書』刑法志によれば、『法経』は盗・賊・囚・捕・雑・具の六篇から成り、秦の富国強兵を実現した商鞅は、この『法経』を授かって秦で施行したのだという。

『晋書』は李悝の時代から千年も経た唐初に編纂されたため、『法経』の実在については疑問視する声がある。だが、一九七五―七六年に発掘された「雲夢睡虎地秦簡」には、百条を超す秦律の条文のほか、何らかの刑法典をテキストとしたと見られる注釈が含まれているので、『法経』に基づくものかどうかはともかく、戦国時代の秦で体系性をもった刑法典が用いられていたことは確実視されている。

漢の時代になると、高祖の相国（宰相）であった蕭何《しょうか》が秦の法を取捨選択して「律九章」を作ったと言われる。「律九章」も本当に蕭何が作ったのか疑う向きもあるが、少なくとも後漢の時代には、『法経』を引き継いだという盗・賊・囚・捕・雑・具の六篇に戸・興・廐の三篇を加えた九篇の律が特別な法とされていた。しかし、律はこの九篇のほかにも多数あり、令と呼ばれる単行法規やその編纂物もあって、「律令煩多」の弊害が繰り返し論じられていた。

後漢の滅亡後、三国魏の明帝はこうした従来の法をすべて整理させ、新しい律と令を制定した。ここで定められた「新律」十八篇と「州郡令」などの令は、晋が魏に取って代わるとすぐに改められ、律二十篇・令四十篇から成る律令（泰始律令）が制定された。泰始律令は南北朝にそれぞれ引き継がれ、南朝では大きな発展は見られなかったものの、北朝では律の改定が何度も行なわれ、その過程で唐律に結実するさまざまな要素が現れた。たとえば、老人や子供に対する刑罰の減免規定、首犯一人以外は従犯として刑を一等減じる首従法などがそれである。漢代に肉刑（身体を毀損する鼻切り・足切り・去勢など）が廃止されて以来、延々と試行錯誤されてきた死刑と笞刑の中間の刑が徒刑・流刑に収斂し、笞・杖・徒・流・死の五刑の体系が形成されていくのもこの時期である。

隋の文帝が北周から禅譲を受けると、新たに律令を編纂させ、さらに条文を整理させて開皇三年（五八三）に施行した（開皇律令）。この時、煩瑣な法を淘汰して厳選された律は、名例・衛禁・職制・戸婚・廐庫・擅興・賊盗・闘訟・詐偽・雑・捕亡・断獄の十二篇・五百条にまとめられた。この十二篇の構成と約五百条という条数は、唐律にも引き継がれた。唐は開皇律令を継承して何度か改訂を重ね、開元二十五年（七三七）の改訂を最後に、律令は固定したものとなった。こうして確定した唐の律令のうち、令は散逸してしまい完全な形では見られないが、律は全文が現代まで残り、中国法の古典と呼ばれる姿を伝えている。

宋は唐の律をそっくり受け継ぎ、『宋刑統』と通称される法典の中に取り込んだ。金は末期になってようやく独自の律令（泰和律令）を制定したがすぐに滅亡し、元は金の泰和律の停止を命じながら、ついに新しい律を制定しなかった。そのため、唐律が成立して以来、十四世紀後半に明朝が興るまで、律そのものの発展はほとんど見られなかった。この間、社会状況は大きく変わり、律の条文の中には社会の実態に合わない部分も出てきていたが、夥しい数の単行法規や判例がこれを補っていたので、法制度が破綻を来たすことはなかった。といって、律が不必要な存在となっていたわけではなく、一種の法学の教科書として必要とされたことは、すでに述べたとおりである。実際、唐律がその公定注釈である『律疏』とともに今日まで残ったのは、元代に出版され流布したことによるのである。

明の太祖が即位すると、律と令をともに新たに制定した。令はやがてほとんど用いられなくなったが、律は洪武三十年（一三九七）に最終的に確定して以来、一度も改訂されることなく明代の基本法であり続けた。ここで定まった明律は、基本的には唐律を引き継ぎながら時代に合わない部分を改め、元代の法制も取り入れた上で、構成を大きく変えて作り上げられたものである。

明律の全体構成は、名例律・吏律・戸律・礼律・兵律・刑律・工律となっている。つまり、総則（名例）と六部の職掌に対応した各則から成る。吏律以下は、職制・公式・戸役・田宅・婚姻・倉庫・課程・銭債・市廛《してん》・祭祀・儀制・宮衛・軍政・関津・廐牧・郵駅・賊盗・人命・闘殴・罵詈・訴訟・受贓《じゅぞう》・詐偽・犯姦・雑犯・捕亡・断獄・営造・河防の各篇に分かれ、名例と合わせて三十篇・四百六十条から成る。唐律と比べて篇目は増え、条文も新しいものが登場したが、逆に消えたりまとめられたりした条文も多いので、条数の方は減っている。宋・元以来の実務から生じて引き継がれた法と、完成した全体構造をもつ唐律との折衷によって成り立った経緯から、明律は唐律と比べて「均整の美」という面で崩れを見せているとする評価もある。(2) しかし逆に言えば、明律のそうした「崩れ」

は、唐律の完成から数百年の間に起こった社会や思想の変化を反映しているのである。法というものは安定性を要求されるが、社会の現状と乖離したものであってはならない。明律は唐律の伝統がなお有効であったことを示すと同時に、唐代以降の社会状況や人々の考え方にどれだけの変化があったかを見せているのである。

清朝が中国統治を開始すると、まず明律の継承を布告し、まもなく制定した独自の律（順治律）も、明律に少し手を加えただけで大半をそのまま引き継いだ。この時の変更は、明初に流通させようとして失敗した紙幣（宝鈔）に関する条文を削除するとか、五刑の体系には入っていないが「重い流刑」としてすでに定着していた充軍刑に関する条文を加えるとか、明らかに時代に合わなくなっていた部分についての最小限の手直しに止まる。[3] その後、乾隆六年（一七四一）に律文が固定されるまで三度の改訂（康熙朝の改訂はほぼ校正の域を出ない）が行なわれたが、いずれも大きな改変は見られない。今日、明律と清律を一括して「明清律」と呼ぶことがあるのは、そうした事情によるものである。

（二）律学の歴史

（1）『法律答問』から『唐律疏議』まで

以上のような律の歴史は、同時に伝統中国における法律研究の歴史でもある。前述の「雲夢睡虎地秦簡」は現存する最古の律文テキストを含むが、同時に律文に対する注釈と見られる竹簡群も含んでいる。『法律答問』と仮称されているこの史料は、律文の中の語句の定義、紛らわしい用語の区別、律の本文が不完全であったり欠落していたりする場合の判断などを問答形式で記したものである。つまり、律が成立してまもなく（あるいはほぼ同時に）、律に対する注釈が出現しているのである。律が裁判や行政の実務に用いられた以上、誤りなく運用していくためには統一的な解釈が必要であるから、律の注釈がただちに現れたのは当然と言えば当然である。

注釈は利用者にとって信頼できるものでなければならない。ある箇所の解釈が別の箇所の解釈と矛盾するようなことがあれば、かえって混乱を招いてしまう。律の注釈には、律全体に対する見通しや首尾一貫した考え方が必須となる。ここで律を対象とした知の体系、いわば一つの学問分野が形成されることになるのである。

漢代には、律に注釈を加えたり講義したりする学者が輩出し、馬融・鄭玄《じょうげん》のような著名な儒者が律にも注釈を書いたことから、そうした学問の権威が高かったと言われている。(4)三国魏では、秦・漢以来の煩瑣な法を整理するとともに、律の注釈もやはり煩瑣になっていたことから、鄭玄の註だけを用いて他の注釈を禁じるよう定めた。また律博士という官職を置いて、裁判を担当する官を訓練させたという。つまり、国家が律という法典を制定するだけでなく、律文の解釈も公式に定め、統一を図るということが始まったのである。

晋の泰始律が制定されると、明法掾《めいほうえん》（刑罰を司る廷尉の属官）であった張斐《ちょうひ》が注釈を作って献上した。張斐の注釈は、その内容の一部が『晋書』刑法志に引用されて残っているが、「故（故意）」と「失（過失）」、「造意（首謀）」、「謀（二人以上の相談）」、「贓（不正取得）」等の基本用語の概念規定や、年月の計算法、罪を加増する場合の規則など、唐律を経て明清律まで受け継がれる要素が含まれている。なお、泰始律の編纂に携わった杜預《どよ》（『春秋左氏伝』の注釈で有名な学者）もまた律の注釈を著していた。南朝は晋の法制を受け継いだが、張斐と杜預の両注釈はしばしば説が分かれたため、南斉の武帝は両注釈の比較検討・一本化を命じ、その成果は梁・陳に受け継がれたという。北朝では律そのものが何度も積極的に改定されて隋唐律につながったことは、すでに述べたとおりである。

唐律の本文がほぼ定まった後、永徽《えいき》四年（六五三）には律の公定注釈たる『律疏』三十巻が作成された。『律疏』は国家の公定注釈書として権威を有し、律の運用を助けるために用いられた。魏晋から唐にかけては、律が次々と編纂されて完成に向かう一方、その解釈も国家によって統一的に定められる方向に向かった。そして唐では国家による公定注釈が作成され、それに依拠することが義務づけられたのである。唐の滅亡後も、『律疏』は唐律とともに受け継がれた。宋代には『宋刑統』に全文が取り入れられ、独自の律をもたなかった元代においては、唐律とともに『律疏』も貴重な参考文献として重視された。元代には他にも唐律に対する註解の類が著されており、唐律研究が盛んであった様子が窺われる。

ただし唐以降には、学問分野としての律学の権威は低下していたと言わざるを得ない。唐宋の時代には、科挙に明法科が設けられていたものの、科目としては重視されていなかった。漢や魏晋の時代のように、名のある儒者が律の研究を行なったことも知られていない。律の研究に携わったのは、職業上の必要に迫られた一部の官僚だけであり、一般の知識人にとって、律学は必要な教養でもなければ重んじられる学問でもなくなっていたのである。

（2） 明代中期以降の律学の興隆

明律の制定が命じられてから洪武三十年（一三九七）に最終的な版が確定するまで、律の編纂に携わった官僚たちの間では、然るべき水準の法律研究と討論が行なわれたはずである。だが、明初には人全般に法律的な議論が盛んではなく、法律に関する著作も少ない。明律の最初の版を公布した際、人民にその内容を知らしめるため『大明律直解』というごく簡単な注釈書を頒布《はんぷ》したのを除いて、(5)明朝は公定注釈を作らず、それを要求する声にはむしろ拒否する姿勢で応じた。明律の条文は簡潔・明快であって意味するところは自明であるから、わざわざ注釈する必要はなく、注釈書など作ったら逆に悪用されてしまうというのが決まり文句であった。

実際には、注釈なしで律文を解釈し運用することは困難なので、個人の著した注釈書が用いられたと見られるが、(6)『大明律直解』以外の明初の注釈書として知られるものは、今のところ何広の『律解辯疑』だけである。『律解辯疑』も比較的簡略な注釈書で、内容的にも『唐律疏議』(すなわち唐律の『律疏』。以下、明清時代の通称に従ってこの書名を用いる）の水準を超えるものではない。明初の法律研究は、沈滞した状態にあったと見ることができる。

こうした状態が大きく変化するのが明代中期である。転機となったのは、張楷の『律条疏議』の出版であった。張楷は宣徳（一四二六―三五）・正統（一四三六―四九）年間に監察御史を勤め、裁判に関わる業績を積んだ実務官僚である。『律条疏議』の最も古い版本は天順五年（一四六一）刻本であるが、他に何種類もの刊本があり、広く流布したことが窺われる。『律解辯疑』などと比べると、格段に詳細で議論の水準も高く、その後の注釈書にもよく引用されている。書名からもわかるように、『律条疏議』は明らかに『唐律疏議』を意識して書かれたもので、形式・内容とも『唐律疏議』の影響が顕著に見られる。だが一方で、主な条文について「謹んで律意を詳らかにするに（謹詳律意）」で始まる一節を設け、「律意」すなわち律文制定の趣旨を解説するという、それまでになかった試みが見られる。

『唐律疏議』でも条文制定の趣旨を説明した部分がないわけではないが、量的にも少なく、そうした問題意識が発展させられた形跡もない。それに対して、『律条疏議』は「律意」の解説に紙幅を費やしているばかりでなく、条文の紛らわしい箇所を解釈するのにも、「この条文はこのような趣旨で定められたのだから、その趣旨に副《そ》うべく、ここはこのように解釈すべきだ」といった議論を展開している。単に字句の定義や原則を述べ、条文相互の整合性を追究するばかりでなく、「この条文は何を意図して定められたのか」という点を追究し、それに従って条文を解釈するという方針が見られるのである。

『律条疏議』は明代前半に著された律の注釈書としては最も影響力をもったが、嘉靖朝（一五二二—一六六）には新たな注釈書が続々と著され、これに取って代わることになる。中でも比較的早く現れて、その後の注釈に多大な影響を与えたものが、雷夢麟の『読律瑣言《さげん》』である。『律条疏議』とは違って、『読律瑣言』はもはや体裁の上でも内容の上でも『唐律疏議』の直接的影響がほとんど見られない。その反面、条文制定の意図を明らかにし、それに従って解釈するという『律条疏議』の方針は引き継がれ、発展させられている。

『読律瑣言』では「律意」の語が、使用頻度は多くないとはいえ、律文を理解する上でのキーワードとして用いられている。たとえば、賊盗篇〈夜無故入人家〉では、家内に侵入した者をその場で殺した場合は免罪とし、捕亡篇〈罪人拒捕〉でも、逮捕を拒んだり逃走したりした罪人を殺した場合は同じく免罪とする。だが、すでに拘束された者を殺した場合、前者は「暴行・傷害（闘殴傷）の罪から二等を減じる」のに対して、後者は「暴行・傷害として論じる」としており、刑の重さが異なる。これについて、『読律瑣言』は次のように言う。

思うに、人が故なく他人の家に入った場合、すでに拘束されていても、外部に仲間がいて加勢するかもしれないので、まだ安心することはできない。だから勝手に殺した罪でもやや寛大に扱うのである。罪人がすでに逮捕された場合は、事態はもう収まっているのだから殺すべき理由がない。「律意」は精密なものであり、わずかな所にも違いがあるのである。

同じくすでに拘束された罪人を殺した場合でも、刑が異なるのは状況の違いを考慮したためであると解釈し、そこに「律意」の精密さを見出すのである。

『読律瑣言』によれば、「律意」はこのように精緻なものであるだけでなく、温情を兼ね備えたものでもある。名例律〈犯罪存留養親〉は、徒刑以上の罪を犯した者に老病の祖父母・父母があり、他に養う者がいない場合、死罪なら上奏して猶予を請い、徒・流なら収贖《しゅうしょく》を認め、扶養させることとしている。この条文は「立法の誠意・善意（忠厚之意）」を示すものであるが、その当時はまともに実施されていなかったという。似たような趣旨で設定された老人・幼児・身体障碍者の犯罪に対する宥免措置〈名例律〈老小廃疾収贖〉〉は実施されていたので、『読律瑣言』は次のように言う。

老人・幼児・身体障碍者は優遇が本人の身に及ぶだけであるが、本条は優遇が親の身に及ぶ。両者を比較すれば、親は重く我が身は軽い。今かえって軽い方を実施して重い方を実施しないのは、「律意」に反している。

立法は善意に基づき、犯罪者だからといってむやみに刑を加えようとはしないものである。しかも、犯罪者本人だけでなく犯罪者の親にも配慮している。これを実行しないのは、せっかくの「律意」を無にすることだと言うのである。[7]

ここに示された「律意」は、単に犯罪者に対して厳正に対処するだけでなく、酌むべき事情を認めて一定の配慮をするという情義に適ったものである。こうした条文について、著者雷夢麟は「これらはみな法の中の恩、義の中の仁であり、律の精妙な所である」と言っている〈名例律〈老小廃疾収贖〉への註〉。こうした評価は、律の究極的な目的が犯罪者を罰することではなく、人民を保護することにあるとの認識が前提となる。

このように律の究極的な目的が浮かび上がって来ることは、条文制定の趣旨が注目されたことによる必然的な結果であろう。仮にも立法の趣旨が追究されたならば、そこには立法者の意図が見出されることになる。立法者は天子であり、明朝ならば太祖洪武帝ということになる。太祖が制定した明律は、もちろん太祖の統治の理想、突き詰めれば人民を愛護しようとの意思が込められているとみなされた(8)。このように、「律意」が律の注釈上の重要問題となった時点で、注釈家は律文の中に王朝国家の統治の意思を明らかにするという課題を得たのである。

『読律瑣言』以降、律の注釈書はそれ以前と比較にならないほど高水準のものが続々と現れた。こうした状況をもたらした理由として、一つには同じ頃に重罪案件の再審制度が充実し、律の運用に対するチェックが厳しくなったことが考えられる。律に造詣の深い専門家が組織的に重罪案件を見直すようになった結果、それまでの裁判担当者の律文解釈や適用のいいかげんさが明らかになり、正確な解釈を普及させる必要性が唱えられるようになったのである。公定注釈の作成に難色を示していた明朝政府も、やむなく部分的に解釈の統一を図るようになっていった。明代後半に律の統一的運用が進められたことは、律の注釈書の需要を増し、その著述と普及を後押ししたに違いない。

だが、明代後半の律学の活況をもたらしたもう一つの理由として、当時の知識人の間に法律そのものを高く位置づける動きが生まれていたことも見逃せない。確かに法律を一種の必要悪、あるいは「俗っぽい」ものとする通念は依然として絶えず、極端な場合は不道徳なものとみなす風潮さえ続いてはいた。だが一方で、法律を経世の一手段として積極的に位置づけようとする論者も現れ、それだけでなく実際に儒学と同等の重みを置いて律を研究する学者も現れた。

王樵《おうしょう》(一五二一—一九九)は当時の著名な儒学者であり、その主著『尚書日記』(『書経』の研究書)は四庫全書にも収録されている。彼の学問はまず経学であり、『尚書日記』は何度も改訂を繰り返した彼のライフワークと言うべきものであった。他方、彼は同じくらいの熱意をもって、明律の注釈書『読律私箋《しせん》』の執筆・補訂を行なった。彼が律の研究を始めたのは刑部に勤めていた三十代の頃であり、多くの律学者と同様、職務上やむを得ず律を学んだのであるが、最終的にはこれも「我が三十年の精力ここにあり」[9]という、もう一つのライフワークとなった。王樵は官僚たちが詩文を嗜むことを風雅として、法律をよく読まず裁判も煩わしがることを批判している。昔の偉人には知恵を巡らして無辜《むこ》の民を死刑から救ってやった例もあり、これこそ古人が「実用の処に学を為した」ということである。[10]律を研究することは、彼にとって経書を研究することと目的を一にしたのである。

王樵の『読律私箋』は、『律条疏議』や『読律瑣言』の成果を引き継ぎながら、いっそう精密で論理的な議論を展開している。そうした議論の根幹には、律のテキストに対する敬意と信頼がある。不合理に見える部分でも安易に原文の欠陥とみなさず、できる限り原文に沿って合理的に説明しようとする態度[11]や、律が道徳的な意図をもって定められたことを前提として解釈する方針[12]は、経学者が経書を信じて読解するように、律を信じて読む立場に基づくものであろう。経書に劣らぬ価値を律に認めたからこそ、裁判に関わる実務を離れた後も、彼は生涯に亘って律の研究を続けていったのである。

『読律私箋』は王樵の生前にも出版されたものの、改訂版は完成に至らず、息子の王肯堂が増補した『大明律附例』として世に出ることになった。これは清代になって『王肯堂箋釈』の書名で復刊され、より広く流布するに至る。王肯堂は初め、父の『読律私箋』の刊行を計画しながら、袁了凡（通俗的な因果応報思想で知られる明末の道徳思想家）が「法律の書を広めるのは陰譴《いんけん》を招くことが多い」と言ったのを聞き、「懼《おそ》れて中止した」という。「陰譴」というのは、道義に背く行為の報いとして返って来る災いのことで、つまり法律書を広めるのは不道徳とみなすのが世間一般の通念だったのである。王肯堂自身、若い頃は律を読まず、地方官となってから必要に迫られて読み始め、そこで初めて父の『読律私箋』の価値を再発見したという。

最終的に彼は次のように言う。太祖洪武帝は明律に〈講読律令〉(吏律・公式篇)の一条を立て、官吏から庶民に至るまで律令の知識を広めようとされた。これは人々が何も知らずに誤って罪を犯すのを恐れ、よく教えてから律によって正そうとなさったのである。太祖の御心を理解し、太祖の教えに従うならば、刑は「祥刑」すなわち刑の善用となり、皐陶《こうよう》(舜帝に仕えて刑罰を司ったという人物)が徳を立てた道も受け継がれる。子孫に至るまで福の報いがあること疑いなく、「陰譴」などあるはずがない。

立法の崇高な目的を主張できることは、律の研究を大いに鼓舞することになったに違いない。明代中期以降の律の注釈書が、律に対する信頼に満ちた活気のある議論を特徴とするのは、法律そのものの価値を高く位置づける動きが背景にあることを考えれば、容易に理解できる。

清朝が中国を征服すると、明律とともにその研究成果も受け継がれ、新王朝の下でさらに発展させられた。清朝は明朝以上に法を重視し、法の運用に対して厳格な態度をとったため、律の研究は一段と重要性を増した。この時期に展開された議論は、二十世紀に入って西洋的な法と法学に取って代わられる以前の、中国の伝統的な法的思考の精髄を表すと言ってよい。沈之奇の『大清律輯註』は、そうした研究の集大成と言うべき位置を占めるのである。

四　沈之奇とその時代

清朝を建てた満洲族は、もともと東北アジアの辺境に分散する弱小集団群にすぎなかったが、十七世紀初めにヌルハチの下で統一を成し遂げ、急速に勢力を拡大した。ヌルハチは厳しい法をもって属下を統制し、国制を整えて、明を始めとする周囲の大国に対抗できる国家を創り上げた。満洲人は「法（満洲語でファフン fafun）」の厳しさこそ自分たちの国が明やモンゴルと比べて優れている点だとみなしていた。[13] とはいえ、満洲独自の法はヌルハチ以来の単行法規の集積であり、体系性のあるものではなかった。三代目の順治帝の時代に中国を統治することになると、人口の上で圧倒的多数を占める漢人住民に馴染み深く、より完備した体系をもつ明律の採用を決めた。まもなく最初の清律（順治律）が制定され、その後改訂も行なわれたが、基本的に明律をほぼ引き継いだものであったことはすでに述べたとおりである。

伝統的な中国律を採用した後も、法の遵守を重んじる方針は変わらなかった。中国征服の直後から、清朝当局は裁判担当者に厳しい法の遵守を求めた。特に犯罪者を見過ごしにすることを責めたため、多くの地方官は「失出（不当に軽い罪に当てること）」の罪に問われることを畏れ、ともすれば重罪に当てる条文を引き、字句の意味にこだわる」傾向が生じたという。[14] 裁判に限らず、清朝は官僚たちが規則どおりに職務を遂行することを、明朝より遥かに厳しく要求した。徴税その他の行政業務についても同様であるが、裁判関係では犯罪者の検挙、期限内の審問とその報告、審判の適否などについて細かい基準が立てられ、基準を満たせば昇進につながる得点となり、満たさなければその程度に応じて罰俸（俸給停止）・降級（降格）・革職（免職）などの処罰が科されるようになった。[15]「処分則例」と呼ばれるこうした人事規則は、清朝の下で急速に発達し重要性を増した。

清朝支配下の中国で、裁判を担当する地方官がみな法律の専門家を雇うようになったのは、こうした事情によるものと考えられる。中国では古くから、官僚が客分として抱える者に公務を補佐させたり助言を受けたりすることがあったが、清代にはどこの地方官庁でも必ずこの「幕友」と呼ばれる人々が地方官の私費で雇われ、特に「刑名」すなわち法律と裁判を専門とする幕友が、「銭穀」すなわち財務を専門とする幕友と並んで、地方官にとって必須の存在とみなされるようになった。時代を遡って明代に出版された新任地方官への指南書を見ると、文書作成担当者と会計担当者を雇うことは勧めているが、刑名担当者を雇えとは言っていない。法律については、誰か専門家を紹介してもらって数日のレクチャーを受け、概要をつかんでおけば十分であり、細かいことは胥吏《しょり》（各官庁で現地採用され、官庁に来た住民から手数料を取って生活する事務員。明清律には「吏典」として見える）に任せておけばよいと言うのである。清代になって、地方官がわざわざ高給を払って必ず刑名担当者（「刑幕」「刑名師爺」などと呼ばれた）を雇うようになった背景には、法律の運用を専門家に頼らざるを得ず、かつ胥吏には任せられなくなるという変化があったと見られる。

前述の王肯堂によれば、明末の地方官の中には、裁判に関わる実務を胥吏任せにする代わりに、自分で雇った「訟師・罷吏」を伴って赴任する者もいた。「訟師」とは訴訟を起こす者の助言をする民間人であり、「罷吏」は胥吏をやめた者である。どちらも法律には詳しいかもしれないが、官僚たちの目から見ればいかがわしい輩であった。それに対して清代の刑幕は、正統的な儒学を修めた士人、すなわち科挙合格を目指すか少なくとも受験資格に当たる学生身分を有する者が一般的であった。康熙三十三年（一六九四）の序をもつ黄六鴻《こうりくこう》の『福恵全書』は、幕友の重要な資質として「才」「識」「品」

を挙げ、この三つの中で最も重要なのは「品」であると言う。たとえ能力が高くても品性に欠けるところがあれば、雇い主である地方官にも地方の住民にも、かえって害を及ぼすことになりかねないからである。ほとんどが科挙官僚であった当時の地方官にとって、品性は儒学の素養と結びつけられていただろうから、品性を重視するなら訟師や罷吏ではなく儒学を学んだ士人を雇うことが望ましかったに違いない。

刑名を専門とする幕友は、こうして官職に就いていない貧しい士人が高給を得ることのできる数少ない職業の一つとなった。法律知識とそれを扱う能力だけで身を立て、地方官を助けて裁判に携わることは、幕友たちの気概と自信を養った。地方官と違って、彼らは政治的判断を下す必要がなく、法律だけに依拠して筋論を通すことができたし、またそうすべきだと考えられていた。[16] 仮に雇い主と対立して辞めることになっても、優秀な刑幕なら新たな勤め先に事欠くことはなかった。官職をもたず特定の官庁に属することもない、いわばフリーの法律家とも言うべき人々が活躍するようになったのである。

『大清律輯註』を著した沈之奇は、こうした刑名専門の幕友の一人であった。沈之奇は浙江嘉興府秀水県の人で、公式の身分は監生（国子監という国立学校の学生）に止まり、官途に就いたことはなかった。『大清律輯註』自序によれば、康熙五十四年（一七一五）の時点ですでに幕友として三十年以上のキャリアがあったというから、清朝による中国征服の四十年ばかり後、三藩の乱（一六七三―八一）が平定されて清朝の支配が安定した頃に幕友となったことになる。

彼は江北から山東にかけての「院・司・府・州・県」、つまり省のトップに当たる巡撫や省内の司法を統括する按察司から、末端の行政区である州・県まで、各級地方官庁で働いた経験があった。巡撫や按察司と州や県とでは、同じく裁判を扱っても業務内容が異なる。州や県が捜査も兼ねて初審の裁判を担当するのに対して、府は主にそれらを監督する役割を負う。按察司はさらに省全体の裁判を監督し、巡撫は省を代表して中央の刑部や皇帝との遣り取りに当たる。長年にわたって役割の異なるさまざまな地方官庁に勤めたことで、彼はさまざまな立場から裁判案件を扱い、また膨大な量の裁判文書に目を通すことになった。

こうして数多くの裁判案件を処理しながら、彼はその最大の拠り所となる清律の研究を続けていた。『大清律輯註』自序には、彼が参照した十種に及ぶ明清律注釈書が列挙されており、前掲の『読律瑣言』や『王肯堂箋釈』など明代中期以降の代表的な注釈書が網羅されている。彼の見るところ、それらの注釈書は各々有益な部分があるが、なお不十分であり、こじつけの説明も多かった。そこで彼は諸注釈の説を総合する一方で、自分の独自の見解も加え、従来支持されてきた説に誤りがあれば指摘することとして、『大清律輯註』を著した。

『大清律輯註』は、雍正年間制定（完成の度合に応じて三年・五年・六年・七年のいずれかの年に当たる）の律の総註（公定注釈）に取り入れられたことからわかるように、出版直後から高い評価を得ていた。だが、沈之奇がテキストとしたのは、順治四年（一六四七）に頒行された律を康熙九年（一六七〇）校訂版によって校正したものであったので、雍正朝・乾隆朝に律の改訂が行なわれると、それに伴って『大清律輯註』には現行の律文と合わない部分が生じていった。そこで乾隆十一年（一七四六）に、乾隆五年（一七四〇）制定の律に合わせて洪弘緒が改訂した『大清律輯註』の新しい版本が出版された。乾隆六年（一七四一）に今後は律文を更改してはならないと定められ、清律の本文が固定することになったので、それ以後は律の改訂によって注釈が律文と合わなくなる恐れはなくなっていた。『大清律輯註』は、この洪弘緒の改訂版によっていっそう広く流布し、清律の代表的な注釈書とみなされるようになった。律を学ぶ者に重んじられたばかりでなく、各級地方官庁から中央の刑部に至る公式文書の中でも引用されるなど、公定注釈に準じる権威を確立した。純然たる私人の著作であったことを思えば、『大清律輯註』の注釈がいかに高く評価されていたかがわかる。

五　順治律と『大清律輯註』

順治四年（一六四七）に公布された最初の清律（順治律）は、明律から吏律・公式篇〈漏用鈔印〉、戸律・倉庫篇〈鈔法〉、刑律・詐偽篇〈偽造宝鈔〉を削除し、名例律〈辺遠充軍〉、戸律・戸役篇〈隠匿満洲逃亡新旧家人〉を加えて、全四百五十九条として成った。削除した三条はすでに死文化していたもので、附加した二条のうち〈辺遠充軍〉は明代から実質的に成立していた刑罰を正式に条文化したものであるが、〈隠匿満洲逃亡新旧家人〉だけは、支配者となった満洲人所有の奴隷の逃亡を取り締まるため、清朝が特別に制定したものであった。

明律から引き継がれた条文にも、いくらか手が加えられたが、ほとんどが制度上の変更に伴う機械的な修正であり、大きな変化はない。順治律の最大の変更点は、律文そのものではなく、「小註」と呼ばれる公定注釈が割註の形で大量に加えられたことである（明律にも同様の原註はあるがわずかである)。この小註は、明末の姚思仁《ようしじん》の『大明律附例註解』に基づいたとの説もあり、[17]実際にうなずける箇所が多いが、それ以外の注釈書に由来する部分も多く、要するに明律の諸注釈を取捨選択してできたものと見られる。こうしてできた順治律は、律文・小註に条例を附して『大清律集解附例』の名で公布されたが、[18]「集解」とはまさに多くの註「解」を「集」めたことを指す名称である。

だが、この順治律は王朝交替の直後に短期間で作成されたため、頒布された刊本には誤字も多く、内容も本文と小註が矛盾する箇所もあるなど杜撰なものであった。順治十二年(一六五五)には順治律の満洲語訳本も完成したが、こちらもまた不備が多かったため、結局底本である漢文本ともども改訂が必要になった。こうして康熙九年(一六七〇)に改訂版が公布されるが、この時の改訂は〈隠匿満洲逃亡新旧家人〉を削除した(同条は以後『督捕則例』という別の法として整備される)以外、校正の域に止まった。

沈之奇の自序によれば、『大清律輯註』は底本となった律文テキストを「刑部から頒行された原本に従って校正し、そのうちなお刊刻の誤りがあるのは、敢えて勝手に更改しなかった」という。つまり、もともと沈之奇が底本とした清律は「刑部から頒行された原本」とは異なったのであり、実際『大清律輯註』は巻首に康熙九年十二月十二日付の刑部・都察院・大理寺の合同による題本(上奏文)を載せているものの、本文には〈隠匿満洲逃亡新旧家人〉を含んでいることから、改訂以前の順治律を底本としたことがわかる。したがって、『大清律輯註』の底本が「康熙九年に新たに校正された順治律である」[19]と言われるのは間違いではないが、正確に言えば、「康熙九年改訂版に基づいて沈之奇が校正した順治律である」ということになろう。

沈之奇の『大清律輯註』は、律文・小註・条例から成る底本に注釈を施す形になっている。本書では条例は割愛したが、律文と小註は全訳したので、小註の性格は一見して明らかであろう。小註は律文の中に挿入する形で記されており、主として律文が簡略すぎてわかりにくいところを補って説明している。沈之奇は小註（集解）を「律の精意を解明し、かつ律の不備を補うに足る」と評価するが、「間々本文の意味と乖離した、拘泥しない方がいいところがある」と言い、実際に小註の説明に疑義を呈している箇所もある。しかし、基本的には小註によって補われた律文を、全体として注釈の対象としている。小註は国家が定めた公定注釈なので、律文と同じく既定のものとして受け入れるのが原則だからである。

沈之奇がつけた注釈は、律文の後と律文の上段と、二か所に分かれて記されている。律文の後につけられた註（以下「輯註」と呼ぶ）は、先行する諸々の注釈、とりわけ明代中期以降の法律研究の成果を、沈之奇が総合したものである。一応その時点での標準的な解釈とみなすことができるが、厳密に言えば取捨選択の過程で彼の判断によるバイアスがかかっているので、彼の編著と言うべき性格をもっている。律文の上に段を区切ってつけられた註（以下「沈註」と呼ぶ）は彼自身の記述であるが、必ずしも彼の創見とは限らず、先行する解釈を踏襲している場合もある。ただ、小註・輯註では納得のいかないところ、さらに議論を深めたいところが記されており、彼の独自性が発揮された部分である。輯註・沈註に見える解釈の重層は、律の注釈学の歴史を概観するかのごとき趣を呈している。沈之奇の注釈は、清代に至るまでに積み重ねられた法的思考の蓄積の上に、彼自身の見解を示したものなのである。

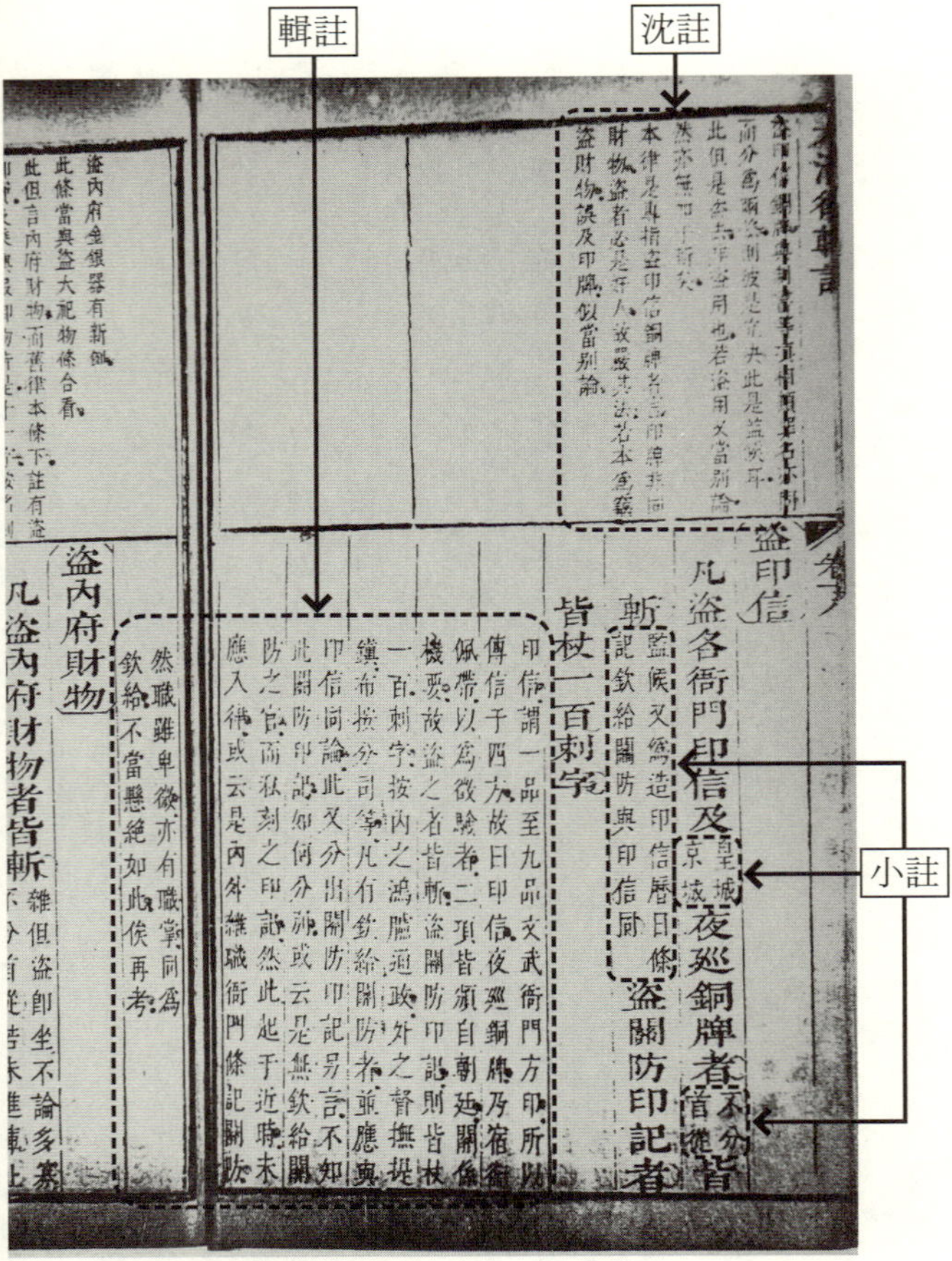

沈之奇『大清律輯註』の版面構成

明代中期以降の律学の伝統を受け継いで、沈之奇も律を理解する上で「律意」を重視する。彼によれば、律文は簡潔かつ厳密であるが、その「意義」すなわち含意は広く深い。名例律は律全体の総則であるが、名例律を読んだだけではわからない。他の諸律（吏律・戸律・礼律・兵律・刑律・工律）とも対照し、検討を加え思索を深めて初めて律の全体を把握し、その「意義」を会得することができるのである（『大清律輯註』自序）。このように、律全体を貫徹する律の「意義」、律の精神とも言うべきものが「律意」であり、律を読む者はそれを見出さなければならないというのである。

彼の言うところによれば、「律意」とは律を研究する者によって発見されるものであるから、厳密に言えば研究者によって創造されるものということになる。当然ながら研究者の個性が反映されることになるし、たとえ彼が極力中立的立場を取ろうとしたとしても（あるいは中立的であろうとすればするほど）、時代の影響を強く受けることは免れないであろう。沈之奇の解釈が、そうした個別的・歴史的性格を帯びていることは間違いない。

彼の言う「律意」とは、律に込められた統治者の積極的な意図である。具体的に言えば、民を慈しみ善導しようという天子の意思である。「聖人が律を制定したのは、民を生かすためであって、民を殺すためではない（巻首附録〈誣軽為重収贖図〉按語）」と言うように、律の精神を民の救済と結びつける彼の見方は、明らかに明代の律学から継承されている。しかも、その見方はいっそう明瞭で先鋭なものとなっている。たとえば、名例律〈徒流人在道会赦〉では、徒刑囚・流刑囚が配所に至る前に恩赦に遇った時の措置を定め、「なお逃亡して死んだ場合は、随行した家族が帰還を願えば許す」とする。この一文について、『王肯堂箋釈』（『大明律附例』）が「逃げて死んだ囚人の家族は、恩赦に遇わなければ帰還を許されない」と解釈したのに対して、沈之奇は「非なり」と言う。確かに律文の文脈からすれば、ここは恩赦に遇った場合について述べているので、「恩赦に遇った場合に限って帰還を許す、そうでなければ許さない」という『王肯堂箋釈』の説は妥当に見える。しかし、流刑囚に随行する家族は本来「無罪の人」であり、囚人自身が死ねば配所に留められる理由はないから、恩赦に遇わなければ帰還できないというのは「律意」であるはずがない。沈之奇は「詞」をもって「意」を害してはならない、つまり単なる逐語解釈ではかえって律の意図を損なう恐れがあると主張している。

このように主張するからといって、彼が語句の意味や律文全体の一貫性をおろそかにしているわけではない。反対に、彼は律文の一字一句の意味を厳密に定め、首尾一貫した解釈をなすよう努めており、その細密さはむしろ先行する諸注釈に遥かに勝る。彼が「詞」をもって「意」を害してはならないというのは、「詞」を厳密に解釈した上で、なお律全体を貫く立法の精神を見失わないようにしなければならないということである。

沈之奇の解釈は、このように律学発展の歴史と彼個人の考えを強く反映したものである。だが、伝統中国の法的思考を知るという観点からすれば、そうした注釈に従って律を読むのは決して不都合なことではない。沈之奇の『大清律輯註』は、清律注釈書の中で最高水準にあると広く認められていた。沈之奇の説によって清律を読むことは、清律が生きていた時代に理解されていた姿を知ることになる。本書が清律を紹介するに際して、恣意的に雑多な説を折衷するのを避け、『大清律輯註』だけに基づくこととしたのはそのためである。

六　本書の訳出・解説の方式

『大清律輯註』に基づいて清律を紹介するとしても、全文を逐一翻訳して注釈を附すという普通の訳註の形式では、一般の読者には受け入れ難いと思われる。

まず、同書は専門家が手に取ることを前提とした実用書であるため、当時の読者が当然に身につけているはずの知識、つまり律の構成や法制上の位置づけ、律を読み引用する上での基本的ルール、当時の裁判や刑罰の制度といった事柄については、自明のこととして議論が進められている。こうした基礎知識は、本書全体を読む上で不可欠なので、該当箇所で細切れに注釈するという形式ではわかりにくい。そこで、清律を読む上で最低限必要と思われる事項を、「清律の基礎知識」として本文の前に掲げておいた。

次に、こちらの方が難物であるが、律文やそれに関する議論に慣れていない読者にとっては、注釈を頭から読んでいくのは骨が折れ、結局のところ沈之奇の所説のどこが格別なのかわかりにくい。同書は公定された律文に対する逐条解釈の形式を取っており、いわば今日の六法の註解本と同様の書物であるから、一般の読者にとっては六法の註解本を読むような労苦と味気なさを感じさせかねない。また、小註・輯註・沈註と重層的な注釈が施されているので、律文一条に対する註の全体量が多くて煩雑であり、議論も錯綜して見える。各註に言うところをいったん頭に入れて組み直さなければ、その条文がどのように理解されているのか把握することは難しいし、まして沈之奇の言う「律意」を感得することはできない。

本書の訳解を行なう上でベースになった谷井俊仁「大清律輯註考釈」(一)―(六)(三重大学人文学部文化学科『人文論叢』第一六―二一号)は、訳註でも研究論文でもなく、律文一条ごとに附せられた『大清律輯註』の内容を解説したものである。律文と小註だけはフルテキストを提示し、輯註・沈註はいちいち訳出することなく、要点だけを抜き出して再構成するという形式を取っている。このような形式を取ったのは、沈之奇の逐条解釈をすべて追っていくことには意味があるが、全文訳では煩雑に過ぎると考えたからである。

一般読者に清律の何たるかを知らしめ、かつ原典紹介という条件を満たすためには、この方式が最適であると思われる。つまり、読者に対してはあくまでも清律の条文の訳註として提示し、訳文の解説が依拠する注釈としてもっぱら『大清律輯註』を用い、沈之奇の解釈のみに従った説明を行なうのである。前掲「大清律輯註考釈」は専門家向けに書かれたものであったため、本書は専門家でない読者にも違和感がないようにと意図して書き改めた。このような形で輯註・沈註の所説を整理して紹介すれば、清律の条文とそのオーソドックスな解釈をわかりやすく示すことができると考えたのである。

しかしながら、以上のような方針で紹介するとなると、取り上げるべき分量の問題がある。『大清律輯註』も底本となった『大清律集解附例』(順治律)も、律文と小註のほかに条例を載録しているが、条例は特殊な状況に対応すべく定められた副次法典であり、分量も多く内容も煩瑣にわたるので、本書では取り上げないこととした。清律の条文自体は、小註を入れてもさほどの分量はないが、全編に詳細な解説を附すとなると、やはり膨大なページ数となる。ダイジェスト版とするにしても、どこをどれだけという問題が残る。

前掲「大清律輯註考釈」が刑律の第二・第三篇に当たる人命篇・闘殴篇を最初に取り上げたのは、それらが実際の裁判で最もよく用いられ、したがって注釈も最も充実しているからである。名例律は総則篇であり、その意味では最も重要なのであるが、総則であるだけに抽象的で、具体的な罪に即して説明されなければよくわからないし、無味乾燥度も特に高い。吏律・戸律などは、ほとんど用いられない条文も多く、注釈も概して簡略で面白味がない。実際には用いられなかった条文にも一応注釈はついているが、よく用いられる条文ほど議論が積み重ねられ、解釈の水準が高くなっているのは当然であろう。そこで、名例律の要旨を附した上で、前掲の人命篇・闘殴篇を含む刑律全体を上記のような形で訳出・紹介することができれば、量的に最も妥当であり、伝統的な中国の法典を紹介するという目的にも適うと考えた。

本書は、以上のような方針に基づいて、訳出と解説を行なった。詳細は「凡例」に示しておいたので、そちらを参照されたい。

＊ 本解説および本文注釈のために用いた参考文献は、第2巻末に挙げる。
(1) 滋賀秀三［二〇〇三］一八二頁。
(2) 滋賀秀三［二〇〇三］二八四頁。
(3) 他に〈隠匿満洲逃亡新旧家人〉という特徴的な条文が加えられたが、康熙朝の改訂で削除された。この点については後述する。

（4）ただし、三国魏の衛覬《えいき》が「刑法は国家の貴び重んじるところであるが、私議の軽んじ賤しむところである。獄吏は民の命に関わるものであるが、任用する者が卑下するものである」と言ったように（『晋書』刑法志）、この時代の法学の権威が高かったというのは、あくまでも後世との比較によるものである。

（5）正確には、律令の公布に合わせて『律令直解』という書を頒布したということであるが（『明太祖実録』呉元年十二月戊午（十六日））、現存するのは律の方の『直解』だけである。

（6）そうでなければ、律を読む者がそれぞれ勝手に解釈を下していたということになるが、少なくとも明代の地方官庁の胥吏レベルでは、実際にそのようないい加減な読み方をしていた形跡がある（谷井陽子［一九九九］）。

（7）〈犯罪存留養親〉の規定は清代には実施され、適用対象となる条件をめぐって多数の細則が定められている。

（8）明代中期の律学者応檟《おうか》は、律における収贖が老幼・婦人など特定の者だけに限られていたにもかかわらず、後に一般の犯罪者にも財貨納付による贖罪の例が定められたことについて、「太祖立法の本意ではなく、民が罪を犯しやすくなる原因となった」と述べている（『大明律釈義』名例律〈五刑〉）。律の本文は「太祖立法の本意」を表したものと見るべきだったのである。

（9）「与再従子堯封書」（『方麓集』巻九）。

（10）「西曹記」（『方麓集』巻六）。

（11）たとえば名例律〈文武官犯私罪〉の未入流品官と吏典が私罪を犯した場合の罰則で、笞三十以下の罪に言及していない点について、原文にそうある以上、笞三十以下の罪は不問に附すと解し、「蓋し小さな過失は赦《ゆる》すという意図であろう」と言う。一般に原文の「笞四十」の下に「以下」の二字を補い、笞三十以下の罪は笞四十の場合と同じく扱うと解釈しているのは、「おそらく律意ではない」とする。

(12) たとえば名例律〈親属相為容隠〉では、親族や姻戚・奴婢・奉公人（雇工人）などが犯罪の隠匿を認められる理由をそれぞれ解説し、「およそこれらはみな風俗を良くし人倫を厚くする一端であり、律の精意である」と言う。この議論は基本的に『読律瑣言』を引き継いだものであるが、王樵はいっそう強い表現に改めている。

(13) 谷井陽子［二〇一五］三七七―三八六頁。

(14) 『読律佩觿《はいけい》』王豫嘉序。同様の弊害は、清朝当局も言明している（『清聖祖実録』康熙七年五月乙卯（十八日））。

(15) 「考成法」と呼ばれるこうした考課制度は、明末から行なわれてはいたが、実効を上げ得る制度になってはいなかった（谷井陽子［二〇〇二］）。

(16) 汪輝祖『学治臆説』上・官幕異勢。

(17) 姚範『援鶉堂筆記』巻四十六。

(18) したがって、公布された順治律の正式な書名は『大清律集解附例』である。この書名は雍正律まで継承されたが、乾隆律では『大清律例』に改められた。しかし、『大清律集解附例』から小註と附録の条例を除けば『大清律』であり、『大清律集解附例』の公布を請うた剛林らの上奏文に対する聖旨にも「『大清律』を頒行させよ」とあるように、清律の一般的な名称として『大清律』が用いられていたことは確かである。本書では、条例を割愛したことと正式名称ではかえって通じにくいことを考慮して、『大清律』を書名とすることにした。

(19) 懐效鋒・李俊点校『大清律輯註』（法律出版社、二〇〇〇年）点校説明。

清律の基礎知識

谷井陽子

律文には、往々にして普通の文章とは異なる独特の用語・文体が用いられている。また、名例律（律全体の総則）や律に明記しない規則が前提になっている部分があるので、個々の条文だけ読んでもよくわからないところがある。本書では、読者が巻頭から通読するのではなく目次をたよりに特定の条文だけ読む場合も念頭に置いて、各条文を理解するのに必要な知識はなるべくその条文の解説に盛り込むよう心掛けたが、やはり基本的な約束事は知っておいた上で読んだ方がわかりやすいので、本文の前に「清律の基礎知識」を掲げておくことにした。

ここでは、律文全体を通して用いられる基本用語と基本原則についてまとめて解説するが、個別の条文について何のイメージもないまま通則ばかりを読んでもかえってわかりにくい面もあるので、だいたいのところを摑んで必要に応じて読み返していただければと思う。

一　用語について

○条文の呼称

伝統的な中国の法典には、第何条第何項というように条項に番号を振る習慣がなかった。律の各条は、たとえば「謀殺人」だとか「闘殴」だとか、各々固有の標題を掲げており、これに「律」の字を附して「謀殺人律」とか「闘殴律」とか称することも実際にある。しかし、各条は往々にして複数の条項を含んでいるので、議論がやや詳細にわたれば、標題だけを用いたのではどの条項を指しているのかわからず不都合である。

たとえば、刑律・人命篇〈謀殺人〉の下に定められた条文では、謀殺人は首謀者が斬、従犯で直接危害を加えた者は絞云々と始まって、いくつか異なる場合に応じた刑罰を定め、最後に「もしそれによって財を得たならば、強盗と同じく、首犯・従犯を区別せず論じ、みな斬」とする。ここで、単なる謀殺人ではなく、謀殺人によって財貨を得た罪について定めた箇所を指示したい場合、単に「謀殺人律」と呼んだのでは、該当箇所が不明瞭になってしまう。そこで、条文の該当部分を節略して「謀殺人因而得財律」などと称するのである。この場合、「謀殺人」と名が付いているからには〈謀殺人〉の条文の一節だろうと見当がつくが、たとえば「闘殴条内尊長故殺卑幼律」（人命篇〈謀殺祖父母父母〉の小註に見える）と称するのを見て、闘殴篇の中の〈同姓親属相殴〉以下の数条に散らばる故殺条項を指しているということは、あらかじめ律に通じていなければわからないだろう。こうした呼称は読者が律文全体を熟知していることを前提としており、律に馴染みのない者にとっては指定された箇所を見つけるだけで一苦労という、はなはだ不親切なやり方である。

そこで本書では、各条の標題を〈　〉で括り、〈謀殺人〉などと表記した上で、その下位の条項は圏（「〇」で表現された段落の区切り）で区切られた部分ごとに「第一節」「第二節」など「節」として記す。一節の中に複数の条項を含む条文もあるが〈謀殺人〉もそうである）、その場合は第何節のしかじかのことを定めた部分と表現する。ただし、律の本文または小註に現れた場合は、原文の表現と懸け離れてしまう恐れがあるので、原文の表現に従って訳出し、解説または訳註で注記する。

○「罪」と「刑」

現代日本語では、「罪」と「刑」は明らかに別の概念を表す語であるが、伝統的な中国の法や法に関する議論では、この二語がしばしば同義に用いられる。両者の区別がないわけではなく、一般的には「罪」は人が犯した逸脱行為で、より狭義には「過（あやまち）」と区別される故意に犯した悪事を指す。[1]だが、「罪」には「罪する」すなわち懲罰を科す意があり、「罰」と同義に用いられることもある。一方、「刑」は罪人に対する懲罰を指すが、懲罰を定めた「法」を指す用法も古くからあり、[2]法に定める罪状とも語義の上で親和性がある。

解説で述べたように、伝統的な中国法の考え方では、罪状と刑罰は一対一で対応しているのが原則なので、ある罪とある刑が一体として捉えられるのは無理のないことである。そのため『大清律輯註』を含む伝統中国の法律書では、「罪」と「刑」がしばしば互換性のある用いられ方をしている。こうした用法は現代日本語とは一致しないので、本書では原文の表現を尊重しつつも、現代日本語として不自然でないように訳語を変更した部分がある。

○「犯人」「罪人」「囚人」

犯罪の疑いによって官府に把握された人は、「犯人」と呼ばれる。審理の過程で嫌疑が晴れたり、誣《ぶ》告《こく》を受けていたとわかったりすることもあるが、審判が下されるまでは「犯人」である。「容疑者」に相当する語は前近代中国には存在しなかったので、清律やその注釈書では、無実の罪が重要な論点になる条項を除いては、一般に犯罪の疑いをかけられた者を「犯人」の語で呼んでいる。

「罪人」と「囚人」の区別については、『大清律輯註』の刑律・捕亡篇〈応捕人追捕罪人〉に対する注釈などで詳しく述べられている。それによれば、「罪人」とは「罪を犯してまだ審判を経ていない者」であるが、これも「犯人」と同じく実際に罪を犯したかどうかは審判が下るまで不確実なので、要するに告発されたが審判は下されていない人を指す。「犯人」と言い「罪人」と言い、犯罪の疑いで官府に把握された人は疑いが晴れるまでは有罪であることが仮定されていると言うべきであろう。同じく〈応捕人追捕罪人〉への注釈によれば、「囚人」とは「罪状を認めて罪が定まったが、まだ刑が執行されていない者」である。「罪人」と「囚人」の区別は条文によっては重要な意味をもつが、特に区別しない場合もあり、官府に拘禁されている者を未決・既決の別なく「囚」と称している条文もある。

本書では以上の語について、原則として原文どおりの表現を用いることとし、厳密な定義が示されている場合は、解説または訳註でそのことを明らかにする。

○「官」と「吏」とその他の人員

律文の中には、「官吏受財」のように「官吏」が一種の熟語として用いられていることもあるが、基本的に「官」と「吏」は別のものを指している。「官」(「官員」と記されることもある)は中央政府から任命された官僚であり、一品から九品に至る官品を有し、国家から俸給を支給される。「吏」（「吏典」と記されることもある。一般には「胥吏《しょり》」と称されることが多い）は各官庁が現地採用する事務員であり、ほとんどが正規の給与を受けず、官庁に用があって来る住民から手数料を取って生活していた。官も吏も行政や裁判の運営に携わる者であるが、官が律でも特別な優待を定められた特権的身分であるのに対して、吏はそうした特権を認められていない。

律文には「官」と「吏」のほかに、「獄卒」「斗級」「応捕人」など官庁に所属して働くさまざまな人員が現れる。牢番・門番・倉庫番・伝令・捕り手など、事務以外の仕事に携わるこれらの人々は、一般に「衙役《がえき》」と総称される。「役」と呼ぶのは、本来こうした仕事が現地の住民に課せられた「徭役《ようえき》」すなわち義務労働であったことによる。衙役には官庁から給与が出たが、給与の額も得られる人数も限られており、やはり大半は住民から取る手数料で生活していた。地方官庁には、官が私費で雇った幕友や「長随」などと呼ばれる使用人もいて公務を助けることがあったが、そうした人々は律文には現れない。

以上の人々のほかに律文には、官庁に所属していないが公務に携わる者として「里長」が見える。里長は明初に設定された徭役の一種で、在地の治安維持や徴税などに責任を負わされた。全国一律の制度としての里長制は定着しなかったが、清代には地方によって「郷約」「保長」などさまざまな名称をもつ官庁公認の世話役のような者がいて、同様の業務を請け負っていた(3)。

○「軍」と「民」

明代には、「民人」すなわち一般人民は州県に所属して知州・知県ら地方官（有司）に統治され、軍に所属する「軍人」「軍士」は衛所に所属して指揮使（指揮）・千戸・百戸ら武官に管轄されることになっていた。それ以外にも「匠戸」「竈戸《そうこ》」「楽戸」など特殊な戸籍に属する人々がいて、やはり統治系統を異にしたが、人口の大多数を占めたのは民人と軍人であったので（軍人は民人よりずっと少ないが）、明律ではその適用対象となる人々を一般に「軍・民」と総称した。

清朝は中国征服以前からの服属民（藩部を除く）を八旗制に基づいて統治し、中国征服によって支配下に入った民人を明から引き継いだ州県制によって統治した（明朝の軍は解体・再編され、軍籍の人々はやはり民人とは別系統の統治を受けた）。清朝にとっての人口の二大区分は「旗人」と「民人」になったため、清代の法令はその適用対象を「旗・民」と総称することが多い。しかし清律の文言では、そもそも旗人の存在が反映させられた箇所はわずかであり（順治律では皆無に近い）、明律にあった「軍・民」の語はおおむねそのまま引き継がれている。実際、軍人と民人が統治系統を異にすることは変わらなかったので、その点で律文に矛盾が生じることはなかった。

律に見える軍人と民人の扱いの最も大きな違いは、軍人が徒・流に当たる罪を犯した場合には徒役・配流を免じられ、代替刑を受けるということである（「三　律の総則（名例律）」を参照）。軍人は国家の軍を維持するために人数の確保が必要とされたため、死刑にならない限り罪を犯しても軍役から逃れられないようになっていたのである。

○八字

律文には普通の漢文とは違う独自の語法が用いられているが、その最たるものが「八字」である。「八字」は律文に用いられる基本的かつ重要な八つの助辞で、どれもごくありふれた語であるが、律文では明確に定義された特殊な意味で用いられる。清律は巻頭に〈例分八字之義〉という表を掲げ、意味用法を簡略に示している。ただ、この説明は簡略に過ぎてわかりにくい。清初に刑部官僚として活躍した王明徳の『読律佩觿《はいけい》』巻一に詳しい解説が見られるので、これを参照しつつ各字の意味と本書での訳語を以下に示す。

以：本書では「**…として**」と訳す。ある罪を論じる際に、**別の罪を犯した者と同じとして扱う**ことを示す。たとえば「窃盗として論じる」と言う場合、窃盗犯と全く同じ扱いにする。その罪に対する刑は、斬・絞であっても同じように科し、除名（官籍剝奪）・刺字（いれずみ）など附帯する措置も同じく施す。

准：本書では「**…に準じて**」と訳す。ある罪を論じる際に、**別の罪の量刑の基準だけを借りて適用する**ことを示す。したがって、両者の間には違いがあるものとして扱われる。たとえば「窃盗に準じて論じる」と言う場合、窃盗の罪について定められた基準に基づいて刑を科すが、窃盗犯に科せられる刺字のような附帯的措置は免除される。また原則として死刑は科さず、杖一百流三千里を上限とする。(4)

皆：本書では「**みな**」と訳す。首犯・従犯を区別せず、**共犯者全員を同じ罪とする**ことを言う。一般に共謀して罪を犯した場合、一人を首犯とし、他は従犯として首犯から一等減じた罪とすることになっているが（名例律〈共犯罪分首従〉）、その原則を適用しないことを示す。たとえば強盗について「みな斬」と言う場合、強盗に加担した者は役割や分け前の多寡によらず全員を斬とするということである。

各：本書では「**各々**」と訳す。個別の、あるいは互いに別範疇をなす人や事物を、**それぞれ同じく扱う**ことを示す。何を指して「各々」と言うのかわかりにくいことがあるため、注釈ではそれを確定することが重要になる。たとえば窃盗については、財を得た場合と得なかった場合について刑を定めた後、「従犯は各々一等を減じる」と言うが（賊盗篇〈窃盗〉）、この「各々」は単に個々の従犯について言うのではなく、「財を得た場合と得なかった場合について言う」との註が附されている。

其：本書では「**なお**」と訳す。**上文と別のことを改めて述べる**ことを示す。たとえば親族内の盗みについては、親族関係やさまざまな状況に応じた刑を定めた後、「なお同居の奴婢・奉公人が…」として、同じ家内の者であっても親族ではない奴婢・奉公人について定めている（賊盗篇〈親属相盗〉）。

及：本書では「**または**」と訳す。同じ扱いとなる人や事物を列記する際に用いる。この字の前後に挙げられたものは、**それぞれ異なっているが扱いは区別されない**ことを示す。たとえば「双方ともに罪がある場合の贓物《ぞうぶつ》または禁制の物は官府に没収する」と言う場合（名例律〈給没贓物〉）、「双方ともに罪がある場合の贓物」は官府に没収し、「禁制の物」も官府に没収することを意味する。

即：本書では「**ただちに**」と訳す。**他の事情を考慮せず、そのまま決まる**ことを示す。たとえば強盗を共謀したが実行せず、代わりにその時の共謀者が窃盗を働いた場合、首謀者は実行もせず分け前にも与《あずか》らなくても「ただちに窃盗の従犯とする」（賊盗篇〈共謀為盗〉）といった用法を取る。

若：本書では「**もし**」と訳す。**上文を受けて、特殊な場合について述べる**ことを示す。たとえば謀殺人は首犯と従犯を区別するが、「もしそれによって財を得たならば、首犯・従犯を区別しない」（人命篇〈謀殺人〉）といった用法を取る。

二　裁判と刑罰

○刑罰の体系

清代中国の裁判制度は、裁判の結果として科せられる刑の重さによって手続きが定まるので、まず刑罰の体系を紹介しておく。

清律に定める基本的な刑は、唐律で確立した笞・杖・徒・流・死の五刑である。五刑は基本的に次のような構成をなす。

笞刑（五等）：一十、二十、三十、四十、五十
杖刑（五等）：六十、七十、八十、九十、一百
徒刑（五等）：一年（杖六十）、一年半（杖七十）、二年（杖八十）、二年半（杖九十）、三年（杖一百）
流刑（三等）：二千里（杖一百）、二千五百里（杖一百）、三千里（杖一百）
死刑（二等）：絞、斬

笞刑は細い棒で臀部を打つ刑、**杖刑**はやや太い棒でやはり臀部を打つ刑である。笞一十から打つ数が十回増えるたびに一等上がり、五十から六十に上ると同時に笞から杖へと刑具も変わる。順治律附録の〈五刑之図〉では、笞は小荊杖《けいじょう》、杖は大荊杖を用いると定めており、〈獄具之図〉によれば両者は材質と長さが同じで太さが異なる。[5]

杖一百を超えると、刑は徒刑に切り替わる。杖刑を一百回以上受けることは、人が肉体的に堪えられないからであるという。**徒刑**はもともと製塩場・製鉄所などで苦役に従事させるものであったが、清代には同じ省内の駅逓《えきてい》（駅伝制を運用する施設）に送って使役することとした。[6] 一年から三年までの間の半年刻みの期間、身柄を拘束されて監視下に置かれる。徒刑には必ず杖刑が附随し、もとは杖刑を執行してから徒刑場に送るものとされたが、清代に入って徒刑場に着いてから執行することとされた。[7] 徒刑は原則として三年までであるが、流刑の読み替えとしての徒四年、雑犯死罪の読み替えとしての徒五年がある。

流刑は故郷を離れた僻遠の地に移送され、終身帰郷を許されないという刑である。流刑にも必ず杖刑が附随し、同じく配所に至ってから執行することとされた。なお、流刑に類する番外の刑として、郷土を一千里以上離れた土地に移送する**遷徙**《せんし》があるが、遷徙を定めた条文はわずかであり、清代には実刑が科せられること自体なくなっていた（訴訟篇〈誣告充軍及遷徙〉の解説を参照）。また、流刑をいっそう加重するため、流刑地で徒役を科す**加徒役**（加役流）の法もある。

流刑の代わりに遠隔地の軍隊に配属する**充軍**もあった。充軍はもともと軍人に対する徒刑・流刑の代替刑として設定され、ごく限られた罪についてだけ民人にも適用するものとされていた。だが明代中期頃から、条例や単行法規によって、充軍はむしろ民人に対する重い流刑として用いられるようになる。清朝はこれを受け継いで、流刑の上に位置する刑罰とし、雍正律では距離の違いによって附近・近辺・辺遠・極辺・烟瘴《えんしょう》の五級の制を定めた。充軍にもみな杖一百が附随する。

死刑には絞と斬がある。首と胴体が切り離される斬の方が、身体を全うする絞よりも重い。律で定められる死罪には、実際に死刑に当たる**真犯死罪**と名目上の死罪である**雑犯死罪**があり、雑犯死罪は自動的に徒五年に読み替えられる。絞・斬はいずれも即時執行（**立決**）と執行猶予付き（**監候**）があり、執行猶予付きの場合は次の秋まで待って再審理され、減刑される場合もある。なお、絞・斬のほかに最も苛酷な**凌遅処死**《りょうちしょし》（全身を切り刻んで殺す刑）があり、とりわけ凶悪とみなされた罪に対して科せられる。

以上は律に定める刑罰であるが、条例や単行法規ではこれ以外の刑罰もしばしば指定されている。充軍が重い流刑として正式に位置づけられた後、充軍の上のさらに重い刑として、新疆《しんきょう》・東北などの辺境に送る**発遣**が加わった。比較的軽い刑としては、杖刑に附加する刑として、首枷《くびかせ》をつけて公開の場に一定期間さらす**枷号**《かごう》がよく用いられた。旗人に対しては、笞・杖の代わりに満洲古来の**鞭**が用いられ、これは雍正律で正規の律文に定められた（名例律〈犯罪免発遣〉）。他にも特殊な刑罰があるが、ここでは取り上げない。

○裁判制度と刑の執行

清代中国の人口の大部分を占める一般人民（民人）は、国家の行政区画の末端をなす**州**・**県**に属し、中央から任命されて赴任して来る知州・知県によって統治されていた。[8] 州は県よりやや格が高いだけで、機能の面では違いがない。州・県の官庁（衙門《がもん》）は人民にとって最も身近な政府の機関であり、人民に対する直接的な行政業務の大半は州・県で行なわれた。裁判は州・県の最も重要な業務の一つであり、住民のあらゆる訴訟や変事の通報は、まず州・県に持ち込むべきものとされた。

告訴・通報を受けた知州・知県は、関係者を集めて審問する。犯罪の疑いがある場合は捕役を差し向けて犯人を逮捕させ、証人も必要に応じて呼び出しておく。審問はその州・県の庁舎で、一般に公開のもとに行なわれた。[9] 知州・知県は証拠を調べ、関係者を訊問して、まず事実関係を明らかにする。関係者の供述が一致しない場合は、矛盾点を突いたり顔色や振る舞いを窺ったりして事実を明らかにするよう努めるが、場合によっては拷問も認められている。知州・知県の心証が固まると、事実関係を認定して、犯人に罪状を認めさせる（認めない場合は、やはり拷問が許されている）。知州・知県が認定した事実に基づいて、徒未満（枷号を含む）の刑に相当するとみなされた場合は、贖《しょく》（後述）が許される場合を除き、ただちに刑を執行して裁判は終了する。

徒以上の刑に相当するとみなされた場合は、認定された事実関係、関係者への訊問と供述の内容、適用すべき律や条例といった必要事項を文書にまとめ、犯人の身柄とともに**府**に送る。府で犯人を再度審問し、州・県の原案が妥当であると認めれば、犯人の身柄と文書を省の司法統轄機関である**按察司**に送る。[10] 按察司でさらに再審理し、原案が妥当であると認めれば、省全体の政務を総括する**総督**・**巡撫**に文書を送って裁可を請う。総督・巡撫が裁可すれば、徒刑に相当する案件は完結し[11]、執行に移される。流刑（および実質的に重い流刑に当たる充軍・発遣）に相当するとみなされた場合は、総督・巡撫から中央の**刑部**に文書を送って承認をとりつける。刑部の承認を得れば、これらの案件は完結し、流刑地への移送が可能になる。このように、科すべき刑の重さに応じて必ず再審を行なう制度を、滋賀秀三は「必要的覆審制度」と名づけている(12)。

死刑に相当するとみなされた場合は、総督・巡撫から皇帝宛ての上奏文（題本）の形で原案を提示し、それを刑部が審査して妥当であると認めれば、同じ中央の司法・監察機関である**都察院**・**大理寺**に文書を送って承認をとりつけ、刑部・都察院・大理寺（合わせて三法司と呼ぶ）がすべて承認した段階で上奏して**皇帝**の裁可を請う。

皇帝が裁可すれば、審理はすべて完結するが、前述のように死刑には即時執行と執行猶予付きがあり、執行猶予付きの場合は次の秋に再審理（首都北京で拘禁中の囚人については「朝審」、地方で拘禁中の囚人については「秋審」と呼ぶ）にかけられ、中央の上層官僚らの合議を経た上で、死刑執行に相当するか、翌年に回すか、減刑するか、皇帝が裁決を下す。執行相当とされた者の中から、さらに皇帝が選んで執行命令を出した（「勾決《こうけつ》」と呼ぶ）者が実際に死刑を執行されることになる。執行相当とされても執行命令が出なかった者と翌年回しにされた者は、次の年に再び審査される。ここで死刑執行への道を辿ることもあり得るが、何度も再審理を繰り返していると、執行相当から翌年回しへ、翌年回しから減刑へと軽減されることもあった。このように死刑執行には慎重な手続きを要するが、軍人の謀叛については現地で完結して死刑を執行し、中央には事後報告することが律で定められている（名例律〈処決叛軍〉）ほか、清代中期以降には匪賊について、やはり死刑を執行してから事後報告することが特別法で定められている。

○親族関係と服喪規定

中国の伝統的な社会関係を律する礼制は、親族関係、特に**尊長**（尊属・年長者）と**卑幼**（卑属・年少者）の間の秩序を重んじる。そのため、律では親族の間で行なわれた犯罪について、必ず親族関係を考慮して罪を論じることとしている。親族関係が考慮される親族はかなりの広範囲にわたるので、律では服喪規定に従って親族関係を区分している。

親族（親属）が亡くなった時に喪に服することは、礼制が最も重んじる儀礼の一つである。ある親族の死に際して着るべき喪服と喪に服すべき期間とは、血縁の親疎・世代の上下などに基づいて定められていた。こうした服喪規定は親族関係の重要度に対応しているはずなので、律の規定にも援用されている。

服喪の制は、重い順に以下のように定められている（巻頭附録〈喪服総図〉による）。重要な関係にある親族ほど服喪期間は長くなり、哀しみを表す喪服は粗末になる。

斬衰《ざんさい》　三年　喪服はごく粗い麻布で仕立て、裾を縫わない。

斉衰《しさい》　三年・一年（期年と言う。杖期と不杖期に分かれる）・五か月・三か月の区別がある。喪服はやや粗い麻布で仕立て、裾を縫う。

大功《たいこう》　九か月　喪服は粗い練り糸で織った布で仕立てる。

小功《しょうこう》　五か月　喪服はやや粗い布で仕立てる。
緦麻《しま》　三か月　喪服はやや細密な練り糸で織った布で仕立てる。

どの親族がどの服制に当たるかは、清律の巻頭に詳細な一覧表が附載されている。ただし律の条文では、直系親族・夫婦・兄弟姉妹・伯叔父母などの近親については基本的に続柄を明記するので、近親が対象となる斬衰・斉衰の語は用いられず、斉衰期年を表す「期親」と大功・小功・緦麻が親族の区分としてよく用いられる。

○収贖と贖罪

刑罰を財貨で代替する「贖」は古くから見られたが、明清律では以下の場合について、刑の一部または全部について贖を認める。①官吏の軽罪、②徒・流に当たる罪を犯した者に養うべき祖父母・父母がいる場合、③婦人・老人・子供・身体障碍者・天文生、④過失殺傷、⑤人の軽い罪を重く誣告した場合。

①②③については次節の「官吏の罪」および「婦人の扱い」「老人・子供・身体障碍者の扱い」の各項で、④⑤については本文の人命篇〈戯殺誤殺過失殺傷人〉および訴訟篇〈誣告〉で解説する。

明代には、贖は宝鈔（明初の紙幣。実際にはほぼ用いられなかった）のほかに米の納付や労働などさまざまな形で設定されていたが、後に銀や銭に読み替えられるようになり、清代にはもっぱら銀で納めることになった。律に定める贖は基本的に低額に抑えられているが（たとえば、③に該当する場合の納贖額は銀七厘五毫（笞一十）から銀五銭二分五厘（絞・斬）である）、過失殺の場合だけは被害者の葬儀費として遺族に給付するという意味があることから、銀十二両四銭二分と定められている（〈在外納贖諸例図〉）。

律に定める贖は以上のとおりであるが、律で定めていない場合にも財貨あるいは労働によって代替することが許される場合もあった。律に定める贖を「**収贖**」と言うのに対して、律外の贖を「贖罪」と言い、また律外の贖が条例において整備されていったことから、「律贖」と「例贖」という呼び分けもなされた。

「贖罪」（または「例贖」）は、明初に国家が必要とする物資（食糧・石材・煉瓦など）や労働力を調達するために始まった制度であり、「収贖」（または「律贖」）のように適用対象を限定せず広く用いられた。もともと体系的に考案された制度ではなく、複雑で錯綜した規則・先例の集積が明一代の間に整理されて清代に引き継がれたものであるが、清代の贖罪制度も決して明快なものではない。何よりも、贖罪の認められる場合と認められない場合の区別という肝心な点が不明瞭であった。『大清律輯註』の〈在外納贖諸例図〉への註は、贖罪（折贖）の適用にそもそも「一定の法がない」ことを指摘した上で次のように言う。

真犯死罪、十悪に関わる罪、通常の恩赦で赦《ゆる》されない罪、名分・義理に関わる罪、汚職の罪、賄賂による犯罪の見逃し、あらゆる姦淫・盗み・殺傷を除いて、それ以外の不運にも人の巻き添えになったり、憐れむべき事柄や赦すべき事情があったりするものは、いずれも贖罪にすることができるので、個別に酌量して決めるか、あるいは事情を述べて申請すべきである。『読律佩觿』には贖罪を許さないものが一条ずつ書き出されており、すべて正確とは言えないが採るべきものはある。しかし遵守すべき規則ではないので、これに依拠して基準とすることはできない。

要するに一般的規則が成り立っていないので、王明徳が『読律佩觿』巻七の中で行なったように、律の各条について実施状況を調べるしかないのであるが、所詮それも実施状況にすぎず、依拠すべき基準とは言えなかった。実際には条例や単行法規を調べた上で、上級機関に報告して裁定を請うしかなかったと見られる。

なお、「贖罪」は「収贖」より贖銀の額が高く設定されており、[13]一定の財力がなければ納付は不可能であった。そこで、贖罪に当たる人は財力によって「無力」「稍有力」「有力」に分けられ、「無力」であれば笞・杖は実刑を受け、徒以上は労働で代替させられた。[14]「稍有力」であれば労働で代替する形にした上で、さらに銀に換算して納めさせ、「有力」であれば穀物を納める形にした上で、実際には銀で納めさせた。「…形にした上で」どうこうという規定は回りくどいが、明初以来の贖法の経緯を踏まえた結果、このような規定になってしまったのである。[15]

三　律の総則（名例律）

明清律は、最初に全体の総則である**名例律**が据えられ、その後に**吏律**・**戸律**・**礼律**・**兵律**・**刑律**・

工律の各則が配置されている。名例律の規定は他のすべての条文の通則となっており、各条文の注釈はそうした通則を踏まえた上で議論を行なっている。本書では、名例律に定める通則が問題になる際にはその都度説明を加えたが、最初にざっと頭に入れておくと一層わかりやすいと思うので、以下に紹介しておく。名例律を一条ずつ紹介しても煩雑なので、全体をいったんばらばらにした上で、まとめ直して以下に記す。取り上げる順序も、条文の配列には従っていない。

なお、ここに記すのは本書の底本とした校訂順治律の規定である。その後の雍正律・乾隆律による改訂事項は、原則として註に附した。

○刑罰

刑罰体系の基礎をなす五刑については名例律の冒頭に定めるが（〈五刑〉）、前節で述べたため改めて取り上げない。なお名例律では、他所への配流を行なう徒・流・充軍の刑について、省ごとに囚人を送るべき土地を指定している（〈徒流遷徙地方（徒刑・流刑の地）〉〈辺遠充軍（充軍刑の地）〉）。(16)

○十悪

道義的に許し難いとされる以下の悪事を「十悪」と言う。

一、謀反：国家を転覆しようと謀ること。

二、謀大逆：王朝に危害を加えようと謀ること。

三、謀叛：本国に背き他国に従おうと謀ること。
四、悪逆：目上の近親を殺傷すること。
五、不道：特別に残虐・非道な犯罪。
六、大不敬：皇帝が使用する物を侵害すること。
七、不孝：祖父母・父母への不敬・不服従。
八、不睦：親族の間で侵害し合うこと。
九、不義：官と民、師弟、夫婦の間の倫理に背くこと。
十、内乱：親族内の姦淫。

〈十悪（十の大罪）〉では、以上の十悪が具体的にどのような行為を指すのか、小註で例示するだけである。十悪に相当する罪は、たとえば賊盗篇〈謀反大逆〉とか人命篇〈謀殺祖父母父母〉とか、具体的には各則の該当する条文で定められている。

十悪に当たる罪は必ずしも死罪ではなく、重罪ですらない場合もある。たとえば「不孝」に当たる「別籍異財（祖父母・父母の生前に子孫が戸籍を別にし、財産を分けること）」などは、戸律・戸役篇〈別籍異財〉によれば杖一百にすぎない。ただ、十悪を犯した者は恩赦の対象から外れる（〈常赦所不原（恩赦の対象外）〉）など、一つの罪の範疇として意味をもつ場合がある。

○宗室・勲戚・官僚らの特別扱い

宗室・外戚・功臣の子孫など「八議」という範疇（詳しくは第2巻断獄篇〈老幼不拷訊〉の解説を参照）に含まれる一部の特権保持者とその近親は、十悪や一部の重罪を犯した場合を除いて、皇帝の許可なく逮捕・審問することはできず、審判は皇帝自身によって下される（〈応議者犯罪（特権保持者の犯罪）〉〈応議者之父祖有犯（特権保持者の親族の犯罪）〉）。

中央官僚（京官）と五品以上の地方官僚（外官）および府・州・県の官は、やはり皇帝の許可なしに逮捕・審問できず、その他の地方官僚は、分巡御史《ぎょし》・按察司官が審問してから上奏して裁可を得る（〈職官有犯（官僚の犯罪）〉）。また、父祖あるいは自身に功績のあった軍官も、皇帝の許可なしに逮捕・審問することはできないとされた（〈軍官有犯（軍官の犯罪）〉）。[17]

円満に退職した官は、現任官と同じく扱われる。子が官を得たことによって名目上の官を贈られた者も同じである（〈以理去官（円満退官者の扱い）〉）。官に就く以前に罪を犯して官を得てから発覚した、下級の官であった時に罪を犯し昇格してから発覚した、在任中に罪を犯して退任後に発覚したといった場合は、公罪であればおおむね軽減する方向で処分されるが、私罪であれば律の規定どおりに罰せられる。[18]吏典も同様に扱われる（〈無官犯罪（任官以前の犯罪）〉）。

なお、順治律では逆に差別的な措置として、吏典や獄卒など官以外の官庁の人員が死罪を犯した場合、長官が断罪・処刑した上で事後報告することを認める条文があったが（〈吏卒犯死罪（吏典・獄卒らの犯罪）〉）、『大清律輯註』の時代にはすでに死文化しており（同条への沈註）、雍正律では条文自体が削除された。また、辺境の軍事基地で軍人に謀叛の罪があった場合、現地で断罪・処刑し、中央政府には事後報告が認められ、戦場で叛いた場合はその場で殺してもよいことになっているが（〈処決叛軍〈反逆した軍人の処刑〉〉、こちらの条文は雍正律以降も引き継がれた。

軍籍にある人が徒・流に当たる罪を犯した場合、杖一百を受けて遠方の衛に異動させられる〈〈軍官軍人犯罪免徒流〈軍籍にある者の徒刑・流刑免除〉〉[19]。これが律に言う本来の「充軍」である。また順治律には、軍人を殺した場合、律に依って死刑になった上、親族から一人を軍役に当てて埋め合わせるという条文もあったが〈〈殺害軍人〈軍人の殺害に伴う措置〉〉、明律から機械的に引き継がれた条文であり、雍正律では削除された。同じく、首都に籍を置く軍・民は杖八十以上の罪を犯せば地方に移すという条文も〈〈在京犯罪軍民〈首都の住民の犯罪〉〉、雍正律では削除された。

○特殊な戸籍にある人々の扱い

工部所属の匠人〈工匠〉・教房所轄の楽人〈楽戸〉が流罪を犯した場合は、杖一百だけを執行され、残りの刑は四年間の就役で代替する。また、欽天監の修業を終えた天文生が徒罪・流罪を犯した場合は、やはり杖一百だけ実刑を科し、残りの刑は収贖する。輯註によれば、その技能が惜しいので配流しないのである〈〈工楽戸及婦人犯罪〈特殊な戸籍にある者と婦人の犯罪〉〉[20]。

道教の道士・女冠と仏教の僧尼は、罪を犯して刑罰を受ければ還俗させられる〈〈除名当差〈官爵の剝奪〉〉。両者はいずれも出家者として同様に扱われ、条文に道士・女冠とある場合は、僧尼についても同じとする。彼らが教えを受けた師は、伯叔父母と同じとして扱う。弟子については、兄弟の子と同じとして扱う〈〈称道士女冠〈僧・道の扱い〉〉。

○婦人の扱い

婦人が罪を犯した場合、一定の有免措置を受ける。徒・流は杖一百だけを執行し、残りの刑は収贖とする。姦淫の罪を除いて、杖刑の執行時には衣服一枚を着け、盗みなどで刺字が定められている場合も刺字を免じる（〈工楽戸及婦人犯罪〉）。

律による規定は以上のとおりであるが、さらに明代以来の条例によって、姦淫・盗み・不孝の罪を犯した者および財力のない（無力）婦人と楽戸の婦人（楽婦）には実刑を施すが、財力のある（有力）婦人と朝廷から称号を賜った婦人（命婦）・軍職の正妻には、笞・杖の実刑もすべて贖罪が認められていた(21)。

○老人・子供・身体障碍者の扱い

老人・子供・身体障碍者が罪を犯した場合、一定の有免措置を受ける。身体障碍者は障碍の程度によって「残疾」「廃疾」「篤疾」に区分される（本書ではそれぞれ「障碍」「重い障碍」「重篤な障碍」と訳す）。

七十歳以上・十五歳以下・重い障碍をもつ者は、流罪以下を犯した場合、収贖を認められる。八十歳以上・十歳以下・重篤な障碍をもつ者は、殺人で死罪に当たる場合は審議・上奏して皇帝の裁可を求め、盗みと傷害については収贖を認め、その他はすべて論罪しない。九十歳以上・七歳以下は、死罪であっても刑を科さない。

以上の者については、犯罪を使嗾《しそう》した者がいれば使嗾した者を罪に当て、賠償すべき不正取得

(贓《ぞう》)があればそれを受け取った者に賠償させる(〈老小廃疾収贖(老人・幼少者・身体障碍者の犯罪)〉)。

罪を犯した時にまだ上記の老齢に達していなかったが発覚した時には達していた、罪を犯した時には障碍を負っていなかったが発覚した時には負っていたという場合は、老人・障碍者として論罪する。徒刑の年限内に老齢に達したり障碍を負ったりした場合は、残りの徒役の日数を計算して収贖する。罪を犯した時には幼少であったが発覚した時には上記の年齢を超えていた場合は、幼少者として論罪する(〈犯罪時未老疾(犯罪後に老人・障碍者になった場合の扱い)〉)。輯註によれば、老人・障碍者はその現在を気遣い、幼少者はその過去を哀れむのであるという。

○官吏の罪

文武の官吏が公務において犯す罪には、「**公罪**」と「**私罪**」がある。**公罪は私心によらない罪**であり、意図せぬ錯誤・不注意による過失などがこれに当たる。公罪であれば、官は原則として収贖が認められ[22]、吏は実刑を科すことになっているが、沈註は官・吏とも収贖とすべきであるとの意見を記す。官・吏とも、杖罪以上は所定の刑のほかに行政処分を受ける(〈文武官犯公罪(文武官の公罪)[23]〉)。

私罪は私心によって故意に犯した罪であり、官の場合、笞四十以下であれば収贖の後に現職復帰が可能であるが、笞五十以上では収贖はできても現職には復帰できず、罪の等級に応じて官品を降され、杖一百以上は罷免される。吏の場合[24]、笞四十であれば刑を受けた後で復帰できるが、笞五十ではもとの役には就けず、杖罪以上は罷免される(〈文武官犯私罪(文武官の私罪)[25]〉)。官が私罪によって罷免された場合、出仕以来の履歴を抹消され、世襲の官職・爵位も奪われる〈除名当差〉。
以上が律の定めるところであるが、公務における罪過については『処分則例』で詳しく定めており、実際にはそれに従って罰俸（俸給停止）・降級（品級の降格）・革職（罷免）などの行政処分が行なわれた。

○同僚の罪

清代の官僚機構では、各官庁は原則として正官・首領官・属官（律では「統属官」と称している）によって構成されていたが(26)、人民を直接統治し裁判を執り行なう州・県など地方官庁では、正官のうち長官と佐貳官《さじかん》の間に決定的な区分があり、属官は置かれなかった。一般に州・県には、知州・知県などの長官一名、州同・県丞などの佐貳官一、二名、吏目・典史などの首領官一名が置かれた。長官は担当管区内の行政全般について責任を負い、裁判はその専権事項であった。佐貳官は糧務・水利・罪人逮捕など、首領官は獄中の囚人の管理など特定の業務を分担して長官を助けるものとされた。こうした官のほか、すべての官庁には現地で採用される多数の吏典（一般に胥吏と呼ばれる）がおり、書類の作成・整理などの事務処理を担当した。

律に言う「同僚の官吏」とは、以上の**長官・佐貳官・首領官・吏典**の四種の人員を指す。ある官庁で行なわれた業務が公罪に当たった場合、その業務を命じた文書に連署した者のうち、**吏典を首犯とし、首領官は吏典から一等を減じ、佐貳官は首領官から一等を減じ、長官は佐貳官から一等を減じる。**官庁によっては四種すべての人員が設置されていないこともあるが、その場合は設置されている人員だけについて順次減等する。

公罪ではなく同僚のうち一人が私心をもって行なったならば、その者は私罪として論じるが、それ以外の者は事情を知らなければ公罪として論じ、上記の規則に基づいて順次減等する。もし上級官庁に誤った申請を行ない、上級官庁が許可して施行させた場合、上級官庁の官吏は下級官庁の官吏の罪から二等減じた罪を科す。上級官庁の誤った命令を実行した場合、下級官庁の官吏は上級官庁の官吏の罪から三等を減じた罪を科す。いずれも吏典を首犯とし、首領官・佐貳官・長官と順次減等する〈同僚犯公罪（同僚の公罪）〉。

また、公務において過誤を犯した場合、自ら名乗り出れば免罪とし、同僚の官吏のうち一人が名乗り出れば残りの者もみな免罪となる。ただし、裁判で不当に重い罪を断じてすでに刑を執行していた場合は、この規則を適用しない。官文書提出の遅延は、やはり一人が名乗り出れば残りの者は免罪となるが、担当の吏典は免罪としない。その吏典が自ら名乗り出れば、その罪を二等減じる〈公事失錯（職務上の過誤）〉。

○犯罪者の親族

犯罪者の親族は、犯罪を知りながら通報せず、罪人を匿ったり逃がしたりしても罪に問われない。これを「容隠」と呼ぶ。具体的には、罪を犯した者と以下の関係にある者はその犯罪を隠蔽し逃亡を幇助することが許される。①同居している親族、②大功以上の親族、③外祖父母・外孫・妻の父母・女婿・孫の婦《よめ》・夫の兄弟・兄弟の妻、④奴婢・奉公人（家長に対して）。以上に該当しない者であっても、小功・緦麻の親族であれば三等を減じ、服喪義務のない（無服）親族は一等を減じる。ただし、謀反・謀大逆・謀叛については、この規則の適用外となる〈親属相為容隠（親族による容隠）〉。

　その他、犯罪者の親族については次のような規則がある。流刑・遷徙に処せられた者の妻妾はそれに随行し、父祖・子孫も希望すれば随行を許される。本人の死後、親族は帰郷を望めば許される〈流囚家属（流刑囚の家族）〉。また、死罪を犯して通常の恩赦の対象外でない者に養うべき祖父母・父母があり、他に養う者がいない場合、上奏して皇帝の指示を仰ぐ。徒罪・流罪を犯した同様の者については、杖一百だけを科して残りは収贖させ、親を養わせる〈犯罪存留養親（養親のための刑の猶予）〉。

○国外から来た者

　王朝の教化が及ばない「化外」の地すなわち外国から来た者は、一般の民と同様に律によって処断する〈化外人有犯（外国人の犯罪）〉。ただし、清朝は藩部（モンゴル、後に新疆・チベットに拡大）の人については特別法を適用しており、雍正律では「理藩院に所属する者」は『蒙古例』[27]に依ると明記している。

○首犯・従犯

　複数の者がともに罪を犯した場合、**首謀者一人を首犯とし、随従した者は従犯として首犯から一等を減じた刑を科す**。つまり、律の条文に記された刑は、原則として単独犯または首犯に対するものであり、従犯はそこから一等を減じられる。この首犯・従犯の原則を「首従法」と呼ぶ。

一家の人がともに罪を犯した場合、首謀者か否かを問わず、尊長だけを罪に当てる。尊長は卑幼に対して「専制の義」があるからである。もし尊長が八十歳以上または重篤な障碍をもつ者であれば、ともに罪を犯した中で次の尊長に罪を帰す。婦人の尊長と男子の卑幼がともに罪を犯した場合は、婦人が首犯であっても男子だけを罪に当てる。ただし、人の財産を侵害、身体を損傷した場合は、一般の首従法に従う。

ともに罪を犯しても、**首犯と従犯が別の罪になる場合は、各々該当する条文の首犯・従犯によって論じる。**たとえば、一家の卑幼が外部の人を引き込んで自分の家の財物を盗んだ場合、卑幼は一家の財を無断で使用した罪（戸律・戸役篇〈卑幼私擅用財（家の財産の無断使用）〉）を論じられ、外部の人は一般の窃盗の罪（賊盗篇〈窃盗〉）で従犯として論じられる。[28]

条文で**「みな（皆）」と言う場合は首犯・従犯を区別せず、「みな」と言わなければ首従法に従う。**ただし、条文によっては「みな」と言わなくても首犯・従犯を区別しない場合もある（〈共犯罪分首従（首犯・従犯の区別）〉）。

○刑の加減

五刑は、笞一十から始まって斬まで、順次重い罰を科すように配列されている。一つの刑とその前後の刑の間はそれぞれ一等をなし、刑種が変わっても同じである。律の規定では、この連続的な等級を利用して刑の加減を行なう。たとえば、笞四十に一等を加えると笞五十になり、二等を加えると杖六十になる。杖八十徒二年に三等を加えると杖一百流二千里となり、三等減じると杖一百になる。

およそ条文の中で「**加える**（**加**）」と称するのは、**本来の刑に加重することであり**、「**減じる**（**減**）」**と称するのは、本来の刑から軽減することである**。加重・軽減はいずれも上記の等級に従って行なうが、**二死**（**絞・斬**）と三流（**杖一百流二千里・杖一百流二千五百里・杖一百流三千里**）**は、軽減する際にはそれぞれ一等として扱う**。たとえば、斬から一等を減じる場合は杖一百流三千里、二等を減じる場合は杖一百徒三年となる。

刑を加重する場合は、杖一百流三千里を上限とし、死刑にはしない。ただし、条文で加重によって死刑にすることができると定める場合は、その条文の規定に従う。なお、その場合も絞にはできるが斬にはできない（〈加減罪例（刑の加減）〉）。

律の規定に従って減等した上で、さらに減等に当たる理由（従犯であったとか自首したとか）がある場合は、**重ねて減等**（**累減**）**することが認められる**（〈犯罪得累減（刑の累減）〉）。

不正取得の額・日数・人数など、**数量によって刑が定まる場合、数量を正確に満たして初めてその刑を科す**。たとえば、窃盗は贓四十両で杖一百となるが、たとえ三十九両九銭九分であっても杖一百を科すことはできず、一等下の杖九十を科すことになる（〈加減罪例〉）。

自分は何もしていなくても、他人の犯罪によって自動的に罪に当たることがある。たとえば、倉庫の番人が保管している物を盗んだ場合、その倉庫の管理責任者である官は監督不行き届き（失察）の罪に当たる。このような「連累」の罪については、本来の罪人が死んだ場合は二等を減じ、自首したり恩赦に遇ったり特旨によって軽減されたりした場合は同様に減免される（〈犯罪共逃（共犯者の捕縛・死亡〉〉。

○犯罪の重複

二件以上の犯罪が同時に発覚した場合、最も重い件について罪を論じ、残りは論じない。同等の罪であれば、一件についてだけ処断する。一つの罪について結審し、刑を執行した後で余罪が発覚した場合、前の罪より軽いか同等であれば論じないが、前の罪より重ければ、後の罪から前の罪を差し引いた分の刑を科す。不正取得の没収・賠償・刺字・官の罷免・罪の上限については、すべて規定どおりに適用する〈〈二罪倶発以重論（複数の犯罪の発覚）〉〉。

犯罪が発覚して、その件について結審する前にさらに罪を犯した場合、重い方に従って処断する。徒罪・流罪で配所に送られた後、さらに罪を犯した場合、後で犯した罪について律のとおりに改めて刑を科す。

徒罪で服役中にさらに徒罪を犯した場合は、後の方の徒罪に附随する杖刑を執行した後、前の徒役の年限が終わってから後の方の徒役を科す。ただし、**徒刑は前後合わせて四年を過ぎてはならない。**流刑が徒四年に読み替えられるので、徒罪でありながら流罪より重い刑を科されないようにするためである。流刑囚がさらに流罪を犯した場合は、もう一度杖一百を執行した後、配所で四年の労役（拘役）を科す（沈註によれば、徒刑囚が流罪を犯した場合は流刑を、流刑囚が徒罪を犯した場合は徒刑を改めて科すのは言うまでもない）。杖罪以下を再度犯した場合は、規定どおりの笞刑・杖刑を執行する〈〈徒流人又犯罪（徒刑囚・流刑囚の犯罪）〉〉。

○自首

罪を犯して発覚する前に自首すれば、原則としてその罪を免じる。不正取得は追徴する。軽罪が発覚した時に重罪について自首すれば、その重罪は免じる。訴えられた時に余罪について告白した場合も同じ。人を遣わして自首の代理をさせたり、〈親属相為容隠〉で隠匿を認められた親族が通報したり訴え出たりした場合も、本人が自首したのと同じとして扱う。

実際に犯したのと別の罪を自首した場合、犯した罪は自首していないので、その罪を問われる。たとえばひったくり（搶奪）をしながら窃盗を自首した場合は、ひったくりの罪を科せられる。同じ罪でも不十分に自首した場合は、自首した分との差に当たる罪を科せられる。たとえば百両の窃盗を犯しながら六十両についてだけ自首した場合は、四十両の窃盗について罪に問われる。ただし、死刑になる場合は一等を減じられる。

人が訴えようとしているのを知って自首した場合、また外国や国家権力の及ばない土地に逃げる罪を犯した後で自首した場合、二等を減じて罪に当てる。後者の場合は、自首しなくても本地に帰還すれば二等を減じる。強盗・窃盗・詐取については持ち主のもとに名乗り出たら、収賄については贈賄側に返還したら、官に自首したのと同じとする。人が訴えようとしているのを知って返還したならば、やはり二等を減じる。

強盗・窃盗を犯した者が共犯者を捕えて訴え出たら、やはり罪を免じ、恩賞も通常どおりに与える（以上〈犯罪自首（自首に関する規定）〉）。罪を犯してともに逃げていた者のうち、軽罪の者が重罪の者を捕えて出頭した場合、また罪の重さが同等であっても共犯の半分以上を捕えて出頭した場合は、いずれも罪を免じる（〈犯罪共逃〉）。

なお、**以下の場合については自首を認めない**。①人を損傷した場合、②賠償できない物を損傷した場合、③犯罪が発覚して逃亡した場合、④違法に関所を越えた場合、⑤姦淫を犯した場合、⑥私的に天文を学んだ場合[29]（〈犯罪自首〉）。

○総則と各則の不一致

律全体の総則たる名例律と各則たる吏律以下の条文との間に不一致があった場合、各則の方の条文によって処断する。

罪を逃れるために別の罪を犯したならば、重い方に従って罪を論じる。たとえば、官吏に賄賂を贈って罪を逃れようとした場合、本来の罪の方が重ければ本来の罪で、贈賄の罪の方が重ければ贈賄によって論罪する。

罪を加重すべき要因があったとしても、犯行時に知らなかったならば一般の扱いに止まる。たとえば、甥が遠隔地に住んでいて面識のなかった叔父を殴って傷を負わせ、審問を受けて初めて自分の叔父と知ったとか、大祀の供物になるはずの物を知らずに盗んでしまったとかいった場合、一般の傷害・窃盗として論じるということである。逆に**軽減すべき要因があったならば、犯行時に知らなかったとしても軽減する。**たとえば叔父が知らずに甥を殴って傷を負わせた場合、審問を受けて初めて知ったとしても、卑幼に対する傷害として罪を軽減される（〈本条別有罪名（条文間の不一致）〉）。

○「同罪」と「罪同」

律文の中で**「…と同罪」と称する場合、量刑は同じくするが、刺字《いれずみ》は施さず、死罪になる場合は一等を減じて杖一百流三千里を上限とする。**「…と同罪」とされるのは、人の罪に巻き込まれる形（連累）で罪を得た者であるから、本来の罪を犯した人（正犯）の罪に「準じて（准）」刑を科されるのであり、したがって八字の「准」の定義に応じた扱いを受けるのである。ただし、財を受け取って故意に犯罪者を逃がした場合と、謀反・大逆・謀叛の犯人を故意に逃がした場合の「同罪」については、罪状が重いので正犯と同じく扱う（〈称与同罪（同罪の定義）〉）。

なお、類似の表現に「…と罪は同じ（罪同）」というものがあるが、**「罪は同じ」と称する場合、死罪になる場合にも減等されない。**単に罪が同じだから同じくすると言うにすぎないためである（〈称与同罪〉の小註）。

○該当する条文がない場合

律か条例に該当する条文がない場合、他の条文を引いて類推適用（比附）する。「比附」でなく「比照」「比依」の語も用いられる。その条文に定める刑より加重するか軽減するか、裁判官は状況を熟考して科刑の原案を上司に提示し、上司から刑部に伝え、刑部で審議した上で皇帝に上奏して裁可を得る[30]。もし勝手に処断して、刑が不当であったということになれば、刑律・断獄篇〈官司出入人罪〉に定める罪として論じる（〈断罪無正条（該当する条文がない場合の措置）〉）。

○犯人の逃亡

二人が罪を犯し、一人が捕えられもう一人が逃亡していた場合、**捕えられた方が逃げている方を首犯と称し、他に証人がいなければ、本人の主張だけで従犯と定める。**後に逃亡していた者が捕えられて、前に捕えられていた者を首犯と称し、審問して事実であったならば、改めて前に従犯としていた者を首犯として論じる。すでに結審して刑を執行していれば、後で定まった刑から執行した刑を差し引いた分だけ科す。

罪を犯して逃亡した場合、その犯行が多数の証人によって明白であれば（衆証明白）、罪が定まったとみなされ、審問を経ることなく断罪される（以上、〈犯罪事発在逃（犯罪者の逃亡）〉）。「多数の証人」を表す「衆証」について具体的な規定はないが、「衆と称するのは三人以上」という定義（〈称日者以百刻（時刻等の定義）〉）を援用すれば、三人以上の証人ということになる[31]。

○恩赦

中国では古くから恩赦の制度があり、漢代には皇帝の即位・改元など王朝の重大行事のたびに天下に大赦し、戦勝や災異などさまざまな理由で罪人を赦免する慣例が確立していた。この慣例は歴代王朝に引き継がれ、清代にも皇帝の即位・大婚・崩御、また災害・反乱平定など国家的大事のたびに恩赦が行なわれている。

恩赦が布告される際には、対象外となる罪がその都度明示されたが、通常の恩赦の対象にならない罪については律でも定めている。それによれば、十悪・殺人以下あらゆる故意に犯した罪が対象外とされ、過失による罪や連累による罪、官吏の公罪は赦される。個別の恩赦で特に赦免を指定された罪は、律の規定にかかわらず赦される〈常赦所不原〉。

なお、徒刑・流刑・遷徙に処せられた人は、すでに配所に至っていれば、恩赦に遇っても放免されない。[32]護送中に恩赦に遇った場合、護送に要する所定の日数内であれば赦されるが、所定の日数を超えていれば赦されない。ただし、病気や事故などやむを得ない理由で日数を超過していた場合は赦される。護送中に逃亡していれば、所定の日数内であっても赦されない〈徒流人在道会赦（配流途中の恩赦）〉。

犯罪によって財産没収になる時に恩赦があり、罪人の刑は執行されていても没収がまだであれば、没収は赦免される。すでに没収されていた場合、または謀反・大逆・謀叛を犯した場合は赦免されない。謀反・大逆・謀叛以外の罪で刑の執行がまだであり、財産が官府に送られていても分配される前であれば、まだ没収されていないとみなす。罪人自身が赦免された場合、連坐して官に没収されるはずの家族もまた赦免される〈給没贓物（贓物の没収）〉。

○不正取得

盗品・賄賂・脅し取った物など、不正取得はすべて「贓《ぞう》」と呼ばれる。不正取得を得た罪は、基本的には贓を銀に換算した評価額によって刑を定められる。贓の銀への換算は、犯罪のあった地方の犯罪当時の中等の物価を基準にして行なう。番兵を私用に使った場合のように賃金が贓とされる場合は、一人当たり一日につき銅銭六十文として計算する。(33) 牛馬などの役畜や車・船・碾臼《ひきうす》・店舗などを不正使用した場合は、犯罪当時の使用料を基準とするが、使用料の総計が家畜・車・船などそれ自体の価格を超えてはならない。

何両相当の不正取得でどれだけの刑になるかは、「六贓」すなわち六つの主な不正取得（監守盗・常人盗・窃盗・枉法《おうほう》贓・不枉法贓・坐贓）について各々定められ（賊盗篇〈監守自盗倉庫銭糧〉の解説を参照）、この六種類の量刑体系が他の不正取得の罪にも援用される。

官吏に対する賄賂など、得た者だけでなく与えた者も罪に当たる場合、その贓は官府に没収される。禁制品も同じく没収対象となる。盗み・恐喝・詐欺など、円満な授受によらなかった場合、贓はもとの持ち主に返還される。

贓を没収・返還する際には、贓が現にある形で返還する。たとえば、驢馬を盗んで馬と交換したとか、盗んだ家畜が仔を生んだとかいった場合、その現にあるものが返還すべき物となる。金銀については、贓と贓でないものとの区別がつけ難いので、犯人の供述に従って純分を定めて追徴する。なお、犯人が贓を費消してしまった上で死んでいれば、追徴は行なわない。賃金が贓とされる場合も、死んでいれば追徴しない（〈給没贓物〉）。

○律の発効

新しい律が制定された場合、律が公布された日から発効する。それ以前に犯した罪であっても、まだ結審していなければ新律によって処断する（〈断罪依新頒律（新律の発効）〉）。

○用語の定義
条文の中で用いられるいくつかの用語について、名例律では次のように定義している。
（1）　本来皇帝についてだけ用いる以下の語は、次のように対象を広げて用いる（〈称乗輿車駕〈皇室に関わる用語の定義〉〉）。
①皇帝の乗物である「**乗輿**」「**車駕**」または「御物」「御在所」など「**御**」と称するものは、太皇太后・皇太后・皇后のものについても該当する。
②「**制**（本書では「勅」と訳す）」と称する命令は、太皇太后・皇太后・皇太子の命令もこれに当たる。
（2）　親族呼称については、次のように定める（〈称期親祖父母〈親族呼称に関する定義〉〉）。
①「**期親**」または「**祖父母**」と称するものは、曾祖父母・高祖父母も同じとする。
「期親」は斉衰期年の服喪対象に当たる親族を指す。服喪規定によれば、曾祖父母は斉衰五か月、高祖父母は斉衰三か月で、同じ斉衰でも厳密に言えば「期親」には当たらないが、条文中に「期親」とあれば曾祖父母・高祖父母も含む。同じく条文中に「祖父母」とあれば、それ以上の世代の曾祖父母・高祖父母も該当する。
②「**孫**」と称するものは、曾孫・玄孫も同じとする。
③長子が死んで嫡長孫が葬祭の任を継いだ場合、嫡長孫にとっての祖父母は父母と同じとする。
④嫡母・継母・慈母・養母（闘殴篇〈殴祖父母父母〉の解説を参照）は、生母と同じとする。

⑤「**子**」と称するものは、男女を兼ねて言う。

（3）官庁での職責については、次のように定める（〈称監臨主守（監臨・主守の定義）〉）。

①「**監臨**」と称するものは、中央・地方の諸官庁が所属を統括して文書の遣り取りを行なうこと、または治安維持・水利など特定の業務において権限を有することを指す。

②「**主守**」と称するものは、吏典が特定の文書・案件を担当すること、または官吏・倉庫役人（庫子・斗級・攢攔《さんらん》）が倉庫や雑物を、獄卒が囚人を管理することを指す。

つまり、公務において監督・命令する権限を有していれば「監臨」、直接管理する責任を有していれば「主守」とされる。官制上の統属関係がなくても、臨時に派遣されて監督に当たれば「監臨」であり、業務を担当すれば「主守」である。「監臨」「主守」は、しばしば両者を合わせて「監守」として条文に見える（賊盗篇〈監守自盗倉庫銭糧〉の解説を参照）。

（4）時間と人については、次のように定義する（〈称日者以百刻〉）。

①「**一日**」とは百刻を言う。ただし、賃金を計算する場合は朝から暮までとする。

明代の『大統暦』では、一日を十二時とし、原則として毎時八刻、子と午の二時だけ十刻としていたため、一日は百刻となる。清代の公式の暦である「時憲暦」（後に「時憲書」と改称）では、子・午も八刻としたため、一日は九十六刻であったが、律文は改められず、「今の時憲暦は毎日を九十六刻に計る」との小註を附すのみである。いずれにせよ「一日」とは、ある時刻から翌日の同時刻までを言う。ただし、賃金を計算する場合については、作業を行なう日中の時間だけを指す。

②「**一年**」とは三百六十日を言う。

太陰太陽暦では、原則として一年は三百六十日であるが、年によって閏月《うるう》が入るので一年が一か月分長くなることがある。そうした場合に備えて、「一年」とはある日付から一年後のその前日までではなく、満三百六十日と定めるのである。

③**人の年齢**は、戸籍に基づいて定める。

④「**衆**（本書では「多く（の）」または「人々」と訳す）」とは三人以上を言う。「**謀**（本書では「謀る」と訳す）」とは二人以上について言う。

（1）『易経』解の「君子以赦過宥罪」に附した孔穎達《くようだつ》の疏に「罪とは故犯を謂う」とある。
（2）『左伝』隠公十一年「許無刑而伐之」の杜預の註に「刑とは法なり」とある。
（3）こうした世話役の性格と位置づけについては、陳亜平［二〇〇九］などに詳しい。
（4）「以」と「准」については、名例律〈称与同罪〉でも定めている。
（5）だが、雍正律の〈五刑之図〉には笞・杖とも「今は竹板をもって処罰する」とあり、〈獄具之図〉でも「板」の規格は一種類しかない。つまり、雍正初年までに笞と杖の間で刑具の違いはなくなり、単なる回数の違いに変わっていたのである。
（6）順治四年定制（光緒『大清会典事例』巻七百二十三）。『大清律輯註』も、「今の徒罪はみなその省の駅に送って服務させる」としている（名例律〈徒流遷徙地方〉への沈註）。ただし、乾隆年間以降は駅逓の有無にかかわらず省内の州県に均等に送られるようになり、労役に従事させることもなくなったため、徒刑は同じ省内の他の州県への流刑と変わりがなくなった（滋賀［二〇〇三］三二七頁）。
（7）同上。この点については捕亡篇〈稽留囚徒〉の沈註に、「新例」として言及されている。

(8) 州・県のほかに「庁」と呼ばれる行政単位もあり、府の属官によって統治された。後述のように、府は基本的に監督官庁であるが、府庁の置かれた都市は原則として府の直轄地になり、住民にとっては府が末端の行政機関となった。州の中には、自ら直轄地を統治するとともに周囲の県を統括して、府に所属しない直隷州もあった。また、首都北京や清朝の中国征服以前に組織された八旗に所属する人々は、別の統治機構の下にあった。ここでは説明が煩雑になるのを避けるため、清代中国の人民の大半が属していた州・県に即して述べていく。

(9) 公開が義務づけられていたわけではなく、知州・知県によっては、威儀を正して衆人の注視の的になっていなければならないことを嫌って、官庁の大堂ではなく内衙(官庁に併設された知州・知県の居住区)で気楽に審理するのを好む者もいた。だが、公開の審理を傍聴させることは、一般人民に対する教育的見地から有益とされ、要らざる訴訟を減らすためにも公開の場で審理することが望ましいとされた(汪輝祖『学治臆説』上・親民在聴訟。また滋賀秀三[一九八四]六〇頁註174を参照)。

(10) 府や直隷州が初審となる場合は、布政司・按察司の佐貳《さじ》官《かん》に由来する道(官としては「道員」と呼ばれることが多い)に送り、道で再審理した後で按察司に送る。

(11) ただし、徒刑相当であっても人命侵害に関わる案件は、流刑相当の場合と同様に刑部の認可を要した。

(12) 滋賀秀三[一九八四]二三—二九頁。

(13) 「稍有力」の贖銀は三銭(笞一十)から十八両(雑犯死罪)、「有力」は銀二銭五分(笞一十)から銀二十五両(雑犯死罪)となっている。笞一十の場合のみ「有力」の方が「稍有力」より額が低いという逆転現象が起こっているが、その理由については註15を参照。

(14) 民は駅站で労働、軍士は見張りに当てることになっていた(〈在外納贖諸例図〉)。

(15) 具体的に言えば、「有力」の犯人は穀を倉庫に納める建前であるが、実際には穀一石を米五斗に換算し、米一石を銀五銭に換算することになっているので、笞一十の場合、穀一石を米五斗に、さらに銀二銭五分に換算することになる。笞刑は一級ごとに穀一石、杖刑は穀二石、徒刑は流刑を読み替えた徒四年まで穀十石、雑犯死罪を読み替えた徒五年になる時に穀二十石増え、それぞれ銀に換算する。これに対して「稍有力」の方は労働（做工）一か月分を銀三銭に換算し、笞一十の場合に一か月分、笞刑は一級ごとに半月分、杖刑になった段階で一か月分、その後は一級ごとに半月分、徒刑は半年分、徒四年になる時と徒五年になる時に一年分増え、それぞれ銀に換算する。その結果、笞一十の時の贖銀の額が「稍有力」の三銭に対して「有力」が二銭五分と逆に低くなっているが、笞二十以上は必ず「有力」の方が「稍有力」より高額である。

(16)　正確には「布政司の管轄区分ごとに」である。雍正律では、徒刑については「その省の駅逓に送る」とし、流刑地もかなり改めている。充軍については順治律の〈辺遠充軍〉を〈充軍地方〉と改め、等級を分けて改定した。「二一　裁判と刑罰」の「刑罰の体系」の項（本書五八―六〇頁）を参照。

(17)　雍正律は、これらをまとめて簡略化し、およそ中央・地方のあらゆる官員の犯罪は、上奏して皇帝の許可を得なければ逮捕・審問を許さないとした（〈職官有犯〉）。〈軍官有犯〉は条文全体が削除された。

(18)　公罪・私罪については後述。

(19)　雍正律は本条を削除して、八旗所属の人が笞・杖に当たる罪を犯した場合は鞭で、徒・流・充軍に当たる罪を犯した場合は枷号で代替し（〈犯罪免発遣（旗下人の犯罪）〉）、その他の軍籍に属する人が徒罪を犯した場合は徒刑を満了した後にもとの衛所に戻し、流罪を犯した場合は該当する距離にある省の衛所に移し、充軍の罪を犯した場合は律のとおりに執行するとしている（〈軍籍有犯（軍籍にある者の犯罪）〉）。

(20)　雍正律では、天文生についてのみ切り離して、〈天文生有犯（天文生の犯罪）〉という独立した条文を立てているが、内容は変わらない。

(21)　この条例は雍正三年に修正され、楽戸がすでに解放されていたことによって「楽婦」が削除され、「軍職」が「官員」に改められた。

(22) 小註は杖罪以上であれば収贖の対象とならないとしているが、輯註・沈註はともに収贖が認められるとする。

(23) 雍正律は、笞・杖の公罪について、官は行政罰を科し、吏は実刑を科した上で留任させるとする。総註（雍正律で各条文の後に附せられた公定註）によれば、徒以上は罪が重いので律に従って処断するという。

(24) 正確には、未入流官（九品以上の官品をもたない官）を含む。

(25) 雍正律は、汚職を除く官の私罪について杖一百まで行政罰を定め、吏の私罪は杖六十以上で罷免とする。

(26) 康熙『大清会典』巻三―五。

(27) 『蒙古律』と称されることもある、清朝のモンゴルに対する特別法である。専著として島田正郎［一九八二］がある。

(28) これは小註に示された例であるが、正確に言えば、賊盗篇〈親属相盗〉の規定により、卑幼は一家の財を無断で使用した罪に二等を加え、外部の人は首犯であっても従犯であっても一般の窃盗から一等を減じられる。

(29) 雍正律は、⑥を削除している。

(30) 雍正律は、刑部に伝えるという過程を削除している。地方官から直接皇帝に上奏する経路を想定してのことであろう。

(31) これは『唐律疏議』（断獄六条）に明記された解釈である。

(32) 雍正律は、徒刑囚については配所に至った後でも恩赦に遇えば放免されるとする。

(33) 雍正律は、一人当たり一日につき「銀八分五厘五毫」とする。

賊盗篇

中国最古の法典とされる李悝《りかい》の『法経』には、「盗法」「賊法」の二篇があった。漢・魏では「賊律」と「盗律」に分かれ、北周には「劫盗律」と「賊叛律」があったが、隋では合わせて「賊盗」とした。唐・宋・元・明を経て清に至るまで、条文に増減はあるが篇名は変わらない（沈註）。

「賊」とは「そこなう（害）」という意味であり、人民をそこなうから「賊」と言うのである（沈註）。国家体制や社会秩序に対する甚大な侵犯を指し、律において最も重い犯罪として扱われる[1]。「盗」は被害が「一身一家、一所一事に止まる」ものであり（沈註）、かつ人の財物を取ることを要件とする。本来範疇を異にする二種類の犯罪を合わせているため[2]、本篇は社会的影響の大きい重大犯罪を扱い一律に厳罰を科す条項と、単なる物的損害を扱い被害の大小に応じて刑を定める条項とに分かれる。

〈謀反大逆（国家・君主への反逆）〉

およそ謀反（国に不利をなすこと。国家体制[3]を危うくしようと謀ることを言う）**または大逆**（君主に不利をなすこと。王朝の宗廟・御陵または宮殿を毀損しようと謀ることを言う）[4]**は、およそ謀議をともにしていたならば、首犯・従犯**（実行した・実行していない）**を区別せず、みな凌遅処死《りょうちしょし》。**（正犯の）**祖父・父・子孫・兄弟または同居の人**（同族内の服喪義務のない親族または外祖父・妻の父・女婿などの類）[5]**は異姓であっても区別せず、また**（正犯の期親に当たる）**伯叔父・兄弟の子は戸籍**（住居を分けた・分けていない）[a]**の同異にかかわらず、**（男子）**年齢十六歳以上は、重篤な障碍・重い障碍があっても、みな斬。なお**（男子）**十五歳以下または**（正犯の）**母・娘・妻妾・姉妹もしくは子の妻妾は、功臣の家に給付して奴婢とする。**（正犯の）**財産は官府に没収する。**[6]**もし娘**（姉妹を兼ねていう）**の婚約がすでに定まっていれば、その夫に嫁がせる。**（正犯の）**子孫が他人の継嗣となっていた、または**（正犯が）**婚約したがまだ娶っていなかったならば、ともに追及・連坐しない。**（以下の条文はこれに準じる。[b]上文は正犯の兄弟の子を連坐させるに止まり、その孫にまで及ぼさない。その他条文に記載のない者は、いずれも巻き添えにしてはならない。）**事情を知りながら、故意に逃がしたり隠匿したりしたならば、斬。**（正犯を）**捕獲できた者がいれば、民であれば民官を授け、軍人であれば軍職を授け**（功績を量って職を授ける）、[c]**なお犯人の財産をすべて与えて褒賞に当てる。事情を知って通報し、官が捕獲したならば、ただ財産を与えるだけとし、**（故意に逃がさなかったとしても、およそ）**通報しなかったならば、杖一百流三千里。**（実行しないうちに親族が官に通報・逮捕すれば、正犯と連坐する人とは、ともに自首と同じく免罪とする。実行していれば、正犯だけは免罪せず、他の者は免じる。親族が通報・逮捕したのでなければ、実行していなくても、やはり条文に依って連坐させる。）

「謀反」は国家に対する背反、「大逆」は君主に対する反逆を指す。王朝国家にとっては最大の犯罪行為に当たり、十悪の第一・第二に挙げられている（名例律〈十悪〉）。本条の定めるところでは、共謀すれば首犯・従犯を区別せず、実行に加わったかどうかも区別せず、全員が凌遅処死、すなわち全身を切り刻んで殺すという、絞・斬よりさらに重い苛酷な死刑を科せられる。だが、具体的にどのような行為をどの程度までしたら謀反・大逆に当たるかは、〈十悪〉でも本条でも明記されておらず、輯註も沈註もその点には全く触れていない。謀反・大逆はともに政治的な重大犯罪であって、現実に起こった場合は政権中枢による政治的判断の対象となり、裁判官や法務官僚が処理する域を超える。したがって、こうした点については法的な議論をしても意味がなかったに違いない。

謀反・大逆は最も重大な犯罪と位置づけられることから、実際に罪を犯した犯人（正犯）は最も重い刑に当たる。謀議に加わっていれば、首犯・従犯を区別せず全員を正犯とし、実行段階に達していてもいなくても、[7]死刑の中で最も苛酷な凌遅処死に当てるのであるが、犯人自身に対してはそれ以上の刑を加えようがない。それでは不十分だというので、犯人の親族を連坐させるのである（沈註）。犯人自身の刑については議論の余地がないので、輯註・沈註ともに問題にするのは、主として連坐に関することである。

連坐（縁坐）の対象は、犯人から見て期親（一年の服喪義務を有する親族。「清律の基礎知識」を参照）に当たる伯叔父・兄弟の子までの近親と、同居している親族のうち、十六歳以上の男子全員となっている。一般には、八十歳以上の老人と「重篤な障碍（篤疾[8]）」をもつ者は、死刑になる場合でも皇帝に上奏して裁断を請い、九十歳以上は刑を科さないことになっているが（名例律〈老小廃疾収贖〉）、ここでは高齢でも障碍があっても免除されない。男子十六歳以上はみな「知識」がある、すなわち事態を理解する能力があるとみなされるからである。逆に十五歳以下と女子は「知識」がないからというので、死を免じて奴婢とするのである（輯註）。嫁した女子を連坐させないのは、三国魏に遡る法の伝統を引いている。本来、嫁いで母となった女子について、これを連坐させれば二家を誅《ちゅう》することになるとして免除したのであるが、後に婚約した女子にまで対象が広げられたのである（沈註）。

反逆の謀議を知った者は、ただちに通報・逮捕しなければならず、故意に逃がしたりかくまったりすれば、その一味（党悪）とみなされる（輯註）。沈註によれば、故意に逃がす（故縦）というのは、管轄する官吏が検挙しないことを指し、隠匿する（隠蔵）というのは、親族や親交のある人がかくまうことを言う。職務上の責任があるのに見過ごしにしたならば、故意に逃がしたことになり、謀議に加わっていなくても情誼にほだされてかくまったならば、悪事に加担したことになる。したがって、いずれも斬という厳刑に当たる。知っていながら「通報しなかった」者というのは、そうした管理責任や親族・交友関係のない人について言う。責任も情実もないので、死一等を減じた杖一百流三千里となるのである。

律全体の原則としては、親族の罪を隠すことは罪に当たらないが（「清律の基礎知識」を参照）、謀反・大逆と次条に定める謀叛の罪については例外と定められている（名例律〈親属相為容隠〉）。この点を、輯註は次のように説明する。反逆を企てる者は必ず数を恃みにして徒党を組みたがり、完全に隠しておくことはできないものなので、同居している親族が知らないはずがない。連坐の対象になることはわかっており、小註では実行に至らないうちに通報すれば免罪と規定している。それなのに隠して通報しないのは、反逆者の一味も同然であるから、斬刑に処せられても仕方がない。高齢者や重い障碍をもつ者も、その気になれば何とかして事を明るみに出すことはできるので、斬刑を免れないのである。同居親族は異姓であっても連坐させ、嫁したり他家の継嗣となったりして家を出た者は親子であっても連坐させないのは、やはり察知して通報できるかどうかを問題にしているのである。

本条は、連坐や通報に関する規定も含めて最も厳しい刑罰を定めているが、一方で連坐の範囲を厳密に定め、無制限な巻き添えを禁じてもいる。沈註は、小註に「その他条文に記載のない者は、いずれも巻き添えにしてはならない」とあることに注意を喚起している。本条を「厳密の極みでありながら、実は寛仁の極みである」（輯註）と評する所以である。

〈謀叛（外国への離反）〉

第一節　**およそ謀叛**（本国に背きひそかに他国に従おうと謀ることを言う）**は、およそ共謀したならば、首犯・従犯を区別せず、みな斬。妻妾・子女は功臣の家に給付して奴婢とし**（姉妹は連坐しない）[a]**、財産はいずれも官府に没収する。**[(9)b] **父母・祖父・孫・兄弟**（それ以外は連坐しない）[c]**は、戸籍の同異にかかわらず、みな流二千里として配所に留める。事情を知りながら故意に逃がしたり隠匿したりしたならば、絞。通報・逮捕することができた者がいれば、犯人の財産をすべて与えて褒賞に当てる。**（実いるので、故意に逃がしたり隠匿したりしたことについては言わない。）を）知って通報しなかったならば、杖一百徒三年。（まだ実行していなければ、事態はなお秘匿されてちであれば、首犯は絞、従犯は（人数にかかわらず）みな杖一百流三千里。（まだ実行していないこと行したことを）知りながら通報しなかったならば、杖一百流三千里。もし謀議してまだ実行しないう

「謀叛」は「謀反」と一般にはほとんど同義で用いられるが、律では明確に区別されている。沈註が「反は来ること、叛は行くことであり、意味は自ずから異なる」と言うように、「謀叛」は本国を棄てて他国に従おうとする罪であり、君臣の義を忘れたことが重罪に当たるのである（輯註）。十悪の第三に挙げられる大罪であるが、本条も前条と同様、具体的にどのような行為が謀叛の罪に当たるかは全く論じられない。だが、謀反・大逆が国家の安危に関わるのに対して、謀叛は一身上の罪ということで、謀反・大逆より一段低く位置づけられる。犯人への刑・連坐の対象・見逃した者の扱いは、いずれも謀反・大逆より一等軽くなっている（輯註）。

まず、謀反・大逆と違って、謀叛については実行した（已行）場合と実行に至らなかった（未行）場合を区別する（輯註）。実行した場合、共謀した者が首犯・従犯を問わず極刑に当たるのは同じであるが、凌遅処死ではなく斬となる。連坐による死刑はなくなり、妻妾・子女が奴婢とされ、父・母・祖父・孫・兄弟が流刑とされるに止まる。「流二千里として配所に留める（流二千里安置）」というのは、五刑の中の杖一百流二千里とは異なり、杖一百を伴わない特殊な刑である。輯註・沈註とも何も述べていないが、犯罪ではなく連坐による刑罰という特殊な事情に対応した措置であろう。事情

を知りながら故意に逃がした所轄の官吏、隠匿した親族・友人は斬から絞に軽減される。[10] 逆に通報・逮捕した場合も、財産は与えられるが官は授けられない。

実行に至らなかった場合、明白な証拠があって謀議の形跡が明らかであれば罪となるが、首犯のみ絞、従犯は何人いてもみな死一等を減じた杖一百流三千里となり、親族の連坐と財産の没収はない。謀議段階では、所轄の官吏や親族が知っていて当然とは言えないので、故意に逃がしたり隠匿したりした者（前条の解説を参照）への罰則はなく、謀議の証拠をつかんでいながら通報しなかった者だけを徒刑に当てる（輯註）。

第二節　**もし山野に逃避し、召喚に応じなければ**（あるいは徭役《ようえき》を避け、あるいは罪を犯して、砦に拠って従わず、暫時の逃亡とは異なる場合）、**謀叛のまだ実行していないものとして論じる**（前節に依って首犯・従犯を区別する）。**なお、官軍に敵対すれば、謀叛を実行したものとして論じる**（前節の首犯・従犯を区別しないという条文に依る。以上の二節は、まだ実行していない段階では事実が秘匿されているので、必ず実情を明らかにした上で初めて罪する）。

人民や軍士が国家に義務づけられた徭役を忌避したり犯罪をおかしたりして、山野（山沢）の中に逃げ込み、砦や要害に立てこもって官の召喚や拘束に応じない場合、他国に通じるといった事情がなくても、単にしばらく身を隠すのと同列には論じられない。こちらに戻ろうともしないが、あちらに行こうともしないというので、謀叛の実行に至らない（未行）段階として論じるのである（輯註）。沈註によれば、海上の島や少数民族居住地といった王朝の教化が及ばない土地に逃げて初めて「謀叛のまだ実行していない段階」とみなす。内地で逃げ隠れしているのには、戸律・戸役篇〈逃避差役（徭役の忌避）〉や同条に附された条例を適用するのである。

このように立てこもった者を官軍が逮捕に向かった際に、敢えて敵対（拒敵）したならば、謀叛を実行したのと何ら変わらないとされるが（輯註）、多くの人を集め武器を執って公然と立てこもって初めて「謀叛を実行したもの」とみなされる。こうした者は「謀叛」ではないとしても同類に違いないので、〈謀叛〉の後に附すのだという（沈註）。

〈造妖書妖言（世を惑わす書籍・言辞の作成）〉

およそ予言して人を惑わす書籍・言辞を作った、または伝播させて人々を惑わしたならば、みな斬（執行猶予付き。惑わされた人は罪しない。広まっていなければ[11]、流三千里。情状を推し量って区別して罪する）。**もし人を惑わす文書を**（他人が作り伝え）**ひそかに所蔵して官に届け出なかったならば、杖一百徒三年。**

「予言」の原語「讖緯《しんい》」は、前漢末から後漢にかけて多く現れた神秘的な性格の予言書で、経書に基づく儒教の正統的な教えから見れば邪説に当たる。讖緯の代表例として、輯註は光武帝劉秀の後漢再興を予言した「赤伏符」を挙げる。過去に起こった怪異現象を附会して、未来の興廃の兆しを説くものとされるが、「妄《みだ》りに国家の禍福、世道の盛衰を談じ、人心を惑わし不軌を図ろうとするもの」と言うように（輯註）、単なる無邪気な予言ではなく、天下国家のゆくえを語り、社会不安を煽る目的をもつものである。そのような内容を印刷したり筆写したりして書物にしたものが「人を惑わす書籍（妖書）」であり、歌謡のような形にしたものが「人を惑わす言辞（妖言）」である（沈註）。

こうした書籍・言辞を作った者と伝播させた（伝用）者は、首犯も従犯もすべて斬に当たる。作った者は人々を惑わす意思（惑衆之心）があり、伝播させた者は人々を惑わした事実（惑衆之事）があるので、罪の重さは同じなのである。律において「または（及）」という語は、その前の語句（ここでは「作った」）と後の語句（ここでは「伝播させて」）を同じく扱うことと定義されている。本条では、人を惑わす書籍・言辞を作って広めた者も、作っただけで広めはしなかった者も、人が作ったものを広めただけの者も、すべて同列に扱われることを示している（沈註）。同様に「みな（皆）」という語は、律では「首犯・従犯を区別せず」という含意をもつことが定義されているので、それに従って解釈しなければならない[12]（沈註）。

自分で作ったわけではなく、たまたまこうした書籍を手にしたのであれば、官に届け出るべきである。こっそり家に隠しておいたのでは、積極的に広めなかったとしても、意図を疑われて当然だからである。このように厳しく取り締まることによって、悪事の源を絶とうとするのである（輯註）。一方で、小註に明記するように「惑わされた人」は罪に当たらない。愚人が惑わされたのは、当然許されて然るべきだからである（沈註）。

輯註によれば、本条が賊盗篇の中に入っているのは、国家体制や社会秩序を揺るがそうとする輩（奸宄不逞之徒）を対象としているからである。単に巫術や邪教によって人々を誑《たぶら》かしただけで、大それた意図を抱いていなかった場合は、礼律・祭祀篇〈禁止師巫邪術（邪教の禁止）〉による取り締まりの対象となる。また、単に民間で所蔵が禁じられている書籍を私蔵していた場合も、礼律・儀制篇〈収蔵禁書及私習天文（禁書の収蔵と天文の私習）〉が適用され、はるかに軽い扱いとなる。前代から伝えられた讖緯の書も、昔からあったものであって、悪人が人々を惑わすためにでっち上げたものではないので、やはり本条の対象外となるという。本条は不用意に用いられれば冤罪を生みかねないので、沈註は必ず人々を惑わしたとする根拠があって初めて適用するよう注意している。

〈盗大祀神御物（大祀の祭器の盗み）〉

およそ神《しん》（天を言う）**祇《き》**（地を言う）**の大祀のための御用《ぎょよう》の祭器・帷帳《いちょう》などの物を盗んだ、または供物の玉帛《ぎょくはく》・生贄・御膳の類を盗んだならば、みな斬**（首犯・従犯・監守・常人を区別しない。殿内において、または祭所に至ってから盗んだ者を言う）。**なお**（祭器・品物が）**まだ神前に進められないうち、または造り上げられないうち、もしくはすでに祭り終わった物またはその他の官有物**（大祀に用いる物ではあっても、供える物ではない）**であれば、みな杖一百徒三年。もし贓《ぞう》を計って本罪**（杖一百徒三年）**より重ければ、各々盗みの罪に一等を加える**（監守盗・常人盗であれば、各々監守盗・常人盗の罪に一等を加える。雑犯の絞・斬に至れば、加等しない）。**いずれも刺字《いれずみ》する。**

本条以下は盗みの罪を扱うが、本条から〈盗城門鑰〉までの各罪は、むしろ国家の安危や君臣の秩序に関わる犯罪として捉えられる。したがって、前条までとの連続性が強く、後に出て来る一般の盗みとは科刑の基準が異なる。一般の盗みにおいて重視される首犯・従犯、監守盗・常人盗、被害額の多寡といった点が問題にされず、一概に重く科刑されるのが特徴である。

大祀とは、郊社すなわち天地を祭ること（輯註）、あるいは郊社と宗廟（王朝の祖先のみたまや）を祭ること（沈註）を指す。いずれも皇帝自らが執り行なう国家の最重要祭祀である。そこで用いられる祭器はもともと神殿内にあり、供物やそれを盛る器などは祭所に運ばれたら神に捧げる物となるので、それらを盗めば十悪の一つである大不敬に当たる。だから、一般の犯罪であれば区別される首犯・従犯、監守盗・常人盗といった違いが考慮されず、みな斬となるのである（輯註）。なお、監守盗・常人盗の区別については、後出の〈監守自盗倉庫銭糧〉で詳しく論じる。

御用の祭器や帷帳などが神殿内に進められる前、供物が祭所に供えられる前、または御用の品物が出来上がる前、すでに捧げられた供物が下げられた後、そして大祀に使われはしても御用の物でも供物でもない箸や鍋釜の類は、神前から盗むのとは差があるので、みな杖一百徒三年とする。一説によれば、ここにいう「みな（皆）」は、前段の「みな斬」と違って小註に「首犯・従犯を区別しない」と書かれていないことから、盗んだ物の価値にかかわらずみな同一の刑を科すという意味で、首犯・従犯を区別するのだということであったが、沈註はその説を否定する。名例律（〈共犯罪分首従〉）に明記された定義を、臆見によって乱してはならないというのである。

いずれにせよ、どれだけ些細な物を盗んでも一律に厳罰を科されるのは確かである。大祀に用いられる物は、尋常の官有物とは違うからである（輯註）。逆に、どれだけ高価な物を盗んでも同じかと言えばそうではなく、「贓」すなわち盗んだ物の価格を見積もって、監守盗・常人盗の科刑の基準に照らして杖一百徒三年より刑が重くなれば、監守盗・常人盗の場合の刑にさらに一等加えて罰する。つまり、監守盗であれば十七両五銭で杖一百徒三年、二十両で杖一百流二千里となるので（〈監守自盗倉庫銭糧〉の量刑表を参照）、盗んだ物を銀に換算した価値が二十両未満であれば一概に杖一百徒三年となるが、二十両以上であれば杖一百流二千里にさらに一等を加えて、杖一百流二千五百里となる。常人盗の場合も、同じように計算する。なお、いずれも「盗官物」の三字を刺字《いれずみ》する（輯註）。

小註は、一等加えて雑犯死罪（名目上の死罪で、実際には徒五年の扱いとなる）になる場合は、加等しないと言っている。これは名例律〈加減罪例〉の規定に従ったものであるが、沈註は個人的意見としてこれに反対している。監守盗は四十両以上で雑犯斬、常人盗は八十両以上で雑犯絞となる。尋常の物を盗んだ場合に名目上とはいえ死罪となり、大祀の物を盗んだ場合に流罪に止まるのでは、刑の均衡が乱れ、律の意図（律意）に反すると見るからである。彼自身は、雑犯死罪となる場合には本条を適用せず、〈監守自盗倉庫銭糧〉・〈常人盗倉庫銭糧〉を直接適用すべきだとしている。名例律の規定はもちろん遵守すべきものであるが、最も重要な拠り所は「律意」だと考えているのである。

〈盗制書（勅書の盗み）〉

第一節　**およそ勅書**（もし御璽《ぎょじ》が捺《お》されておらず、原文が書写して出されただけのものならば、官文書として論じる）[a]**または公用馬使用の御璽を捺した命令書・公用船使用の許可証**[b]**を盗んだならば、みな斬**（首犯・従犯を区別しない）。

勅書（制書）は天下に布告するものであり、公用の馬・船の使用を許可する文書は駅に信用を与えるものである。[13]いずれも宮中から出され、重大な影響をもつ文書であるから、盗めば首犯・従犯を区別せず斬となる（輯註）。なお、次の〈盗印信〉の「斬」は執行猶予付きとなっているが、本節末の「斬」には何も注記されていない。沈註によれば、これは即時執行を意味するのだという（次条の解説を参照）。

第二節　**各官庁の官文書を盗んだならば、みな杖一百、刺字。もし避けようとすることがあったならば**（あるいは銭糧を横領していた、あるいは財貨を受け取って便宜を図っていたといった類）、**重い方に従って論じる。軍機**（に関わる）（の）**銭糧に関するものであれば、みな絞**（執行猶予付き。首犯・従犯を区別しない）。

中央・地方の各官庁の尋常の官文書を盗んだ場合は、勅書と比べて大幅に軽くなるが、官文書は官有物なので「盗官物」の刺字を科される（沈註）。公金横領・収賄といった悪事の追及を避けるため、証拠となる官文書を盗んだ場合は、隠そうとした悪事の方が重ければ、そちらの方の罪に当てられる。ただし、本条に定める刺字は必ず適用するという（輯註）。

「重い方に従って（従重）論じる」というのは、問題になっている行為が別の条文にも抵触する時に、本条に定める刑と引き比べて、別の条の方が重い刑を科していればそちらを、軽い刑を科していれば本条を適用するということである。律の通則として、二つ以上の罪が同時に明らかになった場合は、最も重い一つの罪についてだけ処断するということになっており（名例律〈二罪倶発以重論〉）、同じ行為が二つの罪に該当する場合にも、刑が合算されたり加重されたりはせず、やはり最も重い罪に合わせるのが一般的である。

なお、「軍機」に附せられた少々わかりにくい小註は、「軍機に関する文書」と「軍機の財務に関する文書」の二項を表していることを示す[14]（沈註）。軍事費以外の財務に関する文書であれば、単なる「官文書」を盗んだとして扱われるのだという（輯註）。

〈盗印信（公印の盗み）〉

およそ各官庁の印章または（皇城・京城の）**夜間巡回の銅牌**[a]**を盗んだならば、**（首犯・従犯を区別せず）**みな斬**（執行猶予付き。また偽造した印章・暦書[b]・条記[c]・朝廷から給付された関防も、印章と同じ）。**関防の印記を盗んだならば、みな杖一百、刺字。**

印章（印信）というのは、一品から九品までの文武の官庁（衙門《がもん》）の公印で、方形をした大型のものである。これを捺した文書は正式な公文書として効力をもち、どこに出しても信用されることになる。夜間巡回（夜巡）の銅牌というのは、首都に当たる京城と皇帝の御座所のある皇城[15]とを警備する宿衛の者が携帯して身分を証明するものである[16]。どちらも朝廷より給付され、重要な役割をもつものである（輯註）。これらを盗むのは、その意味と重みにおいて前条の勅書を盗むのと同じであり、どちらも「みな斬」であるが、わざわざ二条に分けられている以上、前条は即時執行、本条は執行猶予付きと区別されるのだという（沈註）。

本条で扱うのは、印章そのものを盗み取る罪であり、印章を「盗用」すなわち勝手に使用した罪は本書第2巻詐偽篇〈詐為制書〉で扱う。また、印章・銅牌をそれと知って盗めば本条が適用されるが、単に財物を盗んで、その中に印章・銅牌が混じっていた場合は、また別に罪を論じるべきだとされる（沈註）。

小註に見える「暦書（暦日）」は、ただの暦ではなく国立天文台に当たる欽天監が作成して皇帝に献上した原本、またはそれに基づいて印刷され后妃に授けられた特製本、王公・各官庁・藩国などに賜《し》与《よ》された欽天監印のある配布原本などを指すのであろう。[17] 暦書は皇帝が天下の時を司る証として頒布《はんぷ》するものであるから、重大なものとして扱われる。「条記」は九品に入らない（未入流）官が公式に使用する印章、[18]「朝廷から給付された関防（欽給関防）」は重要官庁に与えられて不正防止のため文書に押捺される印記を指す。いずれも正規の公印に等しい意味をもつとみなされる。

さて、「朝廷から給付された関防（欽給関防）」が公印たる「印章」と同じく扱われるとすると、律の本文に言う「関防の印記」とは何かが問題になる。前者を盗めばみな斬、後者を盗めば杖一百で済むという甚大な差にもかかわらず、両者の違いは明確でない。輯註によれば、朝廷から正規の関防を与えられていない官が私的に作った印記を指すとする説もあるが、そうした印記は近年になって現れたので、律文に入っているのはおかしいという。輯註は「再考を俟つ」として結論を保留している。[19]

〈盗内府財物（宮中の財物の盗み）〉

およそ内府の財物を盗んだならば、みな斬（雑犯。[a]およそ盗めばただちに罪し、盗みの多寡を論ぜず、首犯・従犯を区別しない。[b]もしまだ庫に入っていなければ、常人盗に依るに止める。[c]「内庫」[d]の語は詳らかにしなければならない[(20)]）。

「内府」とは、皇帝の財物を収めた庫（天子之庫）を指す。「財物」が具体的に何を指すかは明記されていないが、明律には「御璽または御用の乗物・衣服・御物は、みなこれに当たる」という小註が附いていた。清律でも十悪の一つである「大不敬」の註に、「御用の乗物・衣服・御物または御璽を盗むこと」とあるが、それはこの明律の小註から来ていると沈註は言う。後に条例ができて、これらを盗んだ場合は「雑犯」でなく「真犯」死罪となったので、この小註は削除されたらしい（沈註）。

本条による限り、内府から財物を盗めばすべて雑犯斬罪となる。およそ死罪には真犯と雑犯があり、真犯は実刑を科す死罪であるが（即時執行と執行猶予付きの二種類がある）、雑犯は実刑を科さない名目上の死罪であり、自動的に徒五年に読み替えられる。「ただ死罪の名があるだけで死罪の実がないのは、その罪は見過ごし難いが情状に憐れむべき点があるので、徒五年に準じて許すのである。死を許すとはいえ死罪の名は変えず、それによって戒めとするのである」（輯註）という説明に、その要点が言い尽くされている。上述の条例ができて、「御用の乗物・衣服・御物」を盗めば真犯死罪になるほか、一定以上高価な物を盗めば子々孫々充軍と定められた[(21)]が、それ以外の物であれば実質的に徒五年の刑となるのである。

〈盗城門鑰（城門の鍵の盗み）〉

およそ京城の門の鍵を盗めば、みな（首犯・従犯を区別せず）**杖一百流三千里。**[a] **府・州・県・鎮の城関の門の鍵を盗めば、みな杖一百徒三年。倉庫の門**（中央・地方の各官庁）**などの鍵を盗めば、みな杖一百。いずれも刺字《いれずみ》する。**[b]（皇城の門の鍵を盗んだ場合、律文には記載がないが、内府の物を盗んだとして論じるべきである。）

都市を囲む城壁の門には必ず錠を設け、外敵や盗賊を防いでいる。鍵（鑰）は普通の財物とは違って、盗む者は必ずひそかに城門を開けて敵や賊を引き入れる意図があるので、重大犯罪として扱われるのである。首都と府以下の地方都市では差があるが、城門はいずれも国家・人民の安危に関わるので、官有物とはいえ財物を保管しているにすぎない倉庫よりも重要である。したがって、京城の門、地方都市の城関の門、倉庫の門と三段階に区別するのである。いずれの場合も、[22]「盗官物」の刺字が施される（輯註）。なお、監獄の鍵については記載がないが、沈註は倉庫の門の鍵に依って処断すべきだとする。

本条では鍵を盗み取った罪だけを扱うが、盗んだ鍵を使って悪事をなせば、重い方に従って論じられる（沈註）。つまり、城門を開けて反乱軍を引き入れたならば〈謀反大逆〉に依って凌遅処死、外敵を引き入れたならば〈謀叛〉に依って斬といった、より重い刑を科している条文が適用されるのである。

〈盗軍器（軍用品の盗み）〉

およそ軍（人が拝領した）[a]用品（征衣・甲冑・槍刀・弓矢の類）[b]を盗んだならば、贓を計って一般の盗みとして論じる。もし（民間の）禁制対象の軍用品（人馬の甲冑・盾・火筒・火砲・軍旗・号帯などの類[23]）を盗んだならば、私有（持ち主がすでに得て私有していた）[c]と罪は同じ。もし行軍中または宿営地の軍人が盗んで自分のものとしたならば、一般の盗みに準じて論じる。（もし自分のものにせず）また公用に当てたならば、各々二等を減じる。

本条以下は、官有物またはそれに準じる物を盗んだ罪を扱う。国家の安寧や皇帝の権威を脅かすような大それた意味はないが、国家が損害を受けるという点で一般の盗みとは区別される。こうした盗みについては、盗んだ物の価格や性質のほかに、どのような立場の者が盗んだかが要点となる。

本条では軍用品を盗んだ罪を扱うが、ここで言う「軍用品（軍器）」とは、国家の軍隊に支給された武器その他の物品を指す。支給を受けた軍人が各自管理することになるとはいえ、私物となったわけではなく、勝手に売ることは禁止されている。ただ、盗む方は官庁や国家の倉庫ではなく個人の家から盗むので、官有物の盗みとして論じることはできないのである（沈註）。本条はそうした軍用品を、①軍人の家から盗んだ場合、②民間で違法に所持されていたものを盗んだ場合、③戦地で盗んだ場合の三項に分けて定めている。

軍用品はすべて官有物であるが、軍人が拝領した後は軍人の家にある。盗人はこれを軍人の家から盗むことになり、官が管理する場所から盗むわけではない。だから、官有物を盗んだとはいえ、一般の盗み（凡盗）として論じるのである（輯註）。

「一般の盗み」というのは、官有物に対する監守盗・常人盗（後出）と窃盗を一括して指すという説もあったという。もし国家の武器庫から盗んだのであれば、監守盗・常人盗に依り、軍人の家から盗めば窃盗に依るのだということであるが、沈註はこれを否定する。ここでは「拝領した（関領）」と注記されているように、軍人の家から盗むことを想定している。軍人の家から盗むのは民間の盗みと変わりがない。だから単なる「窃盗」（これも後出）として論じるというのである。

次に、軍人の家でなく民間から盗んだ場合を扱う。一般に民間で所有される弓矢や刀槍は、単なる私物であって「軍用品」には当たらない（沈註）。ここで問題になるのは、国家の禁制対象となっている軍用品を、民間で違法に所持していた者から盗むことである。兵律・軍政篇〈私蔵応禁軍器（禁制対象の軍用品の私有）〉では、本条の小註に挙げる人馬の甲冑以下の軍用品を民間で私有することを禁じている。民間人の自衛には弓矢や刀槍があれば十分であり、戦場でしか用いない物を所持するのは、不軌を企むものとみなされるからである（同条への輯註）。所持していた民間人はすでにこの罪を犯していたのであり、盗んだ者も罪は同じとされる。つまり、この場合は「窃盗」ではなく「禁制対象の軍用品の私有」と同じとみなされるのである。具体的には、禁制品一点につき杖八十、一点増えるごとに一等を加え、杖一百流三千里を上限とする。ただし、窃盗犯に定められた刺字は施されるという（輯註）。

最後に、行軍の際や宿営の地にあって軍用品が収蔵されていない時に、軍人が他の軍人から盗んだ場合を扱う。盗んで自分の私物にした場合は、一般の盗み（すなわち窃盗）に「準じて」論じる。律において「準じて（准）」というのは、別の罪を基準にして量刑を決めるが、扱いに差を設けることを指す（「清律の基礎知識」を参照）。ここでは、〈窃盗〉の量刑表を基準にして刑を定めるが、刺字は免じ、死刑になる場合は一等減じて杖一百流三千里を上限とする。戦地であれば、盗んでも私物にはせず戦闘に用いる、すなわち「公用（官用）」に当てることがあり得るが、その場合は私物にした場合より各々二等を減じる。「各々（各）」というのは、行軍の際についても宿営の際についても、それぞれ二等を減じることを指す。盗む方も盗まれる方もともに陣中にあるので一般人とは異なり、また非常時のことなので、やや寛大に扱うのだという（輯註）。

〈盗園陵樹木（御陵の樹木の盗み）〉

およそ御陵[24]の内の樹木を盗んだならば、みな（首犯・従犯は区別せず、監守・常人は区別する）[a] **杖一百徒三年。もし他人の墳墓の内の樹木を盗んだならば、**（首犯は）**杖八十。**（従犯は一等を減じる。）**もし**（自分のものにした）[25]**贓を計って**（徒・杖という）**本罪より重ければ、各々盗みの罪に一等を加える。**（各々監守盗・常人盗・窃盗の罪に一等を加える。もしまだ駄載していなくても、なお毀損したものとして論じる。）

御陵の樹木を盗むのは、内府の財物を盗むのと同様、大不敬に当たりそうに思われるが、律ではそのように扱われていない[26]。ただし、帝王の陵墓は禁制の地であり、樹木はそこを保護するものであるから、一般の官有物よりも重く扱われる。贓の多寡も首犯・従犯も区別せず、一律に杖一百徒三年を科されるのはそのためである。一般人の墳墓の樹木であっても、普通の財物よりは重く扱われ、首犯・従犯は区別されるものの、一律に杖八十（首犯）・七十（従犯）を科される（輯註）。

しかし、これらの量刑は贓の評価額が比較的低い場合のことである。盗んだ樹木の価値が高い場合、単なる盗みとして裁かれた方が重い刑となる可能性もある。単なる盗みより軽くなっては本条の趣旨に反するので、贓の評価額を単なる盗みの量刑に当て嵌めてみて、御陵の樹木なら杖一百徒三年、他人の墳墓の樹木なら杖八十より重くなる場合は、どちらも単なる盗みの罪に一等を加える。単なる盗みといっても、御陵の樹木は官有物なので、管理責任者が盗んだなら監守盗、一般人が盗んだなら常人盗に一等を加え、他人の墳墓の樹木の場合は窃盗に一等を加えることになる。

ただ、監守盗は雑犯斬、常人盗は雑犯絞を上限とするのに対して、窃盗は贓が銀百二十両以上であれば真犯絞となる。そこで問題になるのは、次のようなことである。監守盗・常人盗・窃盗のいずれでも、杖一百流三千里になる場合は、一等加えるといっても、加等によって死刑にはならないという原則（名例律〈加減罪例〉）に照らして杖一百流三千里のままである。死刑になる場合、死罪に加等することはできないから、刑はそのまま変わらない。したがって、御陵の樹木をどれだけ盗んでも、監守盗なら雑犯斬、常人盗なら雑犯絞で、実際には徒五年を超える刑にはならないが、他人の墳墓から銀百二十両以上に相当する樹木を盗めば真犯絞で死刑になってしまう。これでは御陵の樹木を盗むより一般人の墳墓の樹木を盗む方が重くなり、刑罰が均衡を失することになる（軽重不倫）。そのため沈註は、他人の墳墓の樹木を盗んで絞に当たる場合も、加等によって死刑に当たる場合と同様に、杖一百流三千里とすることを主張している。しかしながら、この問題の根本には、そもそも監守盗・常人盗の上限が雑犯死罪、窃盗の上限が真犯死罪となること自体、刑罰の均衡を欠くのではないかという問題がある。この点については、後出の〈常人盗倉庫銭糧〉において改めて詳しく論じられる。

一般に盗みの罪に対しては、刑罰以外に「刺字」すなわち入れ墨を科すことになっている。だが、本条では刺字について何も言っていないので、刺字は免じると解されている。盗みを犯した場合でも、必ず刺字が科されるとは限らず、田畑の作物や人が見張っていない器物を盗んだ場合（〈盗田野穀麦〉）や、他人の墓を暴いて器物や建材を盗んだ場合（〈発塚〉）は、刺字を免じられる。輯註によれば、御陵の樹木を盗むのは大祀の祭器を盗むのとは差があり、他人の墳墓の樹木を盗むのも家にある物を盗むのとは異なるので、いずれも刺字を免じるのだという。

樹木のような重い物は、車や役畜に積まなければ運び出せないので、積み込む前であれば盗んだとはみなされない（〈公取窃取皆為盗〉）。したがって、他人の墳墓の樹木については、切り倒してから車や役畜に積んで運び出すまでの間であれば、窃盗の罪には当たらず、単に「毀損した[27]」とされる（沈註）。しかし、御陵の樹木を伐採した場合、運び出す前だからといって単なる毀損で済むのか、まして律には御陵の樹木の毀損について定めた条文がないのにこのままでよいのかと、沈註は疑義を呈している。

〈監守自盗倉庫銭糧（管理責任者による官有物の盗み）〉

一般的な盗みの罪は、「監守盗」「常人盗」「窃盗」の三者に大別されている。「監守盗」は官有物をその管理責任者が盗んだ場合、「常人盗」は官有物を管理責任者以外の者が盗んだ場合、「窃盗」は他人の私有物を盗んだ場合をそれぞれ指す。本条はそのうちの「監守盗」を扱ったものである。

管理責任者を表す「監守」という語は、「監臨」「主守」を合わせて略したものである。「監臨」は監督・査察する権限をもつこと（有統摂案験之権）、「主守」は管理・保全する責任をもつこと（有管領典守之責）であり、国家の倉庫の財物はこうした責務を有する者に守られている（輯註）。律において不正取得を意味する「贓」は、「監守盗」「常人盗」「窃盗」に第2巻受贓篇の「枉法《おうほう》」「不枉法」「坐贓」を加えた「六贓」に分類されるが、管理責任者が自ら守るべき倉庫の財物を盗む「監守盗」は、最も罪が重いとされている。

六贓はいずれも贓の評価額（銀建て）によって量刑が決まるが、監守盗の量刑は最も重く設定され、四十両以上で斬となっている（輯註）。ただし、この斬は雑犯死罪なので実際には徒五年になるほか、三流（流二千里・二千五百里・三千里）も同じく雑犯として徒四年に当て[28]、流刑・死刑の実刑を科さないのが定例になっていたという（沈註）。

第一節　**およそ管理責任者が自ら倉庫の銭糧などの物[29]を盗んだならば、首犯・従犯を区別せず、贓を併せて罪を論じる**（「贓を併せて」とは、もし十人が順次ともに官銭[30][a]四十両を盗んだならば、各々四両ずつ分けて自分のものにしたとしても通算して一つにまとめ、その十人が各々四十両を得たとして罪はみな斬とする、もし十人がともに五両を盗めばみな杖一百とするといった類である。三犯になれば、絞で真犯[b]の罪に問う）。

第二節　**いずれも右下膊《うで》上に「盗官**（銭[c]・糧・物）**」の三字を刺《いれずみ》する**（毎字各一寸五分四方、毎画太さ各一分五厘、上は肘を過ぎず、下は手首を過ぎない。他の条項もこれに準じる）。

一両以下	杖八十
一両より上、二両五銭まで	杖九十
五両	杖一百
七両五銭	杖六十徒一年
一十両	杖七十徒一年半
一十二両五銭	杖八十徒二年
一十五両	杖九十徒二年半
一十七両五銭	杖一百徒三年
二十両	杖一百流二千里
二十五両	杖一百流二千五百里
三十両	杖一百流三千里[d]
四十両	斬（雑犯、徒五年）

倉庫に保管されている官有物を、監督・管理している官吏や番人自身が盗んだ場合(31)、それは自分の家の物を取るのも同然であるから、「自ら盗む（自盗）」と言う（沈註）。一般に盗みにおいては、「財を得た（得財）」「財を得なかった（不得財）」を区別して論じるが、監守盗においては区別されない。

監守盗の場合、財物を管理しているのが犯人自身なので、盗もうとして「財を得なかった」ということはあり得ない。露見するとすれば監査が入った時か通報があった時であり、犯人がまだ財を得ていなければ、盗みがあったこと自体がわからない。したがって、財を得なかった場合は想定されないのである（輯註）。銀両の封を切ったり米穀の倉を開けたりした場合も、まだ財を自分のものにしてはおらず、贓を計ることができないので、盗みではなく官の封印を不正に開いた罪（戸律・倉庫篇〈守支銭糧及擅開官封（官有物の保管）〉）に当てる（輯註）。

監守盗は、常人盗や窃盗と同様、「贓を併せて罪を論じる（併贓論罪）」ことになっている。意味するところは小註に説明されているとおりであるが、要するに二人以上で盗んだ場合、個々の犯人が手に入れた額ではなく、盗まれた総額によって罪を定めるということである。監守盗の場合は、首犯・従犯を区別しないので役割分担も考慮せず、盗んだ回数も問題にせず、全員が盗んだ総額に対応する刑を均しく科される（輯註）。このように共犯者を均しく罰するのは、賊を討つにはまずその党派を懲らすという『春秋』の教え[32]から来ているのだという（沈註）。

ただし、一緒に管理していた者が共犯となっていても、甲が盗んで乙が分け前を取ったとか、乙に見逃してもらうべく賄賂を渡したとかいった場合は、甲だけが監守盗として本条を適用され、乙は「管理していた物を詐取した」罪（〈詐欺官私取財〉）や「財を受けて故意に逃がした」罪（第2巻捕亡篇〈応捕人追捕罪人〉）などに当てられる。また、管理責任者が外部の盗賊を引き入れて盗んだ場合は、本人は監守盗、外部の盗賊は常人盗となる[33]。つまり、各人が自分のしたことについて、該当する法の適用を受けるのである（各尽本法）。

本条の小註は、三犯に至れば真犯絞罪としているが、沈註はこの点に反対している。〈窃盗〉では初犯が右臂《うで》に刺字、再犯が左臂に刺字、三犯が絞（執行猶予付き）となっているが、本条と次の〈常人盗倉庫銭糧〉および〈白昼搶奪〉には、右臂に刺字とだけあって[34]、再犯・三犯に関する規定がない。そうである以上、監守盗・常人盗・搶奪については、再犯の刺字、三犯の絞はないはずだという。また、内府の財物を盗んだ雑犯斬罪、または監守盗・常人盗・窃盗・掏摸《すり》・搶奪《そうだつ》などが都合三回に及べば、「窃盗三犯の律文を類推適用（比照）して絞に処し、上奏して決定する」という条例があり（〈盗内府財物〉の第二条例）、搶奪が再犯・累犯に及べば枷をはめてさらした（枷号）上で充軍とするという条例[35]（〈白昼搶奪〉の第一条例）もある。以上のことから、律自体の規定に関する限り、監守盗や常人盗が三犯で死罪とならないことは明らかであるとする。内府の財物を盗んだ場合でさえ「比照」の手続き（「清律の基礎知識」を参照）により「上奏して決定する」とし、勝手に決めることを許していないのに、監守盗や常人盗でそれが許されるはずがない。搶奪の累犯も死刑にはならず充軍止まりではないか。窃盗が三犯で死刑というのは固有の規定（本法）なのであり、盗みの通則（名例）ではないと言うのである。

　これは、律の意図（律意）が監守盗・常人盗・搶奪を軽く、窃盗を重くみなしているということではない。そもそも監守盗は一度罪せられたら二度と倉庫の管理を任されることはないので、再犯・三犯はあり得ないし、常人盗も本来の刑が窃盗よりずっと重い。搶奪は最低でも杖一百徒三年で、贓の額が多ければ窃盗に二等を加えられる。もともとの法が厳しいので、再犯・三犯について言わないのだという（沈註）。

小註は律の本文とともに頒行される公定注釈であり、本来反対の余地はない。沈之奇が敢えて反論を記したのは、公定注釈とはいえ明らかに不条理と考えたためであろうが、同時に沈之奇が活動した康熙年間においては、小註もまだ反論を憚るほどの権威はなかったことが看取される。洪弘緒の改訂を経た乾隆版『大清律輯註』では、上記の反論を否定し、監守盗に再犯・三犯はあり得ないとしつつも、「おそらく間々三犯する者もあるので、註で補足しているのである」と、やや無理のある解説に改めている。

なお、最後の量刑表は、一見したところ何も問題はなさそうであるが、よく考えるとわかりにくい。まず「一両以下」が一両を含むのかどうかであるが、沈註は「一両に及ばないものを言い（謂不及一両）、わずかに欠けても杖八十である」と言いつつ、「一両より上（一両之上）」は「一両の外に出るものを謂い（謂出一両之外）、わずかに多くても杖九十である」とも言うので、結局よくわからない。一般原則としては、ある数を満たした時点で刑が繰り上がると見た方がよい。たとえば「五両　杖一百」に例〉）、切りのいい額を満たした時に該当する罪に当てることになっているので（名例律〈加減罪ついては、五両を満たした時点で杖一百、五両以上は七両五銭をわずかでも切る限り同じく杖一百と解すべきである。実際、沈註は「一両より上、二両五銭まで杖九十と言うが、実は四両九銭九分まで杖九十である」と言っている。となると、今度は二両五銭の意味がわからなくなるが、沈註は「一両を境にして二等に分けているが、その後は二両五銭ごとに一等としているので、それで二両五銭までと言うのである」と、こじつけのような解釈を示している。要するに、沈註に従って書き直せば、本条の量刑表は次のようになる。

〜〇・九九…両?	杖八十
一両?〜四・九九…両	杖九十
五両〜七・四九…両	杖一百
七・五両〜九・九九…両	杖六十徒一年
一〇両〜一二・四九…両	杖七十徒一年半
一二・五両〜一四・九九…両	杖八十徒二年
一五両〜一七・四九…両	杖九十徒二年半
一七・五両〜一九・九九…両	杖一百徒三年
二〇両〜二四・九九…両	杖一百流二千里
二五両〜二九・九九…両	杖一百流二千五百里
三〇両〜三九・九九…両	杖一百流三千里
四〇両〜	斬（雑犯、徒五年）

〈常人盗倉庫銭糧（常人による官有物の盗み）〉

およそ常人（管理責任者以外は、みなこれに当たる）**が倉庫の銭糧などの物を盗み**（倉庫から盗み出したならば罪する）、（発覚して）**財を得なかったならば、杖六十。**（従犯は一等を減じる。）**およそ財を得たならば、首犯・従犯を区別せず、贓を併せて罪を論じる**（「贓を併せて」というのは、前条と同じ）。**いずれも右下膊《うで》上に「盗官**（銭[a]・糧・物）**」の三字を刺《いれずみ》する。**

一両以下　杖七十
一両[b]から五両まで　杖八十
一十両　杖九十
一十五両　杖一百
二十両　杖六十徒一年
二十五両　杖七十徒一年半
三十両　杖八十徒二年
三十五両　杖九十徒二年半
四十両　杖一百徒三年
四十五両　杖一百流二千里
五十両　杖一百流二千五百里
五十五両　杖一百流三千里[c]
八十両　絞（雑犯[d]。宿直していた管理者は、察知しなかったことで罪を科す）

「常人」とは「監守」の対概念であり、官・民を問わず、およそ官有物の管理責任者でなければみなこれに当たる（輯註）。「常人盗」とは、官有物を管理責任者以外の者が盗むことを言うのである。常人盗も実質的には窃盗であり、官有物を盗むか民間の財物を盗むかの違いによって、律の上で「窃盗」と区別するのであるが、官の倉庫から盗むという点を重く見るため[36]、常人盗は窃盗より厳しく罰せられる（沈註）。

盗みの対象となる「銭糧などの物（銭糧等物）」を一括して「財」と呼び、財を得たか得なかったかで、まず区別がなされる。「財を得なかった」というのは、盗んだものの番人に見つかって持ち出すことができなかったとか、鍵が厳重で手に入れられなかったとかいう場合である。財を得なかったとしても、すでに盗みを働いたとみなされ、一概に杖六十（従犯は笞五十）となるが、刺字は免じられる。「財を得た」というのは、倉庫から盗み出して自分のものにしたことをいう（輯註）。どの時点をもって「財を得た」とみなすか、詳しくは後出の〈公取窃取皆為盗〉に示されている（沈註）。

監守盗と同じく、およそ財を得たならば、首犯・従犯を区別せず、人数も回数も考慮せず、贓を併せて論じる（前条の解説を参照）。「およそ（但）財を得たならば」というのは、とにかく盗みが成功して財を持ち出すことができたならばということであり、個々の犯人が分け前を手に入れたかどうかは問題にしない（輯註）。

常人盗は杖七十から始まる。監守盗より一等軽いのは、管理責任を厳しくみなすからであり、窃盗より一等重いのは、官有物を重んじるからである（沈註）。しかし、窃盗は贓が百二十両以上になるか三犯になれば真犯絞となるのに対して、監守盗・常人盗は律による限り刑の上限が雑犯死罪であり、三犯の規定もない（監守盗の小註は三犯で真犯絞とする）[37]。また条例も、監守盗・常人盗の贓が多額に上れば真犯死罪とするものの（〈監守自盗倉庫銭糧〉の第一条例。前条の解説を参照）、期限内に返還すれば死罪を免じるという規定もある（本条の条例）。要するに、「立法の意図（立法之意）」は官有物を盗んだ者をただちに殺そうとしてはいないのである（沈註）。

これらの規定を合わせて言えば、全体的な量刑は監守盗・常人盗が重いが、死刑になるという点については窃盗が最も厳しいということになる。その理由を、沈註は次のように説明する。窃盗の贓が百二十両以上ともなれば民への害が甚大であり、三犯ともなれば民への害が多数に上る。立法の意図は、官有物を盗んだ罪が重くてもただちに殺そうとはしないが、民間の財物を盗んだ罪が重ければ少しも許そうとはしないのである。つまり、民間の財物よりも官有物を重んじるとはいえ、盗みの被害が甚大になれば、官の損害は大目に見ても、民の損害は見過ごしにしないということである。沈註はこの解釈を示した上で、律の規定を「寛大の至りにして、また厳密の至りなり（寛大之至、又厳密之至也）」と言う。

〈強盗〉

第一節　**およそ強盗を実行して、財を得なかったならば、みな杖一百流三千里。およそ**（持ち主の）**財を得たならば、首犯・従犯を区別せず、みな斬。**（分け前に与らなかったとしても、やはり罪する。[a]）

第二節　**もし薬で人を昏迷させて財を狙ったならば、罪は同じ。**（およそ財を得れば、みな斬。）

強盗は、謀反・大逆など特殊な罪を別にすれば、律に定める最も重い罪である。それでも〈強盗〉が監守盗・常人盗の後に配置されているのは、官有物を重く見るためであるという（沈註）。同じ篇内の配列にも、重い罪から軽い罪へといった意味があるとみなすのである。この見方によれば、前条までが国家・君主やその所有物に対する侵害を扱い、本条からは民間の人や財物を奪う罪を扱うということになる。

輯註によれば、〈強盗〉の条文はすべて「強」に重点を置いている。「強」とは何かについては輯註・沈註とも何も説明していないが、唐律（賊盗三十四条）には「威もしくは力をもってその財を取る（以威若力而取其財）」ことを「強盗」と定義する註があり、『唐律疏議』は「威をもって人を脅し暴力は加えない、あるいは直接暴力に訴えて脅迫をしない」という手段で財物を奪い取ることと解説する。つまり、何らかの強制手段を用いることが「強」であり、この定義は明清時代にも引き継がれていたと見られる。強盗は強行犯であることが重大視され、人を襲って物を強奪しようとした時点で、首犯・従犯、贓の多寡、分け前の有無などが考慮の対象にならなくなる。明代の雷夢麟の『読律瑣言《さげん》』や王樵・王肯堂父子の『大明律附例』が「強盗の罪は「強」によって論じ、贓によって論じない」と言うように、他の盗みが贓の多寡によって罪の軽重を論じるのに対して、強盗は「強」の手段に訴えたことによって一律に罪を論じるのが基本原則なのである。

強奪を企て、凶器を携帯して財物の持ち主（事主）[38]の家に行き、門戸を打ち壊すということをすれば、その時点で「実行した（已行）」ことになる。もし持ち主が撃退したり隣人が救援に来たりして財を得ることができず、持ち主の家が損害を受けなかったとしても、強盗の企て（強盗之謀）は実行されているので、首犯・従犯を区別せず、みな杖一百流三千里となる。財を奪ったならば、その多寡を論ぜず、首犯・従犯を区別せず、みな斬となり、実行に加わった者は分け前を得なくても同罪となる（輯註）。

持ち主の家にあった物はすべて「財」であり、盗人の手に入れば「贓」と言う。盗人が持ち去れば

「財を得た」と言い、贓を分けて各々自分のものにすることを「分け前に与る（分贓）」と言う。強盗の贓が分けられる前に、持ち主の財はすでに失われているので、強行犯であることを重く見る〈強盗〉では、財を得たかどうかだけを問題にし、分け前に与ったかどうかを問題にしないのである（輯註）。

第二節は、麻酔薬の類を用いて人を昏睡させてから物を奪う場合である。こうした場合も「強盗」とみなすことは唐律の註に見え[39]、明律がそれを条文化して、清律の本条が引き継いだのである。人を昏睡させるような薬物は必ず有毒であり、そのような薬物を使用するのは、人の財を奪うために人を傷つけることを顧みないのであるから[40]、行為（事）はひそかに行なわれたとしても、その意思（心）は「強」であるとみなすのである。「財を狙った（図財）」と言い、「財を得た」と言わないのは、財を得た場合も得なかった場合も含めている。「罪は同じ」というのは、財を得たならばみな斬、財を得なかったならばみな杖一百流三千里と、第一節と同じ刑になるということである（輯註）。

なお、後出の〈盗賊窩主〉には、強盗の元締め（窩主）に関する規定があり、強盗の首謀者でありながら実行に加わらなかった者の罪について定めている。しかし本条では、強盗を共謀したが実行には加わらなかった場合についての規定がない。そこで、〈盗賊窩主〉に依って「実行しなくても分け前に与ったならば、斬に当てる。実行せず分け前にも与らなかったならば、杖に当てる」として処断されることがあったというが、輯註はこれを「実に律の意図に反する（実非律意）」と酷評する。「元締め」は盗賊の黒幕として身を潜めているものなので、特に厳しく罰するのであるが、単なる盗人の場合、初めは共謀していながら実行しなかったとすれば、すでに悔悟の意があり、後で分け前も手にしなかったならば、さらに畏怖の心があるということである。このような者は許してやるか、さもなければ雑犯篇〈不応為〉を適用すれば十分であるという。

　実行しなかったが分け前には与ったという者は、その共謀の事情や実行しなかった理由を推し量らなければならない。首謀者であって不本意ながら実行に加わらなかったとか、盗みの相手と面識があって不都合であったとか、元締めのもとで分け前に与るのを待つ約束であったとか、家に盗みのための道具があって他の盗人に持って行かせたとかいった事情であれば、元締めと同じく罪を科すべきである。首謀者ではなく、悔悟して実行に加わらず、他の盗人が財を得た後で発覚を恐れて無理やり分け前を押しつけたのであれば、盗賊の元締めとして斬罪とするのは苛酷である。〈窃盗〉か〈共謀為盗〉を類推適用（比照）して、斟酌して上奏するというのが、輯註の勧める解決法である。

第三節　**もし窃盗犯がその時に逮捕に抵抗、または人を殺傷することがあれば、みな斬**（執行猶予付き。財を得ても得ていなくても、みな斬。「その時に」という語に注意せよ）。**盗みに乗じて姦淫したならば、罪はやはりこれと同じ**（姦淫を成したかどうかを論ぜず、首犯・従犯を区別しない）。**盗みをともにした人は、それを手助けしておらず、抵抗・殺傷または姦淫の事情を知らなければ、**（審理して確実であれば）**ただ窃盗に依って論じる**（首犯・従犯、財を得たか得なかったかを区別する）。

第四節　**なお、窃盗犯が持ち主に気づかれ、財を棄てて逃走したが、持ち主に追いかけられて、それによって逮捕に抵抗したならば**（自首したならば、その盗みの罪だけを免じ、なお暴行・傷害の条文に依る）[b]**、おのずから罪人の逮捕への抵抗の条文に依って罪を科す。**（窃盗で財を得なかった場合の本罪に二等を加え、杖七十とする。人を暴行して折傷以上になれば絞、人を殺したならば斬、従犯は各々一等を減じる。）（およそ強盗が自首して事実でなかったり不十分であったりした場合は、ただ名例律の自首の条文中の「死刑に至る場合は減等する」という規定をもって科刑すべきである。「なすべきでない」ことの条項の重い方に従って処断してはならない。）

第三・四節は、窃盗犯が途中で強盗に類する行為に及んだ場合を扱う（輯註）。沈註によれば、この二節ははなはだ微妙なので、一字一句吟味しなければならない。

まず「窃盗」というのは、計画も実行もひそかに行なわれ、捕まりかけて抵抗したり人を殺傷したりする意図がないものである。「その時に（臨時）」というのは、突発的に起こった事態であり、あらかじめ計画してはいなかったということである。「または（及）」というのは、ただ抵抗しただけでも、抵抗と無関係に殺傷した場合でも、いずれも斬ということである。持ち主が捕えようとし、盗人が逆らえば「抵抗（拒捕）」というが、これは凶器（持参した物でも、その家にあった物でも）を持って、持ち主と格闘になった場合のみこれに当たる。一方で、持ち主が気づいても怖気づいて捕えようとしなかったり、老人・病人・婦女など捕えることができない者であったりした場合、盗人に殺傷されてしまうこともある（沈註）。どちらの場合も、初めは窃盗でもその時点で実質的に強盗とみなされるのである（輯註）。

「することがあれば（有）」というのは、複数で窃盗を行なって、その中に抵抗・殺傷する者がいた場合、抵抗・殺傷とは無関係であった共犯者と区別する意味がある。「みな斬（皆斬）」というのは、ここでは「抵抗」した場合も「殺」した場合も「傷」つけた場合もすべて斬ということであり、首犯・従犯を区別しないという意味ではない。窃盗については、首謀者と随従した者で首犯・従犯を区別できるが、「抵抗」「殺傷」は突発的に起こることなので、首犯・従犯はどのみち認定できないからである（沈註）。小註に「財を得ても得ていなくても、みな斬」とあるのは、殺傷した者について言う。窃盗でも人を殺傷すれば凶悪の極みなので、財を得たかどうかは問題にならない。抵抗した者については、財を得た場合のみこれに当たる。持ち主に覚られながら、財を棄てて逃走せず、贓物を守って格闘するというのは、強盗と何ら異なるところがないからである。「「その時に」という語に注意せよ（須看臨時二字）」と附記しているのは、「その時に」抵抗したのでなく、逃げて追いかけられてから抵抗したのであれば、第三節ではなく第四節の規定に該当するからである（輯註）。

「盗みに乗じて姦淫する（因盗而姦）」というのは、もともとの計画は窃盗であったが、その家にいたのが婦女だけだったので、侮って姦淫に及んだといった場合である（沈註）。輯註によれば、その家の人が近くにいながらその妻女を姦淫するのは、その意思（心）も行為（事）も「強」にほかならないので、抵抗して人を殺傷したのと違いはない。沈註によれば、姦淫も人を損傷することなので、殺傷した場合と同じ罪になるのだという。なお、強盗については「抵抗」も「殺傷」も「姦淫」も規定していないが、これらはすべて「強」のうちに含まれるので、言う必要がないのである。強盗の罪はそれだけで斬（即時執行）なので、それ以上加えることもできない。そのため、条例では特に凶悪な強盗について、斬首の上「曝《さら》し（梟示）」を命じている[41]（沈註）。

以上、窃盗犯が居直って凶悪な犯罪に転じた場合を扱うが、その窃盗犯に共犯者がいた場合、共犯者の扱いが役割に応じて区別される。「盗みをともにした人」というのは、窃盗の共犯者すべてを指すが、そのうち抵抗・殺傷または姦淫について「手助けせず」「事情を知らなかった」者に限って、ただの窃盗の罪に止まる。「手助け（助力）」するというのは、手を出さず傍らで脅していたというのもこれに当たる。手助けするのは咄嗟のことであるが、「事情を知」っていたというのはあらかじめ謀議していたということである。謀議していた以上、実行しなかったとしても「事情を知らなかった」とは言えない。そもそも初めから捕まりそうになったら抵抗しようとか、婦女がいれば姦淫しようと共謀していたのであれば、これは強盗であって窃盗ではない（沈註）。要するに、共犯者のうちで単なる窃盗の罪に止まるのは、外で見張っていたり財を得て先に出て行ったりして、その場で抵抗・殺傷・姦淫の手助けもせず、またあらかじめ見つかったら抵抗しようなどと謀ってもおらず、仲間の凶悪な行為を与り知らなかった者だけである。そのことが関係者の証言で明らかになれば、単に〈窃盗〉の条文に従って罪を科され、そうでなければ抵抗・殺傷・姦淫を行なった者と同罪なのである（輯註）。

窃盗犯が見つかって居直ることなく、盗みを放棄して逃げ出した場合を扱うのが第四節である。この場合、追ってきた持ち主に抵抗しても、第三節のように凶悪犯罪に転じたとはみなされない。この節では「財を棄てて（棄財）」というのと、追いかけられて「それによって（因而）」というのが、注意すべき点であるという（沈註）。第三節に言う「その時に」抵抗するというのは、突き詰めて考えれば、持ち主を殺傷して財を得て去ろうというのであるが、財を棄てて逃げ出すというのは、恐れをいだいていた証拠であり、「強」の意があったわけではない。追いつかれて初めて抵抗したのであれば、身をもって逃れるための方便にすぎないので、やや寛大に扱い、捕亡篇〈罪人拒捕〉によって罪を科す[42]。具体的には、窃盗で財を得なかった場合の笞五十に二等を加えて杖七十とする。その際に人を傷つけたならば、闘殴篇〈闘殴〉の規定と引き比べて、より重い方の刑を科されることになるが、第三節の「みな斬」と比べれば軽い。律は「意思を咎めること（誅心）を貴ぶ」、すなわち意思が悪質であれば重く、そうでなければ軽く罪するものなので、こうした区別がなされるのだという（輯註）。

沈註が指摘するところによれば、本条は「強」を重視するとはいえ、罪を論じるに当たっては「財を得た」という点を重視している。強盗は財を得ればみな斬であるが、財を得なければ流刑に止まる。窃盗犯が抵抗したり人を殺傷したりした場合、小註には「財を得ても得ていなくても」とあるが、実はみな財を得た者について定めているのである。律の本文にその点を明記していないのは、省略しているだけなのだという。第三・四節の冒頭に「窃盗」を掲げ、第四節の途中で「財を棄てて」と言うのを見れば、すでに財を得たことを前提としているのは明らかである。第四節が財を棄てて逃走した挙句に抵抗した場合を扱うのに対して、第三節は財を得て逃走せずに抵抗した場合を扱うのであり、両節を対照して見れば、それぞれの扱う対象ははっきりしている。

それでは、窃盗がまだ財を得ていない段階で抵抗したり人を殺傷したりした場合はどうなるのかと言えば、小註は「財を得ても得ていなくても」と言っているので、やはり「みな斬」ということになる。だが、盗みは強盗が最も重罪であるが、強盗は凶器を持って押し入っても財を得なければ流刑に止まる。条例（第三条例）では、強盗が人を傷つけてもまだ財を得ていなければ、搶奪（ひったくり）によって人を傷つけた罪（〈白昼搶奪〉）を類推適用（比照）するとしている。これらを考え合わせれば、窃盗が財を得ずして抵抗したり人を傷つけたりした場合に、強盗より重く罪せられるのはおかしい。沈註は、ただ人を殺した場合と姦淫した場合のみ、財を得たか得なかったかを区別せず論じるべきだと主張している。

なお、第四節の中間と最後に自首に関する小註があるが、まず中間の「逮捕に抵抗したならば」に附せられた註は、「抵抗して人を傷つけた」場合の自首を指す（沈註）。罪を犯しても発覚する前に自首したならば、原則として免罪となるが、「人を損傷した」場合は自首による免罪が適用されない（名例律〈犯罪自首〉）。「犯罪によって人を殺傷して自首したならば、傷つける原因となった罪だけを免じ、なお故殺傷の法に従う（小註）」とされているので、ここでは窃盗と抵抗の罪が免じられ、人を傷つけた罪だけが科されるのである。

最後の小註は、強盗の自首について述べる。強盗も発覚する前に自首して、人を損傷する等の条件（「清律の基礎知識」を参照）に抵触していなければ免罪となる。だが、自首した罪が事実に合わなかったり（不実）、すべての罪を自首してはいなかったり（不尽）した場合は、自首しなかった分を罪せられ、その結果として死刑に至る場合は一等を減じることを許すとされていた。たとえば、強盗で財を得ながら窃盗で財を得たとして自首した場合、自首しなかった強盗について斬となるが、不十分であっても自首した以上は罪を悔いる心があったということなので、死刑を免じるのである（〈犯罪自首〉への輯註）。沈註はさらに、真犯死罪を雑犯死罪として、斬罪を絞罪として不正確に自首した場合、より軽い罪として自首したとはいえ死罪に違いはないので、「事実に合わなかった」とはせず、雑犯篇〈不応為〉（軽い方で笞四十、重い方で杖八十）を適用すればよいとしている（〈犯罪自首〉への沈

註)。ただし、それは同じ死罪として自首した場合であり、流罪以下として自首したのであれば律文どおりに対処するということを、ここで確認しているのである。

〈劫囚(囚人の強奪)〉

およそ囚人を強奪すれば、みな(首犯・従犯を区別せず)**斬**(執行猶予付き。およそ強奪しようとすればただちに罪する。囚人を奪うことができなくても罪する)。**もしひそかに囚人を放して逃走させたならば、囚人と同罪。死刑に至る場合は、一等を減じる**(服喪義務のある親族であっても、常人と同じ)。**ひそかに放したが囚人を逃がせなかったならば、**(囚人より)**二等を減じる。それによって人を傷つけたならば、絞**(執行猶予付き)。**人を殺したならば、斬**(執行猶予付き。放された囚人を殺傷した場合でも、やはり前記の罪に当てる。囚人を逃がしたか逃がせなかったかを問わない)。**従犯は各々一等を減じる**(囚人を放して逃がした場合と、放したが逃がせなかった場合の二項を受けて言う[43])。**もし官が人を遣わして銭糧の滞納者を拘束、裁判への召喚者を拘引、または罪人を逮捕する時に、人々を集めて途中で奪取したならば、**(首犯は)**杖一百流三千里。それによって遣わされた人を傷つけたならば、絞**(執行猶予付き)。**人を殺した、または集まった人数が十人に至れば**(九人以下であれば、ただ前項の「人々を集めて」に依って処断する)、**首犯は斬**(執行猶予付き[44])、**従犯は各々一等を減じる。なお、家人・従者を率いて奪取したならば、手を下して死なせた者は絞**(執行猶予付き)、**ただ尊長のみ罪する。もし家人も人を傷つけたならば、なお一般の首犯・従犯として論じる。**(家長は斬に当て、従犯は流に当てる。人を殺した場合について言わないのは、軽い場合を挙げて重い場合を含めているのである。）（なお、途中でなく家で奪取したのであれば、もし奪取した人がもともと逮捕・拘束されるはずの人でなければ、「威力をもって私宅において拷打・監禁した」場合の条文に依る。人に命じて暴行させたならば、「人を指図して暴行させた」場合の条文に依る。もし逮捕・拘束されるはずの人が自ら暴行に及んだのであれば、罪があった場合は「逮捕への抵抗」の条文に依り、罪がなかった場合は「督促者・召喚者に対する暴行」の条文に依る。[45]）

「囚人（囚）」とは、罪を犯して拘束された者を指す。罪状自認の手続きを終えて（已招服罪）、拘禁具をつけて監禁されている者を「獄囚」と言い、審問を受けて供述を取られたが罪状自認には至らず、拘禁具なしで監禁[46]されている者を「罪囚」と言い、逮捕されたが審問を受けていない者を「罪人」と言う（輯註）。これら逮捕・拘束された人々については、主として捕亡篇・断獄篇で扱うが、賊盗篇所収の本条では、囚人の仲間が囚人を奪い取ろうとした罪のみを扱う。

本条は長い一節をなすが、全部で八項に分けられる。①囚人を強奪した場合（劫囚）、②ひそかに囚人を放した場合（窃囚）、③ひそかに囚人を放したが逃がせなかった場合、④囚人を放したことにより人を殺傷した場合、⑤人々を集めて奪取した場合（聚衆打奪）、⑥奪取したことにより官が差し向けた人を傷つけた場合、⑦人を殺すか十人以上を集めた場合、⑧家人を率いて奪取した場合である（沈註）。

まず①と②は、獄中または護送中の囚人をその仲間（同類）が脱走させた場合である。[47] 強盗と窃盗の場合と同様、「強奪（劫）」か「ひそかに放す（窃）」かによって区別される。監獄の門を打ち破ったり護送中を遮ったりして、強盗が物を奪うように「強」をもって奪い取るのが①の「強奪」である。「強」の手段に訴えた時点で、脱走させることに成功していようがいまいが、首犯・従犯を区別せずみな斬となる。小註が囚人の親族でも罪は変わらないとするのは、親族による犯人隠匿は原則として罪に問われない（名例律〈親属相為容隠〉）ことを念頭に置いている。だが、隠匿が認められるのは犯罪が発覚する以前のことであり、すでに逮捕・拘束された囚人は対象外なので、強奪を図ったのが囚人の親族であっても罪になるのである（輯註）。

②の「ひそかに放す」とは、壁に穴を開けたり鎖や枷を外したりして、監守の油断を見澄まし、窃盗と同じく人目を盗んで逃走させることである。こちらは逃がした囚人と同罪で、しかも死刑にはならない（輯註）。脱走した囚人は、捕亡篇〈獄囚脱監及反獄在逃〉に依って、本来の罪に二等を加えられる。たとえば、杖一百徒三年の罪を犯していて脱走した場合、杖一百流二千五百里になるのであるが、それでは逃がした者も同じ流二千五百里になるのかと言えば、そうではない。逃げた罪は囚人自身にあり、逃がした罪は逃がした者にあるので、逃がした者の罪は囚人の本来の罪である徒三年と同じになるのである（沈註）。

強奪の場合は脱走の成否を問わないが、ひそかに逃がそうとした場合、失敗して逃がせなかった時には（③）、罪が二等減じられる。強奪は「強」を重視するのに対して、ひそかに逃がすのは囚人を失うことを重視するからである。（この点も、強盗と窃盗の違いと同じである。）ただし、脱走させる過程で人を殺傷した時には（④）、逃がせたか逃がせなかったかにかかわらず絞・斬に当てる。強奪するつもりはなかったにせよ、殺傷した時点で「強」に近い行為となってしまうので、囚人を逃がせたかどうかを論じないのであるが、それでも強奪とは差がある（有間）ので、首犯・従犯を区別するのである。[48]

その際、殺傷した相手が獄卒など官側の人でなく、当の囚人であった場合でも罪は同じである（小註）。律で「それによって（因而）人を殺傷した」と言う場合、およそそれが原因となって人が殺傷されることになったならば、誰であろうとみなこれに該当するからである（沈註）。なお、獄卒が追いかけて行って転んで怪我をしたとか、失態を責められるのを恐れて自殺したとかいった場合も「それによって殺傷した」として論罪することがあったというが、沈註によればそれは誤りである。律では自ら手を下して命を奪ったのではない場合、「それによって死なせた（因而致死）」と言う。[49]「殺傷」と「致死」は語義が異なるので、混同してはならないのである。

⑤以下は、囚人が投獄される以前、逮捕されて連行される途中に奪い取った場合を扱う。この場合、連行される人は犯罪者とは限らず、滞納している租税を取り立てるため拘束される納税者であったり、裁判に被告や証人として召喚される一般人であったりもする。たとえ犯罪者とみなされていなくても、およそ官に拘束されることは多大な苦痛を意味したので、連行を阻止される可能性は常にあった。

⑤の「人々を集めて」の「人々（衆）」というのは、名例律〈称日者以百刻〉で「三人以上」と定義されている。一、二人であれば本条に依らず、闘殴篇〈拒殴追摂人〉を適用する（沈註）。官から派遣された人を三人以上で襲い、連行される人を奪い取るのは、①の強奪に近い行為であるが、①は奪い取る対象がすでに官に拘束されており、⑤以下はそこに至っていないことから罪が異なるとされ、一等減じた杖一百流三千里となる（輯註）。

⑥の「それによって遣わされた人を傷つけた」場合は、④の「それによって人を傷つけた」場合と似ているが、単なる「人」ではなく「遣わされた人（差人）」となっている。これは⑦の「人を殺した」場合にも該当するという。したがって、もしその場でとりなしていた第三者を殺傷したならば、本条は適用されないと考えられている（沈註）。沈註によれば、その場合は人命篇・闘殴篇の該当条項に依るべきであろうという。つまり⑥の場合は④の場合と違って、官から派遣された人以外の者を殺傷したのであれば、一般の殺傷案件として扱われるということである。

⑦は逮捕に遣わされた人を殺した場合だけでなく、集めた人数が十人に至った場合を並列して扱っている。十人以上を集めて逮捕を阻止した場合、人を殺傷していなくても殺した場合と同じになる。「逮捕・連行を阻止するために人を殺すのは凶悪の極みであり、十人に至る徒党を集めるのは横暴も甚だしい」（輯註）ということで、要するに両者は同列の悪事とみなされるのである。「悪事の首謀者（首悪）」を懲らすため、いずれも首謀者（造意）を首犯として斬に当てるほか、従犯のうち実際に手を下して死なせた者を特定して絞に当てる。

一般に律では、一人の殺害に対して一人を死刑にして償わせること（抵命）を原則とする。たとえば人命篇〈闘殴及故殺人〉の「共謀による暴行（同謀共殴）」では、致命傷を与えた者だけを絞とし、犯罪を呼びかけた者（元謀）は一等を減じられる。本条で二人を死罪とするのは、通常の殺人よりも重い刑を科していることになる。輯註はこれを「人命を重んじる」ためだというが、なぜ本条のような場合に特別重んじられるのかは不明瞭である。沈註は、少し異なる方面からこれを説明している。「同謀共殴」の「同謀」というのは、対等の間柄（勢均力敵）を指す語であるが、「人々を集める（聚衆）」とか「率いる（率領）」とかいうのは、人を呼び集める力のある者、人を制する力のある者がすることとである。だから、それに従った者が勝手に人を殺してしまったとしても、首謀者がその者より罪を減じられることはないのだという。[50] つまり、あらかじめ殺人を謀議していなかった以上、殺した罪は直接の加害者に科せられるが、人を動かす力を行使した首謀者はそれ以上の罪となり、結果的に二人が死罪となるということである。

⑧は⑤と基本的に同じ行為であるが、集められたのが「家人・従者（随従）」である点が異なる。「家人」とは、同居の人[51]または服喪義務のある親族であり、一家の尊長者が家人を率いて囚人を奪取するという事態を想定している。逆に言えば、⑤は集められた者がすべて他人の場合を扱う（輯註）。⑤では「集める（聚）」と言い、⑧では「率いる（率領）」と言うのは、他人を集めて指揮するのと、家人や従者に命令するのとは意味が違うからである。⑧の冒頭に「なお（其）」という語を冠するのは、ここから別の規定に変わることを示しているのである（沈註）。

赤の他人を集めた場合、集められた方には囚人奪取に加担すべき義理など本来なく、おそらくは流れ者の凶徒が糾合に応じたといった事情に違いない。そのような者が殺人を犯したとすれば、凶悪の極みなので絞に当てるのである。一方、家人にとっての尊長、すなわち子弟にとっての父兄、奴僕にとっての家長というものは、命令されたら従わざるを得ない相手であるから、家人は共犯ではあっても従犯とはみなし難い。そこで、尊長のみを杖一百流三千里とし、家人は罪を問わないのである。名例律〈共犯罪分首従〉でも、一家で罪を犯した場合は尊長だけを罪に当てると定めているが、一方で「人を損傷したならば、一般の首犯・従犯によって論じる」とも定めている。本条でも、尊長が奪取を命じただけなのに家人が人を傷つけた場合、尊長は首犯として死罪になるが、家人も従犯の罪に問われる。家人が敢えて人を傷つけなかったのであれば、罪を恐れる心がありながら尊長の命令に従っただけとみなされるが、凶暴にも人を傷つけ、結果的に尊長を死刑に追いやったならば、罪を免れることはできないのである（輯註）。

家人が人を殺した場合について条文にないのは、傷つけたという軽い罪について言うことで、殺したという重い罪も示される（挙軽以該重）というのであるが（小註）、それでは具体的にどの刑を科すのかと言えば、実は説が分かれていた。一説では、⑤の「人々を集めて」の場合と同じく、手を下して死なせた者を絞とするとしていたが、沈註はそれに反対する。「人々を集めて」の場合は悪人同士が助け合ったのであるが、「家人を率いて」の場合は率いた者の独断専行（専制）である。だから、「人々を集めた」場合は首犯・従犯を分けるのに対して、「家人を率いて」の場合は家長だけを罪するのであり、その家長だけに科せられる刑が、奪取だけなら流、人を傷つければ絞、殺せば斬なのである。(52) 家人が人を殺傷した時点で、その家人も従犯として罪せられることになるが、首犯の絞（傷つけた場合）・斬（殺した場合）から一等を減じて、ともに流刑になる。これを称して、「軽い場合を挙げて重い場合を含めている」と言うのであるという。

要するに、「人々を集めた」場合と「家人を率いて」の場合では、律の意図（律意）が異なるので、科刑の方法も別になるのである。家人が人を殺傷した場合は「一般の首犯・従犯をもって論じる」、すなわち〈共犯罪分首従〉に定める一般の首従法に従う。一方、「人々を集めて」の場合、首犯が斬・下手者が絞というのは「別々に罪を科す法（分別科罪之法）」であり、首犯・従犯を区別してはいても一般の首従法とは異なるのである（沈註）。

なお、⑤～⑧の「途中で奪取（中途打奪）」というのは、連行の途中で暴力を振るって（殴打）強奪した場合に限って罪に当てる。この条文が〈劫囚〉の名をつけられ、〈強盗〉の後に配列されているのは、〈強盗〉との連続性があるからであり、「強」をもって「奪い去る」行為であって初めて律の意図（律意）に適う。だから小註では、途中でなく家で「奪取」した場合（実際にはまだ逮捕されていないのだから、単に暴力によって逮捕を阻止した場合と言うべきであろう）について補足し、別の罪に当てるよう指示しているのである（沈註）。

137　〈白昼搶奪（ひったくり）〉

〈白昼搶奪（ひったくり）〉

人の不意を衝いてかすめ取ることを「搶」と言い、力を用いて争って手に入れることを「奪」と言う（輯註）。「搶奪《そうだつ》」すなわち「（力を用いて）かすめ取る」とは、いわゆる「ひったくり」である。搶奪の罪名は唐律にはなく、明律で初めて立てられた。

第一節　**およそ白昼に人の財物をかすめ取ったならば**（人が少なくて凶器がないのが「かすめ取る」ことであり、人が多くて凶器があるのが「奪い取る」ことである）[a]、（贓を計らず）**杖一百徒三年。贓を計って**（贓を併せて論じて）**重ければ、窃盗の罪に二等を加える**（罪は杖一百流三千里を上限とする）。**人を傷つけたならば、**（首犯は）**斬**（執行猶予付き）。**従犯は各々**（首犯から）**一等を減じ**[53]**、いずれも右下膊《うで》上に「搶奪」の二字を刺《いれずみ》する。**

本節の小註に見える搶奪の定義は、明律の注釈書『読律瑣言』に由来するものである。この定義によれば、人の多少・凶器の有無によって搶奪と強奪が区別されることになるが、沈註は「人が少なくても凶器があれば強奪とすることもあり、人が多くても凶器がなければ搶奪とすることがある」、つまり状況に応じて区別するのであって、人の多少にはかかわらないと言う。このように、搶奪は強盗との間の線引きが曖昧なのであるが、『読律瑣言』が「情況は似ているが、区別する必要がある（情迹相似、須当有辨）」と言うように、両者はやはり別々の罪であると認識されていた。

「搶奪」は、強盗と窃盗の間にある罪とされる。白昼公然と行なって、人に知られることを恐れない点では強盗に似ているが、人も多くなく凶器も持っていない点では窃盗に近い。したがって、強盗よりは軽く、窃盗よりは重い刑を科せられる。贓の多寡にかかわらず杖一百徒三年というのは、強盗より軽く、概して言えば窃盗より重い。だが、窃盗は贓の評価額が百両になれば、杖一百流二千里となるので、百両以上を搶奪すれば窃盗より軽くなってしまう。それを避けるため、贓を計って八十両、すなわち窃盗ならば杖九十徒二年半になる場合は、二等を加えて杖一百流二千里とし、九十両ならば杖一百流二千五百里、百両以上ならば杖一百流三千里とする。つまり、窃盗の場合の刑に二等を加えて搶奪の基本の刑である杖一百徒三年を超える場合は、重い方の刑を科すのである（輯註）。

しかし、窃盗は百二十両以上を絞と定め、本節の小註は杖一百流三千里を上限としているので、百二十両以上の搶奪は窃盗より軽くなってしまう。沈註はこの点を指摘するのみで特に意見を述べていないが、後に百二十両以上の搶奪は窃盗に照らして絞とするという条例ができたので、洪弘緒による乾隆版『大清律輯註』では「道理として窃盗に照らして絞とすべきである。ただ律に明記されていないので、条例で補っているのである」と改められている。

人を傷つけた場合は、搶奪のつもりであったとしても、事実として凶悪犯罪になってしまったので、ただちに斬に当てられる。人を殺した場合について定めないのは、傷つけた場合がすでに極刑である以上、言うまでもないからである。ただし、斬に当たるのは首犯であり、従犯は一等を減じられる（輯註）。窃盗犯が逮捕に抵抗して人を殺傷した場合は、首犯・従犯を区別せずみな斬であるのに〈強盗〉、搶奪の際に人を傷つけた場合は首犯・従犯を区別するのであれば、窃盗より若干軽い扱いということになる。窃盗犯の抵抗は、持ち主を殺傷して財を持ち去ろうとしてのことであり、強盗と変わりがないが、搶奪の場合は物を奪う時に偶発的に傷つけたもので、人を傷つける意図はなかったと見るからである。意図的（有意）に人を傷つけて財を取ろうとしたならば、強盗として論じるべきであるという（沈註）。

第二節　もし失火または船の航行中に強風で座礁したことにより、時に乗じて人の財物をかすめ取った、または船舶を破壊したならば、罪はやはり同じとする（やはりかすめ取ったのと同じく罪を科す）。

失火と船の座礁の際は、いずれも救護に事借りて、どさくさ紛れに物をかすめ取ったり船を壊したりする者が現れやすい。偶発的な事故に便乗するものであるから、計画的な犯行ではないが、人の危機に乗じて人の物を奪うのは搶奪と変わりがない。だから、搶奪と同じく第一節のとおりに罪するのである。量刑はもとより、刺字も同じく科す（輯註）。

搶奪は計画して行なう（預謀而行）ものであるが、失火や座礁に乗じるのは咄嗟の思い付き（臨時起意）であるから、「時に乗じて」と言うのである（沈註）。本節が特に定められているのは、こうした行為と搶奪とに隔たりがあると解されてはならないという律の意図（律意）によるという（輯註）。

第三節　**なお、初めに人と争い、あるいは罪人を逮捕・拘束し、それによって財物を盗み取ったならば、贓を計って窃盗に準じて論じ、それによって奪い取ったならば、二等を加える。罪は杖一百流三千里を上限とし、いずれも刺字を免じる。もし**（窃取・奪取によって）**殺傷することがあれば、各々故殺・闘殴殺傷に従って論じる。**（なお、人が争おうとしていないのに殺すのを「故」、争った末に殺すのを「闘」と言う。）

本節は、人と争って暴力に訴えたり、捕り手が罪人を逮捕しに行ったりして、それによって財物を盗んだり奪ったりした場合を扱う。「それによって（因而）」というのは、「初めに（本）」以下を受けており、もともと別のことをしていて、物を取るに至ったことを言う（沈註）。ひったくりや火事場泥棒は、最初から物を奪おうとして行動を起こすため、情状を重く受け止められるが、人と争った末に物を取るに至ったのは、本来物取りを意図して行動を起こしたわけではないので、情状はやや軽いとみなされ刑も軽減される。立法は「意思を咎める（誅心）」ものであり、そもそもの原因を推察しなければならないのだという（輯註）。

人と争ったり逮捕しに行ったりした挙句に物を盗み取った（窃取）場合、第一・二節とは異なり、贓の多寡によって刑を定める。「窃盗に準じて」論じるというのは、〈窃盗〉に定める量刑表に従って罪を科すということであり、奪い取った（奪去）場合はそれに二等を加える。杖一百流三千里を上限とし、刺字を免じるのは、「準じて」という場合の原則である。

このような盗み・強奪の際に、もし人を殺したならば故殺・闘殴殺（人命篇〈闘殴及故殺人〉）、人を傷つけたならば暴行・傷害（闘殴篇〈闘殴〉）の罪として論じる。この場合も、本来の目的が搶奪でなかったことから、第一節に言う搶奪によって人を傷つけた罪を適用しない。その点について誤解しないように、特に明記しているのだという（輯註）。

なお、小註に言う故殺と闘殴殺の定義は『唐律疏議』（闘訟五条）に由来し、明代の『律条疏議』にも見えるものであるが、人命篇〈闘殴及故殺人〉の小註とは異なる（詳しくは〈闘殴及故殺人〉の解説を参照）。本条の沈註も、咄嗟に感情のままに手を下して殺してしまった場合を「故殺」、殺意はなかったが暴力を振るった結果として死なせてしまった場合を「闘殴殺」としている。その上で、故殺と闘殴殺については該当する条文を熟読すべきであり、この小註には拘泥しないようにと注意している。

〈窃盗〉

第一節　およそ窃盗を実行して財を得なければ、笞五十。刺字を免じる。およそ財を得れば、（分け前に与った・与らなかったを論ぜず）**一主に重きを置き、贓を併せて罪を論じる。従犯は各々**（上記の財を得た場合と得なかった場合を指す）**一等を減じる。**（「一主に重きを置く」とは、もし二家の財物を盗んで得たならば、贓の多い一家について罪を科すことを言う。「贓を併せて論じる」とは、もし十人がともに一家の財物を盗み得て、贓を計って四十両であれば、各々四両を分かち得たとしても、通算して一つにまとめ、その十人が各々四十両の罪を得ることとし、首謀者を首犯として杖一百に当て、その他の者を従犯として各々一等を減じ杖九十に止めるといった類を言う。他の条文はこれに準じる。）**初犯はいずれも右下膊《うで》上に「窃盗」の二字を刺《いれずみ》し、再犯は左下膊上に刺し、三犯は絞**（執行猶予付き）。**かつて刺字されていることによって当てる。**

第二節　**掏摸《すり》をしたならば、罪は同じ。**

第三節　**もし軍人が盗みをなせば**（あるいは窃盗、あるいは掏摸で、贓が一百二十両までであれば）、**刺字を免じるが、三犯すれば**（文書が立てられていて明らかであれば）、**同じく絞**（執行猶予付き）**に処す。**[a]

一両以下　杖六十
[b]一十両[54][c]　杖七十
二十両　杖八十
三十両　杖九十
四十両　杖一百
五十両　杖六十徒一年

六十両　杖七十徒一年半
七十両　杖八十徒二年
八十両　杖九十徒二年半
九十両　杖一百徒三年
一百両　杖一百流二千里
一百一十両　杖一百流二千五百里
一百二十両　杖一百流三千里
一百二十両以上　絞（執行猶予付き）
三犯は贓の額にかかわらず、絞（執行猶予付き）

人が気づかないのに乗じて、こっそりと取ることを「窃」と言う（輯註）。すでに前条までに何度か言及されているように、「窃盗」は「強盗」と対になる概念であり、強盗が「強」であることを重視して一律に死刑となるのに対して、窃盗は財物が失われたことを重視して、盗んだ額に応じて刑を定める。

本条には、「贓を併せて論じる（併贓論）」こと、刺字、三犯の扱いなど、賊盗篇の他の条でも用いられる諸原則が見られる。実は、他条の規定はこの〈窃盗〉の条文を基準としたものであり、本条は盗みの罪に対する通則を示したものと言える。したがって、理解の便宜を図るならば、本条は盗みの罪を扱った諸条の冒頭に配置されている方がよいのだが、賊盗篇は重大犯罪ほど先に配置する構成になっているため、本条はこの位置に置かれることになる。

盗みの対象となる財物は、被害者である「持ち主（事主）」の家にあるうちは「財」と言い、盗賊の手に入れば「贓」と言う（沈註）。盗賊が侵入を果たすか、壁に穴を開けるなどしている時に見つかって、何も取らずに逃げたならば、財は失われていないが、盗みの行為はすでに行なわれた（已行）とみなされる。そのため、笞五十（刺字を免じる）と軽くはあるが刑を科せられるのである（輯註）。「財を得なかった」というのは、持ち主の財が失われなかったということを指す。盗賊が逃げる途中で財を棄て、他人に拾われてしまったならば、盗賊は財を手に入れていないが持ち主は財を失ったので、「財を得た」として論じる。持ち主が拾って取り戻したならば、「財を得なかった」ことになるのである（沈註）。なお、盗みの行為や「財を得た」ことがどの時点で成立するかは後出の〈公取竊取皆為盗〉に定められているので、沈註はそれを参照するよう注意を喚起している。

およそ窃盗によって財を得た者は、何軒の家で盗みを働いたとしても、「一主に重きを置き（以一主為重）」、すなわち盗まれた額が最も多かった持ち主だけに限って、その額に従って刑を科す。つまり、甲・乙・丙の家からそれぞれ十両・二十両・三十両を盗んだとすれば、合計六十両盗んだとして杖七十徒一年半を科されるのではなく、丙から盗んだ三十両だけに対して杖九十を科されるのである。甲・乙からの盗みについては、賠償だけを科して刑は加重しない。このような科刑法を採るのは、細かな盗みを重ねた窃盗犯に贓の額を通算して刑を科したならば、刑が重くなりすぎるからであろうという。また、何人で一緒に盗んだとしても「贓を併せて論じる」、すなわち分け前にかかわらず全員に贓の全額に対する刑を科す。具体的には、小註に例示されているとおりである。「一主に重きを置」いた上に、各自が手にした分け前だけを計ったならば、刑が軽くなりすぎるからであろうという（輯註）。

この原則は、具体的な案件に適用する際にはさまざまな疑義を生じたようである。たとえば、もし五人が一緒になって一度に百二十両以上を盗み、一、二両しか分け前に与らなかった者がいたとしても、首犯が絞で従犯はことごとく流刑というのは、重すぎる上に不公平ではないのか。これに対して沈註は、そのとおりであるが、律の意図（律意）は持ち主が失った財を基準にして罪するということであるから、贓が分けられていても罪は分けられないのであると言う。ただし、分け前に対して罪が過重であり、他人に引き込まれた初犯の場合など、法とは別に寛恕を請う（于法外請寛）ことはできるとする。

また、窃盗を行なって分け前を得なかった場合、「財を得なかった」として笞五十でよいとする説もあったが、沈註はこれを非とする。持ち主が財を失ったという事態は、盗みの首謀者に由来するが、盗みを実行した者全員によって成立したのであるから、分け前を得なかったからといって「財を得なかった」とすることはできないのである。およそ強盗・窃盗については、後出の「元締め（窩主）」のみが分け前に与ったか与らなかったかを問われ、共謀して実行した者は全体で「財を得た」ならばただちに罪となり、分け前に与ったかどうかは問題にされない（沈註）。したがって、盗品の賠償は本人が手に入れた分だけでよいが、刑は必ず「贓を併せて」決定するのである（輯註）。

刺字について、「いずれも（幷）」というのは首犯・従犯の双方について言う。刺字は戒めであり、過ちを改めることを願って施すものであるが、二度も刺字をされた後で、なお悔い改めることなく三犯に至ったならば、更生の見込みのない乱民とみなされ、絞に当てられるのである。窃盗は「一主に重きを置く」という科刑の方法によって、一度に発覚した盗みの中で刑に反映されない贓が多額に上ることがあり得る。だが一方で、三犯を死罪とすることによって、常習的な盗賊はついには逃れられないようになっている。沈註はこれを、「寛大なようでいて実は厳しい（似寛而実厳也）」と言う。

「かつて刺字されていることによって当てる」というのは、盗みを犯しても該当する条文によっては刺字を免じられることがあるが、その場合は回数に入れないということである（輯註）。つまり、一般には両臂に刺字のある者がさらに窃盗を犯せば、その時点で絞ということである。ただし、軍人は罪を犯しても刺字を免じられることになっていたので（名例律〈軍官軍人犯罪免徒流〉）、両臂の刺字を目安にすることはできない。第三節はこれについて定めたもので[55]、文書の記録によって前二回の盗みが明らかであれば、やはり三犯で一般人と同様に絞とするとしている。なお、盗みを犯しても刺字を免じるという規定は律の中でも多いので、輯註は軍人以外の犯人について本節を引いてはならないと附言している。

第二節に言う「掏摸」とは、機会を狙って物を取り（掏）、手で物を取る（摸）ことで、俗に言う「すり（白撞剪綹）」を指す。人の隙に乗じてひそかに盗み取るものであり、窃盗と変わらないとみなされるので、窃盗と同じく罪せられ、刺字・三犯についても同じく扱われる。一般に「罪は同じ（罪同）」と言う場合、あらゆる扱いが同じになるのである（輯註）。掏摸と窃盗は同じ罪とみなされるので、交互に犯したとしても通算して三犯に数えられる。逆に、監守盗・常人盗・搶奪はそれぞれ異なる罪なので、三犯を数える際に通算はされない（沈註）。

三犯をどう数えるかについてはそれでよいとして、それでは三犯を数える基準となる刺字をどうするかという問題が残る。監守盗・常人盗・搶奪などの罪を犯して右臂に刺字された者が、次に窃盗を犯した場合、重ねて右臂に刺字することはできず、かといって窃盗については初犯であるから左臂に刺字してよいのかといった問題である。この点は律に明記されておらず、定説がなかったらしい。沈註は、刺字はしないがきちんと文書を立てて回数を記録しておき、再犯すれば左臂に刺字するという説を紹介している。また窃盗と掏摸も、罪は同じといっても名は異なるので、窃盗で右臂に刺字された後で掏摸の罪を初めて犯した時はどうするのか、後考を俟つとしている。

窃盗はごくありふれた犯罪なので、附随する問題が数多く提起されている。たとえば、甲が盗んだ財を乙が盗品と知ってさらに盗んだ場合はどうなるのか、持ち主が見つけて打ち殺した場合や、逃げて行ったのを追いかけて殺した場合はどうなるのかといった有りがちな問題から、僧尼が旧寺の仏像を盗んで供養した場合はどうかなどという特殊な問題まで、輯註・沈註だけでもいくつも挙げられている。これらはおおむね直接的には他の条文に関わる問題なので、本条の解説では取り上げない。

〈盗馬牛畜産（家畜の盗み）〉

第一節　**およそ民間の馬・牛・驢馬《ろば》・騾馬《らば》・豚・羊・鶏・犬・鵞鳥《がちょう》・家鴨《あひる》を盗んだならば、（値する）贓を併せて計り、窃盗として論じる。もし官有の畜産を盗んだならば、常人が官物を盗んだとして論じる。**

本条第一節は、家畜を盗んだ場合、民間のものであれば〈窃盗〉、官有物であれば〈常人盗倉庫銭糧〉の条文に従って罪を論じると定めている。要するに、家畜を盗んだからといって、他の物を盗んだ場合と違いはないということである。本節だけであれば、わざわざ別に一条を立てるまでもない。本条が独立して立てられねばならない特殊な点は、次の第二節にある。

第二節　**もし馬・牛**（官有・私有を兼ねて言う）**を盗んで殺したならば、**（贓を計らず、ただちに）**杖一百徒三年。驢馬・騾馬は、杖七十徒一年半。もし贓を計って**（いずれも殺したものについて贓を計って）、（徒三年・徒一年半の）**本罪より重ければ、各々盗み**（窃盗・常人盗）**の罪に一等を加える。**

馬・牛・驢馬・騾馬は、同じ家畜でももっぱら食用になる豚や羊などと違い、役畜として役立つものなので、もともと屠殺は禁じられている（兵律・厩牧篇〈宰殺馬牛（馬牛の屠殺）〉）。これらの家畜を盗んで殺せば、単なる盗みよりも罪が重くなり、盗んだ家畜の値段にかかわらず、馬・牛ならば杖一百徒三年、驢馬・騾馬ならば杖七十徒一年半となる。(56) 第一節では盗んだ家畜が官有か私有かを区別しているが、これは「盗み」を重く見るからであり、本節で区別しないのは「殺した」ことを重く見るからである（沈註）。とはいえ、高価な家畜を盗んだ場合、単なる盗みとして扱われた方が刑が重くなることもあり得る。律の意図（律意）は、盗んで殺した者を盗んで殺さなかった者より憎むところにあるので、殺した家畜の値を見積もって、単なる盗みの方が刑が重くなる場合は、盗みの場合の刑に一等加えて科刑する（輯註）。

ここで問題になるのは、「加える（加）」という語である。名例律〈加減罪例〉では、罪を加等した場合、杖一百流三千里を上限とし、死罪にすることはできないと定めている。一方、第一節には「窃盗として」「官物を盗んだとして」論じるとあるが、名例律〈称与同罪〉によれば、「として（以）」というのは「真犯と同じであり、刺字も絞刑・斬刑もみなその律に依って処断する」ということなので、死刑になることもあり得る。この「加える」という一語のために、盗んだだけで殺さなかった者が死刑になっても、盗んで殺した者がかえって死刑を免れるのは「刑罰の均衡を欠く（軽重失倫）」と輯註は言う。

沈註の解釈は、次のようなものである。〈白昼搶奪〉では、搶奪に対して杖一百徒三年を科すが、贓を計って窃盗の方が重くなる場合は「窃盗の罪に二等を加える。罪は杖一百流三千里を上限とする」と定めている。本来の刑（本法）が徒刑であり、重い方に従った場合でも、加等する以上は死刑にすることはできない。それに対して、家畜の盗みは第一節に定める本来の刑が「窃盗として」「官物を盗んだとして」論じることになっているので、もともと絞刑に至る可能性がある。本来の刑の中に死刑の可能性が含まれており、それを「盗んで殺した」ことによってより重く扱い、贓の額が高いことによってさらに加重するのであるから、当然死刑もあり得る。盗んで殺した家畜の値が杖一百流三千里に相当する場合までは、「加える」の字義に照らして死刑にはせず、絞刑相当の場合は「として」の字義に照らして同じ絞刑を科すべきである。

沈註によれば、刑を「加える」場合に杖一百流三千里を上限とするのは、本来その罪が死刑には当たらないことを前提としている。「加える」前の本来の刑が死刑になり得るのであれば、この上限設定は無効だというのである。この解釈の要点は、家畜を盗んで殺す罪に対する本来の刑を、第二節に定める杖一百徒三年・杖七十徒一年半ではなく、第一節に定める窃盗・常人盗の刑とするところにある。〈白昼搶奪〉では「贓を計って重ければ、窃盗の罪に二等を加える」と言うが、「搶奪」と「窃盗」は別々の条文に分かれている。本条では「本罪より重ければ、各々盗みの罪に一等を加える」と言っており、「盗みの罪」は同じ条の中で扱われている。だから、贓が重ければ盗みに加等するという点では同じでも、本来の刑として扱われるものが異なると見るのである。

〈盗田野穀麦（野外にある物の盗み）〉

第一節　**およそ田野にある穀物・野菜・果実または人が見張っていない**（もともと見張りを設けない、または見張りを必要としない物を言う）[a]**器物を盗んだならば、いずれも贓を計って、窃盗に準じて論じる。刺字を免じる。**

第二節　**もし山野の柴草・木石の類で、他人がすでに労力をかけ、切り出して集めておいたものを勝手に取ったならば**（「取る」と「盗む」とは区別がある）[b]、**罪はやはり同じとする。**（もし柴草・木石がもとの場所を離れていても、まだ駄載していなければ、「財を得なかった」場合の刑に依って笞五十。上記の条項を合わせて、[c]逮捕に抵抗することがあれば、罪人が逮捕に抵抗した場合の条項に依る。）

本条の要点は、「田野」「山野」にある（輯註）。野外にあって監視の目のない物を盗んだ場合について扱う。網にかかった魚なども「田野の物」とみなす（沈註）。小註にあるように、「人が見張っていない」というのは、もともと誰も見張っていないことを指すのであり、たまたま見張りがその場を離れていた場合は別である（沈註）。そうした農作物や器物を盗むのは、家の中にあったり人が見張っていたりする物とは違うので、〈窃盗〉の法に準じて、贓物を併せて論じ、刺字を免じる（輯註）。「準じる」というのは、量刑の基準をそのまま用いるので、基本的には窃盗と同じ刑になるが、「準じる」場合の原則によって死刑は免れる。また、刺字も免じられるので、実質的には窃盗よりやや軽い扱いとなる[57]。つまり、野外にあって誰も見張っていない物を盗んだ場合、家の中にあったり見張りがついていたりする物を盗んだ場合よりも、わずかではあるが軽い罪になるのである。

山野の柴草・木石の類は、もともと所有者がなく誰でも採取することができるが、他人がすでに切ったり積み上げたりする労力をかけていれば、その人のものになっている。勝手に持って行けば、他人の物を取ったことになるから、盗みと同じようなものである（「猶之盗也」）。だから、前節と同じように刑を科すのである（輯註）。なお、小註に言う駄載云々は、後出の〈公取窃取皆為盗〉の規定による。

〈親属相盗（親族間の盗み）〉

清律では、被害者と加害者の間に親族関係がある場合、その関係に応じて刑罰に差等を設けていることが多い。一般に加害者が尊長（尊属・年長者）である場合は減刑され、卑幼（卑属・年少者）である場合は加重されるが、盗みの罪に関してはやや例外的な規定になっている。本条に見える親族の区分については、「清律の基礎知識」を参照されたい。

第一節　**およそ別居する**（父系・母系の）**親族どうしで、相手の**（後述の尊長・卑幼の二項を兼ねる）**財を盗んだならば、期親は一般人より五等を減じ、大功は四等を減じ、小功は三等を減じ、緦麻《しま》は二等を減じ、服喪義務のない親族は一等を減じる。いずれも刺字を免じる。**（もし盗みに首犯・従犯があって、服制関係が異なれば、各々本人の服制関係に依って減等して処断する。従犯は各々さらに一等を減じる。）**もし強盗を行なったならば、尊長が卑幼に対して犯した場合は、やはり**（強盗を実行して財を得た場合・得なかった場合の規定に従って）[a]**各々上記に依って罪を減じる。卑幼が尊長に対して犯した場合は、一般人として論じる**（減等の対象とはしない）。**もし殺傷することがあったならば**（上記の窃盗・強盗の二項を総《す》べる）、**各々尊長・卑幼を殺傷した場合の該当する条文に依り、**[b]（その）**重い方**（の条項）**に従って論じる。**

「別居する親族（各居親属）」というのは、住居を同じくせず、財産をともにしない親戚を指す。同姓・異姓にかかわらず、期親から服喪義務のない親族に至るまで、みなこれに当たる。ここでは単に「盗む」と言った場合、もっぱら「窃盗」を指しており、「相手の財を盗む（相盗）」というのは、尊長が卑幼から盗むことと卑幼が尊長から盗むことの両方を指して言う（輯註）。本節は住居・家産を異にする親族に対する①窃盗、②強盗、③窃盗あるいは強盗の際に人を殺傷した罪について扱う。

全体としては、親族から盗んだ場合は他人から盗んだ場合よりも減刑される。同居せず家産を共有してもいない親族から盗んだ場合は、盗んだ者が尊長であっても卑幼であっても区別せず、ただ服制に基づく親族関係の親疎によって差を設けて減等する（輯註）。つまり、被害者・加害者のどちらが尊長であっても卑幼であっても、親族関係が近ければ近いほど大きく減等され、親族関係が遠くなるにつれて減等の幅が小さくなっていくのである。窃盗で財を得た場合、贓を計って百二十両以上であれば、相手が赤の他人なら絞刑に当たるが、期親なら杖七十徒一年半まで減等されることになる。(58) 首犯・従犯が分かれていて、それぞれの服制が異なる場合、たとえば被害者に対して首犯は小功、従犯は期親であるといった場合は、首犯が三等を減じられ、従犯は五等を減じられた上に従犯であることによってさらに一等を減じられることになる。このように重ねて減等することを「累減」と言い、名例律〈犯罪得累減〉で認められている。

強盗を行なった場合は、尊長と卑幼を同じく扱うことはない。尊長が卑幼から奪ったならば、〈強盗〉の「財を得たならば、みな斬」「財を得なかったならば、みな杖一百流三千里」の規定に照らした上で、各々上述の窃盗の場合と同じく親族関係に従って減等する。ただし、首犯・従犯は区別しない。卑幼が尊長から奪ったならば、一般人（凡人）として論じるので減等されない（つまり、みな斬となる）。尊長は尊長としての名分によって軽減し、卑幼は目上の者を侵害したことによって重く罰するのである。尊長と卑幼が一緒に強盗を働いた場合も、尊長は減等され、卑幼は一般人扱いとなる（輯註）。

窃盗あるいは強盗に際して人を殺傷したならば、闘殴篇に定める尊長・卑幼間の暴行・傷害に関する規定（〈妻妾殴夫〉以下の諸条）と本条の窃盗・強盗に関する規定を比較して、重い方に従って刑を定める。

第二節　**もし同居する卑幼が他人を引き込んで**（もし別居する親族を引き込んでともに盗めば、その人も本人の服制関係に依って減等し、さらに従犯として一等を減じて科刑する。もし卑幼自身が盗んだのであれば、ただ勝手に使った場合の条項に依るだけで、加等する必要はない）、**自分の家の財物を盗んだならば、卑幼はひそかに勝手に財物を使った場合の条項に依って論じ、二等を加えるが、罪は杖一百を上限とする。他人は**（首犯・従犯を兼ねて言う）、**一般の盗みの罪から一等を減じ、刺字を免じる。もし殺傷することがあったならば、**おのずから**尊長・卑幼を殺傷した場合の該当する条文に依って罪を科す。他人はたとえ事情を知らなくても、やはり強盗**（財を得た場合・得なかった場合）**に依って論じる。もし他人が人を殺傷したならば、**（おのずから窃盗がその時に人を殺傷した場合の条項によって斬[c]）、**卑幼はたとえ事情を知らなくても、やはり尊長・卑幼を殺傷した場合の該当する条文に依って、**（なお勝手に使ったことに加等した罪と殺傷の罪を比べて）（その）**重い方**（の条項）**に従って論じる。**

同居する親族が自家の財物を盗んだ場合は、第一節の別居する親族と異なり、まず尊長が盗んだ場合について規定しない。中国の伝統的家族制度の原則に基づけば、同居している者は「一家で財産を共有している（一家共産）」というのが前提となり、家族は尊長も卑幼も一家の財物の所有者である。ただし、一家の財物は「尊長に統制されている（統制于尊長）」ので、尊長が盗むという事態は想定されない。一方、卑幼は自分の思いどおりに使うことはできず、勝手に使った場合は戸律・戸役篇〈卑幼私擅用財物（家の財産の無断使用）〉に定める罪に当たる（輯註）。同条の規定は、十両までの無断使用が笞二十、十両ごとに一等を加え、杖一百を上限とするというもので、一般の窃盗と比べて非常に軽い。もともと自分の所有物でもある物を、尊長に許可なく使ったことだけが咎となるからである。これは「勝手に使った（擅用）」と言い、「盗んだ」とは言わない（〈卑幼私擅用財物〉への沈註）。

本条で定めるのは、卑幼が他人を引き込んで自分の家の財物を盗んだ場合である。[59] 自分の家の物とはいえ、他人を引き込んで盗みを行なったということから、卑幼は〈卑幼私擅用財物〉に定める罪に二等を加えて科す。ただし、同条と同じく罪の上限は杖一百とされる。二等を加えるとはいえ、卑幼が自ら盗んだ場合は単なる無断使用とみなすことがわかるという（沈註）。引き込まれて盗みを働いた他人も、その家の人の手引きで、手引きした人の財物を盗むのであるから、首犯であれ従犯であれ一般の窃盗よりは軽減される（輯註）。なお、卑幼が他人を引き込んだ場合、必ず卑幼が首謀者なのだから首犯で、他人は従犯であるという説もあったというが、沈註はこれに反対する。卑幼が他人に誑かされて引き込んだのであれば、他人が首犯になるというのである（沈註）。

卑幼が盗みに際して自分の親族を殺傷した場合は、闘殴篇の親族を殺傷した場合の条項に依って論じる。「卑幼」の罪について言っているのに、相手が「尊長・卑幼」になっているのは、殺傷される親族が尊長とは限らず、犯人である卑幼のさらに卑幼（卑幼之卑幼）であるかもしれないからである（輯註）。

窃盗犯がその時に（臨時）人を殺傷した場合については、〈強盗〉第三節に規定があり、殺傷に関わらなかった共犯者は単なる窃盗として論じられることになっている。だが本条では、卑幼が人を殺傷してしまった場合、引き込まれた他人は殺傷に関わっていなくても〈強盗〉の規定によって論じられ、斬か杖一百流三千里となる。これは「悪を助けた（助悪）」ことを憎むから（輯註）、あるいは「むごい行為を助けた（助虐）」ことになるから（沈註）である。沈註はまた、引き込んだ者の罪が重くなるから、引き込まれた者の罪も重くなるのだとも言う[60]。

逆に他人が殺傷したならば、その他人が〈強盗〉第三節に依って罪を科されるのはもちろんのこと[61]、卑幼はたとえ事情を知らなくても、自分が殺傷したのと同じく親族を殺傷した罪か、勝手に自家の財物を使った罪か、重い方を科されることになる。このように厳しいのは、盗みによって人を殺傷するのは強盗と同じだからである。ただし、これは殺傷されたのが引き込んだ者の親族であった場合に限り、奴婢・奉公人や救援に来た他人の場合は、この条項を適用することはできないという（沈註）。

第三節　**なお、同居する奴婢・奉公人が家長の財物を盗んだ、または自分たちの間で相手の物を盗んだならば、**（首犯は）**一般の盗みの罪から一等を減じ、刺字を免じる。**（従犯はさらに一等を減じる。盗みに遭った家の親族が告発すれば、いずれも条文のとおりに論じる。名例律の犯罪を隠匿することができる条項の適用対象にはならない。）

奴婢・奉公人は、家長やその親族と財産を共有してはいないが、同居している以上、純然たる外部の人と一緒にすることはできないので、家の中で盗みを働いた場合、一般の窃盗より一等を減じた上、刺字も免じる（輯註）。要するに、奴婢・奉公人は、赤の他人よりは家族に近い者として扱われるのである。

ただし、他人を引き込んで盗んだ場合に言及していないのは、卑幼とは違ってその家の財物が自分のものではないからである。そうした場合、奴婢・奉公人は本条のとおりに罪を科されるが、引き込まれた他人は一般の窃盗の罪を科される。このように共犯者が別々の罪を科されることもあり、「首犯と従犯で罪が異なる（首従本罪各別）」という呼び方で知られていた（輯註）。殺傷があった場合についても明記されていないが、奴婢が家長やその親族を殺傷したならば、闘殴篇〈奴婢殴家長〉に依る。奴婢が殺傷して他人が事情を知らなかった場合、あるいは他人が殺傷して奴婢が知らなかった場合については、盗みの場合と同様に別々に罪を科す。卑幼が他人を引き込んで殺傷があった場合の規定に依ってはならないという（沈註）。

最後の小註は、親族が犯罪者を隠匿することを認めた名例律の規定が適用されないことを明記している。このことの当否は、当時論議の的になっていたらしい。名例律〈親属相為容隠〉は、同居している大功以上の親族および一定の範囲内の姻戚が罪を犯した場合、それを隠蔽しても罪に問わないと定めており、隠匿を許される親族が通報した場合、本人が自首したのと同様に扱う（名例律〈犯罪自首〉）こととしている。また、訴訟篇〈干名犯義〉では、謀反・大逆などよほどの重罪や我が身に対する侵害を除いて、卑幼が尊長を訴えた場合、たとえ事実であったとしても訴えたこと自体を罪とし、尊長が卑幼を訴えた場合は、卑幼の罪を免じたり減刑したりすることを定めている。したがって、本条のような親族間の盗みの場合、よそで発覚したならば本条のとおりに論じ、被害者自身が訴えたならば〈犯罪自首〉や〈干名犯義〉に従って免罪にしたり減刑したりすべきだという意見が有力であったという。

だが、沈註はこれに反対する。〈犯罪自首〉〈干名犯義〉の二条は、いずれも親族の他人に対する犯罪を暴いた場合には免罪・減刑するということであり、それによって親族の愛を篤くすることを教えるのである。一方、親族の自分に対する盗みを訴えた場合は、自分の切実な利害に関わることであるから、律の規定どおりに罪を論じ、それによって侵害を防ぐ手立てをするのである。そもそも本条は親族関係の親疎に応じて罪を減じており、すでに寛大な法になっている。この上さらに免罪・減刑したならば、盗みを野放しにすることになってしまう。犯罪が増え世の中が乱れるのは、立法の意図〈立法之意〉であるはずがない。また、〈干名犯義〉は財産の侵奪や傷害については訴えを受理することを認めているので、訴えられた者は尊長であっても罪に当たるはずであるし、名例律〈本条別有罪名〉は、名例律と吏律以下の条文とで異同がある場合、吏律以下の条文の方に依って処断するよう定めている。したがって、本条は親族からの訴えによる減免の対象外と見るべきであり、臆断によるこじつけの解釈をしてはならないと言う。

〈恐嚇取財（恐喝）〉

本条と次の〈詐欺官私取財〉は、それぞれ「脅し取る」罪と「騙し取る」罪を扱う。いずれも窃盗に似ているが窃盗とは違うとみなされる罪である。

およそ恐喝して人の財を取ったならば、贓を計って窃盗に準じて論じ、一等を加える。（一主に重きを置き、贓を併せて、首犯・従犯を区別する。なお、まだ[a]得ていなければ、やはり窃盗の財を得なかった場合の罪に準じて、その上に加等する。）**刺字を免じる。もし期親以下の親族どうしで、相手を恐喝したならば、卑幼が尊長に対して犯した場合は一般人として論じ**（贓を計って窃盗に準じて一等を加える）、**尊長が卑幼に対して犯した場合はやはり親族間の盗みの条文により、順次減等して罪を科す。**（期親も一般人の恐喝から五等を減じ、必ず窃盗に一等を加えた上で減刑する。）

「恐喝（恐嚇）」とは、何らかの出来事（事端）に借りて、声や態度を荒げて人を脅し、怯えさせて財を取ることである。盗人の心を抱きながら、うわべは公正剛強なふりをしている点が、窃盗よりも憎むべきである。だから窃盗に準じてさらに一等を加えるのであるが、実際には真の盗賊とは違うので、「準じて（准）」という語の定義に従い、刺字を免じ、死刑にはしないのである（輯註）。

期親以下の卑幼が尊長を恐喝した場合は、赤の他人を恐喝した場合と同じ扱いになるが、逆に尊長が卑幼を恐喝した場合は、まず窃盗に準じて一等を加えた上で、さらに〈親属相盗〉の規定に従い、期親は五等、大功は四等など服制の違いに応じて順次減等（逓減）する。まず窃盗に一等を加えてから減等していくのは、減等の方法を借りるだけで〈親属相盗〉自体を適用するわけではないからであ[62]ろうという（輯註）。

ここに言う「恐喝」は、何ら違法なことをしていない相手に、単純に言いがかりをつけて財物を脅し取ることを指し、違法なことをした者をゆすって財物を得るのは別の罪に当たる。とはいえ、犯罪者から財物をゆすり取る罪については律に規定がないので、そうした場合は各々事情を考慮して「推論」すべきだという（沈註）。もっとも、この点は明代から条例によって補われており、『大清律輯註』刊行の時点でも、人の犯罪を知って脅迫して財を取った場合には「枉法」（第2巻受贓篇〈官吏受財〉の解説を参照）として論じるとする条例があった（本条の第二条例）。

〈詐欺官私取財（官有物・私有物の詐取）〉

第一節　**およそ計略を用いて官・私の人を詐《いつわ》り**（偽り）**欺き**（だまして）**財物を取ったならば、いずれも**（詐欺の）**贓を計って、窃盗に準じて論じ、刺字を免じる。もし期親以下で**（尊長・卑幼、同居・別居を問わない）[a]**、相手を欺き詐った**[b]**ならば、やはり親族間の盗みの条文に依って、順次減等して罪を科す。**

第二節　**もし管理責任者が詐って**（ともに管理する人を欺いて）**管理している物を取ったならば、**（官有物であるから）**管理責任者による盗みとして論じる。**

第三節　**もし人の財物の持ち主を騙《かた》った、またはだまし取った、罠にかけて取った、勝手に持ち去ったならば、やはり贓を計って、窃盗に準じて論じ**（親族であれば、やはり服制関係を論じて順次減等する）、**刺字を免じる。**

「計略を用いる（用計）」というのは、策略を設けること、「詐り欺く（詐欺）」というのは一続きの言葉で、偽って事を起こし、人を欺くことである。「官・私」は並列の言葉で、官府に属する人と一般の私人の双方を表す。つまり「策略によって官吏を騙して官有物を取る、あるいは私人を騙して私財を取る」ことである（輯註）。公金の支出を受けて公務を執行する際、虚偽の費用をでっち上げて官府から騙し取るとか、人が財物をもっているのを見て、謀りごとを巡らして騙し取るとかいった類である（沈註）。詭計を企て人の不覚に乗じて騙し取るのは、身をひそめ人の見ていないのに乗じて盗み取る窃盗と、行為（事）は異なるが意思（心）はよく似ている。だから窃盗に準じて論じるのであるが、畢竟「盗み」とは言えないので、刺字は免じる（輯註）。詐取した物が官有物であっても「窃盗」に準じて論じ、「常人盗」に準じることがないのは、やはり行なったことが「盗み」ではないからである。盗みは官有物を重んじるが、盗みに「準じる」場合は犯した行為（所犯之事）を重んじるので、官有物か私物かを区別しないのだという（沈註）。

恐喝は人を脅して財物を与えざるを得ない状態に追い込むのであるが、詐取は人を騙して自ら財物を与えるよう仕向ける。恐喝は強奪に近いため、窃盗に一等を加えるが、詐取は窃取に近いため、窃盗と同等にして加等しないのである。親族間で行なった場合も、卑幼が尊長を恐喝した場合は減等しないのに対して、詐取の場合は〈親族相盗〉のとおりに減等する（沈註）。〈恐喝〉もそうであったが、本条でも親族については同居か別居かを区別していない。盗みについては、同居の尊長は盗む理由がなく、卑幼は「勝手に使った」とみなされるので、別居親族による盗みと区別されるのであるが、恐喝・詐取については同居親族であっても起こり得ると考えられているのである。同居親族は財を共有しているとはいえ、多く取って自分だけの私有とするのであろうというが（沈註）、ややこじつけめいている。

官有物の管理責任者が、同僚を騙して管理している物を取ることは、「管理責任者自身による盗み

（監守自盗）」と同じであるから、監守盗として罪を論じる。「として（以）」論じる以上、すべての扱いが同じになるので、刺字も科される。策略を実行したが財物はまだ入手していなかった場合は、詐取しようとしていた額に基づいて贓を計り、該当する刑から二等を減じる。〈監守自盗倉庫銭糧〉自体には「財を得なかった」場合についての規定がないが、これは自分の管理している物を盗むのであれば、財を得ていない段階では盗みの証拠がないからである。詐取する場合は、必ず同僚に向かって「しかじかの所でいくらの財を用いる必要がある」と言うわけであるが、同僚が騙されず策略が露見すれば、いくら騙し取ろうとしていたか立証できる。もし詐取しようとした段階で額を特定していなかったならば、「なすべきでない」ことをした罪（雑犯篇〈不応為〉）に問うに止める（輯註）。

「持ち主を騙る（冒認）」というのは、他人の物を自分の物だと偽ること、「だまし取る（誆賺）」とは、言葉巧みに騙して人の財を取って返さないこと、「罠にかけて取る（局騙）」とは、人を罠にかけて財を与えざるを得ないようにすること、「勝手に持ち去る（拐帯）」とは、何かにかこつけて人の財物を持って行ってしまうことである（輯註）。「だまし取る」と「罠にかけて取る」は似ているが実は異なり、前者が言葉巧みに信用させて裏切ること、いわゆる「友を売る（売友）」行為であるのに対して、後者は人を身動きの取れない状態に追い込んで、それに乗じて財を取る行為を指す（沈註）。これらの行為はすべて詐取に類するので、詐取と罪は同じとみなされる（輯註）。

〈略人略売人（人身の略取・売買）〉

本条は、いわば盗みの対象が人であった場合を扱うが、物と違って人には意思があり、そもそも一般人が所有したり売買したりすることが原則上は認められていない。したがって、人を略取したり売買したりした場合には、対象が人であることによるさまざまな問題が生じる。そのため本条は、賊盗篇の中でも特に多くの条項を含む条文となっている。

163 〈略人略売人（人身の略取・売買）〉

第一節 **およそ策略を設けて良人を誘拐**（して奴婢とした）、**または良人を略取し**（人に）**売って奴婢としたならば、みな**（首犯・従犯、売った・売らなかったを区別せず）**杖一百流三千里。妻妾・子孫としたならば、**（首謀者は）**杖一百徒三年。**（誘拐・売買に従わなかったことに）**よって**（略取された）**人を傷つけたならば、絞**（執行猶予付き）。**人を殺したならば、斬**（執行猶予付き。従犯は各々一等を減じる）。**略取された人は罪せず、親族に引き渡して家に戻す。**

「良人」とは、「賤人」と対置される身分上の概念である。明清律の基礎となった唐律には、「官戸」「雑戸」「部曲」「官奴婢」「私奴婢」といった数種の賤人身分が見え、唐代の社会では珍しくない存在であったことがわかるが、明清時代には賤人身分にある者はごく限られた人々だけになっていた[63]。清律に現れる賤人は「奴婢」だけであるが[64]、法律上、奴婢は重大犯罪に連坐した人が賤人身分に落とされ、功臣の家に与えられたものである。したがって、庶民の家に奴婢はおらず[65]、子孫を売って奴婢とすることも禁止されていた（戸律・戸役篇〈立嫡子違法（子の扱いに関する禁令）〉）。現実に人身売買は当たり前のように行なわれていたが、人を売って「奴婢」とすることはできないので、契約書には「奴婢」と書かず「義男」「義女」と書くといった方便が用いられていた。とはいえ、概して世間では語義の区別がよく理解されていなかったため、一般人の家に身売りした者を「奴婢」と称することはよくあった。本条に言う「奴婢」とは、こうした実質的な奴隷を指すと見るべきである。娼妓・俳優（娼優）として売った場合も奴婢と同じとする説（沈註）も、本条に言う奴婢が法的に定められた身分ではなく、不自由な契約に縛られて使役される人々を指していることを示唆する。

「策略（方略）」というのは謀りごとを指すが、「だます（哄騙）」という意味も含む。「略取」の「略」という語は「方略」の「略」とは異なり、「正しい道を取らない」ことを言い、おびやかし奪い取るといった意味も含む。自分の家に取るのが「誘拐（誘）」で、人に売るのが「略取（略）」である。したがって、ここで罪に問うのは「良人を誘拐して自分の奴婢とする」ことと「良人を略取して他人に売る」ことである。「策略を設けて」は、この両方にかかる（輯註）。

謀りごとを巡らして無知な者をだまし、骨肉を離散させ人身を貶めるということから、人身の略取・売買の罪は重く設定され、謀議に与った者はすべて死一等を減じただけの杖一百流三千里となる（輯註）。小註には「まだ売っていない」場合も区別せず流刑にするとあるが、これはすでに略取して自分の家に置いていれば、まだ人に売っていなくても、自分の奴婢にしたのと同様だからである。ただし、その場合は人身売買の目的を追究して、奴婢として売るつもりであったなら杖一百流三千里にするが、人の妻妾・子孫として売るつもりであったなら杖一百徒三年とする。そうでなければ、人の妻妾・子孫として売った罪よりも、そのつもりでまだ売っていない場合の方が重くなってしまうからである（沈註）。妻妾・子孫とした場合、流刑から徒刑に減じられるのは、奴婢とした場合と比べて情状がやや軽いからであろうという（輯註）。

人を殺傷した場合、一般には殺害の状況・傷の程度などに応じて罪を定めるが（闘殴篇〈闘殴〉の解説を参照）、本条では略取を重く見るので、ひとたび人を傷つければ傷の程度にかかわらず絞、人を殺せば殺意の有無を問わず斬とする。[66] これは、ひそかに囚人を放して逃がし、その際に人を殺傷した場合（〈劫囚〉）と同じ論理による。ただし、殺傷したのが略取された人でなければ、一般の殺傷の法に依るという（沈註）。

第二節　**もし養子・継嗣とすることに借りて名目とし、良家の子女を買って転売したならば、罪はやはり同じとする。**（条例を引いてはならない。もし買ってきて成長してから売ったならば、この条文と同じくし難い。）

本節は「養子にする（乞養）」「跡継ぎにする（過房）」という名目で良家の子女を買い取り、転売して奴婢とした場合である。偽りの名目で買って奴婢として転売するのは、まさに第一節の「策略を設けて」に該当するから、第一節と罪は同じである。なお、初めから売る気であったとしても、買ってきて成長してから転売した場合は、「養育した恩（撫養之恩）」が生じているので、別に論じなければならないのだという（沈註）。

小註に「条例を引いてはならない」とあるのは、第一節に定める「策略を設けて良人を誘拐または略取した」場合について、杖一百流三千里ではなく「辺境の衛に送って充軍（発辺衛充軍）」と定めた条例があるからである（本条の第一条例）。原則として、罪状に適合する条例がある場合、条例の方が律よりも優先して適用される。ただし、条例はそこに明記されている罪に対してしか適用されないので、第二節で取り上げた行為が第一節と「罪はやはり同じとする」と定められていても、第二節の行為に対してその条例を引いて適用することはできない。つまり、良人を誘拐・略取した場合は条例によって充軍とするが、養子・継嗣にするという名目で買った子女を転売した場合は充軍とすることはできず、律（第一節）の本文に依って杖一百流三千里としなければならない。およそ律で「罪は同じ（罪同）」とか「罪はやはり同じとする（罪亦如之）」とか称している場合、条例と同じくすることはできないのである（沈註）。

第三節　**もし合意の上で誘い出し**（自分の所に取った）、**または**（両者が）**ともに**（希望して）**良人を売って奴婢としたならば、杖一百徒三年。妻妾・子孫としたならば、杖九十徒二年半。誘い出された人は一等を減じる。**（なお正しい状態に戻して親族に引き渡す。）**まだ売っていなければ、各々**（すでに売った場合から）**一等を減じる。十歳以下は、合意の上であっても、やはり略取・誘拐の法に従う。**（誘い出された者は罪しない。）

本節は、本人が納得ずくで他人のもとへ行ったり売られたりした場合である。「合意の上で（和同）」とは、双方が希望していた（彼此情願）ことを言い、「策略を設けて」行なわれたのではないことを意味する。「誘い出す（相誘）」は第一節の「誘拐する（誘取）」とは違い、「ともに売る（相売）」も第一節の「略取して売る（略売）」とは違い、いずれも「相」の字によって合意の上であることを示す（輯註）。ただ、誘い出すには必ず手引きをしたり甘言をもって騙したり、「策略」が用いられているはずである。合意の上であったかどうかは、必ず誘い出されたり売られたりした人を取り調べて、事情を見極めなければならない。あくまでも合意した上で誘い出された場合のみ本節に該当し、他意なく誘い出され、その後で合意した場合は「略取」に当たる（沈註）。

合意の上であっても、誘い出した者は誘拐・略取から一等を減じられるにすぎない[67]。これは「誘ったことを憎むから」（輯註）、たとえ相手が真に望んだとしても、相手の欲望なり都合なりに乗じて誑かしたことになるからである（沈註）。また、第一節と違って誘い出された方も罪となる。これは「合意したことを憎むから」（輯註）、つまり誘い出された方もなにがしか不相応な欲望にかられた結果であるから、誘い出した人の罪からただ一等を減じるだけなのである（沈註）。

十歳以下は「知識」がないので、合意の上であっても合意として扱われない（輯註）。これは十二歳以下の幼女と姦通した場合、合意の上であっても強姦として論じる（第2巻犯姦篇〈犯姦〉）のと同じ論理であるが、年齢の線引きが異なる。本条では十歳以下とそれ以上で区分されているが、十二、三歳の愚昧な子女が悪人に騙されて、合意の上で誘い出されることが非常に多いので、沈註は事情を斟酌して誘い出された者の罪を許すべきだと述べている。

以上は、親族でない赤の他人、すなわち「一般人（凡人）」である良人に対して罪を犯した場合である。

第四節　**もし他人の奴婢を略取して売ったり合意の上で誘い出したりしたならば、各々良人を略取して売ったり合意の上で誘い出したりした罪から一等を減じる。**

相手が良人でなく奴婢であれば、誘拐・略取して自分の奴婢にした、あるいは他人に売り渡した場合、妻妾・子孫にした場合、傷つけた場合、合意の上の場合と、いずれも良人の場合から一等を減じる。ただ、殺した場合のみ「良人が他人の奴婢を殺した」罪により絞（闘殴篇〈良賤相殴〉）になるという（輯註）。

なお沈註によれば、奴婢が人を略取したり誘い出したりして売った場合は、良人を売ったなら第一—三節の該当条項、奴婢を売ったなら本節を適用する。沈註は、律に明文がないからといってみだりに加重してはならないと釘を刺している。

第五節　**もし子孫を強制的に売って**[68]**奴婢としたならば、杖八十。弟妹または姪《おい》・姪孫《おいのこ》・外孫もしくは自分の妾・子孫の婦《よめ》ならば、杖八十徒二年。子孫の妾**（を強制的に売った）**ならば、二等を減じる。父系の従弟妹・姪または姪孫《おいのこ》であれば、杖九十徒二年半。合意の上で売ったならば、**（強制的に売った場合より）**一等を減じる。まだ売っていなければ、**（売った場合より）**さらに一等を減じる。売られた卑幼は**（合意の上であっても、家長に服従していたのであるから）**罪せず、親族に引き渡して家に戻す。**

第六節　**なお**（合意の上でも強制的にでも）**妻を売って婢とした、または大功以下の**（尊属・卑属の）**親族を売って奴婢としたならば、各々一般人の誘い出し・略取の法に従う。**

第五・六節は、妻妾を含めて親族関係にある者を売った場合を扱うが、前節までとは科刑の基準が大きく異なる。まず自分の子孫を売った場合、強制的（略）であれば杖八十、合意の上（和）であればさらに一等を減じるというのは、他人を売った場合と比べて格段に軽い。子孫は自分にとって最も近親に当たり、それを売るというのは、よほどやむを得ない事情があるに違いないからであるという。弟妹以下を売った場合は徒刑となるが、これは近親とはいえ子孫と比べれば隔たりがある（有間）からである（輯註）。自分の妾を売った罪が子孫を売った罪より重いのは、子孫は自分が生んだものであるが、妾は地位が低いとはいえ他姓の人、つまりもとをただせば他人だからである（沈註）。ただ子孫の妾だけは、卑幼である上に地位も低い（卑且賤）ため軽く扱われる。父方の従弟妹（同堂弟妹）以下、弟妹らより遠縁の卑属を売った場合は、弟妹らよりさらに刑が重くなる（輯註）。なお、「姪」は律文では基本的に兄弟の息子、いわゆる「おい」を指すが、本条では「姪女《めい》」を兼ねて言うと見るべきであろう[69]。

この二節では、売って奴婢とすることだけを罪として定め、人の妻妾・子孫として売ることに言及していない。子孫や妹・姪女を人の妻妾として売るのは、普通に嫁がせることに当たり、自分の妻妾を人の妻妾として売ることは、犯姦篇〈縦容妻妾犯姦〉に妻妾を売って離別する（売休）罪を定め、子孫を人の子孫として売ることは、戸律・戸役篇〈立嫡子違法（子の扱いに関する禁令）〉に異姓の子を養子にして宗族を乱す罪[70]を定めているので、ここに載せる必要がないのだという（輯註）。

自分の妻と大功以下の親族を奴婢として売った場合は、親族だからということで軽く科刑されることはない。妻は対等の親族（敵体之親）であるのに、それを売って賤しい仕事に就けたのであれば夫婦の「恩義」はすでに絶えているからであり、大功以下の親族は関係が疎遠なので他人と変わらないと見るからである。闘殴篇でも、夫が妻を殴殺すれば絞であり（〈妻妾殴夫〉）、大功以下の尊長が卑幼を殴殺しても絞であるが（〈殴大功以下尊長〉）、これらはいずれも一般人として論じた場合と同じ刑になっている。もし売買に際して殺傷することがあれば、本節と闘殴篇の規定を比べて重い方の刑を科す（輯註）。

第七節　**もし**（売られる人を寄託された）**元締めまたは買い手が事情を知っていれば、いずれも犯人と同罪**（死刑に至る場合は一等を減じる）。**仲買人・保証人は各々**（犯人から）**一等を減じる。いずれも代価を取り立てて官府に没収する。知らなかったならば、ともに罪せず、代価を取り立てて買い手に返す。**

最後は、売った方ではなく買い手および両者の間に立った者に対する規定である。「元締め（窩主）」は盗賊の黒幕のような存在で、律では単なる盗人よりも悪質な存在として厳しく扱われる（詳しくは〈盗賊窩主〉の解説を参照）。「仲買人（牙）」は人身売買の仲介者、「保証人（保）」は売買契約の保証人である。いずれも事情を知っていれば売り手と同罪か、それに近い刑を科されるが、事情を知らなければ不問に附される。

もちろん厳密に言えば、奴婢を有してもよいのは一部特権階層だけであり、庶民の家で奴婢を抱えている者は杖一百という規定があるので（戸律・戸役篇〈立嫡子違法〉）、たとえ「事情を知らなかった」としても、そちらの法に抵触することになる（沈註）。しかし、現実には「奴婢」の名目によらない人身売買は一般に行なわれており、本条はそのことを前提として定められている。だからこそ、悪意なく「仲買人」や「保証人」になる者がいると想定されているのである。

〈発塚（墓荒らし）〉

前近代中国の埋葬形式はおおむね土葬であり[71]、財力が許せば立派な墳墓を築いて棺を納めるのが常であった。屍体は棺の中で丁重に保全し、墓は子孫が守り続けることがよしとされたので、墓荒らしは重罪であった。だが、野外にある墳墓を暴くのは強盗と同列にはできず、すでに死んでいる人は損壊され棄てられても謀殺と同列には扱えない（沈註）。つまり、屍体は生きている人間ほどには、墓は人間の住む家ほどには重く扱うことができないと考えられた。したがって、死罪に当たる場合でも首犯・従犯を区別するなど、強盗などの凶悪犯罪よりはわずかに軽い刑が設定されている。

第一節　**およそ**（他人の）**墳墓**[72]**を発掘して、棺槨《かんかく》を現したならば、杖一百流三千里。すでに棺槨を開いて屍体を現したならば、絞**（執行猶予付き）。**墓を発《あば》いてまだ棺槨に至っていなければ、杖一百徒三年。**（招魂して葬ったものもやはりこれに当たる。従犯は一等を減じる。）**もし**（遠い年月を経た）**墓に以前から穴が開いていた、またはまだ殯《もがり》・埋葬をしていない時に霊柩を盗んだ**（屍体が柩に納められたがまだ殯していない、あるいは殯したがまだ埋葬されていないもの）**ならば、杖九十徒二年半。棺槨を開いて屍体を現したならば、やはり絞**（雑犯）[a]。**なお、器物・煉瓦・石材を盗んだならば、贓を**

計って、一般の盗みに準じて論じ、刺字を免じる。

中国の伝統的な葬礼では、人が死ぬと遺体を柩におさめ（殮）、しばらくそのまま安置した。これを「殯」と言う。殯が終わってから棺に納め、外棺に当たる槨に入れて、墓室に埋葬する。墓を開くのが「発」で、地を掘るのが「掘」である（沈註）。他人の墳墓を「発」いたが棺槨が現れる[73]まで掘り進んでいない段階、「発掘」して棺槨を露わにした段階、さらに棺槨を開けて屍体を曝した段階で、それぞれ量刑が変わる。屍体を曝すという最も重い段階に至れば絞となる。

「招魂」と言うのは、戦死や水難事故、遠方での死亡などで屍体や遺骨がない時に、代わりに道具や衣冠を箱に納めて埋葬することを言う。こうした箱は棺と同一視され、中に屍体がなくても箱を開ければ屍体を現したと同じとされる（沈註）。墓を発掘して棺を開くという行為が重く見られるからである（輯註）。

造営されてから久しく歳月を経て崩壊した墓や、埋葬する前の殯が行なわれている柩は、発掘するまでもなく外に現れているので、屍体を納めた柩[74]を盗んだ、あるいは屍体を現したことだけが罪となり、墓を開いた場合より一等軽くなる。屍体を現した場合は同じ絞であるが、雑犯死罪なので事実上の減刑になる。

墓の器物や資材を盗んだ場合は、「一般の盗み（凡盗）」に準じて論じるが、「窃盗」と言わず「一般の盗み」と言うのは、状況によって「他人の墳墓の内の樹木を盗んだ場合（〈盗園陵樹木〉）」や「人が見張っていない器物を盗んだ場合（〈盗田野穀麦〉）」の条項を引いて処断するからである。ただし、これらは墳墓の上にあった物や墳墓に穴が開いていた場合について言うのであり、墓を暴いて盗んだ場合は違う。墓を暴いて盗んだ場合、暴いた罪の方が贓を計って定められる罪より重いに違いないからである(輯註)。

以上は、他人の墓を暴いた罪について定めたものである。次節では、親族の墓を暴いた罪を取り上げる。

第二節　**もし卑幼が**(五服以内の)**尊長の墳墓を発いたならば、一般人と同じく論じる。棺槨を開いて屍体を現したならば、斬**(執行猶予付き)。**もし屍体を棄てて墓地を売ったならば、罪はやはり同じとする。土地を買った人と仲買人・保証人が事情を知っていたならば、各々杖八十。代価を取り立てて官府に没収し、土地は同じ父系の親族に帰す。事情を知らなかったならば、罪しない。もし尊長が**(五服以内の)**卑幼の墳墓を発き、棺槨を開いて屍体を現したならば、緦麻は杖一百徒三年、小功以上は各々順次一等を減じる。**(祖父母・父母が)**子孫の墳墓を発き、棺槨を開いて屍体を現したならば、杖八十。なお、理由があって礼に依って遷葬したならば、**(尊長・卑幼の)**いずれも罪しない。**

「五服」とは、斬衰《ざんさい》から緦麻に至る親族間の服制関係(「清律の基礎知識」を参照)を指す。自分の尊長の墓を暴くのは、他人の墓を暴くよりも情状が重そうであるが、基本的には他人の場合と同じである。これは、相手が他人であってもすでに重罪であって、これ以上加えることができないからである。屍体を現した場合だけは斬となるが、これは「その悪が甚だしい」ため、他人の場合のように絞に止めることができないのだという（輯註）。屍体を棄てて墓地を売るのは、墓を暴いて屍体を現すよりも情状が重いが、これもそれ以上加重することができないから、同じ斬である（沈註）。

墓地を売ることは、親族ならではの犯罪である。ただ、沈註によれば「屍体を棄てて墓地を売ったならば」という律文は不十分である。もし屍体を棺ごと棄てたならば、棺がある以上、屍体はまだ現れていないのだから、「墳墓を発掘して、棺槨を現した」罪だけを問うべきであろう。もし墓ごと売ったならば、墓はまだ暴かれてもいないが、尊長の遺骨があり魂魄が依る土地を敢えて他人に売り渡すのは、罪がないとは言い難い。こうした場合は、事情を考慮して適正な処断を行なうべく、上級機関に諮るべきであるという（沈註）。

卑幼の墓を暴いて屍体を現した場合は、他人の場合と比べても格段に罪が軽い。緦麻で杖一百徒三年、順次減等すると小功で杖九十徒二年半、大功で杖八十徒二年、期親で杖七十徒一年半になるが、直系の子孫であれば杖八十と大幅に軽くなる。

遷葬すなわち別の墓に改葬することは、正当な理由があって（有故）礼に従っている場合は罪にならない。礼に従っている以上、罪になりようがないのである（輯註）。礼に従ったと言い難い場合（たとえば沈註は、再嫁した母親の屍体を盗んで父親と合葬したといった場合を想定している）、やはり上級機関に諮るべきであるという（沈註）。

第三節　もし他人の屍体を損壊した、または屍体を水中に棄てたならば、各々杖一百流三千里（屍体が家にあるか、あるいは野外にあってまだ殯・埋葬していない時に、屍体を焼いたりばらばらにした

[b]りする類のこと。もしすでに殯・埋葬していれば、おのずから「墳墓を発掘して、棺槨を開いて屍体を現した」場合の条文に依り、重い方に従って論じる）。**もし緦麻以上の尊長の**（まだ埋葬していない）**屍体を損なったり棄てたりしたならば、斬**（執行猶予付き）。（他人または尊長を）**棄てたが**（その屍体を）**逸失しなかった、または**（損ないはしたが）**髪を剃ったもしくは傷つけた**（だけ）**ならば、各々一等を減じる。**（一般人は流刑から一等を減じ、卑幼は斬刑から一等を減じる。）

第四節　**緦麻以上の卑幼**[c]（を損なったり棄てたりした）**ならば、各々一般人の**（損なったり棄てたりした場合の）**規定に依り、**（服制に依って）**順次一等を減じる。子孫の屍体を損なったり棄てたりしたならば、杖八十。なお、子孫が祖父母・父母の屍体を損なったり棄てたりした、または奴婢・奉公人が家長の屍体を損なったり棄てたりした**（損壊・逸失したかどうかを論じない[d]）**ならば、斬**（執行猶予付き。条文には妻妾が夫の屍体を損なったり棄てたりした場合を載せないが、犯す者があれば、緦麻以上の尊長の条文に依り、上級機関[e]に申請する）。

第三・四節は、屍体を損なったり棄てたりした場合を扱う。屍体を「損壊する（残毀）」というのは、焼き捨てたりばらばらにしたり、要するに原型を留めない状態にまで屍体を破壊する（肢体不全）ことであり、屍体の耳や目を裂いたり肢体を折ったりしただけであれば「傷つけた」として論じる。水中に遺棄するというのは、流したり沈めたりして屍体をなくしてしまうことである（沈註）。ここで言うのは、まだ殯や埋葬を行なっていない屍体であり、すでに殯・埋葬を行なっていた場合は、第一・二節を適用した場合と比較して、重い方の刑を科す。相手が他人の場合、殯・埋葬以前の屍体を損壊・遺棄した罪は、墓を暴いて棺槨を現した罪と同等であり、棺槨を開いたならば、そちらの罪の方が重くなる。相手が親族の場合、すべて棺槨を開いた罪と同等になる[75]。

屍体を棄てはしたが、なくしてしまったわけではない場合や、損ないはしたが髪を剃ったり身体に傷をつけたりしただけで、原型を失わせたわけではない場合は、原則として一等を減じる。ただし、子孫が祖父母・父母に、奴婢・奉公人が家長に対して犯した場合は、「情状が至って重い」ため減刑を認めない（輯註）。なお、これは不孝の子孫を想定したものであるから、父祖の遺言で火葬・水葬に附した場合は、礼律・儀制篇〈喪葬〉に従い、杖一百となる[76]（沈註）。

第二―四節を通じて、本条の親族に関する規定は穴が多く不完全である。たとえば、「墓に以前から穴が開いていた、およびまだ殯・埋葬をしていない時」に「霊柩を盗んだ」「棺槨を開いて屍体を現した」罪は、親族間ではどうなるのか。沈註は、棺槨を開いて屍体を現した場合、一般人では真犯と雑犯の違いこそあれ「墳墓を発掘して」棺槨を開いた場合と同等なので、親族の場合も同等に処断すべきだという。ただ、霊柩を盗んだだけで屍体を現していない場合、一般人は「墓を発いてまだ棺槨に至っていない」罪から一等減じており、卑幼は一般人と同じく論じるとするが、尊長については「墳墓を発掘して棺槨を現した」および「まだ棺槨に至っていない」罪に対する規定がそもそもないので、比較することもできない。これは罪にならないということなのか。また、子孫・卑幼の屍体については「損なったり棄てたりした」罪のみを定め、逸失しなかったり傷つけただけであったりした場合について言及しないが、これはどうなのか。

『大明律附例』など諸注釈は、ここに明記されていない尊長の行為は、いずれも罪に問わないと解していた。尊属としての名分によって特に許されるというのであるが、沈註はこれに批判的である。闘殴篇などでは、他人に対してであれば流刑・徒刑に当たる罪は、親族の尊長が犯した場合、祖父母・父母から期親までは罪に問わないことがあるが、大功以下では減刑はあっても罪に問わないということはない。墓荒らしや屍体損壊のような大罪で、さらに寛大に扱うことがあるだろうか。また、服喪義務のない（無服）親族の場合について言及されていないのは、一般人と同じく論じるということであるが、緦麻の尊長と服喪義務のない尊長との差はわずかである。それなのに一方は罪に問われず、一方は流刑・徒刑というのは、情状と法の均衡を欠く（非情法之平）。沈註は尊長が卑幼の「墳墓を発掘して棺槨を現した」および「まだ棺槨に至っていない」場合、「屍体を棄てたが逸失しなかった」および「髪を剃ったもしくは傷つけた」場合、殯・埋葬以前の「霊柩を盗んでまだ開いていない」場合の三者は、期親以上であれば罪を論ぜず、大功以下であれば一般人に対する刑から減じて科すことを提案する。明文規定がない場合の常套手段として、雑犯篇〈不応為〉を適用すればよいという者もいたというが、律に明記されていない場合は随時事情を考慮して上級機関に諮るべきであると主張している。

また、第四節冒頭の本文は「緦麻以上の卑幼ならば、各々一般人の規定に依り、順次一等を減じる」と非常に簡略に記されているが、これは前節に定める「屍体を損壊・遺棄した」場合と「逸失しなかったか髪を剃ったもしくは傷つけた」場合を包括しており、「各々」によって両者を含むことを示しているという。他の部分で「棺槨を開いて屍体を現した」とか「損なったり棄てたりした」とか明記しているのに対して、この部分がそうでないのは、はなはだ理に適っているのだという（沈註）。

第五節　もし地を掘って（身元不明の）屍体を得て、ただちに埋め戻さなかったならば、杖八十。もし他人の墳墓で狐狸を燻《いぶ》し（たため）、それによって棺槨を焼いたならば、杖八十徒二年。屍体を焼いたならば、杖一百徒三年。もし緦麻以上の尊長であれば、各々順次一等を加える。（棺槨を焼いたならば、各々加えて杖九十徒二年半とし、屍体を焼いたならば、順次加えて杖一百流二千里[f]とする。服制に依って各々順次加えてかえって祖父母・父母よりも重くしてはならない。）卑幼であれば、各々（その服制により）一般人の規定に依って順次一等を減じる。もし子孫が祖父母・父母の、または奴婢・奉公人が家長の墳墓で狐狸を燻したならば、杖一百。棺槨を焼いたならば、杖一百徒三年。屍体を焼いたならば、絞（執行猶予付き）。

第六節　もし他人の墳墓を整地して田畑としたならば、（棺槨を現していなくても）杖一百。（なお正しい状態に改めさせる。）所有者のある墓地の内に盗葬したならば、杖八十。期限を切って移葬させる。（もし尊長の墳墓を整地して、代価を取って人に売ったならば、ただ人の財をだまし取った罪に問い、やはり[g]屍体を棄てて墓地を売ったとして処断してはならない。買い手が事情を知っていれば、「なすべきでない」ことをして事柄が重かった罪[h]に当て、代価を取り立てて没収する。事情を知らなければ、代価を取り立てて買い手に返す。贓を計って軽かったとしても、やはり杖一百とする。[i]）

第七節　もし境界の内に死人があり、里長・隣人が官に報告して調査せず、他所に移動させた、または埋めて隠したならば、杖八十。そのために屍体を失わせたならば、（首犯は）杖一百。屍体を損壊または水中に棄てたならば、（首犯は）杖六十徒一年。（損壊したり棄てたりした人は、なお流罪に当てる。）**屍体を棄てたが逸失しなかった、または髪を剃ったもしくは傷つけたならば、各々一等を減じる。**（杖一百。もし里長・隣人が自ら損壊したならば、なお流罪に当てる。）**それによって衣服を盗み取ったならば、贓を計って窃盗に準じて論じ、刺字を免じる。**

第四節までが意図的に（有心）屍体や墳墓を損なう罪であったのに対して、第五節以下は意図せずに（無心）損なうことになった罪を扱う（輯註）。自分の所有地を掘っていて他人の屍体を掘り出してしまった場合、掘り出したのは事故であっても、埋め戻さず外に曝しておけば罪になる。量刑の杖八十は、「なすべきでない」ことをして情状が重かった場合（雑犯篇〈不応為〉）に相当する。

墓地で火を焚いて狐狸を燻し出すのは、被葬者を傷つける意図はなかったとしても、「意図せずに（無心）」犯したとは言えない。墓に火を入れた以上、延焼の危険性を考えるのが当然であり[77]、自己の利益のみ図って人を害したと言わざるを得ない。したがって、棺槨や屍体を延焼すれば、意図的に棺槨や屍体を現した罪から二等を減じるだけなのである。「もし緦麻以上の尊長であれば、各々順次一等を加える」の後の小註は、ここに言う「各々順次一等を加える」は、その後の「卑幼であれば、各々一般人の規定に依って順次一等を減じる」と「順次（逓）」の意味が違うということである。前者は「棺槨を焼く」と「屍体を焼く」のどちらかにそれぞれ一等を加えるのであり、後者のように一般人の場合から服制に従って一等ずつ減じていくのではない。「一般人の規定」を基準にするということを、後者には記しているのに前者には記していないのは、その違いを明らかにしているのであるというこという（沈註）。しかし、この解釈によれば、前者は結局のところ「各々一等を加える」とあれば十分であり、「順次」と記す必要はない。素直に読めば、やはり服制に従って一等ずつ加えていくと解するのが自然であろう。だが、他人の棺槨を焼いた場合の杖九十徒二年から、緦麻・小功・大功・期親の順に一等ずつ加えていくと、大功で杖一百流二千里となり、祖父母・父母の棺槨を焼いた場合の杖一百徒三年より重くなってしまう。祖父母・父母の場合より軽く抑えるためには、一等しか加える余地がないのであり、そのためこのように苦しい解釈が必要になるのである。

墳墓を整地（平治）して田畑とするのと他人の墓地に勝手に埋葬するのは、いずれも墳墓を傷つけることに当たる（輯註）。たまたま屍体を掘り出してしまった場合と異なり、墓があることを承知していながら敢えてしたことであるから、屍体を掘り出して埋め戻さなかった場合よりも罪が重くなる（沈註）。ただし、墳墓の表面を壊したり墓室の周辺を損なったりしただけで、棺槨に害はないので杖罪に止まるのである（輯註）。沈註は「発掘」と「整地」の違いに注意するよう促している。

境界内に身元不明（無主）の死人があった場合、里長など地域の世話役や隣人が、ただちに官庁に届け出て調査し、人を集めて死人が何者か見分け、死に至った理由を突き止めなければならない。埋葬するかどうかは官の指示を待ち、勝手に動いてはならない。こうした正しい措置を怠った場合は、屍体を掘り出して放置した場合と同様、杖八十を科す。結果として「屍体を失うことになった」以下の事態が生じた場合は、さらに加重される。これらはすべて屍体を損なう原因を作った里長らの罪であり、「原因となった者を罪に当てる（罪坐所由）」と言われるものである。なお、屍体の衣服を盗み取った場合は、里長らであると他人であるとを問わず、盗んだ者を罪に当てる（輯註）。

本条で扱う罪は、自首による免責が認められない。名例律〈犯罪自首〉は、人を損傷した場合と賠償できない物を損傷した場合、自首を認めていないからである。また、一家の人がともに罪を犯した場合、尊長だけが罪に当てられるという原則も適用されない。名例律〈共犯罪分首従〉は、人を損傷した場合、該当する条文のとおりに首犯・従犯として論じるよう定めているからである。しかし沈註は、「人を損傷した」といっても生きている人間に対する「殺傷」とは違いがある（有間）ので、たとえば子弟が父兄に、奴婢・奉公人が家長に命令されて、従わざるを得ない状況に追い込まれていたような場合は、斟酌して対応すべきであるとしている。

〈夜無故入人家（住居への不法侵入）〉

およそ夜に故なく人の家の内に入ったならば、杖八十。その家の者がその時[a]に殺したならば、罪を論じない。なお、すでに拘束された者を勝手に殺傷したならば、暴行・傷害の罪から二等を減じる。死に至らせたならば、杖一百徒三年。

故なく人の家に立ち入るというのは、何のために入って来たのか、その家の者（主家）が知らないことを言う（沈註）。つまり、無断で人の家に侵入することを指すが、陸柬《りくかん》『読律管見』に「理由があって（有故）入ったが、声に出しておらず殺傷されたという場合は、過失殺傷によって論じる」とあり[78]、沈註も賛同しているように、無断で人の家に入っても相応の理由があったのなら、本条の適用対象とはされない。つまり、「故なく」というのは、「正当な理由なく」という含意をもつと見ることができる。本条では、この「故なく」が最も重んじられており、これによって拘束後の殺傷さえ罪が減等されるのである（沈註）。

夜に故なく人の家に立ち入るのは、本来「なすべきでない（不応為）」ことにすぎず（沈註）、「なすべきでない」ことをした罪の重い方（雑犯篇〈不応為〉）に相当する刑（杖八十）が科されるに止まる。だが、当の家の者にしてみれば、故なく侵入してきた者はその意図が量り難いので、危害を加えられると恐れるのは当然である。緊急の事態に遭って慌てて身を守ろうとしたのであれば、侵入者を殺しても許される（輯註）。ただし、罪にならないのは「夜に」「故なく」「家の内で」「その時に（登時）」殺した場合に限り、これらの条件を一つでも欠いていれば、別に論じなければならない。たとえば彭《ほう》応弼《おうひつ》の『刑書拠会』は、外に出て殺した場合は「無抵抗の罪人を殺した」罪（捕亡篇〈罪人拒捕〉）に依るべきだとし、沈註もこれに賛同している。

侵入者がすでに拘束された後は、もはや恐れることはないのだから、ただちに官府に突き出すべきであり、勝手に殺すことは許されない。捕亡篇〈罪人拒捕〉では、拘束された罪人を捕り手が勝手に殺傷した場合は、「闘殴殺傷（暴行による殺傷）」として論じ、減刑しない。ところが本条では、傷つけただけであれば暴行・傷害の罪から二等を減じ、殺したとしても杖一百徒三年である。逃亡していた罪人は、捕り手が捕えればそれで終わりであり、わざわざ殺傷するのは捕り手の虐待であるが、故なくして人の家に入った者は、捕えた後も家人が猜疑心を募らせ、殺傷したとしてもしかたがないこともある。だから、「勝手に殺す（擅殺）」罪をやや寛大に扱うのであるという（輯註）。

〈盗賊窩主（盗賊の元締め）〉

「元締め（窩主）」とは、盗賊を匿ったり盗品を隠したりする者を指す。盗賊には必ず「隠れ家（窩家）」があり、その主人（窩主）は盗みをともにすることもあればしないこともあり、分け前に与ることもあれば与らないこともある（輯註）。一般的には、「元締め」とは「命知らずの輩を集め、ならず者を糾合して家に匿い、盗みをさせて分け前を手に入れる者」とみなされていた（輯註）。いわば盗賊団の黒幕のようなものが想定されているのである。だが律文では、そのような漠然としたイメージではなく、罪となる行為を明確に示さなければならない。本条では、盗賊を盗賊と知って匿っていた者を対象とし、まずその者が盗みの首謀者（造意）であるか、共謀者（共謀）であるかによって区分し、それぞれについて盗みに直接加わったかどうか、盗みの分け前に与ったかどうかを場合分けする。盗みについて何も知らず、単に宿を貸しただけであれば、それは「元締め」とはみなされない（沈註）。

第一節　**およそ強盗の元締めが首謀者であれば、自身が**（ともに）**実行していなくても、およそ分け前に与ったならば、斬。**（もし実行したならば、分け前に与ったかどうかを問わず、ただ実行して財を得た場合の条項に依って、首犯・従犯を区別せずみな斬。もし盗みの事情を知らず、一時的に宿泊させただけであれば、ただ「なすべきでない」ことをした罪に問う。）**もし**（ともに）**実行せず、また分け前にも与らなかったならば、杖一百流三千里。共謀した**（その元締めは首謀せず、ただ盗賊とともに謀議の内容を知っていた）**ならば、実行して分け前に与った、または分け前に与って実行しなかったとしてもみな斬。もし実行せず、また分け前にも与らなかったならば、杖一百。**

第二節　**窃盗の元締めが首謀者であれば、自身が実行しなくても、およそ分け前に与ったならば、首犯として論じる。もし実行せず、また分け前にも与らなかったならば、従犯として論じる**（一等を減じる）。**その時に主導して盗みを行なった者を首犯とする。なお**（元締めがもし首謀者でなく、ただ）**従犯であれば、実行して分け前に与らなかった、または分け前に与って実行しなかったなら、**（首謀者から一等を減じて）**なお従犯として論じる。もし実行せず、また分け前にも与らなかったならば、笞四十。**

まず第一節は、元締めが強盗に関わった場合について扱う。強盗は首犯・従犯を区別せず、財を得ればみな斬、財を得なければみな杖一百流三千里となっているので（〈強盗〉）、誰が首謀者であったかを問題にしない。だが、元締めが関係している場合、実行犯でなくても犯行において主要な役割を果たしていることがあるので、強盗の元締めは、まず首謀者であったか共謀者に止まったかを問題にする。

盗みを企図し、計画を立て、具体的な指示に至るまで主導した者が「首謀者（造意）」である（輯註）。犯行の意図（意）は謀りごとの中心であり、首謀（造意）は共謀に先んじてある。衆人が謀議を始める前に、まずこの意図を造り出すことから「造意」と言う。これに対して、「共謀」は具体的計画を相談するにすぎない（沈註）。両者の重みは、おのずから異なるのである。

強盗犯を匿い、かつ強盗の首謀者でもあった場合は、自ら犯行に加わらなかったとしても、他の盗賊が財を得て、その分け前に与ったならば斬となる。分け前を得なくても、死一等を減じた杖一百流三千里となる。[79]「元締めであり首謀者であったことを憎む」からであるというが（輯註）、沈註はこの点をより詳しく、次のように論じる。

そもそも盗みに関する法は、盗人が財を得た（得財）かどうかを重んじ、分け前を得た（分贓）かどうかを論じない。およそ財が盗み出されたら、盗人たちが全体として「財を得た」ことになる。持ち主が財を失った以上、盗人が寛大に扱われる謂われはないのである。盗人たちの間でどのような分け方をしようが、持ち主の損失に関わりはないからである。そのため、〈強盗〉〈窃盗〉の各条では「財を得た」ことだけを問題にし、「分け前を得た」ことを問題にしない。さて、盗人の元締めが自ら盗みを実行しながら分け前に与らなかったとすれば、それは罪を恐れて辞しただけであり、たまたま受け取らなかったにすぎない。実行しなかったが分け前に与ったとすれば、実行に加わらなかったのは罪を恐れてではなく、たまたま参加しなかったにすぎない。いずれも実行犯と何の違いもない。実行に加わらず分け前にも与らなかった場合のみ、辛うじて減刑されるが、その場合もただ一等減じられるだけである。盗人を匿い盗みの首謀も兼ねる者は、盗賊の首領（盗之魁）に他ならないからである（沈註）。

元締めが首謀者でなく共謀者に止まった場合、自分から企図したわけではない（意非己出）ため若干軽く扱われるが、あまり大きくは軽減されない。強盗の実行犯であれば、〈強盗〉の規定に依って分け前に与らなくても斬であるが、本条では実行犯でなくても分け前に与ればやはり斬とする。輯註は、分け前を得なかったとしても、全体で「財を得た」罪を減じることはできないのだから、分実行して分け前を得なかったとしても、全体で盗みを行なった罪を減じることはできないのであろうという。つまり、盗人を匿っている者が盗みに直接関わった場合、首謀者でなくても犯行全体に責任があるという見方である。共謀しただけで、実行せず分け前にも与らなかった場合のみ、杖一百と大幅に軽い刑になるが、これは盗人を匿った（窩）ことだけを罪に問うのである（沈註）。要するに、実行に関しても分け前に関しても盗みに直接関わらず、ただ強盗の「元締め」であっただけの罪が、杖一百と認定されているのである。

なお、律文では定めていないが、元締めが首謀どころか共謀もせず、実行にも加わらず、ただ盗人から分け前を得るだけということもあり得る。この場合、盗みについて事情を知ってはいるわけであるが、「事情を知る（知情）」というのは共謀とは違う。共謀とは一緒に謀りごとを立てることであり、「事情を知る」とはそのことについて聞いているだけである（沈註）。こうした場合については、別に律文を補う条例が定められている（本条の第三条例[80]）。

また、婦人が元締めとして劫掠を謀った場合、もちろん元締めとして罪せられるが、夫や息子も追及しなければならないとされる。夫や息子がいないか、遠方に出ていて事情を知らなかった場合にして初めて婦人を罪に当てるという（沈註）。

第二節に定める窃盗の元締めについても、科刑の論理は強盗の元締めと変わらない。首謀者であった場合は、実行犯でなくても分け前に与ったならば首犯となる。実行犯であって分け前に与らなかった場合については明記されていないが、実行に加わらなくても首犯になる以上、実行に加われば首謀者が首犯になるのは言うまでもない[81]（沈註）。実行に加わらず、分け前に与らなかった場合でも、首謀者であれば従犯として一等を減じられるだけである。元締めであって首謀者でもあるということで、これだけ厳しく罪せられるのである（輯註）。
首謀者でなければ首犯にはならないが、実行して分け前を得なかった場合も分け前を得て実行しなかった場合も従犯となり、首犯から一等減じるだけで、それ以上減刑されない。実行にも加わらず分け前にも与らなかった場合のみ、笞四十と大幅に軽い刑となるが、元締めであって謀議に与っていた以上、罪は免れないのである（輯註）。

なお、本条に言う「窃盗」には、掏摸や野外にある穀物の窃盗など、他の盗みの罪を含む。それらの盗みにもみな元締めがいるので、それぞれの条文に定める量刑に即して、本条の元締めに関する規定を適用するという（沈註）。

第三節　**もしもともと共謀しておらず、**（偶然）**出会ってともに**（強・窃）**盗をなしたならば、**（強盗はもとより首犯・従犯を区別しないが、もし窃盗であれば、）**その時に主導して盗みを行なった者を首犯とし、その他は従犯として論じる。**

第三節は、第一・二節で強盗・窃盗の共謀について扱った流れから派生してできた規定であり、元締めに限って言うものではない（輯註）。単に盗人どうしがたまたま出会って、ともに盗みを働いた場合について定めるものであるが、強盗はもとより「みな斬」と決まっているので、わざわざ論じるまでもない。問題は窃盗である。事前に謀っていない以上、首謀者は存在しないので、その時に主導して盗みを行なった（臨時主意上盗）者を首犯とするという規定である。本条に入っているのは必ずしも適切ではなく、むしろ〈窃盗〉の補足規定とでも位置づけられる一節である。

第四節　なお、人が人を略取して売買したり合意の上で誘拐したりしたこと、または強盗・窃盗をしたことを知って後から（売ったり盗んだりした）**分け前に与ったならば、得た分け前を計って、窃盗の従犯に準じて論じ、刺字を免じる。**

第五節　もし強盗・窃盗の贓であると知っていながら故買したならば、買った物を計って、不正取得に当てて論じる。（折半して罪を科す。[a]）**知っていながら保管したならば、**（故買から）**一等を減じる。各々罪は杖一百を上限とする。なお、事情を知らず誤って買った、または預かったならば、ともに罪しない。**

この二節も、贓物の扱いに関連して述べられたものなので、元締めに限って言うものではない。盗品を買ったり寄託されたりすることは、分け前を得ることよりは罪が軽いとされる（沈註）。

人身売買や盗みを「知って後から分け前に与る」というのは、犯行時には知らず、犯行後に初めて知ったとか、犯行によって得た財物があることは知っていたが犯行の具体的事情については知らないとかいう場合を指す（沈註）。[82]これは合意の上で与えられた場合も、脅して取った場合も区別しない。恐喝や詐取は無罪の人（平人）から取った場合であり、盗人は無罪の人とは違う。[83]盗みの贓も無罪の人の財とは違うので、脅し取ったのだとしても盗みの分け前として罪を科すのである（輯註）。人身略取や売買は盗みとは違うが、その情状は盗みと変わらないので賊盗篇に収められている。そのため、人身売買による利得も強盗・窃盗の贓と同じく論じるのである（沈註）。

強盗・窃盗の贓物と承知していながら故買した場合は、「不正取得に当てる（坐贓）」という。これは受贓篇〈坐贓致罪〉に定める不適切な財の取得を指す。与えた方と受け取った方の双方が罪になるが、受け取った方について言えば、得た財を計って半分にし、その値に相当する罪を科す（〈坐贓致罪〉の解説を参照）。本条に即して言うと、たとえば故買した贓物が百両に相当すれば、五十両を坐贓の量刑表に当て嵌め、杖七十の刑を科すのである（輯註）。盗人から寄託されて保管していただけであれば、自らの利益を図る故買とは違うので、一等を減じられる。だが、寄託された物を渡そうとしなかったり、消費してしまったりしたら、盗みを知って後から分け前に与ったものとして扱う（沈註）。

「坐贓」は必ずしも不正とは断言し難いが公明正大とは言えない取得について定めた罪であるから、盗品の故買や保管はそれと同等かそれ以下の罪とみなされていることになる。科刑の上限が杖一百というのも、坐贓の上限の杖一百徒三年と比べて低く設定されている。盗品の処分は、盗賊の元締めが中心となって行なう場合が十分に考えられるが、盗品の故買や保管だけであれば、それほど重い罪とは考えられていないのである。

〈共謀為盗（盗みの共謀）〉（本条はもっぱら共謀しながらその時になって実行しなかった者について言う）

盗みへの関わり方については、〈強盗〉〈窃盗〉および前条〈盗賊窩主〉の各条でほぼ網羅されている。本条の趣旨は、これら三条から漏れているものを取り上げるということであるが（輯註）、元締めでない者が盗みを共謀しながら実行に加わらず、実行した者が事前の謀議とは異なる盗みを犯したという複雑な場合を想定している。

第一節　およそ強盗を共謀して、（その中の一人が）[84] その時になって実行せず、実行した者がかえって窃盗を行なった場合、（この）共謀（して実行しなかった）者が（実は）分け前に与っていたならば、（およそ）首謀者であれば、（ただちに）窃盗の首犯とする。（果たして）その他の者であれば、いずれも窃盗の従犯とする。もし分け前に与っていなければ、（およそ）首謀者であれば、ただちに窃盗の従犯とする。（果たして）その他の者であれば、いずれも笞五十とし、（必ず）その時に主導して盗みを行なった者を（調べて）[a] 窃盗の首犯とする。

第二節　なお、窃盗を共謀して、（その中の一人が）その時になって実行せず、実行した者が強盗を行なった場合、その実行しなかった人が首謀者で（あり）、（実は）分け前に与っていたならば、事情を知っていても知らなくても、いずれも窃盗の首犯とする。首謀者（であった）が（およそ）分け前に与らなかった、またはその他の者（であった）が（実は）分け前に与っていたならば、ともに窃盗の従犯とする。その時に主導した、またはともに強盗を行なったならば、首犯・従犯を区別せず論じる。

ここに言う「共謀」とは、〈盗賊窩主〉で「首謀（造意）」と対置された「共謀」とは異なり、単にともに謀議したことを指し、首謀者も従犯もその中に含む（沈註）。強盗を共謀していながら、その時になって不都合が生じたり怖気づいたりして実行に加わらず、一方で仲間は強盗でなく窃盗を行なったという場合、実行犯は単純に〈窃盗〉の規定を適用すればよいが、実行しなかった者の罪はどうなるのか。逆に、窃盗を共謀していながら実行せず、仲間が強盗に変じた場合はどうなるのか。ここでは、それぞれ実行しなかった者が首謀者であったかどうかと、分け前に与ったかどうかで区別している。（以下、第一節を①―④、第二節を①'―④'で示す。）

①強盗の首謀者であった者は、窃盗を行なった仲間から分け前を得たならば、「窃盗の首犯」となる。輯註の解釈によれば、この者が得たのは窃盗の贓であるから、窃盗の罪を論じなければならず、強盗をなそうとした首謀者なのだから、首犯とせざるを得ないのだという。

②同様に、首謀者でなかった者が分け前を得たならば、「窃盗の従犯」となる。

③強盗の首謀者であった者は、分け前を得なくても「窃盗の従犯」となるが、これは強盗を首謀した咎が、分け前を得なかったことで大目に見られはしないからである。

④首謀者でなかった者が分け前を得なかった場合も、笞五十を科す。初めに強盗を共謀した咎が、分け前を得なかったからといって帳消しにはされないからである（輯註）。笞五十という刑は、窃盗の元締めが共謀していながら実行に加わらず分け前にも与らなかった場合の笞四十より重い。沈註によれば、元締めが共謀していたのは最初から窃盗であったが、ここではもともと強盗を共謀していて、幸いにも実行犯が窃盗に切り替えただけだからであるという。

なお、実行に加わらなかった者の中に首謀者として首犯になる者がいなかった場合は、犯行時に主導した者を「窃盗の首犯」とする。

①′窃盗の首謀者であった者は、強盗を行なった仲間から分け前を得たならば、やはり「窃盗の首犯」となる。「事情を知っていても知らなくても」というのは、自分の分け前が強盗によって得られたものだと知っていてもいなくても、ということである。分け前が強盗の贓であったとしても、首謀したのは窃盗だったからである（輯註）。もともと窃盗を計画していたのであれば、実行犯が強盗を行なったとしても、首謀者は窃盗の贓だと思ったことであろうし、仮に強盗の贓だと知っていたとしても、知ったのは実行犯が財を得た後であり、犯行の前ではない。律は「意思を咎める法（誅心之法）」、つまり意図を重く見る法である。本人の心積もりは窃盗に止まっていたのだから、たとえ強盗の贓物と知って受け取ったとしても、やはり窃盗犯として罪を科すのである（沈註）。この場合、実行犯は〈強盗〉に依って首犯・従犯を区別せずみな斬となるが、実行に加わらなかった首謀者は、「窃盗の」とはいえ首犯として罪を科されるという変則的な扱いとなる。

②′首謀者であって分け前に与らなければ、「窃盗の従犯」となる。

③′首謀者でなくて分け前に与った者も「窃盗の従犯」となる。首謀者であった以上、分け前を得なくても首犯となるのを免れるだけであり、首謀者でなくても分け前に与ったならば従犯扱いがふさわしいのである[85]。

④′首謀者でなく分け前にも与らなかった者については明記されていないが、罪を免じられるという（輯註）。

全体として見れば、盗みを共謀した以上、実行に加わらなかったとしても基本的に罪を科し、特に首謀者には厳しく対処する方針であると言うことができよう。この点について、沈註は「君子の悪を悪《にく》むや始まりを疾《や》み、善を善とするや終わりを楽しむ」という『春秋』公羊伝（僖公十七年）の言葉を引用して説明している。[86] 強盗を共謀して窃盗が行なわれた場合、実行しなかった人に対して厳しく、首謀者でなく分け前に与らなかった者でさえ笞五十を科すのは、「その始まりを謹む」、つまり物事の発端を厳格に扱うということである。窃盗を共謀して強盗が行なわれた場合、実行しなかった人に対して寛大であり、首謀者でなく分け前に与らなかった者は罪に当てないのは、「その終わりを与《ゆる》す」、つまり物事の結果を寛容に扱うということであるという。

ところで、本条にも他の条文にも記されていないが、「強盗を共謀して、その時になって実行せず、仲間が計画どおり強盗を行なった場合」「窃盗を共謀して、その時になって実行せず、仲間が計画どおり窃盗を行なった場合」も当然想定することができる。律文に明記されていないので、〈盗賊窩主〉の「元締め」に関する規定を援用することがあったというが、沈註はこれを適切ではないとしている。元締めは盗賊の巣窟を提供するので、特に厳しく罰せられるのである。単に盗みを共謀しながら実行しなかったのは、「悔悟の意」があったのであり、分け前にも与らなかったのは、さらに「畏懼の心」があったのだから、免罪にしてやるか、さもなければ「なすべきでない」ことをした罪（雑犯篇〈不応為〉）を科す（笞四十または杖八十）程度でよいという（〈強盗〉の解説を参照）。

〈公取窃取皆為盗（盗みに関する一般通則）〉

盗みの罪の諸形態は前条までに挙げ尽くされ、本条はそれらすべてに適用される一般通則（通例）を示している。およそ「盗み」を論じる時には、みな本条を拠り所とする（沈註）。

第一節　**およそ盗みは、公然と取ってもひそかに取ってもみな「盗み」とする。**（「公然と取る」とは、盗みを行なう人が公然とその財を取ることで、強盗・搶奪などがそうであり、「ひそかに取る」とは、人目を避け[a]顔を隠してひそかにその財を取ることで、窃盗・掏摸などがそうであるが、みな「盗み」と名づける。）**器物・銭**[87]**・絹**（以下、官有物と私有物を兼ねて言う）**の類は、移動して盗んだ場所から離れたら**（初めて「盗み」と言う）、**珠玉・貴金属の類は、手に入れて隠したら、たとえ**（盗んだ場所から）**まだ動いていなくても、やはりそうである**（「盗み」とする）。**なお、木石などの重い器物**[88]**で、人力で運ぶことができなければ、もとの場所から移したとしても、まだ駄載していなければ、なお「盗み」をなしていない**（盗みとして論じることはできない）。**馬・牛・駱駝・騾馬の類は囲いを出ていて、鷹・犬の類は自分が操ることができて、初めて「盗み」をなしたとする。**（もし馬一頭を盗んで、別の馬がついて来たとしても、合わせ計って罪とするべきではない。もし母馬を盗んで仔馬がついて来たら、両方を合わせ計って罪とする[89]。）

第二節　**本条は、以上の盗賊に関する諸条の通則である。まだ盗みをなしていないが明らかな証拠があれば、「実行したがまだ財を得ていない」条項に依って処断する。すでに盗みをなしていれば、条文に依り「財を得た」として処断する。**

「公然と取る（公取）」とは、持ち主が自分に敵わないことを侮って、憚りもせず公然と奪うことであり、強盗やひったくり（搶奪）がこれに当たる。「ひそかに取る（窃取）」とは、持ち主に覚られるのを恐れて、こっそりと盗むことであり、竊盗や掏摸がこれに当たる（輯註）。監守盗・常人盗なども「ひそかに取る」ことと想定されているのは、注釈に見える記述から明らかである。前条までに明らかなように、両者は明確に区別されているが、「自分の所有物でない（非其有）」物を取る点では同じなので、ともに「盗み」と称する（輯註）。律文に「勝手に取る（擅取）」「勝手に使う（擅用）」などと称するものは、これらの範疇には入らない（沈註）。

本条は、この「盗み」がどの時点で成立するかを具体的に定めている。物には大小・軽重があり、盗みやすさに差があるので、一概には論じられない（輯註）。そこで盗んだ物の性格に応じて、盗みが成立している（已成盗）か、まだ成立していない（未成盗）か、判定する基準を定めるのである（沈註）。まず、身に着けて隠せない一般的な大きさの物は、盗んだ場所から移動したら、その時点で盗みが成立する。宝飾品など小さくて軽く、どこにでも隠せる物は、身に着けて隠したならば、まだその場を動いていなかったとしても、やはり盗みが成立する。樹木や煉瓦・石材など大きくて重く、人力で運べないような物は、運び出すための家畜や荷車に載せて去るまでは盗みが成立しない。牛馬などの家畜は柵の中から出した時点で、鷹・犬などは繋いで自在に動かせるようになった時点で盗みとなる。およそ「盗み」の範疇にある罪が成立するかどうかは、これらの通則に従って論じる（輯註）。

盗みを扱った諸条では「財を得た」「財を得なかった」を区別しているので、盗みが成立していない時点でも罪になることがある。一般に盗みの罪は、贓すなわち盗んだ財物が証拠となるが、盗もうとした形跡が明らかであり、確固たる証拠があると認められれば、盗みが成立していなくても「（盗みを）実行したが財を得なかった」とされる。このようにして、すでに盗みをなしていれば、該当する条文の「財を得た」場合の条項に依って、まだ盗みをなしていないが証拠が顕著であれば、「財を得なかった」場合の条項に依って罪を論じるのである（輯註）。

　名例律以外で、このように諸条の通則を定めた条文は少ない。他の類似の条文として、沈註は戸律・婚姻篇〈嫁娶違律主婚媒人罪（婚姻に関する通則）〉を挙げているが、刑律ではこれに近いものとして闘殴篇〈闘殴〉や犯姦篇〈犯姦〉が見られる程度である。

〈起除刺字（刺字の消去）〉

およそ盗賊がいったん刺字されたならば、いずれも原籍に送り、収めて警邏《けいら》に当てる。徒刑を科された者は、刑期が満了したら警邏に当て、流刑を科せられた者は、配所で警邏に当てる。もし刺された文字を消去することがあったならば、杖六十、重ねて刺字する。（「収めて警邏に当てる」とは、巡回警備の役に当てて、盗賊の輩を追わせることを言う。警邏の人はともに名簿があるので、「収めて当てる」と言う。もし消去すべきでないのに勝手に薬品や灸を使って背や腕[a]に施された刺字を消去したならば、盗みを行なっていなくても、やはり杖六十を科し、もとの刺字を再度施す。）


　すでにしばしば律文に現れたように、盗みの罪を犯した者は、杖刑以上の刑に加えて刺字を施されることがある。本条は、刺字を施された者に対する措置を定めている。

　断罪されて刺字された者は、杖刑なら執行後すぐに、徒刑なら刑期を終え次第、原籍の土地に送られて（流刑なら配所でそのまま）警邏の役に当てられる。[90]「警邏（警跡）」というのは、巡回して犯罪者を追跡することであり、これは古人の「盗をもって盗を察するの法（以盗察盗之法）」[91]、すなわち盗人に盗人を取り締まらせる伝統的なやり方であるという（輯註）。

当時、警邏の役に当たる者といえば、住民の徭役に由来する「総甲」や「巡役綱頭」、あるいは軍営に属する哨兵「夜不収」などであった。刺字を施された罪人は一般人から差別されるので、名簿に登録してこのような「賤役」に当て、功を立てて罪を贖った後、刺字を消してやって良民とするのである。これは「盗賊を取り締まる役に立ち、さらに更生（自新）の道を開くという律の深い意図（律之深意）」であるという（沈註）。

当時の規定では、初犯は腕に刺字をして二年間、再犯は三年間罪を犯さなければ、官の保証を得て刺字を消去することになっており、また強盗三名・窃盗五名を捕えることができれば、期限にかかわらず、ただちに名簿から削除して刺字を消すことになっていたという（沈註）。小註に「もし消去すべきでないのに」と断っているのは、「消去すべき時」があるからである。具体的には、刺字された人を名簿に載せて、毎月点呼を取り、盗難事件があれば捜査・逮捕させ、悪事を重ねず手柄を立てれば刺字を消すという手続きになる。沈註はこの制度について「実心あれば即ち実政あり」と言い、頑迷な悪人を善導する方策（化導頑悪之術）と評価している。

人命篇

中国最古の法典とされる李悝《りかい》の『法経』には、「人命」という項目がない。漢の高祖の時に「法三章」[1]の一つとして「人を殺す者は死す」という法令が見えるが、隋・唐では人を殺した罪に関する条文は賊盗篇・闘訟篇の中に混在していた。法の範疇としての「人命」は元代に現れ、明はそれを引き継いで、人の死に関わる条文を集めて「人命篇」をつくった。清朝では、明の法がよく整備されているため、これを踏襲した（沈註）。

沈註によれば、本篇はおおよそ「謀殺」「故殺」「闘殴殺」「戯殺」「誤殺」「過失殺」の「六殺」[2]で全体をまとめているという。明確に概念規定された分類に基づいて罪を定めるのが本篇の特徴である。

199〈謀殺人〉

〈謀殺人〉

「謀」とは「はかること（計）」であり、「謀殺人」とは、「計画して人を殺すこと」を指す。謀殺人が「六殺」の筆頭に置かれ、人命篇の冒頭に配置されているのは、「計画的に人を殺すのは、情状が最も重く悪質である」との理由による（沈註）。

怨恨とか欲得とかさまざまな理由によって、まず「殺人の計画（殺人之計）」「殺人の意思（殺人之心）」が生まれ、ついで「殺人の行為（殺人之事）」がなされる（輯註）。首謀者が殺人計画を立て、犯人のうち少なくとも一人がそれを実行に移した時点で「謀殺人」の罪が成立し、その上で殺人行為をどの程度まで達成したかによって、「殺した（已殺）」「傷つけた（已傷）」「実行した（已行）」「実行しなかった（不行）」に分けて処断される。

「殺した」は殺害した場合。「傷つけた」は殺害には至らなかったが傷害に及んだ場合。「実行した」は殺害に向かったが、相手が抵抗したり、救援が来たり、事前に察知して身を隠したり、その場で逃走したりして、傷害にも至らなかった場合。「実行しなかった」は共謀者が「実行した」以上の行為をして、本人は手を下さなかった場合である（輯註）。つまり、「殺した」「傷つけた」「実行した」は実行犯についての区分で、「実行しなかった」は謀議だけに関わった者を対象とする区分である。

このように謀殺人は、殺人計画と殺人行為の連関で捉え、殺人行為を何段階にも分けて罪を論じるのが特徴である。以下、「殺した」「傷つけた」「実行した」「実行しなかった」の各段階の罪が、それぞれ第一節から第四節までで扱われる。

第一節　**およそ謀**（あるいは自分の心に謀り、あるいは他人に謀る）**殺人は、首謀者は斬**（執行猶予付き）**、従った者のうち直接加害者は絞**（執行猶予付き）**、非直接加害者は杖一百流三千里。殺害を終**

えて初めて罪する。（もし殺害未遂の後に図らずも死んだならば、ただ「共謀してともに人を暴行した」場合の条項に依って処断する。）
第二節　**もし傷つけたが死ななければ、首謀者は絞**（執行猶予付き）、**従った者のうち直接加害者は杖一百流三千里、非直接加害者は杖一百徒三年。**
第三節　**もし計画して実行しても人を傷つけるに至らなかったならば**（首謀して首犯となる者は）、**杖一百徒三年。従犯**（計画をともにし、実行をともにした）**は各々杖一百。およそ共謀したならば**（実行をともにしなくても）**みな罪する。**

「首謀者（造意）」とは、殺人を計画した者（区画定計之人）を言う（輯註）。律全体の原則として「首謀者」は首犯とされ（後述）、本条でもそうである。「殺した」「傷つけた」の段階において、直接的に殺傷害を加えた下手人を「直接加害者（加功）」といい、加えなかった者を「非直接加害者（不加功）」という（沈註）。第一節は、「首謀者」「直接加害者」「非直接加害者」が揃い、殺害にまで及んでいるという意味で、謀殺人の基本型である。

謀殺の行為は多様であり、刃物を使うとか、毒薬を用いるとか、あるいは人目のない所で殴り殺すとか、いろいろなやり方がある。人を殺そうと思い立ち、その方法を考え出した者が「首謀者」である。思い立った者と計画を立てた者が異なる場合もあるが、その場合は殺人の「意図（意）」を生じた者が首謀者になる。たとえば、甲が人を殺したいと思って乙に相談し、乙が甲のために計画を立ててやったという場合、殺人計画は乙から出たことになるが、殺人を意図したのは甲であるから、甲が首謀者になるのである（沈註）。

名例律〈称日者以百刻〉に「謀と称するのは、二人以上」と定義されているように、謀殺人は基本的に殺人計画を立てる者と手を下す者が別で、二人以上で行なうものと想定されている。だが、一人で殺人を計画・実行するという場合もあるので、その場合は「心に謀った」（小註）とみなされる。〈称日者以百刻〉の小註には「謀りごとがあった証拠が明白であれば、一人であっても二人の法と同じ」とあるので、計画する者と手を下す者を一人が兼ねていた場合、一人であっても「謀」殺人の罪に問うのである（輯註）。だが、首謀者が一人で実行した場合、共犯者の存在によって計画性を証明することができない。そこで、怨みを抱く事情があって殺害を図った明白な形跡があるとか、使用した毒薬を造ったり買ったりした証拠があるとか、「謀りごとがあった証拠が明白」であって初めて本条を適用するのである（沈註）。

「直接加害者（加功）」は、実際に手を下して人を殺したり傷つけたりすることから、首謀者が「首悪」であるのに対して「同悪」とされ、「殺した」場合は絞、「傷つけた」段階でも死一等を減じられるだけである。「非直接加害者（不加功）」は、見張りをしたり脅したり、仲間を援護したりしていただけの者である。共謀・同行しながら直接手を下さなかったのは「畏縮の心」があったためとして、直接加害者より一等を減じられる（輯註）。「実行した」場合、つまり傷つけるにも至らなかった場合は、直接加害者と非直接加害者を区別することができないので、首謀者以外はすべて単に「従犯（為従）」となる（沈註）。「実行した」段階で終われば、首謀者は徒刑、従犯は杖刑と大幅に刑が軽くなる。

一般に律においては、一人が殺された場合、加害者一人を死刑にしてその死の代償とする「抵命」

が原則であるが、本条第一節では「首謀者」「直接加害者」の複数人を死刑と定めている。しかも第二節では、傷害に止まった場合でさえ首謀者が絞とされる。このように量刑が重いのは、謀殺人が人命に関わる犯罪の中で最も凶悪であり、「数人の命をもって一人の命に抵《あ》てる（以数命抵一命）」のも相応とみなされているからである（輯註）。ただし、あまり重要な役割を果たさなかった者まで直接加害者とするのは、慎まなければならないとされた。条例では、重い傷を負わせた者にして初めて「直接加害者」と認定するよう定めており、沈註はこの条例に律の意図するところが明瞭に表れているとする。[3] つまり、一人の命に対して複数の命を代償とするのは特別なことであり、慎重を期さなければならないとするのである。

「殺害を終えて初めて罪する（殺訖乃坐）」というのは、未遂に終われば第一節は適用されず、第二節以下を適用するということである。[4] 謀殺人の罪は重いので、殺していない者に第一節を適用しないよう、慎重を期する意図が込められているのだという。なお沈註によれば、「殺害を終えて」というのを「その場で殺して（登時殺死）」という意味に解する者がいるが、それは誤りである。たとえば、刃物で人を殺そうと謀り、傷を受けた被害者が何とか逃げ出して数日後に死んだという場合、あるいは崖から人を突き落として殺そうと謀り、被害者が落ちて数日後に死んだという場合、謀殺人の罪に問わないはずがないからである。

一方で、「殺害未遂の後に図らずも死んだ（未曾殺訖邂逅身死）」場合、すなわち謀殺人が未遂に終わった後、別の理由（他故）で死んだ場合は本節に該当しない。小註は、そのような時は闘殴篇〈闘殴〉第六節の「共謀してともに暴行した（同謀共殴）」場合に関する条項を適用せよというが、これは不可解な指示である。同謀共殴は暴行に目的があるのに対し、謀殺人は殺人に目的があり、両者は全く別の範疇に属する犯罪である。謀殺人を完遂することができなかったのであれば、本条の第二節以下を引くべきであり、〈闘殴〉の条文を引くのはおかしい。沈註によれば、この小註は別の理由で死んだ場合に間違って〈謀殺人〉の条文を引かないよう注意を喚起しているのであって、本節を解釈するものではないという。

第四節　**なお首謀者は**（殺した・傷つけた・実行したの三項を通じていう）、**自ら実行しなかったとしても、なお首犯として論じる。従った者が実行していなければ、実行した**（非直接加害）**者より一等を減じる。**

第一節から第三節までは、殺人行為を実行した者について定めるが、第四節では実行しなかった（不行）者について定める（輯註）。といっても、計画しただけで殺人行為に至らなかった場合について言うのではない。殺人計画は本来秘密のことであり、殺害を試みなければ犯罪を立証できないから、それは律文に表れない。しかし、共謀者が実行に移したならば、殺人計画の存在が遡及的に立証される。その場合、首謀者はたとえ自ら実行に加わらなくても、首犯として扱われる（沈註）。従犯が計画をともにしながら実行をともにしなかった場合というのは、脅されてついて行っただけであったり、途中で後悔してやめたりといった場合である（輯註）。

実行したか否かにかかわらず首謀者を首犯とするのは、名例律〈共犯罪分首従〉（いわゆる「首従法」）にいう首犯の定義「およそともに罪を犯した場合、首謀者を首犯とする」[5]を、本条において再確認したものと言える。しかし、本条の従犯の規定は、名例律の首従法と合わない。首従法では「従犯（随従者）」は首犯から一等を減じるとするが、本条では従犯が「直接加害者」「非直接加害者」「（単に）従った者」に分かれている上に、最も従犯らしい直接加害者でさえ首謀者の斬に対して絞であり、刑を軽減されていない（名例律では死刑（斬・絞）と流刑（三千里・二千五百里・二千里）はそれぞれ一等として減じると定めるので、斬から一等を減じたら杖一百流三千里になる）。このように、本律は一般規定としての首従法と必ずしも合致しないのである。

第五節　もしこれによって財を得たならば（人を殺したかどうかを問わず）[a]、**強盗と同じく首犯・従犯を区別せず論じ、みな斬。**（実行したが分け前に与らなかった、分け前に与ったが実行しなかった[b]、または実行せず分け前にも与らなかった者は、みななお謀殺人に依って論じる。）

第一—四節が謀殺人そのものについて定めるのに対し、第五節では強盗（賊盗篇〈強盗〉）との関係について扱う。謀殺人は殺人に目的があるのに対し、強盗は財の強奪に目的があり、両者は本来別の犯罪の範疇に属するため、それぞれ別の篇に収められている。ところが、殺人を目的としながら結果的に財の強奪も行なってしまう場合があり、その場合は謀殺人ではなく強盗の条項に従って論じるとする。[6]ただし、「強盗」として論じられるのは強奪した財が分与された者に限り、共謀者で分け前に与らなかった（「不分贓」）者がいれば、その者は謀殺人の規定に従うことになる。[7]共謀したのは人を殺すことであって、財を得ることではなかったからである。この論理は、賊盗篇〈共謀為盗〉に見える論理と同じである（輯註。なお同条の解説を参照）。

　謀殺人であっても財を強奪した時点で強盗として扱うのであるから、本節は〈謀殺人〉の規定よりも〈強盗〉の規定の方が有力であることを示している。最初から強盗を目的として殺人を行なった場合も、もちろん〈強盗〉に依れという（沈註）。この規則の根本にあるのは、強盗の方が殺人より罪が重いという秩序意識である[8]。輯註によれば、謀殺人を行なって財を取らなかったのであれば、ただ怨みを晴らしただけであるから従犯は減等されるが、殺した相手の財を得たのであれば強盗と同じであるから、首犯・従犯を区別せずみな斬とするのだという。この解説は、怨恨による謀殺人よりも強盗の方が重く罰せられて当然という観念を示している。

〈謀殺制使及本管長官（勅使または所管の長官の謀殺）〉

　前条が謀殺人についての一般規定であるのに対して、本条から〈造畜蠱毒殺人〉までの七条は、謀殺人の特殊な形態を扱ったものである。その中で本条から〈謀殺故夫父母〉までの四条は、〈謀殺人〉の条文が一般人（凡人）、つまり相互に特別な関係のない者どうしの場合を定めているのに対して、行政上の統属関係や親族関係など特別な関係にある者の間で起こった場合を定めている。本条は、謀殺人の加害者・被害者の間に官制に基づく直接的な上下関係があった場合について定める。

およそ勅命を奉って出使した者を（現地の）**官吏が殺そうと謀って、または民が所属の知府・知州・**

知県を、軍人が所管の指揮・千戸・百戸[9][a]**を殺そうと謀って、もしくは吏卒が直属の五品以上の長官を殺そうと謀って、実行した**（が傷つけるに至らなかった）**ならば、**（首犯は）**杖一百流二千里。傷つけたならば、**（首犯は）**絞**（流・絞はともに「みな」と言わないので、従犯は各々減等する）[10][b]。**殺したならば、みな斬。**（官吏による謀殺は執行猶予付き、その他はみな即時執行。下記の斬も同じ。なお、従犯が非直接加害者であった、または[c]実行しなかった場合、または六品以下の長官または[d]府・州・県の佐貳《さじ》官《かん》・首領官[11]を謀殺した場合について、本条はともに記載しないので、[e]各々一般人の謀殺に依って論じる。）

本条は全四項から成り、①官吏が皇帝の勅使（制使）を、②府・州・県に属する民が所属（「本属」）の知府・知州・知県を、③正規軍に属する軍人が所管（「本管」）の指揮・千戸・百戸を、④吏卒が直属（「本部」）の五品以上の長官を謀殺した場合を扱う。

①—④のそれぞれの関係については、闘殴篇〈殴制使及本管長官〉で詳しく解説するので、本条では最低限の説明に留めておく。①は皇帝から臨時の命令を受けて遣わされた勅使を、その出向先の官吏が謀殺した場合、②は一般人民を統治する地方末端の行政単位である府・州・県の長官を、その府・州・県に属する民が謀殺した場合、③は軍隊を管轄する武官を、その管轄下にある軍人が謀殺した場合、④は五品以上の官品をもつ官庁の長官を、その官庁の事務員（吏）・用務員（卒）が謀殺した場合である。六品以下の長官や府・州・県の佐貳官・首領官、直属でない高位の官など、闘殴篇に規定があって本条では取り上げていない官もあるが、これらの官に対する謀殺は一般人に対する謀殺と

して扱われる。つまり、謀殺人の方が暴行・傷害より特別扱いの範囲が狭いのである。

以上のような謀殺人を一般人の間の謀殺人と比べると、「実行した」場合に一等重くなり、「傷つけた」場合の首犯の絞が、①を除いて執行猶予付きでなく即時執行になる。さらに、「殺した」場合には首犯・従犯を区別せず全員が斬となり、①を除いて即時執行となる。一般人の間の謀殺人では首犯でさえ執行猶予付きの斬であるから、本条が全体として刑を加重していることがわかる。これは下の者が上の者を謀って害するという「不義」に相当するからである（輯註）。首犯・従犯を区別せずみな斬というのは、強盗が財を得た場合の刑と同じである。そもそも強盗の罪が殺人より重いのは、「乱」すなわち秩序壊乱を懲らすためであるが、下の者が上の者を計画的に殺害するのは「乱」に近いので、同等の刑を科して不義を戒めるのであるという（沈註）。

「不義」は、名例律に挙げる「十悪」の一つである。十悪とは倫理道徳に反する十の罪を指し、天地・神人ともに許さぬことを「特に表示して出し、世の戒めとする」（名例律〈十悪〉への沈註）ために名例律の冒頭に列挙されている（「清律の基礎知識」を参照）。〈十悪〉への輯註によれば、不義は「部属・師生・夫婦」関係、すなわち義理によって結ばれた「義合」関係を犯すものである。本条の場合は「部属」関係に当たり、その義理は官制に基づく「統属の義」である（沈註）。「義合」は血縁に基づく「天合」と対比的に捉えられる関係であり、「天合」関係への侵犯は次の〈謀殺祖父母父母〉で扱われる。本条が最高刑でも斬に止まり、次条と比べてやや軽いのは、「統属の義」が「天による結びつき（天属）」すなわち親族関係ほど重大ではないからである。

なお、この「統属の義」は官制に基づくものであるが、官制上の地位の高さよりも関係の密接さの方が大きな意味をもつ。「傷つけた」「殺した」場合の首犯の絞・斬が、①の勅使に対する場合のみ執行猶予付きになっているのは、皇帝の命令とはいえ臨時に派遣されたにすぎない使者と現地の官吏との関係が、直接の統属関係ほど密接とは言えないからである（沈註）。

〈謀殺祖父母父母（祖父母・父母の謀殺）〉

本条は親族内の目上の者（尊長）とそれに準じる者への侵犯を扱い、前条よりさらに重く科刑される。

第一節　**およそ祖父母・父母または期親の尊長、外祖父母、夫、**[12]**夫の祖父母・父母を殺そうと謀り、実行したならば**（傷つけたかどうかを問わず）、（謀議に与った子孫は首犯・従犯を区別せず）**みな斬。殺したならば、みな凌遅処死《りょうちしょし》。**[a]（なお、従犯に服制関係が同じでない者がいれば、おのずから緦麻《しま》以上の場合の条文に依って論じ、一般人がいれば、おのずから一般人の条文に依って論じる。およそ服喪義務のある親族を謀殺すれば、みなこれに倣う。）**緦麻以上の尊長を殺そうと謀り、実行したならば**（首犯は）**杖一百流二千里**（従犯は杖一百徒三年）、**傷つけたならば**（首犯は）**絞**（従犯は直接加害者・非直接加害者のいずれも一般人と同じく論じる）、**殺したならば、みな斬**（首犯・従犯を問わない）。

律で刑を定めるに当たっては、被害者と加害者の間の親族関係が重要な要素になっている。そこで問題になるのは、一つが尊長と卑幼の関係、もう一つが親疎の関係である。尊長とは世代が上（尊）であるか年齢が上（長）である者、卑幼とはその逆で世代が下（卑）であるか年齢が下（幼）である者を指す。一般に被害者が加害者の目上に当たる尊長であれば刑は重く、目下に当たる卑幼であれば軽くなる。同じ尊長と卑幼でも、関係が近いほど刑の加重・軽減の度合が大きくなる。そうした親族間の親疎の関係を量るのに、律では「服制」すなわち服喪規定を主な目安として用いている。礼に基づく服制によれば、喪に服すべき義務の重い順に「斬衰《ざんさい》」「斉衰《しさい》」「大功《たいこう》」「小功」「緦麻」と区分されている（詳しくは「清律の基礎知識」を参照）。このうち律文に直接表れるのは、斉衰のうち一年（期年）の喪に服すべき「期親」と大功以下だけであり、斬衰と期親以外の斉衰に当たる親族は「父母」「夫」など続柄を明記し、期親以下でも「子」「兄弟」「夫の祖父母」など続柄を特定して定めることがある。

　本節では、まず期親以上の尊長とそれに準じる者に対する謀殺を扱う。服制によれば、本人から見て祖父母は斉衰（期年）、父母は斬衰、外祖父母は小功である。名例律〈称期親祖父母〉では曾祖・高祖も祖と呼ぶと定義しているので、ここにいう祖父母には曾祖父母（斉衰五か月）・高祖父母（斉衰三か月）も含まれる。期親の尊長は伯父母・叔父母・兄・姉・父の未婚（在室）の姉妹である。[13] 妻から見て夫は斬衰、夫の祖父母は大功、夫の父母は斬衰である。

　外祖父母は小功という比較的軽い服喪の対象であるが、「恩・義ともに重い」ため、律では期親の尊長と同列に論じる（巻頭附録〈外親服図〉註）。夫の祖父母は大功であるが、夫の親族に対する妻の犯罪は、服制関係に依らず夫と同じく論じることがある（巻頭附録〈妻為夫族服図〉註）。妻は夫と等しい（斉）とする考え方（巻頭附録〈妾為家長族服之図〉註）によるものであろう。

これらの親族に暴力を振るったり殺そうと謀ったりすることは、名例律〈十悪〉で「悪逆」と定められている。本節はそれを条文化したものであり、非常に重い刑を科している。「実行した」段階で首犯・従犯を区別することなく全員が斬（しかも沈註によれば即時執行）[14]、「傷つけた」段階は設定されず、「殺した」場合は全員が凌遅処死というのは、一般人の間の謀殺と比べても著しい加重である。倫理の上での異常事態であり、「罪大にして悪極まる」犯罪である以上、この刑罰は相応とみなされている（輯註）。

これら期親以上または期親に準じる尊長に比べれば、その次の大功・小功・緦麻の尊長に対する謀殺は、まだしも一般人の間の規定に近いが、それでもやはり重い[15]。「傷つけた」段階までは首犯・従犯を区別するが、「殺した」場合はみな斬となるのは、共犯者が同じ卑幼である以上、法として寛容にはできないからであるという（輯註）。輯註は、非直接加害者については一般人の場合と同様に一等を減じるとするが、その根拠は記されていない。

なお、以上の首犯・従犯はいずれも被害者との服制関係が同じ者について言い、服制関係がもっと疎遠な親族や赤の他人が加わっていれば、その服制に応じた条項や一般人に関する条項を適用する。沈註は、小註が従犯に限って「服制関係が同じでない者」と「一般人」の扱いに言及していることに注目し、ここに重要な意味があるとする。つまり、子孫が子孫でない親族や一般人と共謀して祖父母・父母を殺そうとした場合、首謀者であってもなくても必ず子孫が首犯となると言うのである。子孫にあらかじめ謀殺の意思がなければ、子孫でない者は怨恨を抱いていたとしても子孫に謀議をもちかけるはずがないからだという。

第二節　**なお、尊長が**（父系または母系の）[16]**卑幼を殺そうと謀り、実行したならば、各々故殺の罪に依って二等を減じる。傷つけたならば一等を減じ、殺したならば故殺の法に依る。**（故殺の法に依るとは、各々闘殴篇内の尊長の卑幼に対する故殺の条文に依って罪を論じる[b]ということである[c]。）

本節は前節の逆で、尊長が卑幼を謀殺した場合を扱う。前節と逆に一般人の間よりも軽減され、故殺の場合の量刑を基準とする。これは唐律（賊盗六条）から引き継がれた法であるが、なぜ尊長が卑幼を謀殺した時に故殺の法に依るのかは、輯註でも沈註でも全く説明されていない。

故殺の規定は、人命篇と闘殴篇に分かれている。人命篇には〈闘殴及故殺人〉があって、一般人の間の故殺について規定しているが、親族間の故殺については闘殴篇の〈殴大功以下尊長〉〈殴期親尊長〉〈殴祖父母父母〉の三条に定められている。それによれば、大功以下の卑幼を故殺した場合は絞（執行猶予付き）、期親の場合は杖一百流二千里、子孫の場合は杖六十徒一年、子孫の妻の場合は杖一百流二千里となっている。これらの刑を基準にして、「実行した」「傷つけた」段階の場合はそれぞれ減等するのである。従犯は各々一等を減じるが、前節と同じく、尊長でない者や一般人が謀議に加わっていた場合は、本条でなく各人に該当する条文を適用する（輯註）。

第三節　**もし奴婢または奉公人が家長または家長の期親・外祖父母もしくは緦麻以上の親族**（尊長・

卑幼を兼ねて言う）[d]**を殺そうと謀ったならば、罪は子孫と同じ。**[e]（もしすでに身を贖《あがな》って[f]いれば、一般人と同じく[g]論じる）。

明清時代の奴婢は、厳密には罪人やその家族が国家に没収されて功臣の家に与えられた場合以外認められないはずであった。しかし、賊盗篇〈略人略売人〉に顕著に見られるように、実際には人身売買によって実質的な奴婢となる者は多かった。戸律・戸役篇〈立嫡子違法（子の扱いに関する禁令）〉は庶民の家が奴婢をもつことを杖一百の刑をもって禁じているが、同条への輯註は「士夫」すなわち官僚ないしそれに準じる身分をもつ者の家であれば、奴婢をもつことは認められるとしている。庶民の家では自ら勤労すべきなので、奴婢をもつことは分を超えているが、士夫の家はそれとは異なる。また、奴婢が律に多く現れることから見て、功臣というごく限られた者だけのために規定しているはずがないと言うのである。

奉公人（雇工人）の定義も不明瞭であるが、明代の条例では「およそ官・民の家で雇われて働く者のうち、契約書を立てて年季を定めた者は奉公人として論じる。短期の雇用で給金も少ない者は一般人として論じる。金銭を出して買った義男（義理の息子という名目で養われ使役される一種の奴僕）で、長らく養い、妻をめあわせてやった者は、子孫と同じく論じる。長く養っておらず、妻を娶らせてもいない者は、士人・庶民の家では奉公人に照らして論じ、官僚の家では奴婢に照らして論じる」としていた。沈註によれば、この条例は前代のものなので引用することはできないが、参考にすることはできるという（闘殴篇〈奴婢殴家長〉への沈註）。

「罪は同じ（罪同）」というのは、罪状が類似しており、罪の軽重が等しいので、改めて論じることなく同じ刑を科すという意味である（名例律〈称与同罪〉への輯註）。本節で「罪は子孫と同じ」というのは、奴婢・奉公人が家長やその親族を謀殺するのは、子孫が祖父母・父母を謀殺するのと罪状が類似しているので、同じ刑を科すということになる。奴婢・奉公人は子孫ではないが、子孫と同列に扱うのは、「名分の重みが（親族の）倫理と等しい」からである。ただし、奴婢・奉公人は親族と違って、もっぱら名分をもって家長と結びついているので、家長の親族に対する名分は尊長・卑幼ともに等しく、尊長・卑幼を分けて罪を論じることができない（輯註）。なお、闘殴殺・故殺の場合は奴婢と奉公人とで刑が異なるが、謀殺の場合はどちらも同じである。これも謀殺の罪の重大さを示すという（沈註）。

〈殺死姦夫（姦夫の殺害）〉

本条は、姦通した妻妾「姦婦」と姦通の相手である「姦夫」、姦婦の夫である「本夫」の三者の間で起こる殺人について扱う。本条第一節は謀殺人と関係なく、人命に関する「罪」を扱ったものでさえない。謀殺人の特殊な形態を扱った諸条の間に配列されているのは、もっぱら第二節のためである。

第一節　**およそ妻妾が人と姦通して、**（本夫が）**姦通の現場で、自ら姦夫・姦婦を捕え、その時に殺したならば、罪を論じない。もし姦夫だけを殺したのであれば、姦婦は**（和姦の）**条文に依って断罪し、官府に没収して奴婢とする。**[a]（あるいは戯れていただけでまだ姦通していなかったり、あるいは姦通していてもすでに拘束されていたり、あるいは姦通の現場で捕えたのでなかったりした場合は、みなこの条文を適用することができない。）

本節で扱う行為は、四つの重要な構成要件を含む。妻妾がすでに姦通しており（成姦）、その現場（姦所）で、本夫が自ら捕え（親獲）、その時に（登時）殺害するということである。これらの条件を満たした場合、本夫による殺害は公権力によらない処刑（擅殺）の罪を許され、「論じない（勿論）」ことになる（輯註）。「論じない」というのは、その件に関する一切の事柄について取り合わない、つまり審判の対象としないことである。結果的に、本夫は全く刑を科されず放免されることになる[17]。

本夫による姦夫・姦婦の殺害を認める理由を、輯註は「姦通に証拠があって、義憤に発し、咄嗟に起こしたことだから」とし、正当な怒りの発露を容認したかのような説明をしているが、沈註の説明はこれとは違う。沈註によれば、姦通をする以上、姦夫・姦婦は身を守るため用心しているはずであり、突然見つけられたら、逆に本夫を害する恐れがあるからである。夜、正当な理由もなく他人の家に入った場合、家の者がただちに殺しても罪を論じない（賊盗篇〈夜無故入人家〉）のと同じであるという[18]。つまり、私的制裁を容認するのではなく、危険回避の手段としてやむを得ないと認めているのである[19]。

いずれにせよ、よほどやむを得ない場合に限っての免罪であるから、上記の条件を満たさない場合は、なにがしかの罪を論じられる。たとえば、逃げた姦夫を追って門外で殺した場合は、現場で殺したのとわずかの差でしかないので、「なすべきでない」ことをした罪（雑犯篇〈不応為〉）に問われるにすぎないが、「ただちに」でなく時間をおいて殺した場合は、捕縛に抵抗しない罪人を殺した場合の条項〈捕亡篇〈罪人拒捕〉〉に依って闘殴殺として論じ、遠くまで逃げた姦夫を追跡して殺した場合は、故殺の条項に依るとする〈沈註〉。

また、姦婦・姦夫の両方または姦夫だけを殺した場合は罪を論じないが、姦婦だけを殺した場合は、妻を暴行して死に至らしめた〈闘殴篇〈妻妾殴夫〉〉条項に照らして絞に当てられる。さもなければ、非道な夫が折り合いの悪い妻に無実の罪を着せて殺す恐れがあるからである。ただ沈註は、姦夫は逃げおおせてしまったが姦通の証拠は明白であり、一時の怒りに任せて姦婦だけを殺してしまった場合は、やはり罪を許すべきだとしている。これは教化を司る者が随時較量すべきことであるから、法として明記することができないのであるという。

なお、明律では殺されなかった姦婦は「夫が嫁売するに任せる」としていたが、清律では「官府に没収して奴婢とする」と改めている。姦婦が廉恥を欠き風紀を害したのを憎んで、奴婢として辱《はずかし》めるのであるというが〈沈註〉、犯姦篇〈犯姦〉では和姦を犯した妻妾は夫が嫁売するに任せ、夫が望めば留めるのを許すとしているので、〈犯姦〉との整合性を考えれば明律の方が適切であろう。

第二節　**なお、妻妾が姦通によってともに謀って夫を殺した場合は凌遅処死、姦夫は斬に処す**〈執行猶予付き〉。**もし姦夫が一人でその夫を殺したのであれば、姦婦は事情を知らなかったとしても絞**〈執行猶予付き〉。

妻妾が人と姦通し、姦夫と共謀して夫を謀殺した場合、誰が首謀者であるとか直接加害者であるとかを論じることなく、妻妾は凌遅処死、姦夫は斬となる。単に妻妾が夫を謀殺し、一般人がそれに加担した（あるいはその逆）という扱いにはならないのである。「ともに謀る（同謀）」というのは、首謀者を首犯、直接加害者を従犯と区別しないことを言う。「殺した（殺死）」というのは、すでに殺し終わった場合に限って言い、「傷つけた」「実行した」段階については、謀殺人についての規定に照らすという（輯註）。

妻妾が凌遅処死になるのは、他の理由で夫を謀殺した場合（〈謀殺祖父母父母〉）と同じである。輯註は、「実行した」「傷つけた」場合も〈謀殺祖父母父母〉に依って斬にせよと言う。共謀して殺した姦夫は執行猶予付きの斬になっているが、これは一般人の間の謀殺人の首犯に相当する。姦夫は本夫と一般人の関係にあるが、この場合はたとえ従犯であっても首犯相当の斬罪になる。姦通は「男女同心」であるから、姦通した上で共謀したのであれば、従犯として論じることはできないのだという。〈謀殺祖父母父母〉では、共謀者に一般人がいた場合、子孫ら親族とは別に〈謀殺人〉を適用することとなっていたが、姦通による場合は別の事情による場合と一緒にすることはできない（輯註）。姦夫が一人で本夫を殺した場合、事情を知らなかった姦婦が絞罪になるのも、夫の死を引き起こしたのが姦通であることによる。[20] いずれも、姦通によって謀殺の罪が加重されるのである。

姦夫が一人で本夫を殺した場合、姦婦は事情を知らなかったとしても絞となるが、輯註によれば「としても（雖）」という語に律の深い意図が込められているという。夫は妻の道徳の要であり、恩・義ともに重い。妻の姦通が夫に死をもたらしたのであれば、[21] 道徳・恩義から推して絞刑が相応であり、事情を知らなかったからといって寛大にはできない。だが逆に言えば、夫婦の道徳・恩義がなければ本節は用いられない。この問題について、輯註は珍しく具体的な判例を引いて説明している。

寧陽県（山東省兗州《えんしゅう》府）の張大には妻杜氏がいたが、淫行があったため、その父が娼家に売らせた。寧陽県の知県はこれを違法として、元の婚家に戻させた。張大は杜氏を連れて王洪仁の家に移り住み、杜氏は洪仁と姦通したが、張大は知っていながら放置していた。洪仁はその後、杜氏を売りとばそうとして、張大を山間に誘って殺した。杜氏は何も知らなかったが、事件が発覚すると本条に依って絞罪に当てられ、按察司を経由して山東巡撫まで上申されてきた。沈之奇の見解によれば、杜氏は情状に憎むべき点があるとはいえ、法に照らせば死罪には当たらない。洪仁は杜氏と姦通したが、その夫は放置しており、姦夫・姦婦は何も憚ることがなかった。洪仁が張大を殺したのは、杜氏を売りとばすためであり、姦通に都合がいいように殺したのではない。張大は初めに杜氏を売って娼婦とし、後に杜氏が姦通するのを放任したのだから、すでに夫としての道義を失っている。夫婦の倫理が失われている以上、夫婦の法によって律することはできない。杜氏は犯姦篇〈縦容妻妾犯姦〉に依って杖九十に改め、結審することになったという。

このように、本条は夫婦の倫理に支えられていると考えられており、そうした認識に基づいて運用されたのである。「これも律の意図（律意）を明らかにする一端なので、その概略を附記した」という。

本条末尾には、第一・二節の両方に関わる長い小註が附せられている。(22)

219 〈殺死姦夫（姦夫の殺害）〉

[b]（その時に姦通の現場で捕えて姦婦だけを殺した、あるいは姦通の現場でなく姦夫がすでに去ってから姦婦に自白を迫って殺した場合は、ともに妻を暴行して死なせた条項に依る。）

（すでに姦通の現場を離れていたが、本夫がその時に追って門外に至って殺した場合は、ただ「なすべきでない」ことの杖罪に依る。その時でなければ、逮捕に抵抗しない罪人を殺した条項に依る。）

（姦夫がしばらく逃げて、あるいは途中で追いついたり、あるいは姦通を聞いて次の日に追ったりして殺した場合、いずれも故殺に依る。）

（姦夫がすでに拘束されてから殴殺した、あるいは姦通の現場で捕えたとはいえ、その時に殺したのではなかった場合、いずれも必ず夜に故なく人の家に入り、すでに拘束されてから勝手に殺し、死に至らしめた場合の条項を引かなければならない。）

（本夫の兄弟または服喪義務のある親族、あるいは同居人、あるいは捕り手は、みな姦通を捉えることを許す[23]。なお、婦人の父母・伯叔父母・姑《おば》・兄・姉・外祖父母が、姦通した者を捕えて姦夫を殺傷したならば、本夫と同じとする[24]。ただ卑幼は尊長を殺してはならず[25]、違反すれば伯叔父母・姑・兄・姉を故殺した場合の条項に依る。尊長が卑幼を殺せば、服制の軽重に照らして罪を科す。）

（弟が兄の妻が人と姦淫を行なうのを見て、駆けつけて姦夫を殺した場合は、罪人が抵抗しないのに殺した場合の条項に依る。）

（外部の人あるいは捕り手でない人が殺傷することがあったならば、いずれも闘殴殺傷に依って論じる。）

（姦婦が一人でその夫を殺し、姦夫が果たして事情を知らなければ、ただ姦通の罪だけを科す[26]。）

（姦通によって本夫を殺そうと謀り、傷つけたが死ななかった場合、姦婦は夫を殺そうと謀って実行した場合の条項に依って斬、姦夫は人を殺そうと謀って傷つけたが死ななかった場合の従犯の直接加害者の条項に依って徒の最高刑。[27] もし首謀者であれば、首謀者の条項に依って絞。）

（姦夫が一人で夫の父母を殺し、往来の便を図った場合、姦婦は事情を知らなかったとしても、やはり絞。[28]）

（嫂《あによめ》と義弟が姦通して事実が指摘され、本夫が知り得て、姦通の現場でなく二人を殺した場合は、死罪になるはずの犯人を勝手に殺した場合の条項に依る。[29]）

（以上は、まず必ず姦通の事情を確実に審理して、事実を明らかにして初めて罪する。）


沈註によれば、これらは律の不備を補うものではあるが、律の正文ではないので、律のように直接引用することはできず、個別の事情に応じて斟酌しなければならない。姦婦だけを殺した場合、姦夫を追って途中で殺した場合、次の日に殺した場合など、死罪を論じなければならない場合は特に注意しなければならないという。

〈謀殺故夫父母（亡夫の父母の謀殺）〉

本条は、〈謀殺祖父母父母〉の補足に当たる。

およそ（再婚した）**妻妾が亡夫の祖父母・父母を謀殺したならば、いずれも**（現在の）**舅《しゅうと》姑《しゅうとめ》**[30]**を謀殺**

した場合と罪は同じ（もし妻妾が離縁されていたのであれば、この条文を用いない。もし舅姑が亡き子孫の再婚した妻妾を謀殺すれば故殺の条文に依り、「実行した」「傷つけた」ならば、やはり各々一等を減じる）。[31][a] **もし奴婢が**（奉公人について言わないのは、重い方を挙げて意味するところを示しているのである）**旧家長を**[b]**謀殺したならば、一般人として論じる。**（自分の奴婢を他人に転売したならば、みな一般人と同じであることを言う。他の条文もこれに準じる。[c]）

夫の死後再婚（改嫁）した妻妾が亡き夫の祖父母・父母を謀殺した場合、夫が存命中の夫の父母を謀殺した場合と「罪は同じ（罪同）」、すなわち罪状が同じとされて刑も同じとなる。つまり、〈謀殺祖父母父母〉に従い、実行した段階でみな斬（即時執行）、殺した場合はみな凌遅処死である。これは、夫と死別後の再婚によって夫の家との義理が断絶（義絶）せず、嫁としての名分がなお存在するからである。[32] しかし、離縁（被出）の場合は義理が絶たれるため、この条文は用いない[33]（輯註）。

一方、奴婢はもともと家長と一般人の関係であり、名分によって結びついているにすぎないので、転売されてしまえば名分もなくなり、恩義も絶えて一般人以外の何者でもなくなる（輯註）。自ら身を贖った場合も同じである（沈註[34]）。奉公人の場合はさらに軽く、一日賃金を受けなければ一般人の関係とされる（輯註）。

血縁関係にある親族と異なり、妻妾や奴婢は義理によって結びつく「義合」関係にある。「義合」関係は解消されることがあるので、どのような場合に解消されるか、認定することが必要になるのである。

〈殺一家三人（一家三人の殺害）〉

以下、〈造畜蠱毒殺人〉までの三条は、名例律〈十悪〉の中の「不道」すなわち「残虐非道で正しい道に背くこと」を条文化したものであり、本来謀殺人とは関係がない。しかし、明律を踏襲して清律を編纂した人々は、これらの条文が〈謀殺人〉の後、〈闘殴及故殺人〉の前に配列されていることから、謀殺人の特殊な形態として捉え、その見方を小註に反映させている。輯註・沈註もそれに従って、これらの条文が扱う犯罪を謀殺人の一種として、謀殺人の論理に沿って解釈している。

およそ一家（同居している者を言い、奴婢・奉公人であってもみなこれに当たる。あるいは同居していなくても、果たして父子・兄弟のような[a]近親であればやはりこれに当たる）**の**（真犯）[b]**死罪に当たらない三人を殺した、**[c]**または**（生きた）**人をばらばらにした**（被害者が一人いればただちに罪する。被害者が有罪でもやはり罪する。死罪に当たらない三人である必要はない）[d]**ならば、**[e]（首犯は）**凌遅処死、財産は死者の家に付与し、妻・子**（娘を言わないのは、連坐の対象にならないからである[35]）**は流二千里。従犯**（直接加害者）**は斬。**（財産・妻子は付与・流刑の対象にならない。非直接加害者は、謀殺人の条文に依って減等する。）（もし一家三人を前後して殺したならば、通算して論じる。もし本来一人を殺そうと謀って、実行した者が三人を殺したならば、実行しなかった者は首謀者であれば斬、首謀者でなければ従った者が実行しなかった場合として、実行した者から一等を減じて論じ、なおその時に三人を殺そうと主導した者を首犯とする[36]。）

本条は「尋常の殺人の比ではない」（輯註）凶悪な殺人を扱ったものである。凶悪さを重く見るので、一家三人の場合、同居しているだけの奴婢・奉公人や別居している近親も、一度に殺さず前後して殺した者も、通算して三人の数に入れる。殺人者の意思を推し量れば、これらの人々はみな一家と認識されていたに違いないからである。また、律の意図（律意）は三人の命を重んじているので、奴婢・奉公人のような賤しい身分の者でも、別居している親族でもみな一家として数え、一度に殺したのでなくても三人として数えるのである（輯註）。ただし、家どうしが大勢を集めて抗争に及び、その結果として一家三人を殺した場合は、この条文を用いない。本条は「殺人の意思（殺人之心）」「殺人の行為（殺人之事）」が凶悪な犯罪に対して特別な厳罰を科すものであり、一時の暴力抗争はもともと「殺人の意思」がなく「殺人の行為」でさえないので、結果的に三人の命を奪ったとしても本条の趣旨とは異なるからである（沈註）。

ばらばらにする（支解）というのは、人の肢体を分断して殺すことを言い、腹を割いて内臓を引き出したり、木に縛り付けて焼き殺したりといった残虐な殺し方も、同じ罪になるという。切り刻んで殺した場合も、殺してから切り刻んだ場合もこれに当たる。ただし、殺した後で証拠隠滅のためにばらばらにした場合はこの条文に該当せず、生きたままばらばらにしたかったが、できなかったので殺してからばらばらにした場合は該当するということが、条例（本条の第二条例）によって定められている。したがって、本条を適用するためには、その本来の意図を究明しなければならない（沈註）。

本条では被害者の数・殺害の方法だけを示し、計画性や殺意の有無を明示しないが、沈註は小註に

「首謀者」「直接加害者」「非直接加害者」「実行した者」「実行しなかった者」の区別があることから、謀殺人すなわち計画的犯行を扱っているとする。この小註は順治律制定の際に挿入されたもので、明律には見られない[38]。明代の代表的注釈書である王樵・王肯堂父子の『大明律附例』では、本条は「ただ謀殺・故殺を言うだけでなく、放火や盗みを行なって殺すのもみなこれに当たる」としている。つまり、本条は殺人の中でもとりわけ凶悪なものを対象とすると言うのである。

『大明律附例』の解釈は、本条の条文だけを見る限り穏当なものと言える。しかし、人命篇全体を通して見た場合、本条が単に凶悪な殺人を扱ったにすぎないのであれば、なぜ〈謀殺人〉と〈闘殴及故殺人〉の間に配列されているのかわからない。配列にそれほど深い意味はないと見るのが、おそらく妥当なのであろうが、清代の法学者は律が完璧な構成をなしていると考えたがった。小註はそうした志向を示しており、後発の輯註・沈註はさらにその傾向が強い。

そのため、本条の解釈には強引な面が見られる。「従犯は斬」の「従犯（為従）」とは、ここでは本来首犯に対する従犯を意味しているにすぎないが、清律編纂者はこの条文が謀殺人について定めていると考えるため、従犯の中で最も重い「殺した」段階の直接加害者（加功）を指すとみなす。そこで非直接加害者の罪は、〈謀殺人〉の規定に従って一等減じられることになるのである（「傷つけた」「実行した」段階は、この条文では想定しなくてもよい）。同じく謀殺人の規定とみなすため、謀議の段階で計画されていなかったことが実行段階で起こったという場合についても、想定しなければならなくなった。本条末の小註の複雑な規定は、そうした特殊な状況について律儀に追究した結果である。沈註はこの小註について、「深く律意を極め、律文の不備を補うに足るものである」と賞賛している。

〈採生拆割人[a]（人の生体の一部採取）〉

本条で扱うのは、妖術を行なうために人の身体を一部切り取るという犯罪である。人の耳目や手足を切り取り、木や粘土で作った人形に埋め込み、邪法によって動かし使役するという妖術が想定されている。また、生きている人の生年月日を探ったり、人を山林の中に迷わせて生気を取ったりしてその魂魄《こんぱく》を奪い取り、霊魂（鬼）として使役することもある。往時の雲南・貴州・両広で行なわれていたという。人の内臓や胎児を抉《えぐ》り取って邪術を行なうこともあり、これらをすべて「生体の一部採取（採生拆割）」と言う（沈註）。要するに殺人が目的ではなく、妖術を目的として結果的に殺人に及ぶという犯罪である。

およそ人の生体を一部採取（殺した場合または傷つけた場合を兼ねて言う）[39][b]**し**（妖術を行なって人を惑わし）[c]**たならば、**（首犯は）**凌遅処死、財産は死者の家に付与し、妻子または同居していた人々は、事情を知らなかったとしても、いずれも流二千里で配所に留める。**[d]**従犯**（直接加害者）**は斬**（財産・家族は付与・流刑の対象にならない。非直接加害者は、謀殺人の条文に依って減等する）。**もし実行して人を傷つけるに至らなかったならば、**（首犯は）**やはり斬、妻子は流二千里**（財産および同居の人々は付与・流刑の対象にならない）。**従犯**（直接加害者）**は杖一百流三千里**（非直接加害者もやはり一等を減じる）、**里長が知っていて検挙しなかったならば杖一百、知らなかったならば罪しない。捕えて訴えたならば、官府が褒賞銀二十両を給付する。**

前条と同様、本条も小註は謀殺人の特殊な形態として扱う姿勢を貫いている。輯註は小註に従って解釈しようとしているが、従犯が「殺した」段階でも「傷つけた」段階でも斬なのは謀殺人の法と懸け離れていること、「実行したが傷つけるには至らなかった」場合には直接加害者・非直接加害者の区別がつけられないことなど、小註の矛盾点も指摘している。傷つけるに至らなかった場合の従犯は、実行した者が直接加害者、実行しなかった者が非直接加害者に当たるのだろうかなどと苦しい解釈を示しているが、明確な結論に至っていない。

実際のところ、輯註・沈註の他の部分を見る限り、本条で扱う犯罪は謀殺人と根本的に異なる性格をもつと考えざるを得ない。輯註によれば、前条の「ばらばらにする」のは怨恨によって殺そうと謀るのであるが、本条の「生体を一部採取する」のは殺害を謀る（謀殺）のではなく、ただ妖術を行なおうとするだけである。本条で「殺した」段階と「傷つけた」段階を区別しないのも、たとえ身体の一部を切り取られた人が死ななかったとしても、妖術はすでに行なわれているから、罪の重大さは変わらないという理由による（沈註）。本条において重視されるのは、殺人行為がどの程度遂行されたかではなく、妖術が遂行されたかどうかである。つまり本条は、殺人の罪というよりは妖術の罪を扱ったものなのである。

本条は「実行したが傷つけるには至らなかった」場合でさえ斬、従犯も流刑と極めて厳しい刑を科しているが、これは「妖術を憎む」ためである（輯註）。殺人の害は一家一身の上に止まるが、妖術はその地方に広まり後世に禍をおよぼす恐れがあるので、いっそう重く見るのである（沈註）。妻子だけでなく同居の人々さえ連坐の対象としているのは、妖術の伝播を防ぐため、同居人が訴え出るのを期待するのだという（沈註）。

〈造畜蠱毒殺人（蠱毒による殺人）〉

本条も殺人よりは妖術に重点を置いた規定である。「蠱毒《こどく》（第一節）」「呪詛（第二節）」「毒薬（第三節）」をそれぞれ扱った三つの部分からなり、後になるほど謀殺人の性格が強くなる。

227　〈造畜蠱毒殺人（蠱毒による殺人）〉

第一節　**およそ蠱毒を**（準備）**製造・**（保有）**所蔵して殺人を可能にした、または教え**（て人に製造・所蔵させ）**たならば、**（いずれも）**斬**（に当てる）。（使用して人を殺していなくても。）[a] **製造・所蔵したならば、**（人を殺したかどうかを問わず）**財産を没収する。妻子または同居していた人々は、事情を知らなかったとしても、いずれも流二千里で配所に留める。**（教えた人[b]の財産・妻子等は対象にならない。）**もし蠱毒によって同居人を害し、その害せられた人の父母・妻妾・子孫が蠱毒製造の事情を知らなかったならば、流刑の対象としない。**（もし事情を知っていたならば、害せられたとしてもなお連坐する。）**もし里長が知っていて検挙しなかったならば、各々杖一百。知らなかったならば罪しない。捕えて訴えたならば、官府が褒賞銀二十両を給付する。**

「蠱毒」とは一種の毒であるが、単なる毒物ではなく人を殺す以外の使用目的がない物である。(40) 文献の記載によれば、蠱毒にはさまざまな種類があるが、たいていは毒虫によって合成され、中でも

「金蚕蠱」というのは最も猛毒で、福建・両広・四川・貴州などの各地で作られるという(沈註)。本条は唐律（賊盗十五条）から引き継がれたものであるが、その律疏（いわゆる『唐律疏議』）は、蠱毒製造法の例として、各種の毒虫を一つの器の中に入れておき、久しくして互いに食らい合い、他の虫がすべて食い尽くされた時に、たとえば蛇が残っていたら（蛇は虫の一種とされた）、それが「蛇蠱」という毒になると述べている。このように蠱毒の製造は、単なる技術というより妖術の一種とみなされていた。[41]

蠱毒はそれを製造したり（造）、所蔵したり（畜）、作り方を教えたり（教令）しただけで即時執行の斬となる。「殺人を可能にした（堪以殺人）」ことが罪になるのであるから、自分で作ったのでなく他人から貰って所蔵したり、他人に教えて作らせたりしただけでも罪せられ、実際に使用して人を殺したかどうかは問われない（沈註）。したがって、本節には「殺した」「傷つけた」「実行した」の区別はなく、その他「謀殺人」を論じる際に特徴的な語句は一切現れない。本節は謀殺人の論理によって構成されていないのであり、小註も無理に謀殺人として解釈しようとしていない。本条は前条と同じく、社会に対する害悪を重く見て、殺人は二次的な問題としている。人命に関わる犯罪というよりは、反社会的行為の罪を扱ったものであるから、謀殺人の論理が適用されないのはむしろ自然であろう。

前条と同様、ここでも妻子・同居人を連坐の対象としているが、罪となる蠱毒の製造・所蔵・製法伝授のうち、連坐が適用されるのは製造・所蔵だけであり、製法伝授は除かれている。輯註によれば、製造・所蔵していればすでに人を殺す物があることになるが、教えただけならば人を殺す方法があるだけで、やや違いがある。犯罪を「実行した」と「実行していない」の違いのようなものであるという。沈註によれば、蠱毒の製法を他人に教えただけで、自家で製造も所蔵もしていなければ、同居している人々が何も知らないこともあり得るからである。自家で製造・所蔵していれば、同居している者が知らないはずはなく、たとえ本当に知らなかったとしても、知らなかったではすまされないので連坐を免れないのだという。(42)

同居している者が蠱毒で害せられた場合、害せられた人の父母・妻子・子孫は、加害者の親族であると同時に被害者の親族でもあることになる。加害者の親族である以上、連坐の対象となるわけであるが、蠱毒の「製造」を知らなかった場合には連坐を免れる。沈註によれば、律では通常「事情を知っていた」「事情を知らなかった」と言うものであるのに、ここでは「蠱毒製造の事情を知らなかった」と限定して言い、「所蔵」が除外されているところに、実は深い意味がある。蠱毒の製造にはやり方があり、同居している人が蠱毒の製造を知っていたならば、そのやり方を見知って覚えているはずである。その時点ですでに製造者と同じ邪悪な心をもっているので、いずれ必ずその製法を広めるに違いない。所蔵だけであれば、物があるだけなので処分すれば済み、広まるということがない。だから、所蔵を知っていても製造を知らなかった者は流刑にならないのだという。沈註は「律の精微なることかくのごときであるが、解釈する者はなかなかそこまで気づかない」と言っている。

なお、「教える」者がいる以上、「学ぶ」者もいるはずであるが、律には言及されていない。沈註によれば、人を殺すつもりがなければ教わるはずがなく、教わった以上は作り持っているはずであるから、「製造・所蔵」の罪になるのだという。もし家にたまたま製法を書いた本があった場合は、本を所蔵していたり、何も知らずに人に見せたりしただけでは本条は適用されない。(43)「なすべきでない」ことをした罪（雑犯篇〈不応為〉）に当て、本を焼き捨てればよいという。

第二節　**もし魘魅《えんみ》を作ったり符書による呪詛を行なったりして人を殺そうとしたならば、**（一般人・子孫・奴婢・奉公人・尊長・卑幼は）**各々殺そうと謀った**（実行したが傷つけるには至らなかった）**として論じる。これによって死なせたならば、各々該当する**（謀）**殺人の法に依る。**（ただ）**人を苦しめようとしただけで**（人を殺す意思がなかったので）**あれば、**（殺そうと謀り実行したが傷つけるには至らなかった場合から）**二等を減じる。なお、子孫が祖父母・父母に対して**（「妻妾が夫の祖父母・父母に対して」と言わないのは、子孫だけを挙げて意味するところを示すのである）、**奴婢・奉公人が家長に対して行なったならば、各々減等しない。**（なお殺そうと謀り実行したとして斬に論じる。）

「魘魅」とは、人の肖像画を描いたり人形を作ったりして、心臓や目に釘を突き刺したり手足を縛ったりして呪いをかけること、「符書による呪詛」とは、邪法によってお札を作り、それを埋めて邪鬼を呼び集めたり焼き払って願をかけたり、相手の生年月日を書きつけて呪いをかけたりすることである。これによって人を殺そうと思う者は、もとより「殺人の意思（殺人之心）」があったのであるから、謀殺人の法を適用する（輯註）。

ただし、小註で「実行したが傷つけるには至らなかった」場合として論じると定めているのは、魘魅や符書による呪いは、殺そうと思ってはいても傷つける行為をしていないからであるという（沈註）。本節は唐律賊盗十七条に直接由来する古い法であり、もともと人を呪い殺すことが現実に可能であるとみなして定められたはずであるが、十六世紀半ばに出版された『読律瑣言』は、すでにこうした呪いを「荒唐無稽（誕妄）」と断言しており、沈之奇を含む清律の注釈家はおおむね本気で信じてはいなかったようである。

だが、律の本文で「これによって死なせた」場合を想定している以上、死なせることもあり得るという前提で議論しなければならない。沈註によれば、こうした邪術は「ただちに人を死なせるものではない」が、人の耳目・肢体を損なったり精神を惑乱させたりして、徐々に死に至らしめることがあるという。人の耳目・肢体を損なったり精神を惑乱させたりした場合は、謀殺人の「傷つけた」場合として論じるとしている。ただし、「殺人の意思」がなかった場合は謀殺人には当たらないので、減等しなければならないのである。

第三節　**もし毒薬を用いて人を殺したならば、斬**（執行猶予付き。薬を盛っても死ななかったならば、人を殺そうと謀って傷つけた場合の条文に依って、絞）。**買ったが使用していなかったならば、杖一百徒三年。事情を知りながら薬を売ったならば、**（犯人と）**同罪**（死刑に至れば減等する）。**知らなかったならば、罪しない。**

「毒薬」とは、砒素のような毒性のある薬物のことで、蠱毒と違って人を殺すだけのためにわざわざ作らなくても、すでに調製されており、毒ではあるが医薬品としての正当な用途もあるものを指す（輯註）。こうしたものは、正当な目的であれば売買も所蔵も罪にならない。身近にある尋常な品を用いて殺すのであるから、毒薬による殺人は単なる謀殺人に他ならない。毒薬による殺人が執行猶予付きの斬であるのは、まさに謀殺人で「殺した」場合の首犯の刑に相当し、買ったが使用しなかった場合が杖一百徒三年であるのは、謀殺人で「実行した」場合の首犯の刑に相当する。小註はそれを理解した上で、「傷つけた」場合を補ったのである。また、〈謀殺人〉への沈註は、毒薬を用いた謀殺人の場合、毒薬を調合した者と食べさせた者は「直接加害者（加功）」に当たると述べており、基本的に毒殺は謀殺人そのものと考えられていたと言える。沈註によれば、本節がここに配置されているのは、蠱毒についての罪を論じたことから関連して述べられているにすぎないという。

ただ、蠱毒と毒薬は紛らわしいので、輯註は区別して扱うよう注意を喚起している。たとえば、甲が蠱毒を作って乙を殺そうと思い、丙に偽って毒薬で殺そうともちかけ、丙が乙に食べさせて死なせた場合、甲は蠱毒製造の罪に当たるが、丙は蠱毒とは知らなかったので謀殺人の直接加害者に止まる。また、甲が乙を殺そうと謀り、丙に相談して毒薬を求めさせたところ、丙が自分で蠱毒を作って殺した場合、甲は謀殺人の首謀者として、丙は蠱毒製造によって罪せられる。また、親族に用いて殺した場合は、謀殺人と本条の両方を参照して、重い方の刑を科す。いずれも名例律の首従法と「各々本来の法を尽くす（各尽本法）」（賊盗篇〈親属相盗〉第三節の解説を参照）という通例に依って、各人の犯した罪に適合する条文を引いて科刑するのである（輯註）。

本節の独自性は、毒薬を売った者に対する規定である。事情を知らなかった場合は罪に当たらないが、事情を知っていた場合は「（犯人と）同罪」となる。「……と同罪」というのは、本来なら無罪であるが、他人の犯罪に巻き込まれて罪に当てられたのであり、実際に犯罪行為を行なった人に準じて

（准）刑を科すことを言う（名例律〈称与同罪〉および同条への輯註）。「準じる」という場合、死刑は一等減じられて杖一百流三千里となる。沈註によれば、殺人に使うと知って毒薬を売った者は、高価な代金に目が眩んで売ったにすぎないので殺人を共謀したことにはならないが、殺人に使うと知っていながら買ってきてやった者は、謀殺人の直接加害者として死罪に当たるという。

〈闘殴及故殺人（闘殴殺および故殺）〉（一人で暴行することを「殴」といい、従犯がいれば「同謀共殴」という。その時に殺意を抱き、人がそれを知らなかったのを「故」といい、ともに暴行していた者は知るよしもなかったのであれば、なおただの「同謀共殴」である。これは故殺が闘殴殺と同条にされ、謀殺と区別される[a]理由である）

ここまでの条文は、基本的に謀殺人の論理によって構成・解釈されていたが、闘殴殺人は謀殺人と異なる論理をもつ。その論理は闘殴篇に由来するので、まず闘殴とは何かを理解する必要がある。「闘」とは「二人が相対して争うこと」（輯註）、「殴」とは「一人で暴行する（殴）こと」（小註）であり、一対一で争って暴力行為に及ぶことを「闘殴」という。闘殴に至った事情や計画性の有無は問題にされず、暴行の手段・傷害の程度など、闘殴の行為そのものに関心が集中する。また一対一の関係なので、首犯と従犯の区別もない。以上が闘殴の基本型である。加害者が複数の場合はその派生型となる。闘殴は傷害の程度が重視され、傷害の程度は受けた個人に即して認定しなければならないから、一つの事件の被害者が複数いても、それぞれ個別に扱う。したがって、被害者は必ず一人と考える。複数人が一人を暴行することを「共謀の上での暴行（同謀共殴）」といい、単なる闘殴とは別扱いとなる（以上、詳しくは闘殴篇〈闘殴〉の解説を参照）。

闘殴殺人は、殺害を意図していなかったにもかかわらず、闘殴による傷害が極まって死なせること、すなわち今日の我々の概念で言えば傷害致死である。(44)最初から殺人を意図していた謀殺人とは違って、闘殴の延長線上にある行為とみなされる。暴行に及んだ経緯は問題とされず、単に死なせたという行為だけが問われる。複数人の「共謀の上での暴行」による殺人の場合、謀殺人との違いはより明確である。謀殺人は首謀者の罪を重く見るのに対して、「共謀の上での暴行」殺人は致命傷を与えた者の罪を重く見るのである。

故殺人は、計画性はなく咄嗟に殺意を抱いて人を殺したという場合である。これは「殺人の意思（殺人之心）」があったという点では謀殺人に通じるが、複数人による暴行の中で一人が殺意を起こして殺害に及んだ場合、他の者はその殺意を知りようがないので、謀殺人ではなく「共謀の上での暴行」に止まる。そのため、故殺人は闘殴殺人と同じ範疇で扱い、謀殺人と区別するのであるという（小註）。

第一節　**およそ闘殴殺人は、手足・物・刃物のどれによるかを問わず、いずれも絞**（執行猶予付き）。

殺人に至らない「闘殴」すなわち暴行については、暴行の手段、すなわち手足だけによったか、煉瓦や石・槌・棒など武器以外の物（他物）を使用したか、刃物（金刃）を使用したかによって刑の重さが異なる（闘殴篇〈闘殴〉）。しかし、闘殴によって死に至らしめた場合は、手段の如何を問われない。何で傷つけたにせよ、死なせたことに変わりはないからである（輯註）。本条ではただ犯人の意思だけを推し量り、殺そうと思っていたのであれば刃物を使わなくても謀殺・故殺であり、殺す気がなかったのであれば、刃物を使ったとしても闘殴殺とする（沈註）。

闘殴殺人は、本来は暴行だけを意図していたのが、度が過ぎて死に至らしめたのであり、殺意はなかったので絞（執行猶予付き）とされる（輯註）。これは謀殺人の首犯の斬（執行猶予付き）と比べれば軽い。

第二節　**故殺は斬**（執行猶予付き）。

故殺は「その時に（臨時）殺意を抱き人がそれを知らなかった」状態で殺害したものと定義されている（本条標題の小註）。これは「故殺の鉄板の脚注」とされる重要な定義である（沈註）。事前に殺意があったのなら心の中で計画していたことになり、人が知っていたなら共謀していたことになるので（沈註）、いずれも謀殺人になる。また、複数人で暴行に及んでいる間に殺意が萌して殺したとしても、殺害した者以外の仲間は殺意を知らないはずであるから、故殺の従犯は存在しない（輯註）。

事前の計画はなかったにせよ、その時に殺害を意図したのであれば、「その時に一人で心に謀った」ことになり、しかも一人で直接殺害に及んでいる。したがって、故殺人は謀殺人の首謀者と同じ執行猶予付きの斬となるのである（輯註）。なお、沈註は「その時に」というのを、単に「咄嗟に」というのではなく、「一人か複数で暴行に及んでいる時に（闘殴共殴之時）」と解している。故殺の意思が暴行の最中に起こり、故殺の行為がその中で行なわれるからこそ、闘殴殺人と同条にまとめられているというのである。一般人以外の関係にある者の間の故殺が闘殴篇の各条に載せられていることからしても、その点は明らかであるという。

第三節　**もし共謀してともに人を暴行し、それによって死なせたならば、致命傷を重くみなし、手を下し**（致命の重傷を負わせ）**た者は絞**（執行猶予付き）。**主唱者は**（その[b]暴行をしたかどうかを問わず）**杖一百流三千里。その他の者**（致命傷を与えておらず、また主唱者でもない）**は、各々杖一百**（「各々」とは人数の多寡と傷の軽重を兼ねて言う）。

本節は、複数人が共謀の上で人を暴行していて、殺意はなかったものの結果的に死なせてしまった場合について定める。一般に闘殴は一時の憤りに駆られて起こり、事前に謀議して行なうものではなく、意図的に殴りに行くことはあっても意図的に人を殺すものではない。共謀の上での暴行も、計画的に暴行するのではあっても計画的に殺すわけではない。思いがけず死なせてしまった場合、手を下した者も含めて誰も殺すつもりはなかったのである。したがってこの場合、計画（所謀）は軽く扱われ、暴行（所殴）が重く扱われる（輯註）。

謀殺人では、直接手を下したか否かにかかわらず首謀者（造意）が最も重く罪せられるが、これは殺人が首謀者の意図に従って行なわれたからである。それに対して、共謀の上での暴行によって人を死なせた場合、謀議したのは暴行することだけであり、死なせてしまったのは謀議を主導した「主唱者（元謀）」にとっても予想外であったはずである。主唱者は最初に人を暴行する計画を発した（首発殴人之謀）者であるが、殺人を計画したわけではないから、「首謀者（造意）」とは異なるのである（輯註）。

そこで本節では、致命的な重傷[45]を負わせた者（下手者）に最も重い絞（執行猶予付き）を科す。これは闘殴殺人の量刑に当たる。一人の死を一人の命で償う「抵命」の原則に照らせば、この「手を下した者」の命で死者の命を償うことになる。致命傷になり得る傷を負わせた者が複数いた場合は、最後に打った者をこれに当てる。被害者は暴行によって傷を受けていたが、最後の一打がなければ死ななかったかもしれないからである。ただし、これは暴行を受けた被害者に再度暴行を加えた者を指し、乱打の最後に手を止めた者を指すのではない。なお、大勢で一斉に暴行を加えたため誰が致命傷を負わせたかわからない時には、もし主唱者がともに暴行していた場合は主唱者をこれに当て、主唱者が実行に加わっていなかった場合は、最初に手を出した者をこれに当てる。これは唐律の規定を援用したものである[46]（沈註）。

暴行の計画を主導した「主唱者（元謀）」は、自分で手を下していなくても、死一等を減じただけの杖一百流三千里となる。「首謀者」扱いにならないとはいえ、「禍《わざわい》を始めた人（首禍之人）」とされるからである。下手者でも主唱者でもない者は、「その他の者（余人）」として扱われる。共謀しながら手を下さず傍らでけしかけていた者も、共謀せず偶然通りかかって暴行に参加した者も含む[47]が、共謀したものの実行に加わらなかった者は含まれない。これら「その他の者」は、与えた傷の重さによらず、何人いても、すべて一律に杖一百になる（輯註）。致命傷を負わせた者を死刑にして死者の命を償うので、他の者には寛大にするのだという（沈註）。

なお、事前に計画したわけではなく、たまたま大勢の怒りに触れることがあり、集団で暴行して死に至らしめることもある。[48] 沈註によれば、こうした犯罪を裁く際に、「共謀して（同謀）」の語を外して「ともに人を暴行して死に至らしめた（共殴人致死）」として本節を引用する者がいるが、それは「おそらく律の意図（律意）ではない」という。事前に共謀した事実がなければ、下手者・主唱者・その他の者を区別することができないからである。このような場合は、単なる暴行・傷害として論じ、致命傷を与えた者は絞に当て（すなわち闘殴殺として扱うことになる）、それ以外の者は闘殴篇の規定によって、傷害の程度によって罪を科すべきであるという。つまり、謀議の上での集団暴行が下手者と主唱者のみ重く罰して、その他は軽く扱うのに対して、偶発的な集団暴行の場合は下手者の刑は変わらないものの、その他は自分が与えた傷害に応じてそれぞれ別の刑を科されるということである。殺人を扱った本条は死を重視し、闘殴篇の諸条は傷を重視するからである。[49]

名例律に定める首従法は、首謀者を首犯として最も重い刑を科し、共犯者を従犯として首犯より刑を一等減じるとしている（名例律〈共犯罪分首従〉）。闘殴殺人・故殺人は本来的に従犯のいない犯罪であるから、もとより首犯・従犯の区別はない。第三節だけが首犯らしき者と従犯らしき者に分かれるが、首謀者に近い「主唱者」が手を下した者より一等を減じられており、その他の者が従犯だとすれば首犯らしき者と比べて刑が格段に軽く、首従法の規定と懸け離れている。本条は、全体として首従法に依らないのである（沈註）。

て扱われている。

〈屏去人服食（人の衣食の剝奪）〉

本条は、明白な害意をもって、死んだり重傷を負ったりしかねない危険に人を陥れた場合について扱う。必ずしも死ぬとは限らない手段を用いているので、謀殺人にはならず、闘殴殺人の派生型として扱われている。

第一節　**およそ物**（人を傷つけ得るあらゆる物）**を人の耳・鼻または人体の穴の中に入れた、もしくは故意に人が着用・飲食する物を取り去って人を傷つけたならば、**（傷の軽重を問わず）**杖八十**（寒い時期に人の衣服を剝ぎ取ったり、飢え渇いている人の飲食を絶ったり、高所に登っている人の梯子や馬に乗っている人の[a]轡《くつわ》をひそかに外す類）。**障碍・重い障碍を負わせたならば、杖一百徒三年。重篤な障碍を負わせたならば、杖一百流三千里。犯人の財産の半分を、重篤な障碍を負った人に給付して扶養させる。死に至らしめたならば、絞**（執行猶予付き）。

「物（他物）」とは、砂石・釘鉄などのことで、毒薬も含まれるという（沈註）。これらを人体に入れるのは、衣服や食物を奪うのと並んで、「人を傷つけるには足りるが、必ずしもただちに死なせるものではない」行為とされる。「障碍（残疾）」「重い障碍（廃疾）」「重篤な障碍（篤疾）」は身体障碍の程度を表す用語であり、闘殴篇〈闘殴〉で具体的に定められている（同条の解説を参照）。本節では、障碍を負わせるに至らない水準と、障碍・重い障碍を負わせた場合、重篤な障碍を負わせた場合、死なせた場合の四段階に分けて刑を定めている。

次節も含めて本条の大半を占めるのは、殺害ではなく傷害についてであり、本条はむしろ闘殴篇〈闘殴〉の一変型に近い。「人を傷つける意図（傷人之意）」があったため、〈闘殴〉の規定よりもやや刑が加重されているが、[50]基本的には「人を傷つける意図」はあっても「人を殺す意思（殺人之心）」はなかったとされるので、闘殴に対する法によって刑を科すのである（輯註）。死なせてしまった場合は、闘殴殺人と同じく絞（執行猶予付き）となる。

第二節　**もし故意に蛇・蠍《さそり》・毒虫を使って人を咬ませ傷つけたならば、暴行による傷害として論じる**（傷の軽重を調べて、もし軽ければ笞四十、重篤な障碍に至らしめれば、やはり財産を給付する）。**それによって死なせたならば、斬**（執行猶予付き）。

蛇・蠍・毒虫などは「毒物」であるから、前節のような場合とは違って「人を殺すに足る」ものであり、これらを用いるのは「明らかに人を死なせる意思があった」とされる（輯註）。傷つけるに止まった場合は「暴行による傷害として論じる」としながら、死なせた場合は闘殴殺人より重い斬（執行猶予付き）となるのは、人を殺すに足るものを故意に用いた点を重く見るからである（沈註）。これは故殺人に対する刑に相当する。

暴行・傷害については、その意思を問わないのが原則であるから、故意に傷つけた場合に加重する法は存在しない。しかし、殺してしまったならば殺意の有無を問うことができるので、故殺人の条項に従うのである（沈註）。

なお、本条は従犯について何も定めていない。明記されていない以上、名例律の首従法に従って、首謀者を首犯とし、他の者を従犯として首犯から一等を減じるとするのが順当であろう。そのように科刑すると、本条のような行為で人を死なせた場合、首犯は絞か斬、従犯はともに杖一百流三千里となる。前条第三節の「共謀してともに人を暴行」した場合、致命傷を負わせた者と主唱者（元謀）を除いた「その他の者」がみな杖一百で済まされるのと比べると、従犯の量刑が重くなりすぎ、沈註は「律の意図ではない（非律意矣）」とする。「なすべきでない」ことをした罪（雑犯篇〈不応為〉）に止めるべきではないかとも言うが、確たる意見は提示されていない。

〈戯殺誤殺過失殺傷人（戯殺・誤殺・過失殺傷）〉

戯殺・誤殺・過失殺は、謀殺・闘殴殺・故殺と並んで「六殺」と呼ばれる殺人の基本類型に含まれるが、いずれも闘殴殺人（誤殺の一部のみ故殺人）の系統として捉えられている。

第一節　**およそ遊戯によって**（人を殺すに足ることを遊戯として行なうことで、拳法や棒術の試合などの類である）**人を殺傷した、または闘殴によって傍らにいた人を誤って殺傷したならば、各々闘殴殺傷として論じる**（死なせたならば、いずれも絞。傷つけたならば、軽重を調べて罪に当てる）。**なお、人を謀殺・故殺しようとして傍らにいた人を誤って殺したならば、故殺として論じる。**（死なせたならば、斬に処す。傷つけた場合については言わないが、なお闘殴として論じる。）

本節は戯殺と誤殺を一緒にして扱っているが、分けて考えた方がわかりやすい。

「遊戯によって殺す（因戯而殺）」すなわち「戯殺」とは、殺傷の可能性のある危険な行為を、双方合意の上で友好的に行なっていた際に、不本意にも相手を殺してしまうことを言う。小註にあるように、拳法や棒術の試合で対戦相手を死なせてしまう場合が典型として挙げられる。

「戯」とあるからといって「戯れていて（戯謔）」殺したという意味ではなく、本来殺傷の可能性がないことをしていて偶然に死なせてしまった場合は戯殺に当たらない。実例として、二人の者が庭で杏を食べている時、一人がふざけて杏の種を投げつけ、もう一人がそれをかわしたはずみに躓《つまず》いて、石に頭をぶつけて死んでしまったという事件が紹介されている。これを誤って戯殺と審判した官がいたというが、杏の種を投げつけるというのは人を殺し得ることではないので、正しくは戯殺ではなく過失殺に当たる（沈註）。つまり、「殺傷の可能性のあることを」「双方合意の上で」行なっていたという二点が、戯殺の要件となるのである。

これを「闘殴殺傷として」論じるというのであるが、闘殴は基本的に「双方が怒り争って」起こる（〈闘殴及故殺人〉への輯註）とされているのに対して、戯殺は「二人が希望して友好的に行なって」いたという点が大きく異なる。それでもこれを過失殺傷としてではなく、闘殴殺傷として論じるのは、不慮の過ちによるのではなく、闘殴と同じく意図的になされた行為の結果だからである（沈註）。

「傍らにいた人を誤って殺す（誤殺）」とは、人を殺そうとして誤って別人を殺してしまうことを言う。闘殴や故殺から誤った場合、たいてい仲裁したり傍観したりしていた者が被害者であり、謀殺から誤った場合、闇に紛れたり人違いをしたり、毒を盛った物を間違えて飲食させたりといったものがすべてこれに当たる。一方、殺されようとした人の親族や奴僕が救おうとして殺されたといった場合は、意図的に殺傷したのであり、たまたま側にいた人が巻き込まれたのと同列にはできないので、誤殺ではなく、謀殺なり故殺なり本来の殺人の法に従うという（沈註）。

狙った相手とは違う人を殺してしまったことは、それ自体不慮の事態ではあるが、ともかく人を殺傷する意思（殺傷人之心）はあったのであり、殺傷した相手は違っても、ともかく人を殺傷する行為はなされたのである。ゆえに闘殴から誤ったものは闘殴殺傷として、謀殺人・故殺人から誤ったものは故殺人として論じる[51]（輯註）。すでに紹介したように、謀殺人と故殺人は全く別の法概念であるが、両者の誤殺をともに故殺人として論じる理由は明記されていない。しかし、この点については、沈註が次のように論じているのが参考になる。

故殺人は従犯がないから、殺す相手を間違えたとしても、同じ故殺人として論じて全く問題ないが、謀殺人は首謀者・直接加害者・非直接加害者といった区別があるので、「故殺人として論じる」というだけでは難しい場合が考えられる。たとえば、甲が首謀者となって、乙・丙・丁・戊の四人とともに趙某を殺す計画を立て、甲と戊が実行せず、乙・丙・丁が趙某を待ち伏せして殺そうとしたが、誤って銭某を殺傷し、乙・丙が直接加害者（うち乙が致命傷を与えた）、丁が非直接加害者であったという場合。殺人の計画は趙某を殺すことであり、銭某を殺すことではなかったので、これは「謀殺人が実行されたが、殺傷には失敗した」状態に当たる。したがって、首謀者の甲・非直接加害者の丁・実行しなかった戊には、謀殺人を「実行したが傷つけるにも至らなかった」場合（〈謀殺人〉第三節）の法を適用する。本条（誤殺）が適用されるのは、乙・丙の二人だけであり、傷害に止まれば、〈闘殴〉に照らしてそれぞれ首犯・従犯として罪する。殺した場合は、乙が致命傷を与えたことを重く見て、本条によって斬、丙は〈闘殴〉に従って負わせた傷に応じて罪する。

要するに、謀殺人から誤ったものであっても、殺傷行為そのものは当初の計画から外れて行なわれたものであるから、謀殺人の未遂はそれとして別に論じ、誤って殺した行為の方は、計画性のない殺人として論じるということである。殺意はあったが計画性はなかった殺人が、すなわち故殺人であるから、本条で「故殺人として論じる」というのは筋が通るわけである。沈註は、このようにすれば「軽重の均衡が取れるのではないか（似合軽重之宜）」と言うように、一案として提示しているだけであるが、筋の通ったわかりやすい説明であることは間違いあるまい。

第二節　もし渡し場や河の水が深く泥濘《ぬかるみ》であると知りながら平坦で浅いと詐称して、または橋や渡し舟が朽ちていて人を渡すに堪えないのに堅固だと詐称して、だまして人を渡らせて溺れ死傷させたならば、（戯殺と等しく）**やはり闘殴殺傷として論じる。**

本節は、前後の節と比べて構成要件が特殊に偏しており、異質な感を与える。「知りながら」「詐称」したという点で、「明らかに人を害する意思があった（明有害人之心）」（沈註）のだから、過失ではあり得ないし戯殺ともみなし難いが、直接手を下していないので謀殺人や故殺人・闘殴殺人でもない。抽象的な概念で括りにくいため、特に一節を立てたのであろう。

その上で、騙して溺れさせるのは「突き落として溺れさせるのも同然であり、殴って死傷させるのとどこが違うと言うのか」という理由で、闘殴殺傷として論じるというのである（輯註）。

第三節　**もし過失によって人を殺傷したならば、**（戯殺と比べてさらに軽く）**各々闘殴殺傷に準じて、律に依って収贖《しゆうしよく》し、その**（殺傷された者の）**家に給付する。**（過失とは、耳目の及ばないところ、思慮の到らないところであり、たとえば鳥や獣を射たり、事情があって煉瓦や瓦を投げたりして、思いがけず人を殺してしまった場合や、あるいは高く足場の悪い場所に登って躓き、同伴者を巻き添えにした場合、あるいは船を操って風に煽られたり、乗っていた馬を驚かせて暴走させたり、車を駆って坂を下ったりして、勢いがついて止められなくなった場合、あるいは一緒に重い物を持ち上げていて、力が支えきれず、一緒に持ち上げていた者を損なってしまった場合などである。およそ初めから人を害する意図がなく、たまたま人を殺傷してしまった場合は、みな人を闘殴殺傷した罪に準じて、律に依って収贖し、殺傷された者の家に給付して、葬儀や医薬の費用とする。）

　小註は『明律』から引き継いだものであり、細かい実例を列挙しているが、結局のところ「過失殺傷人」とは、「人を害する意図はなかったが、たまたま殺傷してしまった」こととされている。予想外に起こった事態であり、「人を殺傷する行為」とも言えず、「人を殺傷する意思」もなく、「ただその人の不幸の致すところ」にすぎない（輯註）。

　不幸な事故と言うべきことでありながら、それが罪に問われるのは、「罪はその原因をなした者に当てる（罪坐所因）」ものだから、つまり誰かが人を死傷させる原因をなした以上、その者に責任を取らせるべきだという考えによる（輯註）。要するに、結果責任を問うているのである。ここまでの人命篇の各条は、「殺人の意思」と「殺人の行為」の有無を軸として論理展開されてきたが、ここで全く異なる論理が導入されたことになる。殺人の意思も殺人の行為も存在しないとされる以上、別個の論理を持ち出すほかないのである。

殺傷の罪を問われるとはいえ、過失殺傷は基本的に犯罪というより事故とみなされているので、「闘殴殺傷として」論じる戯殺傷よりもさらに軽く、「闘殴殺傷に準じて」扱うことになる。「闘殴殺傷として」であれば、闘殴殺傷と全く同じ刑を科されることになるが、「闘殴殺傷に準じて」であれば、扱いが多少異なる。一般に「準じて」の場合、杖一百流三千里を刑の上限とし（つまり死刑は免れ）、また刑に附随する刺字などの措置が免除されるなど、若干の軽減措置が取られることになっている。しかし、ここではその「準じて」とも違い、闘殴殺傷の量刑に従って収贖せよと言っているだけである。したがって、杖一百流三千里の上限は適用されず、過失殺人の場合は死刑（絞）に当たる（輯註）。ただし、必ず収贖を行なわせるので、実刑は科されない。つまり、過失殺傷の罪は、死なせた場合の死刑から軽傷を負わせた場合の笞刑まで、闘殴による殺傷と同じ量刑を科した上で、各刑に相当する収贖銀を納めさせ(52)、被害者の家に給付することで刑罰に替えるのである（収贖については「清律の基礎知識」を参照）。

なお、過失殺は予想外に起こったことなので、二人が同時に過失殺を犯したとしても、首犯・従犯を区別することはできない。どちらも同じ額の贖罪銀を出すことになるのだという（沈註）。

〈夫殴死有罪妻妾（罪ある妻妾の殺害）〉

ここで扱うのは「擅殺《せんさつ》」すなわち罪ある者を勝手に殺すこと、いわば私的な処刑である。擅殺は、謀殺から過失殺に至る「六殺」の範疇には入らない。意図的な殺人であるにもかかわらず、「命の埋め合わせをする（抵命）」という原則が適用されず、刑の大幅な軽減が行なわれる。擅殺の認定には、殺人の計画・意思・行為など六殺で問題になった点ではなく、殺された側の罪が問題になる。このような罪の性格から、清末の法学者の中には「擅殺」を六殺と並ぶ殺人の一範疇として扱う者もいる[53]。

第一節　**およそ妻妾が夫の祖父母・父母に対して暴行・暴言に及んだため、夫が**（官府に告げず）**勝手に殺したならば、杖一百。**

標題は「夫による罪ある妻妾の殴殺」となっているが、条文で言及しているのは祖父母・父母への暴行・暴言だけである。第二節の後に附せられた小註によれば[54]、妻がその他の死罪を犯して夫が勝手に殺した場合は、この条文を適用することはできない。小註は「妻」としか記していないが、妻だけでなく妾も該当する（沈註）。

妻妾が夫の祖父母・父母に暴力を振るえば斬（闘殴篇〈殴祖父母父母〉）、暴言を吐けば絞（罵詈篇〈罵祖父母父母〉）と定められており、いずれにせよ死刑である。しかし、これは祖父母・父母が自ら官府に訴え出て（親自告官）裁いてもらうべきであり、勝手に殺すべきではない（輯註）。そこで夫に刑罰を科すのであるが、どのみち公権力が殺すべき人を私人が「勝手に（擅）」殺した点だけが問題なので、殺人とはいえ杖刑に止まるのである（沈註）。ただし、悪辣な夫が憎んでいる妻妾を殺し、暴行・暴言があったと称して罪を軽くしようと図り、祖父母・父母が子・孫を溺愛するあまり口裏を合わせることがあるので、事実認定は慎重でなければならないという（沈註）。

第二節の後の小註では、妻妾が夫の祖父母・父母に対して暴行・暴言に及んだと認定するのは、当の祖父母・父母の親告によるとするので、訴え出るべき祖父母・父母がすでに死んでいれば訴え出る者はいない。小註はさらに「夫への暴言」だけを認定するとしているが、これは奇妙である。清律の罵詈篇では「妾が夫に暴言を吐けば、杖八十」としているが（罵詈篇〈妻妾罵夫期親尊長〉）、妻の夫に対する暴言については何も定めていない。したがって、夫への暴言について罪があったと認定されるのは妾だけであり、その場合でも死罪にはほど遠いので、夫はこの条文の適用を受けることはできない（沈註）。

第二節　**もし夫が妻妾に対して暴行・暴言に及び、妻妾がそれによって自殺して死んだならば、罪を論じない。**

（祖父母・父母が自ら訴えて初めて罪する。[a] もしすでに死亡していれば、[b] 夫に対する暴言だけを科す。[c] あるいは妻に死罪に至らない他の罪があって夫が勝手に殺したならば、なお絞とする。[(55)]）

第一節で夫の妻妾に対する「擅殺」を論じたことから、それと関連する妻妾の自殺について扱う。輯註によれば、第一節とつなげて「夫の祖父母・父母に暴行・暴言のあった」妻妾のことを言うと解する者がいるが、それは誤りである。夫が妻妾に暴力を振るった場合、傷を負わせるに至らなければ罪を論じない（闘殴篇〈妻妾殴夫〉）。まして自ら命を捨てたのであれば、何の罪にもならないという（輯註）。ただし、夫が妻妾に傷を負わせていたならば罪に当たるため、たとえ自殺の証拠があったとしても、夫の傷害の罪は律によって論じられる。その場合は、また妻妾に第一節の罪があったかどうかが問題となる（沈註）。

〈殺子孫及奴婢図頼人（恐喝を目的とする子孫・奴婢の殺害）〉

本条の標題に見える「図頼」とは、「無関係な他人に企んで言いがかりをつけ、裏取引をして騙り取る」こと（輯註）であるが、ここでは親族などの死を利用して、他人が殺した、あるいは自殺に追い込んだと言いがかりをつけて脅すことを指す。自然死を利用するのでなく、自分で殺して他人に罪をなすりつけることもある。他人を脅すために親族を殺すというのは、極端なことのように思われるが、当時の史料には実際によく見られる。[56]

第一節　**およそ祖父母・父母が子孫を故殺、または家長が奴婢を故殺して人に言いがかりをつけたならば、杖七十徒一年半。**

祖父母・父母が子孫を故殺するのも、家長が奴婢を故殺するのも、ともに杖六十徒一年である（闘殴篇〈殴祖父母父母〉および〈奴婢殴家長〉）。それに対して、本節では一等加重されているが、これは「人に言いがかりをつけた（図頼人）」ためである（輯註）。これによれば、「言いがかりをつけた」ことは、故殺に対する刑の加重要因となる。

一方で、子孫や奴婢だけを取り上げて、その他の親族や余人の場合を言わないのは、謀殺・故殺の罪の方が「言いがかりをつけた」ことより重いので、謀殺・故殺の条文に依るべきだからであるという（輯註）。確かに、大功の尊長が卑幼を故殺したり、家長が奉公人を故殺したりした場合は、その時点で絞（執行猶予付き）であり（闘殴篇〈殴大功以下尊長〉および〈奴婢殴家長〉）、加等による刑の上限を杖一百流三千里とする原則によれば（名例律〈加減罪例〉）、「言いがかりをつけた」ことで加等する余地はない。殺人において、「言いがかりをつけた」ことは、子孫・奴婢を故殺した場合だけに適用される特殊な加重要因なのである。

第二節　もし子孫がすでに死んだ祖父母・父母の、奴婢・奉公人が家長の（まだ葬っていない）**屍体をもって人に言いがかりをつけたならば、杖一百徒三年。期親の尊長**（をもってした）**なら杖八十徒二年。大功・小功・緦麻**[a]（をもってした）**なら各々一等を順次減等する。**

第三節　もし（期親の）**尊長がすでに死んだ卑幼または他人の屍体をもって人に言いがかりをつけたならば、杖八十。**（以上ともにまだ官府に訴えていない場合を指して言う。）

第一節と違って、第二・三節[57]では人を殺してはいない場合を扱う。子孫・奴婢・奉公人・尊長が、すでに死んだ者の屍体をもって言いがかりをつけた場合である。犯罪としての「図頼」の独自性は、この両節に示されている。
　尊長の屍体を利用した場合、その死に対して責任はないものの、哀悼を忘れて脅しの手段とし、手厚く葬るべきものをさらしものにすることが咎められるのである（輯註）。相手が尊長でなければ、かなり軽減されるが、殺人ではなく言いがかりをつけたことが罪になるので、卑幼の屍体を利用した場合でも他人の屍体を利用した場合より軽くはならない（輯註）。

第四節[b]　**なお、官府に訴えたならば、訴えの軽重に従って、いずれも無関係な人に対する誣告《ぶこく》の条文に依って**（反坐して）**罪を論じる。**
第五節　**もしそれ**（言いがかりをつけたこと）**によって財物を詐取したならば、贓《ぞう》を計って窃盗に準じて論じる。財物を強奪したならば、搶奪《そうだつ》に準じて論じる。刺字は免じ、各々重い方に従って処断する。**（言いがかりをつけた罪の方が重ければ、[58]言いがかりをつけたことに依って論じ、詐取・強奪の罪の方が重ければ、詐取・強奪に依って論じる。）

　第三節までは言いがかりをつけた者が官に訴えていない場合であるが、訴えた場合には訴訟篇〈誣告〉の規定を適用し、言いがかりをつけた罪の重さに応じて反坐する（〈誣告〉の解説を参照）。
　財物を詐取するというのは、言いがかりをつけられた方が恐れをなして自ら与えることで、その場合は賊盗篇[59]〈窃盗〉に準じて論じる。財物を強奪するというのは、与えられたのではなく無理やり取って行くことで、その場合は同じく〈白昼搶奪〉に準じて論じる（沈註）。言いがかりにせよ何らかの理由はあり（事有所因）、真の窃盗・搶奪とは違うので「準じる」扱いとし、刺字を免じるのである（輯註）。

〈弓箭傷人（弓矢による殺傷）〉

およそ故意に[a]（事情があってではなく、ことさらにという意味）[60][b]**市街地または人が居住する家屋に向かって、弾丸を放ったり、矢を射たり、石や煉瓦を投げたりしたならば、**（人を傷つけなくても）**笞四十。人を傷つけたならば、一般の暴行・傷害から一等を減じる。**（重篤な障碍を負わせた場合でも、家産没収の対象とはしない。）**それによって死なせたならば、杖一百流三千里。**（もし傷つけた相手が親族であれば、名例律の「本来重く罪すべきであっても、犯罪時に知らなければ一般人の条項に依って論じ、本来軽く罪すべきであれば、本来の法に従う」との規定に依る。[c]）

人が密集する市街地（城市）や人が居住する家屋に、殺傷力のある物を放つのは危険であり、厳しく禁じなければならない[61]。したがって、人を傷つけなくても笞四十とし、傷つければ暴行・傷害から一等を減じただけの刑を科す[62]。ただし、重篤な障碍を負わせても家産没収はせず、死なせても流刑に止まるのは、この犯罪が無知な戯れから出たもので、「故意に」とは言っても、必ずしも人を傷つけようとはしていないからである（輯註）。沈註によれば、重篤な障碍（篤疾）を負わせた場合、一等を減じれば重い障碍（廃疾）を負わせた罪と同じになるから、重篤な障碍を負わせた場合の家産没収も免れるのだということである。これを「減じればともに減じる（減則俱減）」と言う。つまり、刑を減等した場合、刑に伴う他の措置も減等した刑のとおりになるということである。

本条は、害意なく危険なことをして殺傷に及ぶという点で戯殺に似るが、戯殺と違って双方合意の上で行なった行為ではないし、意図的に危険なことをしている点で、単なる過失ともみなし難い。そのため、特殊に偏した内容でありながら、独立した範疇を立てる必要があったものと見られる。

なお、小註に「傷つけた相手が親族であれば」云々というのは、名例律〈本条別有罪名〉に定める原則に従うことを述べている（「清律の基礎知識」を参照）。本条に即して言えば、相手が尊長であっても、犯罪時にそのことを知らなければ刑を加重せず、逆に相手が卑幼であれば、知っていたかいなかったかにかかわらず本来の法に依って軽減することになる。

253 〈車馬殺傷人（車馬による殺傷）〉

〈車馬殺傷人（車馬による殺傷）〉

第一節 **およそ故なくして市街地で車馬を疾走させ、それによって人を傷つけたならば、一般の暴行・傷害から一等を減じる。死なせたならば、杖一百流三千里。もし**（故なくして）**村落や無人の荒野で疾走させ、それによって人を傷つけ**（死なせなかったならば、罪を論じない）**死なせたならば、杖一百。**（以上の犯罪は）**いずれも葬儀費として銀一十両を徴収する。**

車馬による殺傷は、いわば交通事故であるが、「故なくして疾走させた」ことが問題となるのであり、馬や騾馬が勝手に暴走して制御できなくなったのは、これに当たらない（沈註）。

本条は前条と似ているが、前条が人を傷つけなくても罰せられるのに、本条では傷つけなければ罪としない。弾や矢が防ぎようもないのに対して、車馬は見ていて避けることができるからだという。村落・無人の荒野では、避けるのが容易であり、負傷した方にも過失があるので、傷つけただけでは罪を論じないが、死なせた場合は人命を重んじるため罪に当てないわけにはいかない（沈註）。殺人は原則として死罪であるから、杖一百というのは極端に軽いが、夫が罪ある妻妾を殺した場合（〈夫殴死有罪妻妾〉）や人を追い詰めて自殺させた場合（〈威逼人致死〉）なども杖一百である。殺人において杖一百というのは、死刑とは異なる一つの科刑水準を成している。

一方、本条は前条と違って、被害者への葬儀費を科している。車馬を操っている時、目の前に人がいるのに制御できず人を殺してしまうのは、見えないところに矢弾を放つのとは異なるので、より重く科すのだという（沈註）。

第二節　**もし公務により急いでいて疾走させ、人を殺傷したならば、過失として論じる。**（律に依って収贖し、その家に給付する。）

「故なく」ではなく「公務」という正当な理由があって疾走させた場合は、過失とみなす。「殺傷」というが、「傷」については市街地のみ、「殺」については市街地と村落・荒野の両方について言う。『大清律輯註』以前の諸注釈では、殺・傷とも村落・荒野を含むとしていたが、第一節によれば村落・荒野では「故なく」傷つけた場合でさえ罪を論じないのだから、公務の場合に罪せられるはずがないと言うのである（輯註）。

〈庸医殺傷人（医療過誤）〉

医術に精通していない未熟な医者が人を治療し、誤って殺傷に及んだ場合を扱う。医者に害意があったかどうかと、治療法が適切であったかどうかが問題となる。

第一節　**およそ未熟な医者が人のために薬や鍼《はり》で治療を行ない、誤って正しい処方によらず、それによって死なせたならば、別の医者に薬や穴道を検証させ、もし故意に害した事情がなければ、過失殺人として論じ、**（律に依って収贖してその家に給付し、）**医療を行なうことを許さない。**

医者が誤って患者を死なせたとしても、明確な証拠は残らない。そこで用いた薬や施術した穴道《つぼ》を別の医者に検証させ、単純な過誤であったことが明らかになれば、過失殺人として扱う。人を殺してしまったとしても、その意思は許すべきだからである（沈註）。以後、医療行為を許さないのは、たとえ人を害する意思がなかったとしても、すでに人を殺す技術を操っていたのであり、一度失敗したものを二度失敗させるわけにはいかないからである（輯註）。

第二節　**もし故意に正しい処方に反して、詐り《いつわ》**（の意思）（をもって）（人の）**疾病を治療して、**（軽症を重症にして、危機に乗じて）**財物を取ったならば、贓を計って窃盗に準じて論じる。それによって死なせた、または事情があって**（ひそかに害そうと謀ることがあり）**故意に**（症状に反する）**薬を用**

いて人を殺したならば、斬（執行猶予付き）。

「詐り治療して財物を取る（詐療取財）」というのは、故意に間違った治療を施して病状を悪化させ、病気を長引かせて薬を多用させたり、苦しめた後で治療して重い報酬を取ったりすることを指す（沈註）。人を危険な状態にして、それに乗じて財物を巻き上げようとするのは、財物のために人命を損なうのを顧みなかったことになり、盗人と変わりがない（輯註）。殺すつもりがなかったとしても、殺すことが可能な施術を行なっていたのであるから、その意思は懲《こ》らさねばならない（沈註）。そこで財物を取れば「盗」とみなし、その時の診療報酬を贓(63)（不正所得）として論じるのである。

病(64)人に怨みをもっていたり他人に買収されたりして、偽って故意に病気に反する薬を用いたのであれば、毒薬ではなくても毒を盛ったのと変わりがない（沈註）。小註は「ひそかに危害を加えよう」という意図があったとし、謀殺人に当たるとみなす。輯註も「謀・故殺と変わりがない」と言うが、沈註は「盗殺人」とみなすという。これは賊盗篇〈強盗〉第三節に言う窃盗犯が人を殺傷した場合を指すのであろう。いずれにしても斬（執行猶予付き）で量刑は変わらないが、沈註が敢えて独自の説を立てるのは、律文に「窃盗に準じて論じる」とあるのを重視して、連続性をもって捉えようとしたのであろう。

〈窩弓殺傷人（罠による殺傷）〉

およそ猟師が深山・荒野の猛獣が往来する場所に落とし穴を掘り、または仕掛け弓を設置して、竿を

257 〈窩弓殺傷人（罠による殺傷）〉

立てるか縄を張るかしなかったならば、（人を傷つけていなくても、やはり）**笞四十。人を傷つけてしまったならば、暴行・傷害から二等を減じる。それによって死なせたならば、杖一百徒三年。葬儀費として銀一十両を徴収する。**（もし深山・荒野でなく人を殺傷したならば[a]、殺傷に従って論じる。）

猟師が猛獣を捕える仕掛けとして、落とし穴（坑穽）と仕掛け弓（窩弓）を挙げる。仕掛け弓とは、矢の先に毒を塗り弓につがえた状態で仕掛け、獣が触れれば矢が発せられるという仕組みの罠である。いずれも誤って人を傷つけないように、遠くから見てわかる目印の竿（望竿）を立てたり、眉の高さに縄を張って（抹眉小索）歩行者が気づくようにしたりしなければならない。そうしないのは、自分の利益だけを図って、人を傷つけることを考えていないのだから、実際に傷つけていなくても笞四十とするのである（輯註）。

傷つけた場合、暴行・傷害から二等を減じるというのは、市街地や住居に矢弾を発したり石を投げたりした場合（〈弓箭傷人〉）よりもさらに一等軽い[65]。もともと獣を捕るのが目的で、人を害する意思はなかったのであるが、安全対策を講じておかなければ人を殺傷する可能性があるのは理の当然であり、思慮が及ばなかったはずとは言えないので、この量刑になるのだという（沈註）。〈弓箭傷人〉で扱う罪は、さしたる目的もなく人が確実にいる場所で危険な行為に及んだことであり、本条で扱う罪は正当な目的があって人の少ない場所で危険防止を怠ったことである。これらの違いが一等の刑の差として表されたのである。

なお、本条は「深山・荒野」に場所を特定しているが、小註は深山・荒野以外の場所で起こった場合について補足している。沈註によれば、深山・荒野でなければ猛獣はいないので、落とし穴や仕掛け弓を設置するはずがないから律は言及していないのであるが、もしたまたま仕掛ける者があったならば、目印を設けないのは意図的に人を害するのに近い。だから小註は「殺傷に従って論じる」とするのである。どの「殺傷」に従って論じるのかは明記されていないので、〈弓箭傷人〉であるとも〈車馬殺傷人〉であるとも言われていたというが、[66] 沈註は「深山・荒野でない場所に落とし穴や仕掛け弓を設置すべきでないのは、市街地で車馬を疾走させるべきでないようなものである」と言う。〈弓箭傷人〉でも〈車馬殺傷人〉でも量刑は同じであるが、前者は葬儀費の徴収を定めていない。本条では葬儀費を徴収することが定まっているので、勝手に類推適用（比照）してはならないという（沈註）。

〈威逼人致死（自殺の誘発）〉

本条は、人を自殺に追い込んだ罪に関する規定である。厳密に言えば「殺人」ではなく、間接的に死なせる「致死」であり、六殺とは論理を異にするが、その論理が現実にうまく適合しない。人命篇の中で最も問題の多い条文である。

第一節　**およそ事によって**（婚姻・土地・債務の類）**人を追い詰めて**（自殺して）**死なせたならば、**（犯人に必ず恐れられるだけの威力があったことを審《つまび》らかにすれば）**杖一百。もし官吏・公使などが公務によらず無関係な民を追い詰めて死なせたならば、罪は同じ。**（以上の二項は）**いずれも葬儀費として銀一十両を徴収する**（死者の家に給付する）。

「死なせる（致死）」とは、もともと闘殴殺に関係の深い概念である。「暴行による傷のために死なせて初めて闘殴殺人として論じる」（闘殴篇〈保辜限期〉への輯註）と言われるように、殺意はなく即死させるだけの行為に及んでいなくても、傷のために後で死んだ場合にはそう呼ばれる。原因である暴行と結果である死とが直結していなくても、因果関係があることが示されているのである。同様に本条では、人の死に直結しない何らかの行為が、堪えられなくなった被害者を自殺という形で死に追い込むことを示している。

本条は、六殺を説明する際に用いられる「殺人の意思（殺人之心）」「殺人の行為（殺人之事）」の概念によって説明できない。加害者に相手を死なせる意思があったかどうかは不確かであり、殺人行為は被害者自身が行なっているからである。輯註・沈註はともに加害者の意図については言及せず、どのような行為が人を死なせるに足るかを重視している。しかし、「（人を）追い詰める事情は千態万状」（沈註）であるから、「逆らえない威圧、堪えがたい屈辱（威之気炎難当、逼之窘辱難受）」（輯註）といった抽象的な表現に止まらざるを得ない。

さらに、そうした行為と相手の自殺との間に因果関係を認定する必要があるが、その基準として条文に示されているのは、「事によって（因事）」の一言であり、これが輯註・沈註ともに強調する本条の関鍵である。「事によって」とは「理由がないわけではない（非無故）」（輯註）ということであるが、「世の中に理由もなく（無故）人を追い詰めるということはあり得ない」（沈註）と言うように、何らかの理由がなければ、人をおびやかし圧迫することはできない。その理由をなすのが何らかの「事」

であるが、沈註は「追い詰める側が必ずこの事によって行動を起こし、追い詰められる側が必ずこの事によって死んで初めて（自殺に追い込んだと）認定できる」としている。具体的には、小註に挙げるような婚姻・不動産・債務などにまつわる問題が両者の間にあったことが、因果関係を認定する基準となる。だが、「先に圧迫されたことがあったとしても、後で別の事によって自殺したということもあろう」（沈註）というように、実際に因果関係を認定するのはかなり困難であった。

『大明律附例』によれば、明末の裁判官は本条の量刑が軽いため、安易に適用する傾向があったという。庶民の夫婦が口喧嘩の挙句に自殺したのにも本条を引く始末であるが、それは本条に定める状況とは違うし、杖刑止まりとはいえ葬儀費の銀十両は徒役三年分に相当するのだから、軽々しく適用すべきではないと言っている。この議論は沈註にも節略して引用されているが、こうした不適切な判決が頻出したのは、あながち刑の軽さや裁判官の不見識ばかりに帰せられない。「（人を）追い詰める事情は種々様々で、律では覆いきれない」（本条第一条例への沈註）と言われるように、現実の複雑さに法概念が追いつかず、どのような行為に対してこの条文を適用すればよいのか、誰も明確にできないところに根本的な問題があったからである。

後半の「官吏・公使」への言及は、これらの人々が「公務」すなわち徴税や裁判への召喚などによって、民間人を圧迫しやすい地位にあったことによる。ここでは「公務によらず」と言い、また相手が「無関係な民（平民）」すなわち「無罪の人」の場合に限っているので、私的な事情による罪にすぎず、一般人と差をつけることはできない。ただし官吏は所属の民に対して強い立場にあり、公務に借りて私益を図りやすいので、そのような場合はきちんと追及しなければならない（輯註）。その場合、明らかにされた事情によっては、本条に定める罪よりも重い罪になることがあり得る。

純粋に公務を遂行しただけであり、私的な事情が絡んでいなければ、相手が無罪の民であったとしても罪を論じない。ただし公務であっても、虐待が過ぎて死に追いやったような場合は、やはり罪になるとする（沈註）。

第二節　もし（卑幼が）**期親の尊長を追い詰めて死なせたならば、絞**[a]（執行猶予付き）。**大功以下であれば、順次一等ずつ減じる。**

本節は、卑幼が期親以下の尊長を死に追い込んだ場合の罪の加重を規定する。杖一百から一足跳びに死刑になるのは、「期親の尊長は敬愛して奉仕すべき対象であるのに、逆に追い詰めて死なせるとは、果たして人の道があると言えようか。故に死罪となるのである」（輯註）と説明されているが、なぜ絞なのかは説明がない。

大功の尊長の場合は、絞から一等を減じて杖一百流三千里となり、以下一等ずつ減じていくが、服喪義務のない親族（無服之親）は一般人扱いとなる。ここに言う尊長は、父系・母系ともに該当するが、兄の妻だけは闘殴篇で他の尊長と別に扱われており、傷害によって死なせた場合は一般人の規定に依ることになっているので（〈妻妾与夫親属相殴〉）、本条でも一般人として扱うとする（輯註）。

期親より上の尊長、つまり子孫が祖父母・父母を、妻妾が夫を死に追い込んだ場合について規定しないのは、道徳的に考えてあり得ないからであるという。だが悲しいかな現実にはないとも言えないので、条例によって補われている[68]。逆に尊長が卑幼を死に追い込んだ場合について規定しないのは、名分によって卑幼が忍従するのが当然であり、追い詰められるということはないと考えるからである。だが、これも実際にはあり得るので、もしそうしたことがあったならば、大功以下の場合に限って「なすべきでないこと」をした罪（雑犯篇〈不応為〉）を科すべきであろうという（沈註）。

なお、本節は葬儀費に言及していないが、罪が重いため徴収を免じるのだとする説を沈註は否定する。葬儀費を出させるのは「人を追い詰めて死なせた」場合に関する本来の規定（本法）であるから、いちいち繰り返さないだけなのである。相手が尊長であることによって罪が加重された上で、なお本来の規定に従う（仍尽本法）べきであるという[69]。

第三節　**もし姦淫（を行ない）、盗み（をなしたこと）によって人を追い詰めて死なせたならば、斬**（執行猶予付き）。（姦淫は既遂か未遂かを論ぜず、盗みは財を得たか得なかったかを論じない。）

姦淫や盗みが原因となって人を自殺に追い込んだ場合、姦淫と盗み自体がすでに重い罪なので、ましてそれによって人を死に追いやった場合はいっそう重罪に当たる。だから、姦淫が未遂でも盗みが失敗でも厳刑を科すのである（輯註）。姦淫については、基本的に強姦を受けた婦女がそれを苦にして自殺する場合を想定しているが、姦夫が勢力を頼みに姦婦の夫や親族を自殺に追い込むとか、姦通した嫁が夫の父母に強要されたと嘘をついて恥辱のあまり死を選ぶよう仕向けるとかいったさまざまな場合が考えられる。盗みについても、自殺に追い込まれるのが盗みの被害者とは限らず、被害者の同居の人にも可能性があるとする。そのため、「本婦」や「持ち主（事主）」ではなく「人」を死に追い込むという一般的な表現になっているのである（輯註）。

姦淫と盗みによって追い詰め死なせることは極刑に当たるので、いくら姦淫・盗みに憎むべき事情があったとしても、「追い詰めた」という事実がなければ本節を適用してはならない。不当な刑を科してしまう危険性が特に大きいので、慎重を期さなければならないという（沈註）。しかし沈註によれば、姦淫はともかく盗みによって人が自殺に追い込まれる具体的な状況は想定しにくい。強盗が押し入る前に外で騒ぎ立て、家人が恐慌のあげく自殺してしまうとか、窃盗犯を追っていた人々が抵抗に遭い、慌てふためいて転んで死ぬとかいった状況を挙げる者もいるが、これらは本条の規定にそぐわないという。姦淫とは違って「盗みによって人を死に追い込むことは絶無」であり、無理やりこういった説を立てる必要はないとする。(70)

総じて言えば、本条は現実に起こった事件に適用するのが極めて困難な法であった。清末には本条に関わる条例が二十五条にも上り、法が煩雑になった上、相互に異なる点も生じるようになった。これについて、清末の薛允升《せついんしょう》は「律の条文があまり適切とは言えず（未尽妥協）、そのため条例も種々様々になってしまったのである」と言っている。(71)要するに本条は、罪となる行為を正確に規定することができていないのであるが、実際にしばしば用いられたため、法と裁判の現場では対応に苦慮した挙句、特殊な条件に即した条例を次々と定めていくことになったのである。

〈尊長為人殺私和（尊長の殺害に対する私的和解）〉

本条以下は、殺人ではなく殺人の周辺的事項について定める。

本条は、訴え出るべき殺人を訴えず、勝手に和解してしまうことを罰する規定である。「私的に和解する（私和）」というのは、官府に訴えない（不告官）ことを言う。訴えた後で勝手に和解してしまい、官の審問に対していい加減な供述をするのは、沈註によれば誣告の罪（訴訟篇〈誣告〉）に当たる。民間で殺人を訴えた後に和解するのは、たいてい真の殺人ではないからである。したがって、裁判に当たる者は安易に本条を適用しないよう注意しなければならないという。

第一節　**およそ祖父母・父母または夫、もしくは家長が人に殺されて、子孫・妻妾・奴婢・奉公人が私的に和解したならば、杖一百徒三年。期親の尊長が殺されて卑幼が私的に和解したならば、杖八十徒二年。大功以下は、各々順次一等を減じる。なお、卑幼が殺されて尊長が私的に和解したならば、各々**（服制に依って）**卑幼から一等を減じる。もし妻妾・子孫または子孫の婦《よめ》・奴婢・奉公人が殺されて、祖父母・父母・夫・家長が私的に和解したならば、杖八十。財を受けたならば、贓を計って窃盗に準じて論じ、重い方に従って処断する**（私的和解は各々命で償う罪に当たる場合について言う。贓は官府に没収する）。

祖父母・父母・家長が殺された場合、その仇はこの上なく重いのに官に訴えて償いを求めず、加害者と和解してしまったならば罪となる。道理に逆らい復讐を忘れることが、不孝・不義に当たるからである（輯註）。名例律〈十悪〉の「不孝」「不義」の小註に挙げる具体的項目に「私的和解」は入っていないので、これは輯註の独自の見解である。しかし、「不孝」は親族、「不義」は義合関係にある者への不道徳な行為であるから、不孝・不義に関連づけるのは妥当である。

卑幼が殺されて尊長が私的に和解した場合、尊長が殺された場合と比べて各々一等減じるだけである。名分は逆になっても、仇であることは同じだからである。妻妾・子孫らであっても、その仇は他人よりは重大なので、第二節で扱う他人についての私的和解より重く罪せられる（輯註）。要するに、互いの関係の親疎によって仇の軽重が定まり、仇の軽重によって罪の大小が定まるのであり、尊長・卑幼の名分は重視されないのである。尊長が卑幼自身に対して罪を犯した場合は罪を軽減されるが、殺されて私的に和解するというのは親族を捨てて仇を忘れることであるから、尊長と卑幼で大きな違いを設けないのである（沈註）。

本節ではさらに、金品を受け取って和解した場合は、それを不正所得（贓）として窃盗に準じて論じると定めている。ただし、量刑は私的和解に対する刑と比較して、重い方を科すこととする。

小註によれば、「私的和解は各々命で償う罪に当たる場合について言う」とされている。私的和解が罪となる殺害は、「命で償う（抵命）」すなわち被害者の命を加害者の命で償う必要のある殺害、つまり六殺の中の過失殺を除いたものであり（輯註）、その他の人を死なせた（致死）事件については同じく論じることができない。人を自殺に追い込んだ者は杖一百、過失殺ならば収贖するだけなのに、私的に和解して財物を受けた子孫らがそれより重い刑を科せられるなら、刑の均衡を失することになるからである。また、人を自殺に追い込んだ場合は葬儀費、過失殺の場合は収贖銀が被害者の家に給付されるのだから、私的に財物を受けたとしても、それはどのみち支給されるはずだったものである。窃盗に準じて重く罪するのでは、やはり刑の均衡を欠くことになってしまう（沈註）。とはいえ沈註は、自殺に追い込まれた場合や過失殺の場合でも、仇を忘れて私的に和解することは罪なしとしないと言う。やはり酌量して罪する必要があるが、ただ本条を適用することはできないと言うのである。

第二節[a]　**常人が**（他人のために）**殺人を私的に和解したならば、杖六十。**（財を受けたならば、枉法として論じる。）

ここに言う「常人」とは、賊盗篇〈常人盗倉庫銭糧〉の「常人」とは違い、親族でも奴婢や奉公人でもない人を指す。殺された者が親族でも家長でもない場合、仇とすべき義理はないが、他人に代わって私的和解を取り持つことは、犯罪者を野放しにすることになるので、杖六十を科す（輯註）。なお小註にある「枉法」は、第2巻受贓篇〈官吏受財〉で規定されているように、官吏の犯罪であって一般人に適用されるものではない。この小註は雍正律では「枉法に準じて」と改められるが、そちらの方が妥当である。

〈同行知有謀害（同伴者による殺人）〉

およそ同伴の人が他人を害そうと謀っていることを知って、ただちに阻止・救護しなかった、または害した後になっても訴え出なかったならば、杖一百。

「同伴」とは包括する範囲の広い概念で、同行者・同宿者・同業者などを指し、親族関係の有無を問わない（輯註）。「害そうと謀る（謀害）」というのは、おおむね「謀殺」を指すという（沈註）。およそ同伴者が他人の殺害を謀っているのに気づいたならば、事前に阻止し、その場で救護し、事後に官府に訴え出なければならない。それをしないのは、謀殺人を放置することになるからである。積極的に悪事を犯していない者に対して、杖一百という比較的重い刑を科すのは、犯罪を阻止したり訴えたりすることを期待するからだという（沈註）。

謀りごとがまだ実行に移されていない段階では阻止したかどうかはわからないので、本条の重点は救護したかどうかにある。ただし隠し事を暴くのを憚って阻止できず、加害者の凶悪さを見て救護できず、巻き添えになるのを恐れて訴え出なかったといった場合には、情状を酌量して処断すべきであるという。また、阻止・救護しなくても、後で訴え出たならば免罪になるとする（沈註）。要するに、本条は殺人という重罪ができる限り見逃されないように定められているのである。

闘殴篇

秦・漢から晋に至るまで、律に「闘殴」の篇名はなかった。北魏は「撃訊律」から「闘律」を分離させ、北斉はこれに訴訟関係の条項を附して「闘訟律」とした。北周は「闘競律」とし、隋・唐はまた「闘訟」に戻した。明になってこれを両篇に分けて「闘殴」「訴訟」とし、清朝はこれを踏襲した（沈註）。つまり、暴力によって人と争う「闘殴」と裁判で理非を争う「訴訟」が一つの範疇に括られた時期もあったのであるが、明清律では暴力行為を扱う「闘殴」が独立した一篇となっている。

「闘殴」の定義は、本篇冒頭の〈闘殴〉標題の小註に「争うことを「闘」とし、打つことを「殴」とする」と示されている。沈註によれば、「闘」とは口論することであり、争ってはいても手を出すに至っていない状態を指し、「殴」は手足を動かして暴力を振るうことである。しかし条文の中では、「闘殴」も「殴」も、どちらも単に暴力行為を意味している。[1] いずれにせよ、この闘殴篇では暴力行為だけを扱い（沈註）、口論については次の罵詈篇で取り上げる。

暴力行為を扱う際の基本論理は、沈註に簡潔に述べられている。

暴力行為（闘殴）というものは、おおむね一時の激情により突発的に起こり、考えがあって（成心）行なうものではない。たとえ共謀して一緒に暴行することがあっても、その意図は暴行に止まる。そこで本篇ではもっぱら傷の軽重を論じ、それによって罪を定める。

人命篇では殺人について、計画性の有無や殺意の有無といった意図が重視され、そうした意図と行為との組み合わせに応じて罪名と量刑が定められた。人命篇以外でも、意図が悪質かそうでないかによって量刑に差がつくことは少なくない。それに対して闘殴篇では、原則として意図を追究しない。一般に暴力行為は突発的なものであるから、意図を追究しても仕方がないし、謀議の上で暴行することがあっても殺そうとまでは思っていないのだから、問題にするまでもないというのである。

このように闘殴篇ではもっぱら行為を問題にするので、意図と行為の両方を問題にする人命篇と比べて論理構成が単純である。暴力行為について問題となるのは、①暴力行為の手段と程度、②誰と誰の間で行なわれたか、の二点である。①は〈闘殴〉でその分類と基本的な量刑が示され、次の〈保辜限期〉で補足規定が示される。この二条が闘殴篇全体の通則となり、〈宮内忿争〉以下はその上で②を個別に規定したものとなっている。

〈闘殴（暴力行為）〉（争うことを「闘」とし、打つことを「殴」とする）

第一節　**およそ暴力行為**（によって人と争うこと）**は、手足で人を暴行し、傷つけるに至らなかったならば、笞二十。**（およそ暴行すればただちに罪する。）**傷つけた、または物で人を暴行して傷つけるに至らなかったならば、笞三十。**（物で人を傷つけて）[a]**傷をなしたならば、笞四十。**（殴打した皮膚が）**青色・赤色に**（なって）**腫れていたなら**（ば）、**傷つけたとする。手足でなければ、その他**（の手に執ったもの）**はみな「物」とする。たとえ武器**（を持っていたの）**でも刃を用いなければ**（その[b]柄を持って人を殴ること）、**やはりそれ**（「物」）**である。髪を抜くこと一寸四方以上であれば、笞五十。もし**（人を暴行して）**血が耳・目の中から出た、または体内で**（その臓腑を）**損傷して血を吐かせたならば、杖八十。**（もし皮が破れて血が流れた、または鼻血が出ただけであれば、なお「傷つけた」として論じる。）**汚物で人の頭・顔を汚したならば、**（情状はもちろん傷つけるより重いので、）**罪はやはり同じとする**（杖八十）。

暴力行為は、その手段と程度によって分類される。本節では、まず方法として、「手足で」すなわち素手であったか、「物（他物）」を用いたかによって区別している。素手でなければ、手に執ったものはすべて「物」で、具体的には煉瓦や石、棍棒の類である（輯註）というが、「武器（兵）」は刃を用いなければ「物」とみなすという以上、刃を用いた場合は除外される。要するに、ここで言う「物」とは刃物を除いた物、いわゆる鈍器と解すべきであろう。同じ闘殴でも闘殴殺人は手段を区別しないが、これは殺した場合はすべて死という同じ結果になるからである。傷害の場合は、結果に軽重がある以上、区別せざるを得ないのだという（沈註）。

次に暴行の程度であるが、これは暴行によって生じた傷害の程度で示される。まず、「傷つけるに至らなかった（不成傷）」としても、暴力を振るえばそれだけで罪になる。「傷つけた（成傷）」というのは、青や赤のあざができたり腫れ上がったりすることを指し（輯註）、傷害の最低レベルに当たる。小註によれば、皮膚が破れて血が出たり、鼻血が出たりといった場合も、「傷つけた」に含まれる。これに加えて、髪を抜いて面積が一寸四方以上であった場合までが笞罪であり、軽度の暴行・傷害の範疇をなす。

耳・目からの出血と内臓の損傷による吐血は杖罪であり、単なる「傷」より重い。だが、これらは「内臓損傷（内損・内損吐血）」として一括され、「傷」とともに第二節の「折傷」と対比されることが多く、大きく見れば「傷」と同じ等級になる。汚物を人の頭や顔にかけるのは傷害ではないが、傷より情状が重いため内臓損傷と同等に扱うという(2)。

第二節　**人の一歯または手足の一指を折った、人の片目を弱らせた**（なお少しは見ることができ、まだ失明するには至らない）、**人の耳・鼻を抉《えぐ》り潰した、もしくは人の骨を砕い**（て損なっ）**た、または熱湯、火、溶かした銅・鉄で人を傷つけたならば、杖一百。汚物を人の口・鼻の中に注ぎ込んだならば、罪はやはり同じとする**（杖一百）。**二歯・二指以上を折った、または髪を**（すべて）**剃っ**（て落とし）**たならば、杖六十徒一年。**（髪を剃り尽くさず、なお髷《まげ》を結うことができれば、ただ髪を抜くこと一寸四方以上に依って論じる。）

第三節　**人の肋骨を折った、人の両目を弱らせた、人を堕胎させた、または刃で人を傷つけたならば、**

杖八十徒二年。（堕胎は、保辜《ほこ》限内に子が死んだ、または胎児が九十日以上で形を成していて初めて罪する。もし子が保辜限外に死んだ、または九十日以内で堕胎したならば、なお本来の暴行・傷害の法によって論じ、堕胎の罪を科さない。）

第二節以降の傷害は「折傷」と呼ばれ、第一節より一段階上に位置づけられる。内臓損傷が死に至ることもあるのに対して、歯や指を折っても致命傷にはならないが、それでも「折傷」の方が重く科刑されるのは、それが障碍（残廃）を残し、もとには戻らないからであるという（〈保辜限期〉への沈註）。

髪は剃ってもまた生えて来るし刃の傷はふさがるから、明代の注釈書では、これらは「折傷」ではなく「傷」であり、「傷」の中に「折傷」より重いものがあるのだとする説が有力であった(3)。だが、この説は第一節の「傷」の定義に照らせば不適切である。沈註はこの点について特に意見を述べていないが、少なくとも他の条文で「折傷以上」とされる場合、「一歯・一指を折った」から後、第五節の「重篤な障碍（篤疾）に至らせた」までのすべてがこれに当たるとしている（沈註）。

なお、刃による傷を重く科刑するのは、刃が「殺人の道具（殺人之器）」であり、これで人を傷つけるのは「凶行を行なう意図（行兇之意）」、すなわち殺意があったとみなすからである（輯註）。暴行・傷害については意図を考慮しないのが原則であるが、ここでは意図に踏み込んだ解釈を採っている。

歯・指を二本以上折った場合は、一本の場合より刑が一等加重されるが、何本折ってもこれ以上加重されない。これは、運動に支障がないからであるという（沈註）。堕胎については、傷害の保障期間に当たる「保辜」との関係が問題になるので、次の〈保辜限期〉でまとめて取り上げる。

第四節　**人の肢**（手・足）**体**（腰・頸）**を折り挫《くじ》いた、または人の片目を失明させたならば**（みな重い障碍となる）、**杖一百徒三年。**

第五節　**人の両目を失明させた、人の両肢を折った、人の二点以上を損なった**（二点とは、片目を失明させて[c]一肢を折ったという類である）、**または以前の負傷によって重篤な障碍に至らしめた、もしくは人の舌を切った**（人が全く話せないようにした）、**または人の性器を毀損し**（て生殖機能をなくさせ）**たならば、いずれも杖一百流三千里。なお犯人の財産の半分を、傷を受けて重篤な障碍を負った人に付与して扶養させる。**（もし婦人を非道に毀損したならば、その罪だけを科す。生殖機能を損なわないので、財産の半分を付与する対象とはしない。）

「障碍」「重い障碍」「重篤な障碍」を表す「残疾」「廃疾」「篤疾」は、「三疾」と呼ばれ、古い歴史をもつ法律用語である[4]。第二・三節の「折傷」の結果である「障碍（残疾）」は、身体に毀損はあっても日常生活に支障がない程度とされる。手の指一本を折っても、物を持つことはできるといった類である。第四節で扱う傷害は「重い障碍（廃疾）」をもたらし、腕が一本折れて物を持つことができないなど、日常生活に不自由を来たす。第五節で扱う傷害は「重篤な障碍（篤疾）」をもたらし、完全な失明・歩行不能など生活するのに困難な状態を来たす（〈保辜限期〉への沈註）。第五節は、結果的に重篤な障碍を負わせたことを重く見るので、片目を失明していた人のもう片方の目を失明させる、片脚を折っていた人のもう一方の脚を折るなど、「以前の負傷（旧患）」と合わせて重篤な障碍になってしまった場合も、障碍のない人にいきなり重篤な障碍を負わせた場合と同じ扱いとする。

重篤な障碍を負わせた者は、杖一百流三千里という死一等を減じただけの重い刑を科される。罪に対する応報としてはこれで十分なのであるが、重篤な障碍を負った者は生活が立ち行かなくなって扶養の必要が生じるため、加害者の財産の半分を生活費として与える(5)（沈註）。なお、加害者の方がすでに重い障碍・重篤な障碍を負っていた場合は、名例律に減刑措置が規定されている（名例律〈老小廃疾収贖〉）。

重篤な障碍を超えて殺してしまった場合は、人命篇〈闘殴及故殺人〉に依る。暴行の結果死なせてしまったのが「闘殴殺」であるが、咄嗟に殺意を抱いて殺した「故殺」は闘殴殺の特殊な形として扱われる。死は同一だが傷は軽重があるので、殺人と傷害は法的範疇を異にするが（沈註）、人命篇では闘殴殺・故殺について一般人の間の場合だけを取り上げ、特殊な関係にある者の間の闘殴殺・故殺は、本篇の該当する各条の最後に附記されている(6)。

第六節　**共謀してともに暴行し、人を傷つけたならば、各々手を下して重い傷を負わせた者を重罪とする。主唱者**（あるいは手を下さなかった、あるいは暴力を振るっても傷が軽かった）**は、**（重傷を負わせた者から）**一等を減じる。**（およそ暴力行為は、手を下して人を傷つけなければ論じない(7)。ただ暴行による殺人は、制止しなかったことを罪とする。もし共謀して人を暴行し死に至らしめたならば手を下さなかったとしても、または同伴者が謀りごとを知っていて救護・阻止しなかったならば、各々その条文に依って、[8]いずれも杖一百。もしともに人を暴行し、みな致命傷を与えたのであれば、最後に手を下して重傷を与えた者を重罪に当てるべきである。もし多数で暴行して前後・軽重がわからなければ、あるいは二人でともに一人を殴り、その傷の場所が同じであった、あるいは二人で同時に各々人の片目を失明させたならば、いずれも必ず主唱者を首犯とし、その他の者は従犯とする。もし主唱者がいなければ、先に手を下した[d]人を首犯とする。）

本節は、複数の者が計画的に行なった暴行・傷害に対する刑罰を定める。[9]実行犯は各々傷害の程度に従って科刑し、計画をもちかけた主唱者（元謀）は、本人が行なった傷害にかかわらず、最も重い傷を負わせた者の刑から一等を減じて科す。死なせてしまった場合は、人命篇〈闘殴及故殺人〉第三節に規定があり、致命傷を与えた者が絞（執行猶予付き）、主唱者が一等減じた杖一百流三千里、その他の者（余人）は杖一百である。

死なせた場合とそうでない場合の最大の違いは、「その他の者」の扱いである。〈闘殴及故殺人〉では「その他の者」は一律に杖一百となるのに対して、本節では主唱者以外のすべての実行犯が、それぞれの傷害の程度に応じて科刑される。殺人（人命）と傷害（闘殴）では、科刑の原理が異なるからである。殺人の場合は、一人の死を一人の死で償う「抵命」という考えが一つの原則をなしている。死者の命を一人の命で償えば死者も瞑目できるので、その他の者には寛大にするというのが、〈闘殴及故殺人〉の論理であった。それに対して本節は、手段と程度を問題にするという傷害の論理に従うのである（沈註）。

一方で、死なせても傷害に止まっても、主唱者は最も重い傷を負わせた者の一等減となっている。「主唱者（元謀）」というのは、名例律〈共犯罪分首従〉（いわゆる「首従法」）に定める「首謀者（造意）」とは違う。首謀者は「事を始め計画を立て、犯罪の意図をすべて生み出した者（首事設謀、犯罪之意皆由其造作者）」（〈共犯罪分首従〉への輯註）、すなわちその犯罪を最初に企てただけでなく犯罪全体を主導した者であり、首犯として最も重く科刑される。だが、暴行・傷害は傷害の程度に従って科刑するのが原則であるから、「首謀者」という概念とは本来的に馴染まない。とはいえ、手を下した結果だけを問えば、犯罪を企てた者を逃してしまうことになる。そこで、「主唱者」という概念を立てるのである。

沈註によれば、主唱者とは「最初に人を暴行する意思を抱き、人を暴行する計画を立てた者を言う」。この者が「禍《わざわい》を始めた」のであるから、たとえ直接手を下さずとも、直接負わせた傷が軽くとも、最も重い傷を負わせた者に次ぐ刑を科すのだという。原則として、暴行・傷害は手を下して行なった行為のみを問題にするが、それは暴行というものが突発的に起こるものだという前提があるからであった。明らかに計画されたものである場合、やはり犯罪を起こした意思を重視するのである。

ただし、「主唱者」はあくまでも「首謀者」とは違うので[10]、沈註は首従法による首犯として扱わないよう注意を喚起している。もし主唱者が最も重い傷を与えたならば、もちろん主唱者が最も重く科刑されるが、彼を首犯、共謀者をみな従犯として一律に一等減としてはならない。共謀者は各自が与えた傷の程度に応じて刑を科せられるのである。名例律〈本条別有罪名〉に定めるように、個別の条文で明確に規定している場合は、名例律の一般通則ではなく、個別の条文の方に従うのである（沈註）。

なお、小註には「主唱者を首犯とし、その他の者は従犯とする」という一文が見えるが、これは同時に暴行した場合を指して言う。誰がどの傷をつけたかわからなかったり、二人で一か所の傷をつけたりした場合は、各自の与えた傷害の程度が特定できないので、傷全体を与えたに相当する刑を主唱者に科し、その他の者は従犯として減刑する。二人で片目ずつを失明させた場合も、もし前後が明らかであれば、先に傷つけた方は第四節の「人の片目を失明させた」場合の規定により、後で傷つけた方は第五節の「以前の負傷によって重篤な障碍に至らしめた」場合の規定によって科刑するが、同時であれば二人で一緒に重篤な障碍を与えたことになるから、主唱者を首犯として、第五節により杖一百流三千里と財産の半分没収を科すのである(11)（沈註）。

第七節　**もし争いによって互いに暴行し傷つけ合ったならば、各々その傷の軽重を検証して罪を定める。後から手を下して理があったならば、**（本来の罪から）**二等を減じる。死に至らしめた、または兄姉・伯叔に暴行したならば、**（本来の条文によって罪を定め、後から手を下し、理があったとしても）**減じない。**

（もし甲と乙が互いに争って暴力を振るい、甲が片目を失明させられ、乙が一歯を折られたならば、甲の傷は重いので、乙は杖一百徒三年として、乙の傷は軽いので、甲は杖一百として罪する。もし甲が後から手を下してさらに理があったならば、杖一百から二等を減じて、ただ杖八十とする。乙が後から手を下して理があったならば、杖一百徒三年から二等を減じて、ただ杖八十徒二年とする。あるいは重篤な障碍に至らしめたならば、なお財産を与えて扶養させる(12)。もし人を暴行して死に至らしめたならば、おのずから命をもって償わせる。)

本節は、一方的に暴行するのでなく、両人が互いに暴力を振るった場合を扱う。双方とも相手に与えた傷害によって科刑するというのは、本条の原則に従ったにすぎない。本節の独自性は、後から手を出し、かつ喧嘩の言い分が理に適っていた方の刑を減じるという規定にある。

互いに暴力を振るった場合には、理の曲直とどちらが先に手を出したかを問うということになるが、科刑に関わるのは後から手を出してしかも理があった場合だけである。つまり、ここでは理の曲直・手出しの先後を刑の加減要因として定めているのではなく、よほど酌むべき事情のある者に対する特別措置を講じているだけなのである。そのため沈註は、非があってかつ先に手を出したという逆の場合は、それが刑の加重要因にならないことを強調している。

279〈保辜限期(傷害の保障期間)〉

〈保辜限期(傷害の保障期間)〉(「保」とは「養う」こと、「辜」とは「罪」である。保辜とは人に暴行・傷害を加えて死に至ってはいない時に、官府において期限を立ててこれを保養することを言う。人の傷を保養することは、まさに自分の罪を保障することになる)

人に傷を負わせた場合、その傷の程度は事件直後にわかるとは限らない。治療して完治することもあれば、傷が悪化して死ぬこともあり、障碍が残ることもある。傷害の程度を科刑の基準とする以上、どの程度の傷害かを認定する必要があるが、それには一定の時間を置いて観察する必要がある。そこで、まず官府において負傷した箇所を検証し、何による傷かによって期限を切り、加害者の責任において治療させて、期限が満了した日に罪を定めることになっていた（輯註）。保辜の法は漢代には成立していたという伝統ある法であり[13]、唐律（闘訟六条）の段階ではすでに明清律に見える形に整備されていた。

明末の王肯堂によれば、加害者に治療の責任を負わせるのは、被害者が死んだら利益を得かねない親族ではなく、死なせたら自分が死罪になってしまう加害者の方が懸命に治療に努めるからである[14]。加害者に即して言えば、「人に負わせた傷を認めて療養させることを願い、人を傷つけた罪に甘んじて服し、処断を待つ」ことになる。このことを「罪を保障する」、すなわち「保辜《ほこ》」と言う。保辜の期限を「辜限」と言い、辜限の内に起こった傷の状態の変化は加害者に責任が帰せられる。逆に言えば、辜限外のことは責任を問われないのである（輯註）。

第一節　**およそ保辜は、**（まず傷の軽重を検証し、あるいは手足、あるいは物、あるいは刃物について、各々明確に期限を切り、）**犯人に命じて**（保障し）**治療させ、辜限内にみな**（その暴行の）**傷によって死んだに違いなければ**（人の頭を打って、傷風が頭の傷口から入り[15]、それによって死に至ったという類）、**闘殴殺人として**（絞に）**論じる。**

まず本節は、被害者が傷害によって辜限内に死亡した場合を扱う。小註は、外傷そのものだけでなく、今で言う感染症などによる死も、傷による死と認めている。傷との因果関係が明らかであれば、辜限内の死は闘殴殺人となり、傷害ではなく殺人案件として処断されるのである。

第二節　**なお、辜限以後に、または辜限[a]にあっても**（その暴行の）**傷がすでに快復して、官が証明書を出しており、**（暴行を受けた人が）**別に他の理由によって死んだならば**（人の頭を打って傷つけ、頭の傷口から傷風を得たのではなく、別の傷病によって死んだならば、これを「他の理由」とする）、**各々本来の暴行・傷害の法に従う。**（命で償う条文には当たらない。）**もし折傷以上で、辜限内に治療して快復したならば、各々二等を減じる。**（手を下した方に理があったならば、暴行・傷害から二等を減じ、もし辜限内に快復すれば、さらに二等を減じることができる。これは「罪を犯して重ねて減等することができる」[16]と言われるものである。）**辜限内に快復しても障碍・重い障碍・重篤な障碍を負った、または辜限満了の日に快復せず**（死んだ）**ならば、各々条文どおりにすべて科す。**（暴行によって傷・障碍・重い障碍・重篤な障碍を負わせた罪をすべて科す。死んでもやはり傷害と同じく論じる。）

本節に挙げるような場合は、たとえ人が死んでも殺人ではなく傷害案件として処断される。沈註は本節を次の四項に分け、前節と合わせて五項としている。

①第一節と同様、被害者は死亡するのであるが、それが辜限外であるか、辜限内ではあっても傷はすでに癒えたと官が認定していた場合である。辜限内に傷が治癒したならば、その時点で官が検証して審判を下すのであるが、ここでは検証が済んで文書が作成されたが審判はまだ下されていない時を指す（沈註）。これらの場合は、傷害ではなく「他の理由（他故）」によって死んだとみなされ、暴

行・傷害の罪だけが問われて、死に対しては罪を問われない。したがって、最高でも杖一百流三千里であり、殺人の場合の原則である「命で償う（抵命）」ことにはならない。

②辜限内に傷が治癒した場合、折傷以上であれば、その傷害に対する罪から二等を減じる。人を傷つけた罪はあっても、治療させた功が認められるからである[17]（輯註）。ただし、次項から明らかなように、これは障碍を遺さず完治させた場合に限る。なお、折傷未満すなわち内臓損傷以下については、本条は何も定めていない。内臓損傷以下は、辜限内に治癒したなら免罪にするという説もあったが[18]、沈註は「おそらくは律の意図ではない（非律意）」として反対する。折傷の罪が重いのは障碍を与えてしまうからであり、それをもとどおりに完治させたのであれば、治療の功が大であったと言えるので、それで二等を減じるのである。内臓損傷以下が辜限内に治癒した場合は、もとの損傷の程度を量って判断すべきであって、一概に罪を免じるべきではないと主張している（沈註）。

③辜限内に治癒しても障碍が遺った場合は、〈闘殴〉に定めるとおりの刑を科す。「すべて科す（全科）」というのは、②に定める減等をしないという意味である（沈註）。治療の功があったとしても、身体がもとどおりにならなければ、罪を減じることはできないからである（輯註）。

④辜限満了の日までに治癒しなかった場合、やはり〈闘殴〉の条文どおりに刑を科して減刑しない。傷が非常に重かったか、治療の功がなかったことを意味するからである。これは、辜限が過ぎてから死んだ場合も生き延びた場合も、どちらも該当する。ここに言う「死んだ場合」は、①に言う治癒してから「他の理由で」死んだ場合とは違い、辜限外まで生き延びたが快復せず、その傷によって死んだ場合である。つまり、傷と死に因果関係が認められても、辜限を過ぎていれば、死に対しては罪を

問われないのである。辜限は傷を検証した上で設定されるので、辜限まで生き延びれば傷が原因で死ぬことはないはずであるが、それでも死んだならば養生を怠ったか別の理由があったということになるからである（沈註）。

要するに、辜限内に傷が原因で死ぬか傷が完治したならば、〈闘殴〉の量刑は適用されず、前者であれば闘殴殺人として断罪され、後者であれば減刑の対象となる。辜限を過ぎても死なず、完治もしなければ、被害者のその後の状態にかかわらず〈闘殴〉の量刑がそのまま科されるのである。

第三節　**手足または物で人を暴行し傷つけたならば、**（その傷が軽ければ）**二十日を限**（って快復させ）**る。**

第四節　**刃物または湯・火によって人を傷つけたならば、三十日を限る。**

第五節　**肢体を折り挫いた、または骨を砕いた、堕胎させたならば、手足によるか物によるかを問う**b**ことなく、みな五十日を限る。**

第三—五節は、辜限の具体的な日数を定める。ここで注意を要するのは堕胎である。〈闘殴〉の小註では、堕胎は「保辜限内に子が死んだ、または胎児が九十日以上で形を成していて初めて罪する」としており、「子が保辜限外に死んだ、または九十日以内で堕胎したならば」、妊婦への暴行・傷害の罪だけを論じ、堕胎の罪を科さないとしている。これは文意が不明瞭である。沈註も参照している『大明律附例』[19]の解釈によれば、辜限内に九十日以上の胎児が死亡した場合に限って堕胎の罪が成立するという。妊娠三か月以内の胎児はまだ人間らしい形を成していない（尚未成形）ため（〈闘殴〉への沈註）、人間とは認められず堕胎の罪も成立しないということらしい。

堕胎に対する保辜は、母子双方に対するものとなる。辜限内に母が死ねば、もちろん闘殴殺人となるが、辜限内に子が死ねば、堕胎の罪となる。辜限内に母が治癒して辜限外に子が死んだ場合は、堕胎の罪には問われない。胎児にも保辜を設定するのは、母体への傷害によって、すぐに死産しないまでも「自然な生育が得られず、毀損するところがあるのを免れない」からである（〈闘殴〉への沈註）。五十日以内に子が死ねば、それは母体に対する暴行・傷害の結果とみなされるのである。

ところで、一見してわかるように、第三―五節は〈闘殴〉に載せる傷害を網羅してはいない。たとえば内臓損傷は、手足による傷とともに〈闘殴〉第一節に挙げられているが、手足による傷とは傷害のレベルが違い、量刑も異なる。したがって、内臓損傷の辜限を手足による傷と同じく二十日としてよいかどうかは、にわかに決めることができないはずである。個々の傷害の辜限は、裁判実務において重要な意味があるので、当然問題になっているべきであるが、『大清律輯註』もそれに先立つ明代の諸注釈書も、この点については何も言わない。これは当時の裁判実務のありようと関係している。

王肯堂の「慎刑説」によれば、明末の地方官は暴行・傷害案件というものを軽く見て、傷を検証したりせず、検証しても加害者に治療をさせていなかったという。つまり、保辜に関する規定は実際にはまともに運用されておらず、そのため律文の不備が問題にならなかったと見られるのである。沈之奇が活動した清代康熙年間（一六六二―一七二二）も、おそらくまだそうした風潮が残っていたのであろうが、この時期には以前よりも裁判実務がしっかりと行なわれるようになっていた。それにつれて、律文の不備も不備のままでは済まされなくなっていく。

乾隆年間（一七三六―九五）以降の律の注釈書、たとえば『清律例彙纂』『大清律例会通新纂』などは、律文に明記されない辜限を定めた多くの判例（成案）を載せている。それによれば、内臓損傷の辜限は本条第五節と同じ「五十日」であるという。このように辜限については、『大清律輯註』以後に個別事案の積み重ねによって、次第に詳細に定められていくのである。

闘殴に関する通則は以上で終わり、以下の各条は主として加害者と被害者の関係に基づく各則となる。『大明律附例』の整理によれば、[20] 全体として次のような構成になっている。

(1)社会的階層・身分による関係（尊貴から卑賤の順に並ぶ）

①宮中〈宮内忿争〉

②皇族〈皇家袒免以上親被殴〉

③官府〈殴制使及本管長官〉〈佐職統属殴長官〉〈上司官与統属官相殴〉〈九品以上官殴長官〉〈拒殴追摂人〉

④師弟〈殴受業師〉

⑤奴婢〈良賤相殴〉〈奴婢殴家長〉

(2)親族関係

①内〈妻妾殴夫〉〈妻妾与夫親属相殴〉

②外（遠戚から近親の順に並ぶ）〈同姓親属相殴〉〈殴大功以下尊長〉〈殴期親尊長〉〈殴祖父母父

母〉

すべての条文を網羅しておらず、また輯註も沈註もこの解釈を採用してはいないが、この解説はわかりやすく、闘殴篇の全体像をつかむのに便利である。

〈宮内忿争（宮中での諍い）〉

およそ（御休息中の）[a]**宮中で諍**《いさか》**いを起こしたならば、笞五十。**（諍いの）**声が御在所まで届いた、または互いに暴行に及んだならば、杖一百。折傷以上は、一般の暴行・傷害に二等を加える。**（もし臨朝の際の）**殿中であれば、さらに一等を順次加える**（順次加えるとは、もし殿中で諍いを起こしたならば、一等を加えて杖六十とする、その声が御在所に届いた、または殿中で暴行に及んだならば、一等を加えて杖六十徒一年とする、折傷以上になれば、宮中で折傷を負わせた罪に一等を加え、さらに一般の暴行・傷害の罪に二等を加えて、合わせて三等を加えるといったことである。重篤な障碍を負わせるに至っても、いずれも罪は杖一百流三千里を上限とする。死に至らしめたならば、一般の条文に依って処断する。暴行を受けた人は障碍・重い障碍・重篤な障碍を負っても、なお杖一百として収贖する。重篤な障碍を負った人もともに罪を犯しているので、財産を付与して扶養することはしない）。

皇帝のくつろぐ場所が「宮」であり[21]、朝政の場が「殿」である（輯註）。「諍い（忿争）」については、輯註・沈註ともに定義を示さないが、明代の『読律瑣言《さげん》』によれば「私憤を募らせ、みだりに口論すること」、すなわち私情による言い争いである。宮殿内では、臣下は和やかに慎み深く職務に従事しなければならないのに、そこで言い争うのは「不敬」であり、まして怒鳴り声を上げたり暴力を振るったりするのは「忌憚ない」振る舞いである（輯註）。皇帝の私的な生活の場である「宮中」よりも、公式の政務の場である「殿中」での口論・暴行の方が一層重く扱われる。

沈註によれば、本条は「不敬」に重点を置いている。十悪に「大不敬」があり、「臣下は君主に対して万事慎むべきである」（輯註）とされるように、不敬とは臣下の君主に対する道義への違反である。間接的ではあるが、皇帝に対する侵犯に当たるため、宮中での諍いは曲直を問わず笞罪とされ、殴り合えば傷つけたかどうかを問わず杖罪とされる。暴力をもって争った場合、杖一百が双方に対する基本の刑になり、一方が他方に折傷以上を負わせたならば、加害者が傷害の罪に二等加えた刑を科せられ、被害者は杖一百のままとなる（沈註）。

障碍を負わせたとしても収贖が認められ、加害者の財産を付与しないのは、被害者の方も罪を犯しているからということで、小註の言うところは明快である。ただ沈註は、人を傷つけて重篤な障碍を負わせたなら、必ず財産を付与するのが闘殴の本来の規定であるし、もともとどちらも同罪であれば、罪ある人が罪ある人を殴るのも、罪のない人が罪のない人を殴るのも同じではないかと言って、財産を付与しないとする小註に疑義を呈している。

〈皇家袒免[a]以上親被殴(22)（皇帝の一族に対する暴行）〉（袒免《たんぶん》とは五服に入らない服喪義務のない親族である。およそ皇帝の一族はみなこれである）

およそ皇室の袒免の親族[b]を暴行したならば、（傷がなかったとしても）**杖六十徒一年。傷つけたならば、**

杖八十徒二年。折傷以上は（本罪が）（杖八十徒二年より）[23] **重かったならば、一般の暴行に二等を加える。**（杖一百徒三年に至る。）[24] **緦麻《しま》以上は**（暴行と傷害を兼ねて言う）、**各々一等を順次加える。（杖一百流三千里を上限とし、加等して死刑にすることはできない。） 重篤な障碍を負わせたならば、絞**（執行猶予付き）。**死なせたならば、斬**（執行猶予付き）。

「袒免」とは、律において一般に親族関係が問題になる斬衰《ざんさい》・斉衰《しさい》・大功《たいこう》・小功・緦麻の五服の親族よりも遠縁、すなわち服喪義務のない親戚（無服之親）を指す。[25] ここでは皇帝の父系の親戚の中で最も親族関係の疎遠な者を指すが、皇室の流れを汲む以上は軽々しく犯すべきではないというので、ただ暴力を振るっただけで杖六十徒一年とし、傷つければ重傷でなくても杖八十徒二年とする（輯註）。袒免より近親の緦麻以上の場合は、皇帝との親族関係が近くなるごとに一等を加える。つまり、皇帝への敬意をその親族に及ぼしたものと理解される。[26] ただし、本条は前条と違って口論だけで罪になることはなく、暴行に及んで初めて罪になるので、前条の延長ではなく、相手が皇族であることを加重要因とする〈闘殴〉の特殊な派生型と見るべきであろう。

本条でわかりにくいのは、「折傷以上は（本罪が）（杖八十徒二年より）重かったならば、一般の暴行に二等を加える（折傷以上（本罪有）重（于杖八十徒二年）者、加凡闘二等）」の部分である。「本罪」というのは、他の条文の用例からしても輯註・沈註の解釈からしても、本条で直前に定めた罪、すなわち皇家袒免の親族を傷つけた場合の杖八十徒二年の罪を指すことは間違いない。したがって、他の条文の定型に照らせば、ここは「折傷以上は（一般の暴行の罪が）本罪（杖八十徒二年）より重かったならば」とでもあるべきところで、実際に輯註・沈註とも、普通に文脈を追えばそのように解されることを前提として議論している。

その上でなお問題になるのは、一般の暴行・傷害では、折傷の場合、刑は軽い方から杖一百・杖六十徒一年・杖八十徒二年、重い障碍（廃疾）を負わせた場合で杖一百徒三年になるので、本罪たる杖八十徒二年より重くなって初めて「二等を加える」とすれば、それは重い障碍を負わせた以上の場合に限るということである。そうすると、杖八十徒二年に当たる場合（肋骨を折った等）は、一般人に対する暴行・傷害と罪が等しくなってしまう。皇帝の一族に対する暴力行為を一般人に対するより重く罪するという本条の趣旨からすれば、それは「律の意図（律意）」ではあり得ない。

この点について、輯註・沈註はともに、ここに言う「重かったならば」とは本罪より重くなった場合という意味ではないとする。皇帝の一族に対する暴力行為は、無傷の場合と傷つけた場合の罪がすでに重いので、折傷であっても杖一百や杖六十徒一年相当の場合はさらに加重すべきではなく、肋骨を折るなど杖八十徒二年に当たる段階に至って初めて二等加重して杖一百徒三年とする（輯註）。つまり、「重かったならば」というのは折傷の中で重い部類に属する場合という意味であり（沈註）、傷がよほど重い場合に限って二等を加えると言っているのだという。

これは「（本罪が）（杖八十徒二年より）重かったならば」の解釈としては（同じく小註の「杖一百徒三年に至る」の解釈としても）無理がある。しかし、それを言うならこの箇所は、そもそも字義どおりに筋の通った解釈を施すこと自体が困難である。敢えて解釈するならば、小註には囚われず、律で最も重視される量刑の整合性を考えて、輯註・沈註のように解するしかない。沈註は、小註の「より（于）」「至る（至）」の文字にこだわってはならないと言って、暗に小註を批判している。実際のところ、輯註・沈註は「律の意図」と律の根本原則に従って条文を再構築しているようなものであるが、条文にも小註にも欠陥がある以上、やむを得ないと言うべきである。

皇帝の緦麻以上の親族については、「各々一等を順次加える」。「各々（各）」とは区別する（分別）ことで、暴行・傷害・傷が重い場合のそれぞれについて言い、「順次（逓）」とは階層を追って重ねる（層累）ことで、緦麻・小功・大功・期親の等級について言う。暴行して傷つけなければ、緦麻は杖七十徒一年半、小功は杖八十徒二年、大功は杖九十徒二年半、期親は杖一百徒三年、傷つけたならば、緦麻は杖九十徒二年半、小功は杖一百徒三年、……といった要領で加等していくのである。加等の際の原則として杖一百流三千里を上限とするが、重篤な障碍を負わせれば、袒免から期親までいずれも絞、死なせれば斬となる（輯註）。なお、本条と以下の四条は故殺について定めていないが、いずれも斬に止まるという（沈註）。

次の〈殴制使及本管長官〉から〈九品以上官殴長官〉までの四条は、官職をもつ者に対する暴行・傷害を扱う。官僚制ヒエラルキーの構造を如実に反映させた刑罰体系を示しており、前近代中国の官僚制を理解する上でも役に立つ。

〈殴制使及本管長官（勅使または所管の長官に対する暴行）〉

第一節　およそ（朝臣が）**勅命を奉って出使し**（現地の）**官吏がこれを暴行した、または住民が所属**

291 〈殴制使及本管長官（勅使または所管の長官に対する暴行）〉

の知府・知州・知県を、軍士が所管の指揮・千百戸[a]を暴行した、もしくは吏卒が直属の五品以上の長官を暴行したならば、杖一百徒三年。傷つけたならば、杖一百流二千里。折傷ならば、絞（執行猶予付き。重篤な障碍について言わないが、やはり絞を限度とする）。もし（吏卒が）六品以下の長官を暴行したならば、各々（暴行と傷害および折傷を兼ねて言う）、（五品以上を暴行した罪から）三等を減じる。（軍・民・吏卒が）佐貳官《さじかん》・首領官(27)を暴行した場合は、さらに各々順次一等を減じる。（佐貳官は長官より一等を減じ、首領官は佐貳官より一等を減じる。もし軍・民・吏卒が三等を減じられ、各々の罪が一般の暴行より軽くなった、または一般の暴行と等しくなった場合は、みなこれを）罪を減じて軽くなったならば（と言い）、一般の暴力行為（暴行と傷害および折傷を兼ねる）に一等を加える。重篤な障碍を負わせたならば、絞（執行猶予付き）。死なせたならば（勅使・長官・佐貳官・首領官を問わず、いずれも）斬（執行猶予付き）。

もし流外（流内に入らない[b]雑職）官または軍・民・吏卒が所管でない三品以上の官を暴行したならば、杖八十徒二年。傷つけたならば、杖一百徒三年。折傷ならば、杖一百流二千里。（所管でない）五品以上[c]を暴行して傷つけたならば、（三品から[d]上への罪から）二等を減じる。もし罪を減じて（一般の暴行・傷害より）軽くなった、または九品以上（六品まで）の官を暴行して傷つけたならば、各々一般の暴行・傷害に二等を加える。（折傷・重篤な障碍・死に至らしめた場合を言わないのは、みな一般の暴行として論じるからである。）

本節は、所管（本管）の上長に対する暴行を扱った前半と、所管でない上長に対する暴行を扱った後半に分かれる。（前半と後半を分ける改行は、訳者が便宜上行なった。）

前半は、（1）官吏の勅使に対する、（2）人民の所属（本属）の知府・知州・知県に対する、[28]（3）軍士の所管（本管）の武官である指揮・千戸・百戸に対する、（4）吏卒（官庁の事務員・用務員）の直属（本部）の五品以上の長官に対する暴行を扱う。

単に暴力を振るっただけで杖一百徒三年というのは、相手が一般人であった場合の刑が笞二十であるのに対して十三等もの加重であり、一般人に重い障碍を負わせた場合と同等である。また〈皇家袒免以上親被殴〉と対照すると、これは皇帝の期親すなわち子や兄弟に対する暴行と同等になる。傷つければ十―十三等の加重、折傷以上はすべて絞（執行猶予付き）で一般の闘殴殺人と同等である。加害者と被害者が上記の関係にある場合、謀殺人においても加重されたが（人命篇〈謀殺制使及本管長官〉）、謀殺人はもともと重罪であるため加重の幅が目立たないのに対して、暴行・傷害については加重の大きさが際立つ。

なぜここまで厳しく罰せられるのかは、詳しく見ていく必要がある。輯註によれば、①地方の官吏にとって勅使は「王命」を受けて来た者であるから、②府・州・県の住民にとって知府・知州・知県は「父母の義」があるから、③軍士にとって所管の武官は「代々統括する官である（世為統括之官）」から、いずれも官職の高さを問題にせず一概に厳しく罪するのだという。

①の場合、勅使（制使）は必ずしも高位の官とは限らないが、皇帝の命令で遣わされたということで、官吏にとっては皇帝の代理という意味をもつ。（一般人民にとってはただの官にすぎない。[29]）

②の「所属（本属）」の官は、人民にとって特別な存在であった。人民は生まれながらに父祖の原籍

地の戸籍に登録され、多くの者は原籍地で一生を送る。原籍地の行政長官である知府・知州・知県は「父母官」とも呼ばれ、住民にとって父母同然とみなされていた。

③に言う「所管（本管）」の武官については、少々説明を要する。清代の軍制は、清朝の中国征服以前の制度に由来する八旗の軍と、明の衛所制を継承して再編したいわゆる緑営から成っていた。八旗と緑営は官制を異にしたが、本条に見える「指揮・千百戸」、正確に言えば「指揮・千戸・百戸」は、実はどちらの官名でもなく明代の衛所の官名である。清朝は中国を征服して間もない順治三年以降、明朝から引き継いだ衛所の大部分を廃止して軍を再編し、軍官の名称も「指揮・千戸・百戸」から「守備・千総・把総」に改めた[30]。本書の底本になっている律文は、順治四年に公布され、康熙九年に校訂されたものであるから、「指揮・千戸・百戸」の官名が残っているのは明らかにおかしい。実際、次に改訂された雍正律では、「指揮・千戸・百戸」は「所管の官（本管官）」に改められている。このような明白な誤りが雍正律制定まで訂正されず、『大清律輯註』でも一言も触れていないのは、律の研究を担った刑部官僚や幕友がもっぱら民政に携わり、軍の問題を扱うことがなかったからであろう。

明初に定められた兵制では、軍士は世襲の軍戸から出されることになっていたので、明代の衛所の指揮・千戸・百戸は「代々統括する官」として間違いはなかった[31]。清代の八旗に属するいわゆる旗人は、すべて八旗の戸籍に登録されて旗の末端組織である佐領（満洲語では「ニル」）に所属し、佐領の長官の管轄を受けた。緑営の兵は一般人から徴募されたが、一度兵籍に載せられたら自由に除隊することはできず、また実質的に世襲となっていた[32]。おそらく当時の律学者は軍のことをよく知らず、輯註も明代の注釈書から引き写してきただけであろうが、旗人にとっても緑営の兵にとっても、「所管の官」は「代々統括する官」であったとしてあながち間違いではない。
このように、官吏になった以上は皇帝と、ある土地に生まれた以上はその地の地方官と、軍士になった以上はその軍営の上官と、逃れ難い関係が生じている。こうした根本的な統属関係を「所管（本管）」と称するのである。

条文に見えるように、「所管」はもともと軍士に関わる概念であるが、人民の「所属（本属）」も「所管」の概念に含められる。吏卒の「直属（本部）」概念も「所管でない三品以上の官」と言うように「所管」に含めて用いられることがあるが、厳密に言えば「直属」は「所管」とは異なる。軍士は軍営に、人民は府・州・県に、本来的かつ永続的に属するが、吏卒は軍・民がたまたまその官庁で働くことになっただけである。[33] 吏卒は直属の長官に対して、「一時的に使われるという名分（一時事使之分）があるにすぎない」[34]（輯註）。だから、所属の地方長官は五品以上の知府・知州も六品以下の知県も区別しないのに対して、直属の長官に対する暴行・傷害は、官職の高さ（職之崇卑）で罪の重さを区別され、五品以上の官であって初めて所管の官と同列に扱われるのである[35]（輯註）。

ここで言う「官職の高さ」とは、五品以上・六品以下といった官品の高さを指す。伝統的な中国の官僚制は、行政組織とは別に九品（それぞれ正・従に分かれる）の官品の体系を有する。正規の官職には官品が定められ、その官職に就いた者の等級となる（九品に入らない官も一部いるが、後述）。五品以上と六品以下は、罪を犯した時の審問の手続きなどでも差等が設けられ（名例律〈職官有犯〉）、官品上の区分の目安となっている。

なお、佐貳官への暴行は長官への暴行から一等を減じ、首領官への暴行はさらに一等を減じるが、長官・佐貳官・首領官の関係は組織上の統属関係であって、官品の体系とは異なる。たとえば、府の佐貳官である同知は正五品であり、州の佐貳官である州同は従六品であるが、どちらも五品以上の長官である知府・知州の場合から一等を減じられることになる。官職の高さで区別すると言っても、必ずしも官品による区別で統一されているわけではない。

本節では、上長への暴行・傷害に対してまず大幅な刑の加重を定め、その後で軽減すべき要件を定めているが、軽減が重なると初めの加重が帳消しになる場合もあり得る。たとえば、吏卒が五品以上の長官の下僚である首領官の手足を折った場合、絞刑から二等減じて杖一百徒三年となり、相手が一般人の場合と等しくなってしまう。六品以下の長官の下僚である首領官であれば、三等減じてさらに二等減じることになるので、杖七十徒一年半となり、相手が一般人の場合より三等も軽くなってしまう。このように、本来加重すべきなのに二次的な減刑措置によって通常の罪より軽く、または等しくなってしまうことを「罪を減じて軽くなる（減罪軽）」と言う[36]。そうした場合、本来の加重の趣旨を重んじて、ここでは一般人に対する罪に一等加重する[37]。

以上が所管（および直属）の関係にある場合を扱った前半部分であり、後半は所管でない上長、すなわち「直接の統属関係にない（不相統属）」（輯註）上長に対する暴行・傷害を扱う。

「流外官」とは一品から九品までの官品をもたない官、謂わば正式な官に準じる地位に位置づけられた低位の官である。県の監獄を司る典史、駅を管理する駅丞、州県の倉を管理する倉大使などがこれに当たる[38]。「官」には違いないが、軍・民・吏卒と同じ範疇にくくられている。すなわち、官品をもつ者ともたない者との間で一線が画され、流外官以下は大きく分けて一般庶民の扱いになるのである。

流外官以下が所管でない官を暴行した場合、相手が三品以上・五品以上・九品以上で区別される。所管という根本的な統属関係がない以上、両者の間の義理は本来軽いので、ただ公的な地位の重さ（名器之重）に鑑みて、刑罰を厳しくするのだという（輯註）。地位の重さ、すなわち官品だけを基準とするので、本節の前半で見られた長官・佐貳官・首領官の区別は問題にされない。

三品以上というのは、中央では六部など主要官庁の長官・次官、地方では総督・巡撫から布政使・按察使といった省レベルの高官に相当し、官僚制内のトップグループを形成する。これら最高位の官僚に対しては、暴力を振るっただけで杖八十徒二年と重い刑が設定されているが、それでも所管の上長に対する場合と比べて二等軽い。所管の関係がいかに重く扱われているか、窺うことができよう。

ここで問題になるのは、流外官・軍・民・吏卒が所管でない三品以上の官を暴行した場合は「暴行」「傷害」「折傷」と三段階に区別されているのに対して、五品以上の官・九品以上の官を暴行した場合、「暴行・傷害」とあるだけで「折傷」が明記されていないことである。ここにいう「傷害」が単に「傷つけた」段階を指すのか「折傷」を含むのかで、『大清律輯註』以前の注釈書は解釈が分かれていた。

流外官以下が所管でない三品以上の官に暴力を振るった場合、単なる暴行で杖八十徒二年、傷つけたなら杖一百徒三年、折傷なら杖一百流二千里であり、所管でない五品以上の官の場合はその二等減であるから、単なる暴行で杖六十徒一年、傷つけたなら杖八十徒二年となる。問題はその後の「もし罪を減じて（一般の暴行・傷害より）軽くなった場合、……各々一般の暴行・傷害に二等を加える」という一文で、相手が一般人の場合、単なる暴行と「傷つけた」段階の傷害に対する刑は笞三十から杖八十であるから、「罪を減じて（一般の暴行・傷害より）軽く」なるケースはあり得ないということである。沈註は「律文は厳密であって、断じてそのように無意味な語句はない」との観点から、ここに言う「傷害」は折傷を含むと解釈する。一般人に対する傷害では、折傷の中でも重い障碍を負わせるに至ったならば杖一百徒三年となり、所管でない五品以上の官への折傷は杖一百流二千里から二等減じて杖九十徒二年半となるので、辛うじて「罪を減じて軽く」なるケースが起こり得る。

ところが、そうすると今度は「折傷・重篤な障碍・死に至らしめた場合を言わないのは、みな一般の暴行として論じるからである」という小註と矛盾することになってしまう。小註は公定解釈であるから、こちらも否定するのは難しい。そこで沈註は、ここは「折傷」と「重篤な障碍（篤疾）」が並列されているのではなく、「折傷篤疾」と繫げて読み、「折傷によって重篤な障碍を負った」場合を指すのであり、折傷はすべて一般の暴行として論じるという意味ではないと言う。いかにも苦しい解釈であるが、沈註は基本的に小註を含めた律が整合的であることを前提にしているので、律文はもとより小註の欠陥もできるだけ認めず、何とか解釈によって切り抜けようとするのである。

第二節　**なお、公使**（在京弁事官・歴事監生などの類）[39e]**が地方で**（現地の）**地方官を暴行したならば、罪はやはり同じとする。**（やはり所管でない官を暴行した場合の品級に従って罪を科す。）（暴行された）**所属の上司の逮捕・審問を受ける。**（もし統属関係にある州県官が知府を暴行すれば、もとより長官を暴行した場合の条項に依り、吏卒の場合から二等を減じる。もし上司の官品の方が低ければ、もとより後出の上司官と統属官の間の暴行の条項に依って科す。首領官がその官庁の長官を暴行すれば、もとより長官を暴行した場合の条項に依り、吏卒の場合から二等を減じる。もし同じ官庁の佐貳官を暴行し、双方の品級が後出の九品以上の官の暴行の条項に該当すれば、同条に依って科す。もし品級が同条に該当しなければ、ただ一般の暴行・傷害の条項に依る。もし佐貳官・首領官の間で暴行があれば、やはり一般の暴行・傷害と同じく罪を論じる。）

「公使」は中央政府から派遣された人員であるが、正式な官職をもたない者（不係職官之人）を指す（輯註）。本節について、輯註はごく簡単に語義を解説するのみで、沈註に至っては何の解説もしていない。明代にはこうした人々が地方に派遣され、中央政府の威光を笠に着て横暴に振る舞うことが社会問題となっていたが、清代にはそうしたことがあまり問題にならなかったためであろう。

なお、末尾の小註は、本条と関係のある条文を列挙して参照に備えたものであり（沈註）、本節に対する注釈ではない。

〈佐職統属殴長官（佐貳官・首領官・統属官の長官に対する暴行）〉

およそ同じ官庁の首領官または統属する官が長官を暴行し傷つけたならば、各々吏卒が長官を暴行し傷つけた場合から二等を減じる。（折傷について言わないのは、折傷によって重篤な障碍を負わせたのでないならば、ただ「傷つけた」として論じるからである。）**佐貳官が長官を暴行したならば、**（傷つけたことについて言わないのは、たとえ傷つけても重篤な障碍を負わせたのでなければ、ただ暴行として論じるからである）**さらに各々**（首領官の罪から）**二等を減じる。**（もし二等を減じた際の罪が一般の暴行より軽いか、あるいは一般の暴行と等しくなることがあり、）**罪を減じて軽くなったならば、一般の暴行に一等を加える。**（統属関係をもって臨む義理があることを言う。）**重篤な障碍を負わせたならば、絞**（執行猶予付き）。**死なせたならば、斬**（執行猶予付き）。

長官に対して、佐貳官は同じ官庁の補佐官、首領官は下僚であり、統属官は別の官庁に属しながら長官の下僚の扱いを受ける官である。たとえば府を例に取ると、知府が長官であり、同知・通判が佐貳官、経歴・照磨が首領官、部下ではあるが別の官庁である州・県の官（知州・知県など）は統属官である（沈註）。長官にとって、首領官・統属官は下に見て監督する義理（相臨之義）があり、佐貳官は同列に見て規制する義理（相制之義）があるとされる（輯註）。

沈註によれば、首領官・統属官は長官との間に統括関係があるが、等しく朝廷に仕える者（比肩而事主者）でもあり、吏卒と同じではない。前条への沈註が「所管（本管）でない」関係を「分限において統括がなく、職務において関係がない（分無統摂、事無相関）」と説明しているのを反転させれば、統括関係（統摂之分）は「所管」関係の属性であると見ることができる。首領官・統属官は長官に対して、生まれながらに従属しているわけではなく、一時的に部下になっているにすぎないので、その点では「一時的に使われている」吏卒とその直属の長官の関係と同じである。

だが一方で、統括関係の下位にある首領官・統属官は、長官に対して自律的な側面もある。知府の統属官である知州・知県について見れば、この点は明らかである。知州・知県は州・県の官庁にあっては長官であり、州県行政の主体である。首領官は概して軽んじられているが、やはり一定の職掌をもち、その点では意思決定の主体に違いないので、命令に従うだけの吏卒とは違う。その違いが、吏卒の場合より二等減として示されるのである。

佐貳官は長官の補佐官ではあるが、同僚として職務をともにする者（同寅而共事者）でもあり、下僚と同じではない（沈註）。そのために、下僚の場合よりさらに二等を減じられるのである。

首領官・統属官に関する箇所の小註に「折傷によって重篤な障碍を負わせたのでないならば、ただ「傷つけた」として論じる」とあり、佐貳官に関する箇所の小註に「たとえ傷つけても重篤な障碍を負わせたのでなければ、ただ暴行として論じる」とあるのは、文字どおりに解すれば、折傷以上あるいは「傷つけた」以上であっても、重篤な障碍を負わせなければ、一段階下の「傷つけた」あるいは単なる暴行として論じるということになろう。だが、それでは上司に対する傷害が加重されないこともあり得る。たとえば首領官・統属官が五品以上の長官を暴行して肢体を折るに至ったならば、吏卒が五品以上の長官を「傷つけた」場合（〈殴制使及本管長官〉）の杖一百流二千里から二等を減じて杖九十徒二年半、「罪を減じて軽くなった」ならば一等を加えるという規定に従っても杖一百徒三年で、一般の傷害と同等になってしまう。

沈註によれば、この小註はそのような意味ではなく、重篤な障碍を負わせるに至れば、他の暴行・傷害の罪とは別枠で論じるという意味であるという。したがって、重篤な障碍未満であれば、〈殴制使及本管長官〉に定める折傷あるいは「傷つけた」罪を基準にして論じるということになる。たとえば上記の首領官・統属官が五品以上の長官を暴行して肢体を折るに至った場合、吏卒が五品以上の長官に折傷を負わせた場合の絞から二等を減じて杖一百徒三年、これは一般の傷害の場合と同等になってしまうので、「罪を減じて軽くなった」ならば一等を加えるという規定に依って、[40] 杖一百流二千里となり、正しく一般の傷害より加重されることになるのである。

本条は佐貳官・首領官・統属官が長官を暴行した場合、その統属関係に鑑みて一般人に対する暴行より、最低でも一等は重く罪することを定めている。では逆に、長官が佐貳官・首領官・統属官に暴力を振るった場合はどうなるのかと言えば、それについては何も定められていない。沈註によれば、首領官・統属官は長官に対して、職務の上で監督下にあるとはいえ同じ王朝の臣であり、佐貳官は長官に対して、職分の上で規制を受けるとはいえ実は兄弟の義があるから、暴力を振るった以上は罪にならないはずがない。名例律〈職官有犯〉に、上司が属官を陵虐したならば、封緘した上奏文で訴えることを許すという規定があるので、闘殴篇に規定を設けず、上奏後に個別事情を見て罪を定めるのであろうと言う。なお、佐貳官・首領官・統属官の間で起こった暴行については、律の規定が及んでいないので、みな一般の暴行として論じるという（沈註）。

301 〈上司官与統属官相殴（上司官と統属官の間の暴行）〉

〈上司官与統属官相殴（上司官と統属官の間の暴行）〉

およそ監督する上司（の）佐貳官・首領官が、統属する（の）下司官で品級の高い者または所属の民で高い官品をもつ者との間で暴行に及んだならば、いずれも一般の暴行と同じく論じる。（一方は監督の重みによって、一方は品級の高さによって、[a] 所属の民として括《くく》ることができない。）**もし統属関係のある官でなく、品級が同じであって、暴行に及んだならば、やはり一般の暴行と同じく論じる。**

「監督する（監臨）上司」と「統属する下司」とは、前者が後者を「管轄」し、事務上の関わりがある（有文案相関渉者）という関係にある（輯註）。たとえば、布政司・按察司は府を監督し、府は州を監督する関係にある。各長官の官品は布政使（従二品）・按察使（正三品）・知府（正四品）・知州（従五品）とすべて監督する側が高くなっているが、布政司・按察司の佐貳官である参議（従四品）・僉《せん》事《じ》[41]（正五品）は知府より官品が低く、府の首領官である経歴（正八品）は知州より官品が低い（沈註）。つまり、官僚組織の上では上司と下司に当たっても、個別の官の間では官品の上下が逆転していることもある。また、地方官の所属の住民の中には、その土地で生まれ育って高官の地位に就く者も当然いるので、所管の上長である地方官より高い官品をもつ者がいる。

輯註によれば、監督する者とされる者の間には統属関係があり、地方官と所属の人民の間には「父母の義」がある。つまり、〈佐職統属殴長官〉や〈殴制使及本管長官〉で扱われたような重い義理が存在するが、下司や所属の住民の官品の高さはそうした義理に匹敵するのだという。これは明代の『読律瑣言』の所説を引き継いだものであるが、『読律瑣言』によれば「監督の重み（監臨之重）」と「品級の高さ（品級之尊）」はおおむね同等（相抵）とみなすことができる。したがって、こうした場合は同等の者の間の暴行として、一般の暴行・傷害の条項に依るのである。[42]

〈九品以上官殴長官（流内官の直属でない高官に対する暴行）〉

およそ流内九品以上の官が、所管でない三品以上（の高位）**の官を暴行したならば、**（長官・佐貳官を問わず）**杖六十徒一年。**（およそ暴行すればただちに罪する。傷つけてから内臓損傷に至るまでもやはり同じ。）**折傷以上または**（所管でない）**五品以上、もしくは五品以上が**（所管でない）**三品以上の官を暴行し傷つけたならば、各々一般の暴行・傷害に二等を加える。**（加等して死刑にすることはできない。）（官品が懸け離れていればその罪は重く、公式の地位が近ければその罪は軽いということで、貴賤を区別するためであろう。）

303 〈九品以上官殴長官（流内官の直属でない高官に対する暴行）〉

「流内」というのは、正・従九品に分かれた正式な官品をもつ官を指す。九品を三品以上、五品以上、九品以上の三つの階層に分けることは、前条までに何度も見られるが、これはそれぞれを周代の卿・大夫・士に相当するとみなす伝統的な秩序観に基づく。

本条は「九品以上の官が長官を暴行した（九品以上官殴長官）」と題するが、条文自体は官品の高さだけを問題にし、長官か佐貳官かを区別していない。沈註によれば、それは所管の関係、すなわち直属の上司と部下の関係にないからである。実際、〈殴制使及本管長官〉でも「所管」でない場合は長官・佐貳官を区別していない。官僚組織における統属関係がなければ、その区別には意味がないからであろう。それに対して官品は、職務上の関係とは関わりのない、個々の官職のランクを示すものである。ここでは、そのランクの差によって刑の加重を定めるのである。

九品以上六品以下の官が三品以上の官を暴行した場合、傷つけるに至らない単なる暴行から内臓損傷までで、杖六十徒一年の刑を科せられる。一般の暴行・傷害と比較すると、単なる暴行の笞二十との差は大きいが、内臓損傷の杖八十と比較すれば、三等の加重にすぎない。他はすべて二等加重であり、全体として極端に加重されているわけではない。重篤な障碍を負わせた場合、加等して死刑にすることはできないので、一般の傷害と同じく杖一百流三千里となり、死なせた場合は一般の闘殴殺人と同じ扱いとなる(43)（輯註）。同じ流内官の場合、品級の差だけで加重される刑の幅は、この水準に止まるのである。

〈拒殴追摂人（督促者・召喚者に対する暴行）〉

およそ官の遣わした人が（所属に下って）**銭糧の督促・裁判への召喚(44)を行ない、**（納税者または裁判に出頭すべき人が）**抵抗して応じなかった、または遣わされた人を暴行したならば、杖八十。もし傷つけて傷の重さが内臓損傷以上に至った、または**（遣わされて暴行を受けた人が、あるいは官職のある者であったり、あるいは親族の尊長であったりして）**本来犯したところ**（の暴行の罪）**が**（一般人に対する暴行[a]より）**重かったならば、各々**（本来犯したところによって得るべき重罪の上になお）**二等を加え、罪は杖一百流三千里を上限とする。重篤な障碍を負わせるに至ったならば、絞**（執行猶予付き）。**死なせたならば、斬**（執行猶予付き）。（これは納税者または裁判に出頭すべき人が、もともと罪を犯しながら勢力を恃みに命令に反しているのではない場合について言う。もし納税が遅延し、裁判に支障を来たしていたならば、罪ある人であるから、おのずから罪人が逮捕に抵抗した条項に当たる。）

本条は、官府が公務のため遣わした人（差人）に対して、公務に服する義務のある者が抵抗したり暴行したりした場合を扱う。捕亡篇〈罪人拒捕〉が罪を犯して逮捕されるべき者を対象とするのと異なり、もともと罪を犯していない者を対象とする（沈註）。

「抵抗（抗拒）」とは、「抗」が遣わされた人に従って出頭しないこと、「拒」が遣わされた人を門前払いすることであり、勢力を恃みにして服従しない（恃強頑梗）ことが罪となる（沈註）。闘殴篇は暴力行為を扱う篇であるが、本条は不服従だけで罪と定めている。〈宮内忿争〉と同様、闘殴篇の中で独自性の強い条文である。厳密に言えば、抵抗はしたが暴力は振るわなかった場合と、抵抗して暴行に及んだ場合の両方があり得るが、とにかく抵抗すればその時点で杖八十であり、暴行が加わっても軽傷を与えた程度なら量刑は変わらない（輯註）。沈註によれば、これは律の意図（律意）が抵抗に重きを置いているからである。遣わされた人を公務に関わりなく別の理由で暴行したなら一般の暴行として扱われるが（沈註）、その場合は「傷つけた（成傷）」段階までであれば笞罪に止まるので、内臓損傷に相当する杖八十という量刑は、一般の暴行と比べれば十分加重されているのである（輯註）。

なぜ抵抗が罪になるのかは、輯註・沈註とも明記していないが、明代中期の『読律瑣言』は、抵抗する者は「自分に罪がないことを恃みにして、官の命令があることを知らない」のだという。つまり、官の命令を蔑ろにしていることが罪になるのであろう。

沈註は、本条が官に対する暴行を扱った諸条の後に来る理由を、督促・召喚に来る人の中には上司から遣わされた官もいるからであると言う。だが、本条で基本的に想定しているのは、官職もなく加害者と親族関係もない者である。強いて言うならば、本条は官の命令を帯びた者への暴行を扱うからということになろう。官職があったり親族の尊長であったりした場合は、官あるいは尊長に対する暴行として、該当する条文に従って一般より重く罪せられた上、本条によってさらに二等加重されることになる（輯註）。本条は「抵抗」を暴力行為の加重要因としているのである。

〈殴受業師（教えを受けた師への暴行）〉

およそ教えを受けた師を暴行したならば、一般人に二等を加える。[45]**死なせたならば、斬。**（「およそ」とは、単に儒学の師だけを指して言うのでなく、諸々の技芸がその内に含まれる。儒学の師は終生にわたって師であるが、その他は学業を終えていなかった、あるいは別の業種に換えていたならば罪しない。もし学業を習い[a]終えていれば、罪はやはり儒学の師と同様に科す。道士・女冠・僧尼の教えを受けた師に対する関係は伯叔父母と同じであり、暴行の罪を犯しても本条を用いない[b]。）

「現に教えを受けた師を殺す（殺見受業師）」ことは十悪の「不義」に入っているが、人命篇では条文化されておらず、関連する条文はここに見られるのみである。

本条に言う「教えを受けた師」が具体的に何に当たるかは、時代によって解釈が変化していた。明代中期の代表的な注釈書『律条疏議』[46]は、「教えを受ける（受業）」とは経書の教えを受け弟子の礼を執ることであるとし、儒学の師を指すという解釈を示していた。技芸のような「つまらぬこと（末事）」は語るに足りず、技芸の師がこの条文に該当しないのは明らかだと言う。ところが、その後まもなく「我々儒者が詩書の教えを受けるのと、職人が技能の伝授を受けるのは、みなこれに当たる」という解釈が現れ[47]、明末になると、儒者であれ職人であれ教えを受けた師に対しては「在三（父・師・君を敬うこと）の義」があると言い、あらゆる技芸の師が該当するのを当然視する注釈が現れる。[48]

清律は小註でも「諸々の技芸（百工技芸）がその内に含まれる」と明記しており、輯註もその説に従っている。だが、「諸々の技芸の師は、儒者とは区別されなければならない。しかし技能を習って修得し、その技能で終身生計を立てていくのであれば、やはり在三の義がある」という輯註の解説は、控えめながら儒者と職人は区別すべきだとの主張がなされていると見るべきであろう。[49] 輯註が全体として明代中期以降の注釈に基づいていることを考えれば、ここで敢えて「区別されなければならない」と一言入れたのは、沈之奇にとって儒学の師と職人の師を同等に扱うのが不釣り合いに感じられたことを示している。これは沈之奇個人の問題というよりも、明清交替後の社会の風潮に変化があったことを示しているのかもしれない。

しかし、『大清律輯註』刊行後の雍正朝になると、「およそ士農工商にはすべて教えを受けた師がいる。教えを受けて修得したならば、終身その教えから利益を得るのであるから、恩義は極めて重い」とし、これは「不義を懲らすのである」と公定注釈において断定されるに至る。[50] これは清朝専制体制を確立した雍正朝の一君万民政策の表れを感じさせる。これに続く乾隆・嘉慶朝は前代に固まった体制を受け継いでいく時代であるから、『清律例彙纂』などその後の注釈書はもっぱらこの説を継承している。

法も社会の産物であるから、法解釈が社会の変化に伴って変わるのは無理のないところである。輯註は明代中期以降の注釈書、特に『大明律附例』（清代に『王肯堂箋釈』として流布した）から多大な影響を受けており、その説を引き写しているにすぎない部分も多いが、明末の注釈書と『大清律輯註』とでは律の解釈の根本にある発想が異なっていた可能性がある。本条はその一端を垣間見せてくれたと言うべきである。

なお、小註に見える道士や僧尼については、師から教えを受けるだけでなく養われもするものだということから、一層重く扱われることになっている。「伯叔父母と同じ」というのは、名例律〈称道士女冠〉に定められている（輯註）。

〈威力制縛人（私刑）〉

およそ（両人が互いに）**理非を争えば、**（その曲直は）**官に訴え**（て裁決を得）**ることを許す。もし**（横暴で力のある人が）**威力をもって人を**（強）**制・**（束）**縛した、または私宅において拷打・監禁したならば、**（傷つけたか傷つけなかったかを問わず）**いずれも杖八十。傷の重さが内臓損傷以上に至れば、各々**（その傷を検証して）**一般の暴行・傷害に二等を加える。それによって死なせたならば、絞**（執行猶予付き）。**もし威力をもって**（他）**人を指図して殴打させ、死傷させたならば、いずれも指図した人を首犯とし、手を下した人は従犯として論じ**（指図した者から）**一等を減じる。**

国家が官を設けるのは、法によって民を治めるためであり、およそ民に争い事があれば、官に訴えて審判を仰ぐべきである（輯註）。それなのに暴力的手段に訴えた者は、本条によって罰せられる。「威力」の「威」とは人を圧倒するに足る勢い、「力」とは人を打ち負かすに足る腕力であり、「制縛」とはそうした勢いや力によって人を進退窮まらせ、身柄を拘束することである。ただし「制」の字は、実は下の「拷打」「監禁」の二項を内包するので、「威力をもって人を制縛」するとは、勢いや力によって人を屈服させて、拘束し、めった打ちにし、監禁することであるという（沈註）。

暴力的手段に訴えて他人を侵害するという点や、傷害の程度によって区分する点、〈闘殴〉を基準にして科刑する点など、本条は明らかに〈闘殴〉の派生型の一つである。死なせた場合も、闘殴殺人と同じく殺人の意思（殺人之心）はなかったとされる（輯註）。

死なせた場合、「拘束し、めった打ちにし、監禁する」の三項のうち、一般に直接の死因となるのは「めった打ち（拷打）」であろう。後半の「指図した」場合については、「殴打させ、死傷させた」と「殴打」だけが記されている。だが沈註は、「もし人を縛り上げて監禁し、飢え凍えさせて死なせたならば、それによって死んだことになるではないか」と言い、「拷打」だけに限定できないとする。

実際には、死傷した場合、ほとんどが「拷打」によるであろうことは沈註も認めている。だが、「拷打」なしでも本条が適用されるならば、縛り上げて監禁しただけで直接的な暴行に及ばなかった場合でも、杖八十の刑は科されることになる。これは、〈拒殴追摂人〉が暴力を振るっても振るわなくても抵抗しただけで罪になるのと同様であり、量刑も同じ杖八十である。〈拒殴追摂人〉では官が遣わした人に抵抗し、官の命令を無視したことが罪となるが、本条では官の権力を侵したことが罪となる。争い事の当事者を「縛り上げ」「拷打し」「監禁する」ことは、いずれも「官法の事」すなわち官が法によって行なう国家の専権事項であって、横暴で力のある人（豪強之人）、具体的には在地の社会で権勢をもつ有力者らが勝手に行なってはならないからである（輯註）。

本条の後半は、そうした権勢のある者が威力をもって他人を使い、同様の行為に及んだ場合を扱う。〈闘殴〉第六節の「共謀してともに暴行（同謀共殴）」した場合と似ているが、科刑の論理は異なる。

「共謀してともに暴行」した場合、実行犯は与えた傷害の程度に従って各々科刑し、計画をもちかけた主唱者（元謀）は、最も重い傷を与えた実行犯の刑から一等を減じる。それに対して本条は、逆に「指図した（主使）」人が首犯であり、実行犯は一等減となる。

「首謀者（造意）」すなわち犯罪を企図した者を首犯とするのは、名例律〈共犯罪分首従〉の規定に適っているが、すでに示したように闘殴については意図を問題にしないのが原則であった。それにもかかわらず、ここで実行犯でなく指図した者を首犯とする理由を、輯註は次のように説明する。権勢のある者は威力で人を脅かすことができるので、指図された人は従わざるを得ない。その人は「人を暴行するという行為（殴人之事）は行なっていても、人を暴行する意思（殴人之心）は本来なかった」のだから、指図した者が首犯、実行犯が従犯になるのである。「共謀してともに暴行」した場合、実行犯にも「人を暴行する意思」はあったのだから、実行犯が最も重く罪せられるのだという(51)。

なるほど本篇の通則に当たる〈闘殴〉では意図を問題にしていないが、それは一般に暴力を振るった以上「暴行する意思」があったのは自明であり、問題にする必要がなかったからである。実行犯を首犯とする前提になる「暴行する意思」が「本来なかった」となれば、首犯となるべきは真に「暴行する意思」をもっていた者ということになる。さらに、指図されて従った人は、その場で手を下さなければ従犯の罪にも問われず、状況に応じて「なすべきでない」ことをした罪（雑犯篇〈不応為〉）を科せばよいとされるが（沈註）、これも「共謀してともに暴行」した場合と異なる点である。このように、「指図（主使）と共謀（同謀）は、おのずから意味が異なる」（輯註）のである。

なお、一般に一家の人がともに犯罪に及んだ場合、名例律〈共犯罪分首従〉に依って尊長だけを罪するが、子弟や奴僕を指図して人を暴行して死傷させた場合は、指図した者を首犯、手を下した者を従犯として、子弟・奴僕にも罪を科す。[52]〈共犯罪分首従〉は、「人を損傷（侵損）した」場合は一般の首従法に従うと定めているからである（沈註）。

〈良賤相殴（良人と賤人の間の暴行）〉

良人と賤人の区別については、すでに賊盗篇〈略人略売人〉で取り上げている。「奴婢」とは「犯罪者の子女で、連坐により官に没収され、奴婢として賤役に供せられた者」（輯註）、「犯罪に連坐した人で、功臣の家に給付された者」（沈註）である。この定義に従えば、奴婢は謀反・大逆など一部の重大犯罪に連坐した者であるから、人数が非常に限られ、特権階層に属するわずかな家にいるだけである。

実際には、当時の中国で人身売買はごく普通に行なわれており、売買された人は一般に「奴婢」とみなされていた。〈略人略売人〉に見える「奴婢」は、そうした実質的な奴婢を指すと考えられる（同条の解説を参照）。だが本条の沈註は、常人の家には「奉公人（雇工）」[54]があるだけで「奴婢」があってはならない[53]とし、「昨今の裁判機関（問刑衙門）は、およそ士夫の家に身売りした者を一概に奴婢として論じている」と批判している。このことから、少なくとも良人・賤人という身分の違いとして取り上げられる場合、「奴婢」は本来の定義に従って、重大犯罪に連坐して功臣の家に給付された者と理解されたことになろう[55]。清律の条文では、良人と賤人の間の犯罪は「良人」と「奴婢」についてだけ記しているので、「良人」というのは奴婢でない大多数の一般人を指すことになる。

このように法的に定義された賤人身分としての奴婢を、輯註は「良民と同じではない」とするが、どのように異なるかは明記していない。明末の『大明律附例』は、連坐によって奴婢となった者は「無罪の良民と同じではない」としており、この説を受け継いだのであれば、奴婢は罪ある人であるために差別されるということになる。ただし、その罪は本人が犯したものではなく、父祖・夫などが犯したものであるから、奴婢に対して厳しく望むべき理由としては弱い。実際、量刑について言えば、奴婢であることによる刑の加減は一等に止まる上に、往々にして他の加減要因によって阻却されてしまうのである。

　要するに、賤人身分であることによっては、奴婢はあまり大きな差別を受けないのであるが、本条第二節や次の〈奴婢殴家長〉に見えるように、家長との関係においては厳しい扱いを受ける。奴婢はその法的身分よりも、家長との「主僕」関係の方が遥かに重んじられているのである。

第一節　**およそ奴婢が良人を暴行し**（あるいは暴行し、あるいは傷つけ、あるいは折傷を負わせ）**たならば、一般人に一等を加える。重篤な障碍に至らしめたならば、絞**（執行猶予付き）、**死なせたならば、斬**（執行猶予付き）。**なお、良人が他人の奴婢を暴行し傷つけ**（あるいは暴行し、あるいは傷つけ、あるいは折傷・重篤な障碍を負わせ）**たならば、一般人から一等を減じる。もし死なせた、または故殺したならば、絞**（執行猶予付き）。**もし奴婢が互いに暴行・傷害・殺害を行なったならば、各々一般の暴行・傷害・殺害の法に依る。相手の財物を侵害したならば**（窃盗・強奪・詐欺・騙り・恐喝・強要などの類）、**この**（加減の）**条文を用いない。**（なお各条の一般の暴行・傷害・殺害の法をもってこれを罪する。）

奴婢の良人に対する暴行は、一般人の間の暴行に一等を加えた刑が科される。一般人の間の暴行・傷害では、重篤な障碍を負わせた場合が杖一百流三千里、死なせた場合（闘殴殺）が絞となっているが、加重による刑の上限は杖一百流三千里という原則があるので（名例律〈加減罪例〉）、その原則によれば「重篤な障碍」以上は加重できない。本条では、重篤な障碍を負わせた場合を絞、死なせた場合を斬としているが、これは本来加重できない杖一百流三千里と絞をそれぞれ一等加重したことになる[56]。逆に良人の奴婢に対する暴行・傷害は、一般人の間の場合から一等を減じた刑が科される。刑を軽減する際に二死（絞・斬）と三流（二千里・二千五百里・三千里）は各一等として扱うことになっているので（〈加減罪例〉）、その原則によれば故殺（一般人の場合は斬）は杖一百流三千里になるはずであるが、本条では絞になっている。これも加減の原則に従えばもっと減刑されるはずのものを、文字どおりの一等減としたことになる。

このように、奴婢と良人の間では、暴行・傷害について一等の加減がほぼ貫徹されているが、一点だけ例外がある。良人が奴婢を暴行して死なせた場合（闘殴殺）、一般人の間では絞であるから、一等減が適用されれば杖一百流三千里になるはずであるが、本条では減等されずに絞のままである。これについて輯註は、たとえ賤人であっても命には命で償わなければならないと言い、沈註はさらに「相手が奴婢であっても自分とは個人的関係のない他人（凡人）なのだから、その人を賤しんでもその命を賤しむことはできない」と言う。つまり、親族関係や主僕関係のような強力な相互関係をもたない以上、「命には命で償う（抵命）」という重要な原則を破るには当たらないのである。奴婢と奴婢の間の暴行・傷害は、どちらも同じ賤人で身分に差がないので、一般人の間の暴行・傷害の法に依ることになる（輯註）。

「相手の財物を侵害（相侵財物）」するというのは、字面を見る限り良人・賤人相互について言っているようであるが、実は良人が賤人の財物を侵害した場合だけについて言う。たとえば、良人が奴婢の財物を奪い取ろうとして、逆に奴婢から殴り倒されたといった場合、賤人だからといって奴婢の罪が一等加重されることはなく、良人が奴婢を殴って財物を奪ったといった場合、良人だからといって一等減じられはしないということである。[57] 反対に奴婢が良人の財物を侵害して、良人を殴ったり良人に殴られたりした場合、わざわざ奴婢に有利になるように本条の規定を用いないのは、理に適わないことが明らかである（輯註）。

なお、財物を奪った罪の方が、その時に犯した暴行・傷害より重い場合は、重い方の条項に従って罪を論じる。「重い方に従って論じる（従重論）」というのは律の通則であり、「この条文を用いない」というのは、必ず一般の暴行・傷害の条文を用いるべしと言っているわけではない。小註はそのように読み誤りかねない書き方をしているが、これは本条が暴行・傷害の罪について扱っているからであるという（沈註）。

第二節　もし（父系・母系の）**緦麻・小功の親族の奴婢を暴行しても、折傷を負わせたのでなければ、論じない。折傷以上**（重篤な障碍を負わせるまで）**に至らしめたならば、各々一般人の奴婢を殺傷した罪から二等を減じる。大功**（の親族の奴婢）**は三等を減じる。死に至らしめたならば、**（緦麻・小功・大功を問わず）**杖一百徒三年。故殺したならば、絞**（執行猶予付き）。**過失殺であれば、各々論じない。**

本節から、闘殴篇の後半における最大の論点である親族関係に関わる議論が始まる。そもそも奴婢に関する律の規定は、良人との関係ではなく、家長（主人）やその親族との関係を扱ったものが大半である。律において、奴婢は賤人身分であることよりも、家長と主僕の関係にあることの方が遥かに重視されている[58]。

良人が親族の奴婢を暴行した場合、名分に関わることになり、親族関係の親疎によって量刑が変わる（輯註）。次の〈奴婢殴家長〉に見えるように、奴婢は家長との間に君臣に擬せられる名分があり、家長とその親族の間には親疎に応じた義理が存する。そこで、家長の親族が奴婢を暴行した場合、家長との親縁関係に従って刑が軽減される。具体的には、家長自身に近い親族ほど罪が軽くなり、遠縁になるほど重くなって一般人に近づく。ここでは、折傷から重篤な障碍を負わせた場合まで、緦麻・小功と大功の間で一等の差がつけられている。だが、死なせた場合（闘殴殺）は大功でも緦麻・小功より減じられず、故殺は闘殴殺の杖一百徒三年から一気に重くなって絞となる。これは人命を重んじるためであり、特に故殺は情状が重いので他人の奴婢の場合と同じにするのだという（沈註）。

第三節　**もし**（父系・母系の）**緦麻・小功の親族の奉公人を暴行しても、折傷を負わせたのでなければ、論じない。折傷以上**（重篤な障碍を負わせるまで）**に至らしめたならば、各々一般人に対する罪**

から一等を減じる。大功（の親族の奉公人）ならば二等を減じる。死に至らしめた、または故殺したならば、（緦麻・小功・大功を問わず）いずれも絞（執行猶予付き）。過失殺であれば、各々論じない。（雇用されて働く人は罪に連坐して奴婢となった者とは異なる。しかし主僕の名分があるので、家長の親族の親疎によって論じる。期親の親族の奉公人を暴行した場合について言わないのは、次条に家長の期親もしくは外祖父母が奉公人を暴行した場合の条文があるからである。もし他人の奉公人であれば、一般人として論じるべきである。）

奉公人（雇工人）は奴婢とは違い、身分の上では良人である。良人が人に雇われて使役されるにすぎないので、「その仕事を賤しんでもその身を賤しむことはない」。雇用期間が終われば、家長との関係も一般人と変わらず、その点でも終身にわたって拘束される奴婢とは異なる。だが、使役されている間は家長の親族との間にも名分があるので、奴婢と異なるとはいえ、一般人と同じにはできない（沈註）。「家長の親族との間にも名分がある」というのは、奉公人と家長の間にある「主僕の名分」（小註）が、家長の親族にも拡大して認められるということであろう。

科刑のパターンは奴婢の場合と類似していて、減等の幅は当然ながら奴婢の場合より小さい。特に死なせた場合は故殺と同じ絞になっており、一般人の場合と同じ「命には命で償う」原則が適用されている。

〈奴婢殴家長（奴婢の家長に対する暴行）〉

本条に見える奴婢は、もっぱら家長と主僕関係にある者として扱われている。明律の本条に関わる条例[59]には、財貨をもって義男を買い、長く養い妻を娶らせてやった場合は子孫と同じく論じ、養った期間が短く妻を娶らせていない場合は、士人・庶民の家では「奉公人」と同様に論じ、「縉紳《しんしん》」の家では「奴婢」と同様に論じるとある。沈註はこの前代の条例を、「引用することはできないが、その意味するところは採るべきである」と言う。つまり、「縉紳」すなわち官僚身分をもつ程度の上層階級に限ってはいるが、人身売買によって得た人を「奴婢」として扱うことを認める方針を示している。これは同じ沈註でも前条への注釈と矛盾するが、要するに賤人身分としての奴婢は功臣の家の奴婢だけであっても、家長と主僕関係にある奴婢は常人の家に売られた奴婢を含むとして、両者を区別する観念があったと見るべきであろう。

『大清律輯註』刊行後の雍正四年（一七二六）には、「およそ漢人の家で生まれた奴僕、地方官の公印を捺した契約書を立てて買った奴僕、並びに雍正五年以前に公印のない契約書を立てて買った者、または身を寄せられ養育して久しい者、婢女がつれあいを得て子を生《な》した者は、ともに家奴であって子々孫々にわたって代々使役に服し、婚姻はともに家主による」ことが定められ、雍正律制定の際に条例として載入された[60]。この条例は、満洲は主僕の名分が厳しいのに対して漢人はいいかげんであるとの認識に基づく[61]もので、既定の律例については「満洲の主僕に照らして論じる」ことを命じている。つまり、人身売買による奴婢は、その子孫ともども律例に言う「奴婢」であると認めたことになる。ただ、ここでも問題になっているのは「良賤」ではなく「主僕」の名分である。清朝としては、良人・賤人の身分の別にはこだわらないが、家の中での「主僕の名分」は重視し、人身売買によって常人の家に入った者やその子孫についても、この名分を守るよう命じたのである。これは満洲人の「奴僕」観に基づく部分が大きかったかもしれないが、前掲の沈註と考え合わせれば、沈之奇のような当時の漢人の常識的な感覚にも沿うものであったと見ることができる。

第一節　**およそ奴婢が家長を暴行したならば、**（傷つけても傷つけなくても、暴行に関わった奴婢は、首犯・従犯を区別せず）**みな斬。殺したならば**（故殺でも闘殴殺でも、暴行に関わった奴婢は、首犯・従犯を区別せず）**みな凌遅処死。過失殺であれば、絞**（執行猶予付き。過失により）**傷つけたならば、杖一百**（収贖しない）[a]**流三千里。もし奴婢が家長の**（尊属・卑属の）**期親または外祖父母を暴行したならば、**（たとえ傷つけていなくても、やはり）**絞**（執行猶予付き。従犯は一等を減じる）。**傷つけたならば、**（暴行に関わった奴婢は、首犯・従犯、傷の軽重を問わず）**みな斬**（執行猶予付き）。**過失殺であれば、暴行の罪から二等を減じる。**（過失により）**傷つけたならば、さらに一等を減じる。故殺したならば、**（暴行に関わった奴婢は）**みな凌遅処死。家長の緦麻の親族を暴行したならば**（父系・母系・尊属・卑属を兼ね、およそ暴行すればただちに罪し、傷つけたとしてもやはり同じく）[b]、**杖六十徒一年。小功は、杖七十徒一年半。大功は、杖八十徒二年。折傷以上であれば、緦麻は良人を暴行した罪に一等を加える。小功は二等を加え、大功は三等を加える。加等する際には、加等によって死罪にもする**（ただし絞を斬とはしない。一人の暴行・一人の傷害について、各々該当する法に依る）。**死なせたならば、**（暴行に関わった奴婢は）**みな斬。**（故殺もやはりみな斬。）[c]

奴婢にとって「家長」は主人であるが、厳密に言えば、奴婢を所有している一家のうちで最も目上の者が「家長」である。本条で「家長の祖父母・父母」に言及しないのは、祖父がいれば祖父が家長、父がいれば父が家長、祖母・母も同様だからである（沈註）。逆に言えば、奴婢の「主」はその家の家長と自動的に決まっているのである。

奴婢の家長に対する暴力行為は、たとえ傷つけなかったとしても、手を上げただけで全員が斬（即時執行）[62]である。この段階ですでに五刑の最高刑を科され、殺せば凌遅処死となる。これほど重い刑が設定されているのは、「主僕の義理は君臣と同じ」（沈註）であり、臣下が主君に歯向かうのと等しく、「背逆も甚だしい」（輯註）ことだからである。この量刑は、子孫が祖父母・父母を暴行した場合〈殴祖父母父母〉にほぼ相当する。人命篇〈謀殺祖父母父母〉でも、奴婢が家長を謀殺すれば「罪は子孫と同じ」とされ、訴訟篇〈干名犯義〉でも、奴婢が家長を訴えた場合は「子孫・卑幼と罪は同じ」とされていることから、奴婢と家長の関係は、その重みにおいて子孫と直系尊属の関係に等しいとみなされていたことがわかる。

しかし、子孫の祖父母・父母に対する過失殺は杖一百流三千里であり、過失傷は杖一百徒三年である〈殴祖父母父母〉のに対して、奴婢の家長に対する過失殺は絞、過失傷は杖一百流三千里と、奴婢の方が一等重くなっている。輯註によれば、奴婢は家長に対して謹むべきであり、過失があってはならないからということであるが、沈註は若干ニュアンスが異なる。沈註によれば、子孫は祖父母・父母の「天属の親」すなわち生まれながらの親族であり、自然と気遣いをするであろうから、不幸にして過失があった場合は憐れんで寛大に扱うが、奴婢は「義合の人」すなわち義理に基づいて結びついた者であり、粗忽になりやすいので、悪意のない過失であっても重く罰して予防に資するのだという。「これは律の深い意図である（此律之深意也）」と称している。

家長の親族に対する暴行は、家長を中心とした服制に従って、原則として家長から遠くなるほど刑も軽くなる。(63)奴婢が仕える一家の成員である家長の妻子でさえ、服制に従って単に「家長の期親」として扱われる。これは主僕の義理が君臣の義理と同じで「家長はただ一人」だから（沈註）、つまり奴婢は家長とのみ主従関係にあるのであり、他の人々とはすべて家長を介した関係になるからである。

緦麻・小功・大功の親族に対する暴行の小註にある「一人の暴行・一人の傷害について、各々該当する法に依る（一殴一傷、各依本法）」というのは、複数の奴婢が暴行に関わった場合の扱いについて言う。家長の期親に対する暴行であれば、「みな斬」であって首犯・従犯を区別しないが、ここでは「みな（皆）」と書かれていないので、律の原則に従えば首犯と従犯を分けることになる。だが、ここでは「およそ暴行すればただちに」それぞれ徒刑に当てることになっている。暴行に加わった人は、暴力を振るっただけであれば暴行の罪に、折傷以上を負わせたならば傷害の罪にと、それぞれ個別の暴行・傷害の罪に当てられ、首従の法を用いない。それを「各々該当する法に依る」と言うのである（沈註）。一般に刑の加重は杖一百流三千里を上限とするにもかかわらず、ここでは「加等によって死罪にもする」と明記されている点とともに、重く罰する姿勢の表れであろう。また、死なせた場合は「みな斬」であるが、小註で「故殺もやはり」みな斬と断っているのは、一般に複数で暴行した際の故殺は、一人が咄嗟に殺意を抱いた結果であるとして一人だけを死罪とするのであるが、(64)ここでは殺害までは承知していなかった者もすべて同罪とすることを強調しているのである。「名分を重んじ、悪逆に厳しく臨むため」であるという（沈註）。

321〈奴婢殴家長（奴婢の家長に対する暴行）〉

第二節　**もし奉公人が家長または家長の期親もしくは外祖父母を暴行したならば、**（たとえ傷つけていなくてもやはり）**杖一百徒三年。傷つけたならば、**（傷の軽重を問わず）**杖一百流三千里。折傷を負わせたならば、絞**（執行猶予付き）。**死なせたならば、斬**（執行猶予付き。[d]）家長を暴行したのであれば即時執行の斬。[e] 家長の期親もしくは外祖父母を暴行したのであれば執行猶予付きの斬。[f] **故殺したならば、凌遅処死**（即時執行）。[g] **過失殺傷であれば、各々該当する殺傷の罪から二等を減じる。家長の緦麻の親族を暴行したならば、杖八十。小功は杖九十、大功は杖一百。傷の重さが内臓損傷以上に至ったならば、緦麻・小功は一般人の罪に一等を加え、大功は二等を加える。**（罪は杖一百流三千里を上限とする。）**死なせたならば、各々斬**（執行猶予付き）。

本条の冒頭で取り上げた明代の条例は、官・民の家に雇われて働く者のうち、契約書を立てて（立有文契）年限を定めた者は奉公人（雇工人）として論じ、短期雇用で賃金も少ない者は一般人として論じるとしている。つまり、年季奉公をして長期にわたって使役され、家族に準じる存在になっている者が「奉公人」とみなされたということであろう。(65) 奉公人も家長と主僕の関係にあるとされるが、奴婢よりは義理が軽いので刑も軽減される。(66) 科刑のパターンは、官吏が勅使を、人民が所属の地方長官を暴行した場合と類似している。義理の重さの上で、奴婢が子孫に相当するとみなされるのと同様に、奉公人は地方長官の所属の民に相当するとみなされていると言えよう。

過失殺傷であれば「各々該当する殺傷の罪から二等を減じる」とあるが、ここに言う「各々」は「殺」と「傷」についてそれぞれ減等することである（沈註）。過失傷の場合、傷害の重さに言及していないため、折傷以上で科刑が変わるのかどうかが問題となった。本節の暴行・傷害の場合を基準にするのであれば、折傷の絞から二等を減じることになり、それが素直な解釈だと思われるが、沈註はそうではないと言う。奴婢が家長の期親・外祖父母を過失により殺した場合、暴行による殺害から二等減じ、過失傷の場合はさらに一等を減じるので、傷の程度を問わず杖九十徒二年半となる。奉公人の過失傷は、軽傷を負わせただけでも杖一百流三千里から二等減じて杖九十徒二年半であるから、奴婢と同じ刑を科されるのであるが、折傷を絞から二等減とすると杖一百徒三年で、奴婢より却って重く科刑されることになる。このようなことは、「律の意図（律意）」であるはずがない。したがって、奉公人の過失傷は「傷つけた」場合の杖一百流三千里から二等を減じて、やはり杖九十徒二年半になるというのである。

第三節　**もし奴婢に罪があって**（あるいは姦通、あるいは窃盗など、およそ法に反する罪過はみなこれに当たる）、**その家長または家長の期親もしくは外祖父母が、官に訴えずに**（勝手に）**暴行して殺したならば、杖一百。罪がないのに**（暴行して）**殺した**（あるいは故殺した）**ならば、杖六十徒一年。近親の人々**（奴婢の夫・妻・子女を指す）**は、すべて解放して良人とする。**（奴婢に罪があった場合、折傷・重篤な障碍について言わないのは、死に至らせたのでなければ論じないからである。）

奴婢に罪があった場合、家長とその期親・外祖父母は「義理によって懲罰を科すことができる（義得懲治）」ので、暴力を振るって傷を負わせても、殺さない限りは罪に問われない（沈註）。だが本来、奴婢に罪があれば官府に訴え出て審判を仰ぐべきなので、勝手に殺せば罪になる（輯註）。殺した場合の刑は杖一百であるが、これは祖父母・父母が教令に違反した子孫を暴行して殺した場合（〈殴祖父母父母〉）と等しい。奴婢が罪なくして殺された場合、杖六十徒一年の刑になるが、こちらは教令に背いていない子孫を故殺した場合と同じ量刑である。ここでも、奴婢は子孫と同等に扱われている。

罪のない奴婢を殺した場合、加害者に刑が科された上、奴婢の近親（当房）家族が解放される。明末の『大明律附例』は解放される家族の範囲を「奴の妻・婢の子」としていたが、見てのとおり清律の小註では「奴婢の夫・妻・子女」に拡大されている。沈註はさらに拡大して、父母・兄弟も解放すべきであるとする。なぜなら、罪のない者を理不尽にも殺すとは残虐の極みであるが、名分の重さを考えればこれ以上の刑を科すことはできず、だからといって殺された奴婢の近親を奴婢のままにしておいて、なお虐待の危険にさらすべきではないからであるという。沈註は罪ある奴婢についても、些細な過ちのために暴行して死なせた場合は、家族を解放すべきであるとしている。明末から清初にかけて、奴婢に同情的な解釈が強まっていたことがわかる[67]。

なお、本節では罪のない奴婢に対する暴行・傷害については言及がない。沈註は、名分の重さによって免罪となるのだろうと言いながらも、「後考を俟つ」としている。

第四節　もし家長または家長の期親もしくは外祖父母が奉公人を暴行しても、（罪のあるなしを区別せず、）**折傷を負わせたのでなければ論じない。折傷以上に至れば、一般人**（に折傷を負わせた罪）[h]**から三等を減じる。それによって死なせたならば、杖一百徒三年。故殺したならば、絞**（執行猶予付き）。

家長またはその期親・外祖父母が奴婢を殺した場合、その奴婢に罪があったかどうかが問題となるが、奉公人については罪の有無を問題にしない。また、奴婢と違って折傷以上を負わせた時点で刑が科される。もとより、雇用期間が終われば家長とも一般人どうしになるという関係（人命篇〈謀殺故夫父母〉の解説を参照）に鑑みたものである。

一般人に対する暴行・傷害と比べれば、量刑が大幅に軽減されているが、ただ故殺の場合だけは同じ絞である。闘殴殺は意図せずして（無心）殺してしまうことであるが、故殺は意図して（有意）行なうことなので、命で償うことを免れないのである（輯註）。

一般人の場合、重篤な障碍を負わせた者は被害者に財産の半分を付与して扶養することになっているが（〈闘殴〉）、本節にはそれに関する規定はない。沈註は、義子を暴行して重篤な障碍を負わせた場合、分与するはずの財産を与えて扶養させる（〈殴祖父母父母〉）という規定を引き合いに出して、奉公人も義子と同様に財産を与えて扶養させるべきであろうと言う。もちろん奉公人は義子と違って分与されるはずの財産などないので、酌量して給付すべきだというのである。〈殴祖父母父母〉の第二条例において、義子が「奉公人として論じる」とされていることからも、逆に奉公人は義子と同様に論じることができると言う。

第五節　もし（奴婢・奉公人が）（家長または期親・外祖父母の）**教令に背いて、法に依って**（臀部・腿部など杖刑を受ける箇所に）**懲罰を行ない図らずも死なせた、または過失殺したならば、各々論じない。**

第三節に見えるように、家長またはその期親・外祖父母は奴婢に懲罰（正確に言えば体罰）を科すこと（懲治）が認められており、第四節の規定によれば、奉公人にも折傷を負わせない限り懲罰が認められていると言えよう。ただし本節によれば、それは「法に依った（依法）」懲罰、具体的には臀部・腿部などへの杖責（細い棒で打つこと）に限られる。これは犯罪の容疑で裁判にかけられた者への訊問手段としても認められており（第2巻断獄篇〈決罰不如法〉およびその解説を参照）、笞刑・杖刑も同様に行なわれる。こうした合法的な懲罰は、本来危険がないはずなのであるが、時として死んでしまうこともある。「図らずも死なせた（邂逅致死）」というのは、死に至らしめる理由がないはずなのに、たまたま死んでしまったということであり、懲罰のやり方が間違っていたためではないから罪を論じないのだという（沈註）。

なお、奴婢・奉公人の殺害について、律は闘殴殺・故殺のみ定めて謀殺に言及しない。これは尊長が卑幼を謀殺した場合に故殺の法に依る（人命篇〈謀殺祖父母父母〉）のと同じであり、律文に明記しないのは「上下の名分」を区別するためであるという（沈註）。言うところが今ひとつわかりにくいが、尊長・卑幼の名分がある場合は情状の最も重い謀殺でも一段軽い故殺の扱いになるように、主僕の名分がある場合も同じ扱いになり、それをわざわざ記さないのは主僕の名分がそれだけの効力をもっていることを示すためであるといった意味であろう。

〈妻妾殴夫（妻妾の夫に対する暴行）〉

夫婦の間の問題は、戸律・婚姻篇で多く取り上げられている。本条は暴行・傷害が中心となるが、離縁の問題が絡むため、その範囲内で婚姻篇の論理が関わって来る。

第一節　**およそ妻が夫を暴行したならば、**（およそ暴行すればただちに罪し）**杖一百。夫が離縁を願えば許す**（夫が自ら訴えて初めて罪する）。**折傷以上を負わせたならば、各々**（その傷の軽重を検証して）**一般の傷害に三等を加える。重篤な障碍に至らせたならば、絞**（即時執行）。**死なせたならば、斬**（即時執行）。**故殺したならば、凌遅処死。**（呪詛・蠱毒を含む。）

妻は夫に手を上げただけで杖一百であり、これは一般人に対して折傷を負わせた場合に相当する。折傷以上も重く科刑され、重篤な障碍を負わせた段階で即時執行の死罪となり、故殺は凌遅処死の極刑となる。このように厳罰が設定されているのは、妻は夫を天とするものであり、夫に暴力を振るうのは自ら天を絶つことだからであるという（輯註）。

その上で離縁（離異）が問題となるが、これは夫の意思による。輯註によれば、夫に暴力を振るった妻は、法としては離縁させるべきである。だが、離縁せよと言うのは法であり、離縁しないのは個々の事情（情）による。さまざまな事情に即して法は立てられるのだから、法を盾にして個別事情を無視することは認められない（縁情立法、不容執法以違情）。そこで、離縁するかどうかは夫に任せ、法で定めることはしないのである。

戸律・婚姻篇〈出妻（離婚）〉への沈註によれば、夫婦とは「恩」によってつながり、「義」によって結ばれ、「礼」によって守られるものである。恩が絶たれたならば強いて離すまいとしても不可能であり、義が絶たれたならば必ず離縁すべきである。離縁すべきでないものを離縁すれば礼に背くことになり、離縁すべきものを離縁しなければ義を害する。原則としてはそのように説明されるが、離縁については律の各条に散見し、どこでも詳細に定められてはおらず、夫婦の「義絶」についても指す内容は一致していない（同条への輯註）。本条では個々の事情を重んじて、夫の意思に任せることとしている。

小註で妻の夫に対する暴行は「夫が自ら訴えて初めて罪する」、すなわち親告罪と定めているのも同じ理由による。後述するように、夫・妻・妾の間の暴行・傷害はすべて親告を要するが、それについて沈註は次のように言う。夫と妻妾は寝室をともにする関係であり、互いの間の事情は法を超え、恩は義を超える。暴行を受けた方も、日頃の恩や個別の事情を思い、我慢して表沙汰にしたがらないのであれば、それを認めるべきであって、他人がとやかく言う筋合いではない。他の親族に対する暴行はいずれも親告について言わず、ここでだけ言うことから、その意味するところは明らかなのだという。この考えは、「家の内を治めるには恩によって義を超え、家の外を治めるには義によって恩を絶つ」（名例律〈親属相為容隠〉への沈註）という言葉に端的に表されている。

第二節　**もし妾が夫または正妻を暴行したならば、さらに各々**（妻が夫を暴行した罪に）**一等を加える。加等する際には、加等によって死罪にもする。**（ただし絞であって斬とはしない。家長を暴行したのであれば即時執行、正妻を暴行したのであれば執行猶予付き。もし重篤な障碍を負わせた、死なせた、故殺したならば、なお妻が夫を暴行した罪と同じ。）

戸律・婚姻篇〈妻妾失序（妻妾の地位）〉への輯註によれば、「妻」は「斉」と同音であり夫と「斉《ひと》しい」存在であるのに対して、「妾」は「接」と同音であり夫と接見できるにすぎない[68]。両者には「貴賤の分」があって、それを乱すことはできないのである。清律巻首の〈妾為家長族服之図〉の註によれば、同図が妻については「夫」と称し、妾については「家長」と称するのは、妻と妾に区別があることを示している。妾が家長に対して罪を犯した時、妻と同じ刑を科される場合と妻と異なる場合があるが、前者は名分によって厳しくし、後者は微賤であるために寛大にするのだという。ただし、本条では妾に対する科刑は妻より一等加重されている。重篤な障碍を負わせた以上の場合については妻と同じであるが、これは妻に対する科刑がすでに即時執行の死刑であり、加重の余地がないからである（輯註）。

なお、妾については離縁に関する規定がない。夫と妻が「敵体」すなわち等しい立場にあり、伝統的な「七出」[69]の条件に当たらなければ勝手に離縁することができないのに対して、妾は夫の愛情次第で留めることも追い出すこともできる微賤の身であるから、わざわざ取り上げないのだという（沈註）。

第三節　**なお、夫が妻を暴行しても、折傷を負わせたのでなければ、論じない。折傷以上に至れば、一般人から二等を減じる。**（妻が自ら訴えて初めて罪する。）**まず審問を行ない、夫婦がもし離縁を願えば、断罪して離縁させる。離縁を願わなければ、**（折傷によって当てるべき）**罪を検証して収贖する。**（もとどおりに家族として暮らすことを許す。）**死に至らしめたならば、絞**（執行猶予付き。故殺もやはり絞）。**妾を暴行して傷つけ、折傷以上に至らしめたならば、妻を傷つけた場合から二等を減じる。死に至らしめたならば、杖一百徒三年。妻が妾を暴行し傷つけたならば、夫が妻を暴行した場合と罪は同じ。**（やはり妾が自ら訴えて初めて罪する。）**過失殺であれば、各々論じない。**（一方は名分の高さによって許すべきであり、一方は関係の親密さによって憐れむべきであるからであろう。必ず過失の真[b]情を確かめて、[c]真でなければなお各々該当する条文に当てる[d]。）

夫が妻に暴力を振るった場合、折傷未満であれば免罪となる。折傷以上になれば刑を科すのは、夫婦の義が絶たれるからである。夫婦は本来「義合」すなわち義によって結ばれたものであるから、義が絶たれた以上、離縁が可能になるのである（輯註）。

ただし、離縁するかどうかは夫婦の意思によるので、その点を確認した上で夫に対する措置を決める。第一節では、妻が夫に暴力を振るった場合、離縁するかどうかは夫の意思にかかっていた。しかし、夫が妻に重傷を負わせた場合でも、「妻が離縁を願えば許す」とは定められておらず、離縁は夫婦の合意によって決まる。輯註によれば、夫は妻の「かなめ（綱）」であって、妻は夫に従うべきだからである。夫が義絶に当たる罪を犯しても、「妻は自ら夫との関係を絶つという理はない」のだという。そのため、両者合意の上で離縁が決まれば、夫には律に定めるとおりに刑を科して、妻は実家に帰す。夫婦のどちらかが望まなければ離縁は許されないので、その場合は夫に収贖を認めて実刑を免じ、もとどおりに家庭を営ませる。絶たれるべき義ではあっても、絶ちたいと願う意思がなければ夫婦関係はなお成立するので、家庭を存続させるだけでなく罪の収贖も認め、夫婦関係を重ねて傷つけないようにするのであるという。

夫が妻妾を故殺した場合については律の本文に規定がなく、妻を故殺した場合のみ小註に「やはり絞」とある。夫が妾を暴行して死なせた場合は杖一百徒三年であるが、これは奉公人を暴行して死なせた場合と同じである。そこから推論すれば、奉公人を故殺した場合は絞なので、妾を故殺した場合も同じ絞に違いない（沈註）。殺そうとまで思っていなかったのなら、なお恩義によって軽い刑に止められるが、故意に殺したなら恩は尽き義も絶えているので、同列には論じられないというのである。

過失殺の場合について「各々論じない」というのは、本節だけについて言うのか、第一節から本節まですべてについて言うのかで説が分かれていた。[70] しかし、小註に言う「一方は名分の高さによって許すべき」というのは夫が妻妾を、または妻が妾を過失殺した場合、「一方は関係の親密さによって憐れむべき」というのは妻妾が夫を、または妾が妻を過失殺した場合と解釈される（輯註）。したがって、「過失殺であれば、各々論じない」は以上の三節を通じて言う、つまり夫・妻・妾の間の過失殺は、いずれの場合であっても免罪という寛大な説を採るべきことになるのである（沈註）。

第四節　もし妻の父母を暴行したならば、（およそ暴行すればただちに罪し）**杖一百。**[e] **折傷以上であれば、各々一般の暴行・傷害の罪に一等を加える。**[f] **重篤な障碍に至らしめたならば、絞**（執行猶予付き）。**死なせたならば、斬**（執行猶予付き。故殺であれば、やはり斬）。

妻の父母は服制から言えば緦麻の親族に当たる。〈殴大功以下尊長〉では「外姻」の緦麻の兄姉（つまり母方の従兄姉）を暴行した場合は杖一百、尊属はそれに一等を加えるとしている。一般に「外姻」は姻戚を指すが、本節によれば妻の父母は同じ緦麻の親族でも従兄姉と同等であり、尊属と同等に扱われないことになる。沈註の解釈によれば、清律巻首の〈外親服図〉がもっぱら母系と姑《おば》（父の姉妹）の子を対象としていることから、「外姻」は母系を指し、妻の父母は外姻の尊属に当たらないという。律文に従って整合的に解釈すればそうなるのであろうが、沈註がわざわざ説明していることからも、妻の父母を同じ緦麻の従兄姉と同等に扱うのは不均等とする見方が強かったと考えられる。この条文は雍正朝になって改正され、妻の父母への暴行は杖六十徒一年、折傷以上は一般の暴行・傷害の罪に二等を加えることとなり、緦麻の尊属への暴行に相当する量刑となった。

331　〈同姓親属相殴（同姓親族の間の暴行）〉

〈同姓親属相殴（同姓親族の間の暴行）〉

本条から父系親族（いわゆる「宗族」）間の暴行・傷害に関する条文が始まる。本条は服喪規定上「五服」すなわち斬衰・斉衰・大功・小功・緦麻の範囲に入っていない遠戚に関する規定であり、以下の諸条の基底を成す。

およそ同姓の親族の間の暴行は、五服の範囲に入っていなくても、尊長・卑幼の名分が存する限り、[71]**尊長は**（卑幼に対して犯せば）**一般の暴行から一等を減じ、卑幼は**（尊長に対して犯せば）**一等を加える。**（加等によって死刑に至らしめない。）**死に至らしめたならば、**（尊属か卑属か、年長か年少かを論じることなく）**いずれも一般人として論じる。**（闘殴殺であれば、絞。故殺であれば、斬。）

斬衰から緦麻までの範囲に入らない親戚（袒免）は、親族に関わる規定では問題にされないことが多い。しかし、窃盗（賊盗篇〈親属相盗〉）・詐欺（同〈詐欺官私取財〉）などは「服喪義務のない親族（無服之親）」についても減等し、本条と恐喝（同〈恐嚇取財〉）については尊属・卑属を分けて刑を加減するよう定めている。いずれも教化を目的としたものである（沈註）。

本条は父系の親戚（宗族）についてのみ、袒免であってもすべて刑の加減要因と定める。宗族はどれほど遠縁であっても、系譜を辿ることができる限り尊長・卑幼の名分は存在するので、一般人と同じにすることはできないとの理由による。尊長の罪は一等減じ、卑幼の罪は一等加えることで、同族の誼《よしみ》を厚くするのだという（輯註）。

殺害した場合は親族関係が考慮されないが、理由は「その罪がすでに重いから」としか書かれておらず（輯註）、不明瞭である。明代の『律条疏議』は、袒免の親族との間にはそもそも密接な関係（深切之情）がないのだから、人命の方を重んじるべきだと言っている。つまり、遠い親戚との間には、名分はあっても実質的な相互関係が稀薄なので、人命が関わる重大案件の場合は度外視されてしまうのである。[72]

なお、ここで取り上げるのは父系の親族であるが、母親の一族（外親）や妻の一族（妻親）にも同様に名分は存する。そのため明代から、服喪義務のない異姓の親族への暴行・傷害をどうすべきかという法的関心があった。律の規定に則した原則論としては一般人として扱うということになるが、母方の伯叔父の妻のような近い関係にある者については、折傷未満であれば雑犯篇〈不応為〉を適用し、折傷以上であれば本条を類推適用（比照）すべきだとの説もあった。[73]沈註はこの説を引き継ぎ、父の姉妹の夫（姑夫）・母の兄弟の妻（舅妻）については、そのように科刑するのが「実情と法の平衡（情法之平）」に適うと述べている。

〈殴大功以下尊長（大功以下の尊長に対する暴行）〉

服喪義務のある父系親族の間の暴行・傷害は、基本的にまず服制と尊卑（世代の上下）・長幼（年齢の上下）が問題になり、それらを基準に分類された後、傷害の程度に従って科刑される。

服制は、律で親族を区分する際に第一の基準となる。闘殴篇も前条で無服（袒免）、本条で緦麻から大功まで、次条で期親というように、服制によって条文を分けている。服とは喪服のことであり、親族関係の親疎に従って異なる喪服の着用が求められるために、一種の親等表現ともなった。しかし、あくまでも服喪の制であるから、血縁・姻縁の客観的な距離を示す親等とは異なり、そこには独自の世界観が込められる。服喪のあり方とその根拠については、膨大な議論が積み重ねられており、清律もその影響を受けている。乾隆朝の刑部官僚であった呉壇の『大清律例通考』などは、そうした礼学上の議論を参照して服制について論じているが、単に律の運用だけを目的とするならば、どの親族がどの服に当たるかがわかりさえすれば事足りる。したがって、清律の諸注釈書は一般に親族の服を示した図を載せて、そこに若干の注記を施すだけで済ませている。

清律巻首には、〈本宗九族五服正服之図〉〈妻為夫族服図〉〈妾為家長族服之図〉〈出嫁女為本宗降服之図〉〈外親服図〉〈妻親服図〉〈三父八母服図〉という親族の服を示す七点の図が載せられている。呉壇によれば、明清律に附載される七点の服制図のうち、六点までは朱子の門人であった楊復・黄幹の著作に基づくという(74)。黄幹が編纂した『儀礼経伝通解続』巻十六には楊復の手に成る服制図が載せられ、楊復には『儀礼図』という著作もある。このように、服制図は朱子学派による礼制研究の一環として作成されたのであり、南宋・元の時代に朱子学の隆盛に伴って広まっていった。元代の法令集『元典章』も六点の服制図を附載するが、呉壇によれば明清律に載せる服制図のうち〈三父八母服図〉だけは『元典章』から受け継いだものだという。

現存する明清律注釈書の刊本は、多くがこうした服制図を載せるが、明代中期頃までは必ずしも一般的ではなかったようである。たとえば、『大明律直解』(洪武二十八年跋)は喪服の種別を表にした〈総論喪服之図〉しか載せておらず、『律解辯疑』(洪武十九年後序)は図ではなく歌の形式で記している。実際、単にどの親族がどの服に当たるかを知るだけであれば、必ずしも図示しなくてもよい。暗唱に便利な歌の形式や、箇条書きの形式で載せた方が簡略である。清律巻首には、服制図の他に箇条書きによる服制一覧も載せている。わざわざ図を載せ、最終的にそれが通例となったのは、合理的な理由があったと見るべきであろう。理由として考えられるのは、図の方が歌や箇条書きよりも一度に多くの情報を示すことができるということである。歌や箇条書きは親族と喪服の一対一対応を示すだけであるが、図で示せば親族全体が一覧でき、世代や親疎の関係が一目瞭然となる。

ここで服制図の基本を成し、本条の理解に関わる〈本宗九族五服正服之図〉を掲げ、その見方について説明する。「本宗」は父系の親族、「九族」は九世代を指す。図は高祖父母から元孫（玄孫のこと。康熙帝の諱《いみな》「玄燁《げんよう》」の一字を用いるのを避けて、「玄」を「元」に改めた）まで九世代から成り、世代を同じくする者が横に並ぶ。中央に「己身」を配し、その上方向に直系尊属（下から上に向かって父母・祖父母・曾祖父母・高祖父母）、下方向に直系卑属（上から下に向かって子・孫・曾孫・元孫およびそれらの婦）が配置されている。図の中央を縦に貫くこの直系親族を軸にして、右側は傍系の男性親族およびその妻、左側は傍系の女性親族となっている。また、己の世代を軸にして、上側は尊属、下側は卑属となっている。左右の傍系親族は、右下の部分を除いて縦方向に親子関係を成していない。右上の部分は斜め左上と右下（たとえば伯叔父母と堂兄弟）で親子関係を辿ることができるが、左半分は親子関係を表現していない。つまり、我々が見慣れた系図を見る感覚で見ては誤解してしまうことになる。

この服制図に示されているのは、己の直系を中心にして、各世代の親族を近親順に並べたものである。つまり、己の世代について言えば、己と最も近い親族は兄弟（右側）・姉妹（左側）であり、その次に近いのは「いとこ」すなわち堂兄弟（右側）・堂姉妹（左側）、その次に近いのは「またいとこ」すなわち再従兄弟（右側）・再従姉妹（左側）となる。己の世代では、己から四つ離れた（つまり四世代遡った祖先をともにする）族兄弟・族姉妹まで含まれているが、父母と子の世代では三つ離れた族

本宗九族五服正服之図

				高祖父母 斉衰三月				
			族曾祖姑 在室緦麻 出嫁無服	曾祖父母 斉衰五月	続曾祖父母 緦麻			
		族祖姑 在室緦麻 出嫁無服	従祖祖姑 在室小功 出嫁緦麻	祖父母 斉衰不杖期	伯叔祖父母 小功	族伯叔 祖父母 緦麻		
	族姑 在室緦麻 出嫁無服	堂姑 在室小功 出嫁緦麻	姑 在室期年 出嫁大功	父母 斬衰三年	伯叔父母 期年	堂伯叔父母 小功	族伯叔父母 緦麻	
族姉妹 在室緦麻 出嫁無服	再従姉妹 在室小功 出嫁緦麻	堂姉妹 在室大功 出嫁小功	姉妹 在室期年 出嫁大功	己身	兄弟 期年 兄弟妻 小功	堂兄弟 大功 堂兄弟妻 緦麻	再従兄弟 小功 再従兄弟妻 無服	族兄弟 緦麻 族兄弟妻 無服
	再従姪女 在室緦麻 出嫁無服	堂姪女 在室小功 出嫁緦麻	姪女 在室期年 出嫁大功	長子*1 期年 長子婦 期年 衆子 期年 衆子婦 大功	姪 期年 姪婦 大功	堂姪 小功 堂姪婦 緦麻	再従姪 緦麻 再従姪婦 無服	
		堂姪孫女 在室緦麻 出嫁無服	姪孫女 在室小功 出嫁緦麻	嫡孫*2 期年 嫡孫婦 小功 衆孫 大功 衆孫婦 緦麻	姪孫 小功 姪孫婦 緦麻	堂姪孫 緦麻 堂姪孫婦 無服		
			姪曾孫女 在室緦麻 出嫁無服	曾孫 緦麻 曾孫婦 無服	曾姪孫 緦麻 曾姪孫婦 無服			
				元孫 緦麻 元孫婦 無服				

典拠：沈之奇『大清律輯註』

*1　刑律中には長子と衆子を区別する法はない。

*2　刑律中には嫡孫と衆孫を区別する法はない。

「姑」は父の姉妹。「しゅうとめ」ではない。（同様に「舅」は母の兄弟。「しゅうと」ではない。）
「姪」は兄弟の子、すなわち「おい」。「めい」は「姪女」。「婦」は卑属の妻、すなわち「よめ」。

伯叔父母・族姑と再従姪・再従姪女まで、祖父母と孫の世代では二つ離れた族伯叔祖父母・族祖姑と堂姪孫・堂姪孫女までと、己から世代が離れるほど範囲が狭められ、高祖父母と元孫では直系のみとなる。

　このように配置された親族は、直系尊属を除いてほぼ同心円状に並んでいる。つまり、この図で見て取れるような親属関係の親疎がほぼ服制に対応し、また律文に記載された服喪義務のある父系親族（宗族）は、すべてこの図で探し出すことができるのである。なお、母系親族の服制を示す〈外親服図〉の書き方は、上記の原則と少し異なる点がある。詳細は省くが、必要な点だけを挙げておくと、服喪義務のある母系親族は母の父母（外祖父母）・母の兄弟（舅）・母の姉妹（姨）が小功、母の兄弟姉妹の子と父の姉妹（姑）の子が緦麻であり（つまり外祖父母と、血縁のある「おじ」「おば」「いとこ」までが服喪対象）、他は服喪義務がない。大功から緦麻に至る親族は非常に多いので、沈註はまず図を見て服制を確かめてから罪を定めるよう勧めている。

およそ卑幼が父系または母系の緦麻の兄姉を暴行したならば、（およそ暴行すればただちに罪し）**杖一百。小功**（の兄姉）[a]**は杖六十徒一年。大功**（の兄姉）[b]**は杖七十徒一年半。尊属はさらに各々一等を加える。**（尊属とは、父母と同世代の者であり、堂伯叔父母・姑《おば》および舅《おじ》・姨《おば》[75]などである。母系は緦麻の兄姉だけであり、姑・舅・姨の子である兄姉がこれに当たろう。大功の尊属とは、父の嫁いだ姉妹などである。小功の尊属とは、父の祖父母を同じくする兄弟および姉妹、母の兄弟・姉妹などである。）[c]**折傷以上は、各々一般の暴行・傷害に一等を順次加える。**[76]（罪は杖一百流三千里を上限とする。）

重篤な障碍を負わせたならば（大功以下のどの尊属であるかを問わず、いずれも）**絞。死なせたならば、斬。**（絞・斬は、父系の小功・大功の兄姉および尊属にあっては即時執行。その他はともに執行猶予付き。もし族兄が養子に出たり族姉が嫁したりすれば、なお緦麻とし、服喪義務がないとしてはならない[77][d]。）**もし**（父系または母系の）**尊長が卑幼を暴行しても、折傷を負わせたのでなければ、論じない。折傷以上に至らしめれば、緦麻**（の卑幼）**は一般人から一等を減じる。小功**（の卑幼）**は二等を減じ、大功**（の卑幼）**は三等を減じる。死に至らしめれば、絞**（執行猶予付き。故殺について言わないのは、やはり絞に止まるからである）。**なお、堂**（大功）**弟妹・**（小功）**堂姪または**（緦麻）[e]**孫**[78]**を暴行して殺したならば、杖一百流三千里。**（重篤な障碍と死に至らしめた場合について言わないのは、罪がこれを上限とするからである。なお律に依り財産の半分を給付して扶養する。）**故殺したならば、絞**（執行猶予付き。過失殺について言わないのは、各々該当する条項の収贖を論じた法に準じるからであろう。兄の妻および伯叔母、弟の妻および卑幼の婦については夫の親族への暴行の条文、姪と姪孫については期親の親族への暴行の条文にある[79]）。

「兄姉」というのは己と同世代の年長者、いわゆる「長」であり、これと対になるのが同世代の年少者、「幼」たる「弟妹」である（沈註）。「尊属」は一般に己より上の世代の者であるが、小註ではなぜか「父母と同世代の者」と限定している。この限定は明代の小註から踏襲したものであるが、実は明代からすでに批判されていた。沈註も「尊属」は祖父母と同世代の者を含むとしている。「尊属」と対になるのが「卑属」であるが、これは子孫の世代の者である。本条は尊長に対する暴行を「兄姉」と

「尊属」の二種類に分け、卑幼については弟妹と卑属を一括して扱っている（沈註）。

父系の尊長に対する暴行・傷害は、緦麻の兄姉に対するものが最も軽罪である。卑幼は緦麻の兄姉にただ暴力を振るっただけで杖一百であり、これは一般人の間の笞二十より八等重い。だが折傷未満で最も重い内臓損傷の場合、一般人の間でも杖八十になるので、この段階では二等差となる。折傷以上になると、一般の暴行・傷害に一等加えるだけであるから、傷害の程度が重いほど差が縮小することになる。小功・大功の兄姉の場合は、緦麻の場合に対してそれぞれ一等・二等を加え、尊属の場合はさらに一等を加えて科刑する。しかし、重篤な障碍を負わせるに至ると、服制の差も世代の差も解消されてしまう。重篤な障碍の場合は絞、死なせた場合は斬で、一般人であればそれぞれ杖一百流三千里と絞であるから、傍系の尊長はいずれも一般人と一等しか差がつかないことになる。

一方、尊長の傍系卑幼に対する暴行は、世代で差を設けることはなく、服制だけが問題になる。折傷未満の傷害は不問であり、折傷以上は一般人の場合に対して緦麻で一等、小功で二等、大功で三等を減じ、親族関係が近いほど刑を軽くする。ただし、死に至らしめた場合は、一般人と同様に絞（執行猶予付き）となる。

原則として、卑幼が尊長を暴行した場合は服が重いほど刑が加重され、逆の場合は服が重いほど減刑される。だが、必ずしも世代の差や服制だけに従って刑が定められるわけでもないことは、堂弟妹（年少のいとこ）・堂姪（いとこの子）・堂姪孫（いとこの孫）がそれぞれ大功・小功・緦麻であるにもかかわらず、彼らに対する闘殴殺がいずれも杖一百流三千里であることに示されている。他の卑幼に対する闘殴殺は絞であるから、これらの親族の場合に限っては暴行して死なせても一等減じられることになる。

なぜ減じられるのかについて、沈註はこれらの親族が「親」であること最も重いからであると言う(80)。「親」とはもちろん親疎の親であり、近親であることを意味するが、より限定的には『礼記』大伝に「上　祖禰《そでい》を治むるは尊を尊とし、下　子孫を治むるは親を親とす（上治祖禰、尊尊也、下治子孫、親親也）」とあるように、目下の近親者に対して用いる。つまり、目下の近親者としての関係が深いから、加害について減刑されるということになる。輯註もしばしば引用する明代の注釈書『読律瑣言』は、次のように説明する。

これら三種の人（堂弟妹・堂姪・堂姪孫）は、服制は前記の親族（大功以下の尊長）と変わらない。だが堂弟妹は関係が「親」であり、己は分として「長」である。堂姪は関係がやや疎であるが、己は分として「尊」である。堂姪孫はさらに疎であるが、己は分としてさらに「尊」である。だから服制によって論じるべきではなく、いずれも杖一百流三千里とするのである。これは「尊を尊とし、親を親とする」の義であろう。

つまり、尊長と卑幼が加害者・被害者の関係になった時に、「尊」であるがゆえに有利に、「親」であるがゆえに不利に刑を科されるということが、「目上を目上として、目下を目下として正当に扱う」という『礼記』の教えに基づいているとみなすのである。

なお、沈註は本条で一つの特徴的な議論を提起している。妻の父母は緦麻の服に当たるが、〈妻妾殴夫〉では妻の父母に対する暴行の罪を、本条の緦麻の兄姉に対する暴行と同じくし、緦麻の尊属に対する暴行と同じくしていない。そうであれば、婿に対する暴行も緦麻の卑幼に対する罪とはできないのではないかというのである。この議論は洪弘緒による乾隆版『大清律輯註』では削られ、広まるには至らなかったようであるが、あらゆる親族関係の服制・世代と刑罰の対応を、矛盾のない整合的なものにしなければならないという意識を端的に示している。

〈殴期親尊長（期親の尊長に対する暴行）〉

期親とは一年（期年）の喪に服すべき親族（斉衰杖期・不杖期の親族）を指すが、そのうち本条で扱うのは兄弟姉妹・伯叔父母・姑《おば》・姪《おい》・姪女《めい》だけである。つまり、父系親族のうち傍系の期親に対する暴行・傷害を扱う。また、外祖父母・姪孫《おいのこ》は小功であるが、期親と同列に扱う。これは服制とは別の親族秩序観の表れである。

およそ弟妹が（同胞の）**兄姉を暴行したならば、**（姉妹は嫁して、兄弟は人の養子になって服が軽くなっていても、その罪はやはり同じ）[81a] **杖九十徒二年半。傷つけたならば、杖一百徒三年。折傷であれば、杖一百流三千里。刃で傷つけた**（軽重を論じない）**、または手足を折った、もしくは片目を失明させたならば、絞。**（以上、各々首従法に依る。）**死なせたならば、**（首犯・従犯を区別せず）**みな斬。もし姪が伯叔父母・姑**（期親の尊属である）**を暴行した、または外孫が外祖父母**（服は小功であるが、その恩義は期親と並んで重い）**を暴行したならば、各々**（兄姉を暴行した罪に）**一等を加える。**（加等によって絞に至らしめない。もし刃で傷つけた、手足を折った、片目を失明させたならば、やはり絞。死に至らしめたならば、やはりみな斬。）**なお過失殺傷は、**（加等した上で）[b]**各々該当する**（兄姉または伯叔父母・姑・外祖父母の）**殺傷の罪から二等を減じる。**(82)（収贖の対象とはしない。）**故殺したならば、みな**（首犯・従犯を区別せず）**凌遅処死。**（もし卑幼が外部の人と親族を謀殺・故殺し、外部の人が首謀者・実行犯であったり、従犯で直接加害者・非直接加害者であったりしたならば、おのずから[c]一般人の故殺の[d]条文によって罪を科し、「みな斬」「みな凌遅処死」の対象とはしない。）**なお**（期親の）**兄姉が弟妹を暴行して殺した、または伯叔・姑が姪ならびに姪孫を暴行して殺した、もしくは外祖父母が外孫を暴行して殺したならば、杖一百徒三年。故殺したならば、杖一百流二千里。**（重篤な障碍から折傷以下に至るまでは、ともに論じない。）**過失殺であれば、各々論じない。**

期親の年長者である実の（同胞）兄姉に対する暴行は、杖九十徒二年半の刑に当たり、大功の兄姉の場合（杖七十徒一年半）より二等、大功の尊属の場合より一等重い。折傷を負わせた場合の刑（杖一百流三千里）も、大功の尊属では一般人の杖八十徒二年に四等加えて杖一百流二千五百里となるので、やはり大功の尊属より一等重いことになる。「傷つけた」段階や刃物による傷害等の段階を設けるなど、大功以下の尊長に対する暴行・傷害より罪の差等が細かく設定されているが、期親の兄姉はおおむね大功の尊属の一等上として位置づけられていることがわかる。尊属である伯叔父母・姑については、さらにそれより一等重い扱いとなる。

外祖父母は服制の上で小功にすぎないが、ここでは期親の尊属と同列に扱う。その理由を、小註は

「恩義」が重いからとしている。[83]「恩義」が具体的に何を意味するのかは不明であるが、沈註によれば外祖父母は「母の出自するところであり、それはすなわち己の出自するところであるから、服は軽くても義は重い」と言う。つまり、外祖父母がいなければ母はなく、母がいなければ己はないのだから、その点が「義」の重いところであり、その重みを律では期親相当とみなすということである。[84]母を生んだ点に義があるのだから、本条に言う「外祖父母」は己の生母の父母だけであり、生母が妾であった場合の嫡母や生母の死後に迎えた継母の父母は、外祖父母として扱わないのだという（沈註）。

実の弟妹・姪・外孫に対する暴行は、兄姉・伯叔父母・外祖父母に対する暴行の逆であり、期親相当の卑幼に対する暴行として一括されるのは自然であるが、「姪孫」が同列に入っている理由はよくわからない。[85]沈註には、姪孫は小功の親族であるが、兄弟の孫であり、己は分として「尊」であり彼との関係は「親」であるから（前条の解説を参照）期親と同列に論じるとだけ書かれている。量刑について言えば、殺さない限り不問となるので、期親尊長が非常に重く扱われていることがわかる。

本条の最大の特徴は、闘殴篇にありながら首従法が適用される点にある。一般に暴行・傷害においては首犯・従犯を区別せず（〈闘殴〉の解説を参照）、殺害した場合は闘殴殺でも故殺でも首犯・従犯を区別しない。実は、本条も明律の段階では特に首従法の適用が言明されていたわけではないが、清代になって大量の小註が挿入されたことで、そのように方向づけられたのである。

なぜそのようなことが起こったのかと言えば、原因は律の本文にある。本文では首犯・従犯に直接言及してはいないが、「死なせたならば、みな斬（皆斬）」「故殺したならば、みな凌遅処死（皆凌遅処死）」と「皆」の字が用いられている。「皆」は「首犯・従犯を区別しない」というのが律文で用いられる際の基本的な含意であり、一般的な意味から言っても加害者が複数いることを示唆する。複数人による暴行の結果、意図せず死なせた（同謀共殴、因而致死）場合については、人命篇〈闘殴及故殺人〉で致命傷を負わせた者を絞、主唱者（元謀）を杖一百流三千里、その他の者（余人）を杖一百と区別している。したがって、本条の「死なせたならば、みな斬」はそうした区別をせず全員が斬という意味でよかろう。問題は故殺である。故殺というものは、咄嗟に殺意を抱いて犯行に及んだものであるから、複数人が共謀して暴行している時に誰かが殺意をもって殺したとしても、他の者はそれを知る術がない。だから故殺は常に一人の犯行であり、従犯は存在しないことになっている（人命篇〈闘殴及故殺人〉の解説を参照）。本条で「故殺したならば、みな凌遅処死」と言うのは、矛盾した表現ということになる。

その点について辻褄を合わせるために附せられたのが、「もし卑幼が外部の人と親族を謀殺・故殺し」云々という小註である。謀殺ならば首犯・従犯が存在するので、「皆」の字に適合する。だが、本文は故殺について言っているのであるから、謀殺を持ち出すのは註として不適切である。「皆」の字は律文の不備と見るのが妥当であり、実際に明代から「皆」の字に囚われるべきではないと主張する注釈書もあった[86]。しかし、明代にはこの問題について決着がつけられないままであった。

この点について沈註は、本文の「皆」を活かしながら小註の説は採らず、別の解釈を打ち出した。まず、律では一般人と親族を明瞭に区別していることから、小註が「外部の人」との共謀を想定するのを不適切とし、ここで対象とするのは同じ期親の親族だけによる犯行と考えた[87]。また、故殺は複数の者が共謀して暴行しているうちに行なわれたとしても、犯人は殺意をもって殺した一人だけというのが通則である。その点を踏まえて解釈すると、本条に言う「故殺したならば、みな凌遅処死」とは、もし卑幼が共謀して尊長を暴行し、そのうちの一人が故殺に及んだ場合、一緒に暴行した全員を凌遅処死に当てるという意味だと言うのである。この説の裏づけとして、沈註は〈奴婢殴家長〉でその解釈が採られていることを指摘する。なるほど同条にも「故殺したならば、みな凌遅処死」の一文があり、そこでは「暴行に関わった奴婢は」という小註が附されている。小註に一貫性がなく、〈奴婢殴家長〉での解釈を忘れて奇妙な註を附けてしまったため混乱を招いたのであり、沈註の所説が妥当と言うべきである。

小註は公定注釈であり、沈註も通常は小註の解釈に努めて従っている。だが、本条の小註は明らかな錯誤を含み、しかも同じ小註の他の箇所と矛盾している。努めて小註の解釈に従うにせよ、一方の解釈を棄てて他方の解釈に従うのはやむを得ないところであろう。

〈殴祖父母父母（祖父母・父母に対する暴行）〉

本条は、直系の尊属と卑属の間、および妻妾と夫の直系尊属の間の暴行を扱う。直系親族の場合、尊属の立場は著しく有利に、逆に卑属は著しく不利に設定されている。また、本条は諸母・異姓の養子など特殊な親族関係を問題にしている点にも特徴がある。

第一節　**およそ子孫が祖父母・父母を暴行した、または妻妾が夫の祖父母・父母を暴行したならば、みな斬。殺したならば、みな凌遅処死。**（なお従犯で服制関係が異なる者は、おのずから各条の服制によって処断する。）**過失殺ならば、杖一百流三千里。過失傷ならば、杖一百徒三年。**（ともに収贖の対象としない。）

本条は、十悪の「悪逆」を条文化したものである。自分や夫の祖父母・父母に暴力を振るうのは「人倫上の異常事態（人倫大変）」であるから、傷の有無・軽重を問わず「みな斬」となる。「死に至らしめたならば」と言わず「殺したならば」と言うのは、暴行の結果としての死と故殺の両方を含んでいるからである。ここに言う「みな斬」「みな凌遅処死」の解釈は、前条と同じである（輯註）。

過失はいわば不慮の（出無心）災難なので、一般には収贖が認められることになっている。本条では、過失殺でも死刑は免れるものの、収贖は認められない。輯註はこれについて、祖父母・父母に対して過ちは許されないからであるとし、「臣子は君父に誤りを称するを得ず（臣子于君父不得称誤）」という言葉を根拠として引用する。これは唐の太宗と臣下の問答を記した『貞観《じょうがん》政要』（巻五・公平）に見える大理少卿戴胄《たいちゅう》の言葉であるが、字句に若干の異同があり、[88] 輯註の引用と一致するのは『疑獄集』（巻五・戴争異罰）・『折獄亀鑑』（巻四・戴胄）・『棠陰《とういん》比事』（戴争異罰）など、それを翻案した俗書の方である。[89] これら通俗的な裁判物を通じて流布した格言が、法解釈に影響を与えていたことを窺わせる。

第二節　**なお、子孫が教令に背いて、祖父母・父母が**（法に依って懲罰を行なわず、非道に殴打を加え）**不当に暴行して殺したならば、杖一百。故殺したならば**（教令に背いた罪がなければ故殺とする）、

杖六十徒一年。嫡母・継母・慈母・養母が殺したならば、（つまりは肉親の母と[a]違いがあるので、闘殴殺・故殺は）**各々一等を加える。継嗣を絶えさせたならば、**（闘殴殺・故殺は）**絞**（執行猶予付き）。**もし**（祖父母・父母・嫡母・継母・慈母・養母が）**子孫の婦《よめ》**（この「婦」の字は養子も同じ[90]）**または養子にした異姓の子孫を不当に暴行し、**（折傷以下は論じないが）**重い障碍を負わしめたならば、杖八十。重篤な障碍であれば、一等を加える。**（子孫の婦または養子にした子孫は）**いずれも実家に帰らせる。子孫の婦には**（重篤な障碍を負ったならば）（嫁いだ時の）**嫁資を返還させ、なお扶養銀一十両を給付させる。養子にした子孫には**（重篤な障碍を負ったならば）（分与されて）**得るはずであった財産を支払って扶養させる。**（財産の半分を給付する対象とはしない。もし財産がなければ、やはり子孫の婦を基準にして銀を給付する。）**死に至らしめたならば、各々杖一百徒三年。故殺したならば、各々杖一百流二千里。**（なお、子孫の）**妾は**（不当に暴行すれば）（婦を暴行した罪から）**各々二等を減じる。**（実家に帰らせ、嫁資を返還し、扶養銀を給付する対象とはしない。）

第三節　**なお、子孫が祖父母・父母に対して暴行・暴言に及んだ、または妻妾が夫の祖父母・父母に対して暴行・暴言に及んだため、**（祖父母・父母、夫の祖父母・父母が、その罪があったことによって）**暴行して殺した、もしくは教令に背いたため、法に依って懲罰を行ない図らずも死なせた、または過失殺したならば、各々論じない。**

祖父母・父母の子孫に対する暴行は、殺さない限り罪を論じられない。殺してしまった場合、子孫が教令に背いたこと（違犯教令）と、不当な（非理）暴力であったことの二点が論罪の要件とされる。

これらは傍系親族の場合には要件にならなかったので、直系親族のみに関わる問題ということになる。

教令に背くことについては、訴訟篇〈子孫違犯教令〉に規定がある。その輯註によれば、子孫は祖父母・父母に対して、従順ではあっても逆らうことはなく、庇うことはあってもためにならないことはせず、力を尽くして仕え養うものである。そのため、教令に背いた子孫には、祖父母・父母の親告を俟って杖一百を科す。つまり、祖父母・父母の教令に背くことは律に定められた犯罪なのであるが、官府が裁き罰するのは祖父母・父母自身が訴え出た場合に限る。「法に依って懲罰を行なわず」「不当に暴行して殺したならば」と言うように、祖父母・父母が官府に訴えず自ら懲罰を加えることも、その方法が適正であれば問題はない。第三節に「法に依って懲罰を行ない図らずも死なせた（依法決罰、邂逅致死）」場合は論じないとあるように、懲罰方法が適正でさえあれば、その後で死んだとしても罪を科せられないのである。

適正な懲罰の方法については、〈奴婢殴家長〉第五節の小註に見えるが、そうした安全な方法によらず、むやみに暴力を振るって、それによって死なせた場合は、祖父母・父母に杖一百の刑が科される。教令に背いた子孫は「責められるべき過ちがあった」（輯註）とはいえ、その罪は杖一百相当であるから、殺害の罪はそれを凌駕するとみなされるのである。第三節に見えるように、子孫やその妻妾が祖父母・父母に対して暴行・暴言に及んだ場合は、子孫やその妻妾がすでに死に当たる罪を犯しているので、法に依った懲罰であろうとなかろうと、殺しても罪に当てられることはない（輯註）。

子孫に罪がなかった場合、懲罰ではなく単なる暴行になるが、死なせた場合のみ「故殺」の罪になる。「闘殴殺」すなわち暴行の末の死は殺害を意図しておらず、「故殺」は咄嗟に殺意をもって殺したものというのが本来の定義であるから、「教令に背いた罪がなければ故殺とする」という小註は違和感を与える。沈註はこの点を説明して、父祖と子孫の関係は「天性の極めて重いもの（天性至重）」であり、子孫に罪過がないのに不当に死なせたならば、意図的に殺したに他ならないのだと言う。[91] その場合でも刑は杖六十徒一年であるから、直系尊属の子孫に対する優位は非常に高く設定されていると言えよう。

さて、次いで問題になるのが、嫡母・継母・慈母・養母である。単に「母」と言えば肉親の母（親母・生母）を指すが、伝統中国の家族には他に何種類もの母が存在した。清律附載の〈三父八母服図〉は、生母以外の八種類の母を挙げている。そのうち「嫁母」は父の死後に再嫁した母、「出母」は父から離縁された母であり、立場が変化した生母に他ならない。母の離縁・再嫁によって服は軽くなるものの、律における扱いは変わらない。父と母の間の義が絶えたとしても、子として生みの恩を絶つことはできないからである（沈註）。他の六母のうち、「嫡母」は妾の子（庶子）から見た父の正妻、「継母」は父の後妻、「慈母」は生母の死後に養育してくれた父の妾、「養母」は養子から見た養家の母である。その他、父の妾で子を生んだ者が「庶母」であり、父の妾で乳を与えてくれた者が「乳母」であるが、この両者は本条で問題にされない。

嫡母・継母・慈母・養母はすべて斬衰、すなわち最も重い三年の喪に服すべき相手であり、服制上は生母と変わらない。したがって、基本的には生母と同列に論じるが（沈註）、子を殺害した場合に一等を加えるのは、「つまりは肉親の母と違いがある（有間）」（小註）という理由による。嫡母・継母が重みをもつのは父の妻だからであり、父と義によってつながっていることで母となる。慈母・養母はまた別で、養育の恩（撫育之恩）があるため、ある意味では嫡母・継母以上に深い関係があるとみなされる[92]（沈註）。いずれにせよ、「生みの親でない以上、恩義は軽く、不当に殺した以上、親愛は薄い」（沈註）と言うように、生みの親でないという点ですでに「恩」も「義」も軽いとされ、生母と差がつけられるのである[93]。

もっとも嫡母らが子孫を殺しても、生母の場合の杖六十徒一年に一等を加えた杖七十徒一年半にすぎない。だが、子孫を殺したために継嗣がいなくなった（絶嗣）場合は絞となり、一気に刑が重くなる。「一時の暴力に任せて夫の継嗣を顧みないとは、その意思は懲らしめられるべきであり、その事情は重大である。故にその法を厳しくして、そのような事態を防ぐのである」というように、子孫を断絶させるという事態の重大さと、それを顧みなかった凶悪さの両方が考慮されたためだというが（沈註）、同じ行為でも生母は絞刑の対象とならない[94]。生母と諸母の「違い」は、潜在的に大きく評価されていると見るべきであろう。

最後に問題になるのが、子孫の婦《よめ》と養子である。子孫の婦は義によって結びついた（義合）者であり、養子は恩によって結びついた（恩合）者であるが、いずれも異姓の人であって、生まれながらの肉親（天性之親）とは異なる[95]。彼らに対する祖父母・父母の暴行も、「不当に」と言う以上、教令に背いた時に懲罰を与えること自体は認められていたし（沈註）、懲罰の方法が不当であっても、折傷以下であれば罰せられない。だが、実の子孫の場合と異なり、重い障碍（廃疾）以上になると「義は絶え恩は絶える」ため罰を免れず、重篤な障碍になると、然るべき財産・療養費などを与えた上で実家に帰すことになる（沈註）。

恩義が絶えたと言いつつ杖八十・九十の刑に止まるのは、倫理秩序に関わるので、これ以上加重することはできないから（倫紀所関、不可有加）だと言う（沈註）。尊長が卑幼に重い障碍を負わせた場合、大功の卑幼であれば杖七十徒一年半、期親の卑幼であれば不問なので、子孫の婦と養子は大功の卑幼（堂弟妹《いとこ》・姪《おい》など）と期親の卑幼（弟妹・子など）の中間に位置づけられていることがわかる。異姓とはいえ子や子孫の妻である以上、大功の卑幼に近づけてしまっては、親族間の秩序が乱れることになるのであろう。

なお、子孫の妾を暴行した場合は、重い障碍から故殺に至るまで各々子孫の婦を暴行した場合から二等を減じられ、重篤な障碍を負わせても、実家に帰らせたり扶養銀を与えたりする対象とはされない（輯註）。これは次条でも論じられるように、妾が「卑にしてかつ賤」であって、婦すなわち子孫の妻と同列に扱うことができないからであるという（沈註）。

351 〈妻妾与夫親属相殴（妻妾と夫の親族との間の暴行）〉

夫と妻は義によって結ばれ（義合）、等しい立場にある（敵体）とみなされている（〈妻妾殴夫〉の解説を参照）。そのため、親族関係の中で妻は夫と一体として扱われるのが原則であるが、本来親族の外部から来た異姓の人であるという事実は消えないので、夫よりやや疎遠な親族として扱われることもある。たとえば、妻が夫の祖父母・父母を暴行した場合、夫が暴行したと同じ刑を受ける（〈殴祖父母父母〉第一節）一方で、祖父母・父母が不当に子孫の婦を暴行し重傷を与えた場合などは、夫よりやや有利な扱いを受ける（同条第二節）。

また、妾は本宗図に現れないことからもわかるように、親族の中で確固たる位置づけを与えられていない。妾の服制については〈妾為家長族服図〉があり、これによれば妾と服制において関係をもつのは、家長・家長の父母・正妻・家長の子（長子・衆子・其子）だけである。しかもそれすら多分に片務的であり、妾は上記のすべてに対して服喪義務があるが、妾に対して服喪するのは家長の子だけ、それも当の妾が家長の子を生んだり育てたり乳母になったりした場合に限られる。「妻妾」と一括りにされることもある一方で、妻と妾の地位には大きな差がある。この点をどのように刑罰に反映させるかが、本条における重要な問題の一つとなる。

第一節　**およそ妻妾が夫の期親以下・緦麻以上の**（父系・母系の）**尊長を暴行すれば、夫が暴行したのと同罪。**（あるいは暴行した、あるいは傷つけた、あるいは折傷を負わせた場合、各々夫の服制によって処断する。なお、夫と同じく絞罪になることがあれば、なお名例律に照らして死罪から一等を減じ、杖一百流三千里とする。）**死に至らしめたならば、各々斬**（執行猶予付き。緦麻の親族は、妾が妻の父母を暴行した場合を含む[96]。ここで故殺について言わないのは、その罪がやはり斬に止まるからである[97]。夫の同姓で服喪義務のない親族を暴行した場合について言わないのは、一般人として論じるからである）。

第二節　**もし妻が卑属を暴行し傷つけたならば、夫が暴行したのと同じ。**（各々夫が暴行した場合の服制によって処断する。）**死に至らしめたならば、絞**（執行猶予付き。これは夫の緦麻・小功・大功の卑属である。夫の堂姪・姪孫または小功の姪孫であってもやはり同じである）。**もし夫の兄弟の子を**

暴行して殺したならば、杖一百（夫と同じく徒に当ててはならない）[a] **流三千里。故殺したならば、絞**（執行猶予付き。夫と同じく流に当ててはならない）。**妾が犯したならば、各々一般の暴行の法に従う。**（夫の期親以下の弟妹について言わないのは、夫の弟妹を暴行すれば一般人よりただ一等を減じるだけなので、これは一般人として論じなければならないからである。[98]）

第一・二節は、妻妾が加害者の場合である。第一節は被害者が夫の期年から緦麻までの尊長であるが、期年を超える尊長は直系尊属だけで、これは〈殴祖父母父母〉で扱い、夫の服喪義務のない（無服）親族は小註によれば一般人扱いになるので、残りの尊長はすべてここで扱う範囲に入る。第二節は被害者が夫の卑属であり、①夫の緦麻から大功までの卑属、②夫の兄弟の子（すなわち姪・姪女）に分けられる。第一節の被害者が夫の「尊長」であるのに対して、第二節では夫の「卑幼」でなく「卑属」となっているのは、同世代の「幼」者すなわち「弟妹」については第五節で扱うからである。

妻妾が夫の親族に対して暴行・傷害に及んだ場合、相手が尊属でも卑属でも夫が暴行した場合と同罪とされる。「…と同罪（与…同罪）」という文言は、名例律〈称与同罪〉に規定があり、当該の人が律に定められた正犯（ここでは親族に暴行した夫）と同じ罪に当てられるが、正犯が死罪の場合は「同罪」の者は一等を減じられ、杖一百流三千里になるとされている。第一節の小註は、それを踏まえたものである。一般に、妻妾の夫の親族に対する服は、夫よりも軽く設定されている。それを夫と等しく扱うのは、律では礼制が定めるより妻妾と夫の親族の関係を重く見ていることになる。

一方、暴行・傷害によって死なせた場合、妻妾は夫と量刑を異にする。沈註は、尊長を死なせた場合は夫より軽い刑、卑属を死なせた場合は夫より重い刑を科されると整理する。いずれにせよ、死なせなければ夫と同じ刑、死なせたら夫と異なる刑になるのであり、その理由は明律の時代から議論されてきた。

『大明律附例』は、王樵の『読律私箋』を引き写して、妻が夫と刑を同じくするのは「根本が一つであるという義を明らかにするため（所以明一本之義）」、刑を異にするのは「異姓を区別するため（所以別異姓）」であるという。「根本が一つである（一本）」というのは、「妻」は「斉」であるという説明（〈妻妾殴夫〉の解説を参照）と同じく、夫婦が一体であるとの観念を示すのであろうが、同時に妻は「異姓」であるため夫と区別されると言う。夫と妻の関係について、二面的な解釈が採られている。『読律瑣言』は、妻が夫と刑を同じくするのは宗族内での位置が同じ（倫叙之同）だからであり、刑を異にするのは恩義が異なる（恩義之異）からであると言う。本宗図に見られるように、夫と妻は宗族の中で同じ位置を占めるが、妻は後から入り込んだ新参者であるから、親族との関係は夫より浅いとみなされるのである。この説は輯註にも取り上げられており[99]、当時の代表的な解釈であったことがわかる。

それに対して沈註は、服制に即した第三の説を唱える。曰く、夫の親族に対する妻の服は、夫の父母（斬衰三年）を除いて、伯叔以下すべて夫より軽くなっている。妻が夫と刑を同じくするのは、夫の服の重さに従ったのであり、夫と異なっているのは、己の服に従ったのである。つまり、妻は夫の親族に対する犯罪について、夫の服と妻自身の服を使い分けて科刑されるのだという解釈である。一般に親族間の犯罪は、服の相違に応じて科刑されるので、沈註の説は理に適っている。しかし、本条

第四・五節などを見ると、実際に定められた刑は必ずしも妻の服と対応していない。明代以来の解釈に対して新機軸を打ち出しているものの、理に走り過ぎた説と言うべきである。

妾は第一節では妻と同じ刑を科され、第二節では別の刑を科されている。つまり、妻と同じく扱われる場合と、別の扱いを受ける場合があるが、その点については清律巻首の〈妾為家長族服図〉に附せられた註が次のように述べている。「夫（家長）の父母に対する服は、妻は夫と同じであるが、妾は軽くて期年である。これは妾を疎遠なものとしているのではなく、賤しいものとしているのである。妾と家長の間で犯罪があった場合、妻と同じ刑を科すのは、名分によって厳しくしているのであり、妻と異なる刑を科すのは、微賤であるため寛大にしているのである」。

一般的には、服の軽重は関係の親疎によって決まるが、妾の服が妻より軽いのは「疎」ではなく「賤」であるためということである。戸律・婚姻篇〈妻妾失序（妻妾の地位）〉は、妻を妾としたり妾を妻としたりすることを禁じているが、輯註によれば、それは「貴」と「賤」を転倒させ、秩序を乱し礼に背くからである。つまり、妾の「賤」は妻の「貴」と対立するものであり、妾と妻の地位に根本的な違いがあることを示す。この点は、本条への輯註が「妻には夫と対等（匹敵）の分があるが、妾は卑かつ賤である」としていることからもわかる。

それにもかかわらず、第一節において妾が妻と同等の刑を科されるのは、前掲の註によれば「名分」のためということになるが、この「名分」が何を意味するのかは不明瞭である。強いて言えば、奴婢と家長（およびその期親）の間の名分（〈奴婢殴家長〉の解説を参照）、すなわち家内の卑賤な者と家長（およびその近親）の間の名分に近いものが考えられる。そうした名分が成り立つ以上、卑賤な地位にある者に有利な扱いをしないことが正当とされるのである。

それならば、妾は常に妻より不利な刑を科されなければならないはずであり、実際に沈註は「妾が暴行すれば必ず妻より重い刑を科し、妾に対する暴行は必ず妻より軽い刑を科す。それは妾が「賤」だからである」と言っている。それなのに夫の尊長に対する暴行の罪が妻と同じになるのは、基準になる夫の刑がすでに重いからであるという（沈註）。つまり、本来なら妾は妻より刑を加重されるべきであるが、量刑の都合上できないということである。

第三節　もし（期親以下、緦麻以上の）**尊長が卑幼の婦《よめ》を暴行して傷つけたならば、一般人から一等を減じる。妾はさらに一等を減じる。死に至らしめたならば、**（妻か妾かにかかわらず）**絞**（執行猶予付き。故殺もやはり絞）。

本節に言う[100]「尊長」は実は尊属に他ならず、「卑幼」も卑属に他ならない（沈註）。なぜなら、同世代の年少者の妻妾に対する暴行・傷害は、第五節で扱われるからである。

傍系卑属の妻妾を暴行した場合、一般人を暴行した場合から一等・二等減じられる。これは卑属自身に対する暴行より刑が重く、服の重さに応じた軽減措置がない。死なせた場合は、相手が卑賤な妾であっても命で償わなければならず、夫の伯叔であっても軽減されない（沈註）。その理由については、輯註・沈註とも特に論じていないが、明代の『読律瑣言』は妻妾が異姓だからとしている。異姓の人は、同姓の親族よりも一般人に近いという考えである。

357　〈妻妾与夫親属相殴（妻妾と夫の親族との間の暴行）〉

第四節　**もし弟妹が兄の妻を暴行したならば、一般人を暴行したのに一等を加える。**（なお、妻が夫の兄の妻を暴行した場合について言わないのは、夫が暴行したのと同じだからである。）

第五節　**もし兄姉が弟の妻を暴行した、または妻が夫の弟妹または**（夫の）[b]**弟の妻を暴行したならば、各々一般人から一等を減じる。もし妾を暴行したならば、各々さらに**（妻を暴行した場合から）**一等を減じる。**（妻が夫の兄の妾を暴行した場合について言わないのは、やはり夫が暴行したのと同じだからである。[101]弟妹が兄の妾を暴行した、または大功以下の兄弟の妻妾を暴行した場合について言わないのは、みな一般人として論じるからである。）

尊属の妻に対する暴行は、基本的に〈殴大功以下尊長〉と〈殴期親尊長〉で扱い、卑属の妻に対する暴行は前節で扱ったが、第四・五節は同世代である兄弟の妻に対する暴行について定める。親族のうち同世代の「長」すなわち年長者が兄・姉であり、「幼」すなわち年少者が弟・妹であって、いとこなども兄姉・弟妹に含まれるが、兄の妻は「長」のうちに入らず、弟の妻は「幼」のうちに入らない（沈註）。

兄弟姉妹の間の暴行・傷害は、兄姉が加害者の場合は殺さない限り不問、弟妹が加害者の場合は暴力を振るった時点で杖九十徒二年半と、量刑に大きな差がある（〈殴期親尊長〉）。これは兄姉・弟妹の間の「長幼」の関係が重視されたためであるが、兄弟の妻は「長」でも「幼」でもないので、一般人に近い扱いとなるのである。

妻が夫の弟妹および夫の兄弟の妻を暴行した場合も同様である。沈註は、このような場合、妻の暴行の罪は「夫と同じくすることができないだけでなく、小功の長幼と同じくすることもできない」と言う[102]。小功は夫の兄弟姉妹に対する妻の服であるから、妻自身の服に従って科刑することも否定されているのである。夫と同じでもなく、妻自身と被害者の間の服制関係も考慮されないとすれば、他に基準になるものがないので、赤の他人に対する暴行の罪に近くなる。しかし、「夫の立場からすれば、長幼の義は無視することができない」ので、一般人に対する暴行に一等を加減するのであるという（沈註）。兄の妾や大功以下の兄弟の妻妾ともなれば、親族関係も「やや疎」となり、「尊卑も差がない」とみなされるため、一般人と同じ扱いになるのである（輯註）。

夫の親族内における妻の位置づけは、夫と同等であるか一般人と同じであるかの両極端をなしている。本条における議論は、その両端の間に、親族秩序や傷害の程度などを考慮して、妥当な位置を定めていく作業になっている。ただし、その際に妻自身が有する服は考慮されていない。同姓親族が基本的に服に従って科刑されているのと比べると、妻の扱いの大きな特徴と言える。

第六節　**なお、姉妹**（の）[c]**夫・妻の兄弟を暴行した、または妻が夫の姉妹の夫を暴行したならば**（親戚ではあるが服喪義務はなく、みな同世代である）[103]、**一般人の暴行として論じる。もし妾が犯したならば、各々**（夫が暴行・妻が暴行したのに）**一等を加える。**（加等によって絞に至らしめない。）

〈妻親服図〉によれば、妻の兄弟は無服であり、姉妹の夫はどの服図にも載せない。彼らに対する暴行を一般の暴行とするのは、言わずもがなの規定である。むしろ本節で重要なのは、一般人として論じるにもかかわらず、妾が加害者の場合は一等加重するという点である。これも妾が妻より「賤」であるという観点から理解されており、[104] 親戚関係は同じでも「賤」の分際であるから（親同而分賤）、一等を加えるのだと言われている（輯註）。

359 〈妻妾与夫親属相殴（妻妾と夫の親族との間の暴行）〉

第七節　**もし妾が夫の妾の子を暴行したならば、一般人から二等を減じる。**（それが母[d]に近いからである。）**妻の子を暴行したならば、一般人として論じる。**（妻の子を妾の子と区別するためである。）**もし妻の子が父の妾を暴行し傷つけたならば、一般人に一等を加える。**（父を尊ぶためである。）**妾の子が父の妾を暴行して傷つけたならば、さらに二等を加える。**（それが母に近いためである。合わせて一般人に三等を加え、加等して絞に至らしめない。）**死に至らしめたならば、各々一般人に依って論じる。**（これは本条の「弟妹が兄の妻を暴行した」以下をすべて受けて言う。死なせたならば、絞。故殺したならば、斬。）

本節では、妾とその実子以外の子（すなわち別の妾の子と妻の子）の間の暴行が、四つの場合に分けて扱われる。小註はさまざまな観点から理由付けをしているが、沈註は妾と子のどちらが加害者・被害者になる場合も、子の方が妾の子か妻の子かで区別するのだと説明しており、それによって嫡子と庶子の違いを明らかにするのだと言う。こちらの方が、本条の解釈に通底する「貴賤の分」に即したすっきりした説明となる。

最後に沈註は、本条に残された課題を四点指摘している。①孫と祖父の妾、子孫の妻妾と父祖の妾の間の暴行・傷害はどうなるのか。②子のない妾は家長の子らから見て服喪義務のない（無服）関係であるが、そのような妾も本条に従うのか。③妻妾と夫の嫁母・出母〈殴祖父母父母〉第二節の解説を参照）の間の暴行・傷害はどうなるのか。④本条第三節以降において、「暴行（殴）」と「暴行・傷害（殴傷）」にどのような区別がなされるのか。

①から③までは、律文に明記されていない事態をどう考えるのかという問題であり、(105) こうした問題は法を現実に適用する上で不可避的に現れるものである。実際、清代中期以降の律学は、律文に明記されていない事態を細かく分けて、相互の量刑の均衡を図るという方向に流れていくことになる。

一方、④だけは用語の定義と律文全体の整合性に関わる問題である。沈註は、ただ「暴行（殴）」と言った場合は重く科刑し、暴力を振るっただけで罪に当てるが、「暴行・傷害（殴傷）」と言った場合は軽く科刑し、無傷であれば論じないという仮説を立てている。だが、尊長が卑幼の婦を「暴行・傷害」した場合は減等になるし、子が父の妾を「暴行・傷害」した場合は加等されるので、実は使い分けがうまく説明できない。特に使い分けられていないというのが妥当な解釈かもしれないが、律文解釈の観点からは、こうした用語の相違は厳密な区別があって然るべきであり、なお検討を要するのである。

〈殴妻前夫之子（妻の前夫の子に対する暴行）〉

本条で扱われるのは、妻の連れ子と継父の間の暴行・傷害である。両者は、本来他人であった者どうしが父子関係を結ぶことになったのであり、血縁に基づく父子とは異なる。[106] 血縁のない両者の間に特別扱いを要するだけの父子関係が認められるには、どのような実質が伴わなければならないかが問題となる。

361 〈殴妻前夫之子（妻の前夫の子に対する暴行）〉

第一節　**およそ妻の前夫の子を暴行したならば**（以前同居していて今は同居していない者を言う。その暴行・傷害・折傷は）、**一般人から一等を減じる。同居している者は、さらに一等を減じる。死に至らしめたならば、絞**（執行猶予付き）。

第二節　**もし継父を暴行したならば**（やはり以前同居していて今は同居していない者を言う）、**杖六十徒一年。折傷以上は、一般の暴行・傷害に一等を加える。同居していたならば、さらに一等を加える。**（重篤な障碍に至らしめれば、罪は杖一百流三千里を上限とし、加等して死に至らしめず、なお財産の半分を給付して扶養させる。）**死に至らしめたならば、斬**（執行猶予付き）。

第三節　**なお、故殺した、またはそれまで一度も同居したことがなかったならば、**（父が子を暴行したか、子が父を暴行したかを問わず、）**各々一般人として論じる。**

清律附載の〈三父八母服図〉には、「同居継父」「不同居継父」「従継母嫁」の三種類の継父が挙げられる。そのうち同居継父は、父子ともに大功以上の親族がいない場合（継父に子がなく、己にも伯叔・兄弟がいないなど）と大功以上の親族がいる場合に分けられる。継父に対する服制は、前者が期年、後者が斉衰三月となり、近親が乏しければ服は重くなる。不同居継父は、以前同居していたが今は同居していない者と、母について行かず一度も同居していない者とに分けられる。以前同居していた場合は斉衰三月、一度も同居していない場合は服喪義務がない。従継母嫁とは、継母が夫の死後に前妻の子を連れて再婚した場合であり、再婚した男性に対する連れ子の服は期年（大功親のない同居継父と同じ）となる。(107)

このように、継父は都合五種類に分けられるが、本条で問題にされるのは同居の一点に限られる。輯註によれば、継父と連れ子は本来他人であるが、それを父子と呼ぶのは、「依附・恩養の義理（相依恩養之義）」があるからである。沈註も、継父は「同居・養育の恩義（同居撫育之恩義）」が重要であるとし、再婚した母が実母（親母）でも継母でも問題にならないと言う。(108)

だから同居していることが重要なのであり、以前同居していて後に同居しなくなった場合はそれに次ぐ。一度も同居したことがなければ、赤の他人の一般人にすぎない（輯註）。そこで、以前同居していた継父が子を暴行した場合は、以前の恩義を忘れてはならないということで一般人から一等を減じ、同居を続けている場合は、現在の恩義が継続していることからさらに一等を減じる。ただし、これらは恩義が連続していることが根拠になり、殺害した場合は恩義が絶たれてしまうので、一般人と同様に命で償うことになる。同居したことがなければ、恩義が存在せず減刑する根拠がないので、やはり一般人として論じる（沈註）。

同じ論法が、第二節の連れ子が継父を暴行した場合にも適用される。ただし、なぜ刑が杖六十徒一年から始まるのかは明らかでない。輯註は、一般の暴行・傷害では、折傷の最も軽い場合（一歯・一指を折るなど）が杖一百で、一等を加えると杖六十徒一年になり、本節の折傷未満の刑と同じになると指摘している。それ以上何も論じていないので、敷衍して説明すれば、傷つけるに至らない単なる暴行から折傷の最も軽い場合までが一律に杖六十徒一年、それより重い場合（二歯・二指を折るなど）は順次一等ずつ加重されるので、実質的には折傷の最も軽い場合までが杖六十徒一年で、それより重い場合との間で線引きがなされているということになる。

363〈妻妾殴故夫父母（亡夫の父母に対する暴行）〉

妻妾は夫との婚姻関係によって、その親族の中に位置を占める。夫が死んで再婚した場合、もとの親族との関係はどうなるのか。同様の問題は、転売された奴婢についても生じる。彼らが夫・家長の親族の中にいるのは、人為的な結合の結果であるから、人為的に関係から離脱することもある。本条については、親族との結合ではなく、離別の条件を考えた方が理解しやすい。なお本条は、同じ問題を扱う人命篇〈謀殺故夫父母〉と互いに参照するのがよい。

第一節　**およそ妻妾が、夫の死後に再婚して、亡夫の祖父母・父母を暴行したならば、いずれも姑《しゅうとめ》・舅《しゅうと》**[109a]**を暴行したものと罪は同じ。なお、もとの舅・姑が死んだ子孫の再婚した妻妾を暴行したならば、やはり子孫の婦《よめ》を暴行したものと同じ。**（妻妾が離縁された場合、この条文を用いない。義がすでに絶えているからである。）

夫と死別して再婚した女性は、新たな夫の親族内に位置づけられる。だが、亡夫の祖父母・父母に対する暴行の罪は、生きている夫の父母に対するものと同じである。つまり、亡夫の祖父母・父母との関係は、夫の死と再婚を経ても断絶しないとみなされるのである。

このことを、沈註は次のように説明する。夫婦は義によって結ばれたものである。夫は妻を離縁することができるが、妻は夫を棄てることができない（〈妻妾殴夫〉の解説を参照）。夫が死んでも、妻が自ら夫と縁を切るという道理はない。だから、再婚したとしても亡夫の父母の名分はなお存在する。つまり、夫から縁を切っていない以上、夫婦の義理は存続するという考えである。[110] 離縁された場合は本条の対象外となるが、それは夫から縁を切ったことによって義理が絶えたからである。

なお、再婚後も関係が維持されるのは祖父母・父母だけであり、祖父母・父母を除く期親以下の親族（つまり他の親族すべて）は対象外とされる（輯註）。

第二節　もし奴婢がもとの家長を暴行した、または家長がもとの奴婢を暴行したならば、各々一般人として論じる。（これもやはり自ら人に転売した場合について言う。奴婢が逃走した[b]ならば、この条文を用いない。義がまだ絶えていないからである。）

本節に言う「もとの奴婢（旧奴婢）」は、[111] 家長が転売した場合について言うと考えられている。だが、この説は明末になって言明されたものであり、それ以前には奴婢が出て行けば関係が絶たれるとする説もあった。[112] 小註は転売説を採り、輯註・沈註ともそれに沿った解釈を示す。

沈註が述べる転売説の根拠は、以下のとおりである。家長と奴婢の関係も、夫婦と同様、義によって結ばれたものである。家長が奴婢を転売した場合、両者の間の義が絶たれるが、それは家長自ら絶ったからであり、奴婢が絶ったからではない。すなわち夫婦関係が夫の側からしか解消できなかったのと同様に、家長と奴婢の関係も家長の側からしか解消できないというのである。したがって、逃亡した奴婢は本節に言う「もとの奴婢」には当たらない[113]。義によって結ばれた「義合」関係は、生まれながらの「天合」関係と異なり、義が失われれば解消するが、義が失われたと認定されるためには、然るべき条件が必要とされるのである。

ただし、「一般人として論じる」というのは「義合」関係がないものとして論じるということであって、対等の一般人の間の暴行として論じるという意味ではない。転売された奴婢は、身分の上ではなお奴婢であるから、もとの家長との間で暴行があれば〈良賤相殴〉の規定に依ることになる（輯註）。なお、奴婢に附随してしばしば取り上げられる「奉公人（雇工人）」は、本条では言及されない。奉公人は雇用期間が終われば家長とも一般人の関係となり、「もとの」奉公人というものは問題にならないからである（沈註）。

〈父祖被殴（父祖への暴行に対する報復）〉

本条は、祖父母・父母が暴行を受けた時、加害者に私的制裁を加えた子孫の罪を扱う。基本的に子孫の刑は減免されるが、それは「父の讎《あだ》は共に天を戴かず（父之讎弗与共戴天）[114]」という復讐の大義があるからである。しかし、国家の法は私的制裁を野放図に許すことはできないので、一定の制限を設けることになる。

第一節　**およそ祖父母・父母が人に暴行され、子孫がただちに**（少しでも遅れれば、ただちに暴力行為として論じる）**救護して**（犯行に及んだ人に）**暴力で報復した場合、折傷でなければ論じない。折傷以上に至らしめれば、一般の暴行から三等を減じる。**（重篤な障碍を負わせても、やはり流三千里を減じて徒二年とすることができる。）**死に至らしめたならば、通常の条文に依る。**

祖父母・父母が暴行を受けているのを見て、子孫がただちに救援に向かい、加害者に暴力で報復した（還殴）場合、折傷未満は不問、折傷以上でも死なせなければ一般の暴行から三等減という大幅な減等になる。輯註によれば、暴力で対抗するのは親を救うためであり、凶悪な犯罪行為とは違うからである。「ただちに救護（即時救護）」というのが本条適用の条件であり、やむを得ず手を出した場合に限って、不問または減刑になる。小註に「少しでも遅れれば、ただちに暴力行為として論じる」とあるのはこのことを確認しているのであり、即座に殴り返したのであれば「救護」、即座でなければ「暴力行為（闘殴）」として扱われるのである（輯註）。

しかし、子孫が加害者を殺した場合は、一転して通常の殺人として扱われることになる。「死に至らしめた」場合というのは、闘殴殺すなわち傷害の結果死なせてしまった場合だけでなく、故殺も含むというのが沈註の解釈である。[115] なぜなら、闘殴殺だけであれば「死に至らしめたならば、絞」と言えばいいところを、「死に至らしめたならば、通常の条文による（依常律）」と言っているのは、斬刑となる故殺を含むからである。父祖が殴られているのを見て、憤怒に駆られて殴り返している時に、殺意が萌して殺してしまったといった場合であり、父祖を救うためとはいえ故殺は重大な罪であるから、減刑されることなく斬に当たるのだと言う。

第二節　**もし祖父母・父母が人に殺されて、子孫が**（官府に訴えず）**犯行に及んだ人を勝手に殺したならば、杖六十。なお、ただちに殺したならば、論じない。**（少しでも遅れれば、ただちに「勝手に殺した」として論じる。）（もし祖父母・父母と共謀の上で人を暴行したならば、おのずから一般人の首従法に依る。[116] また、祖父母・父母が服喪義務のある親族から殴打されていれば、ただ救い出すに止めるべきであり、暴力で報復してはならない。もし暴力で報復することがあったならば、なお服制に依って罪を科す。）（父祖以外[117]のその他の親族の人らが人に殺されて、犯行に及んだ人を勝手に殺し、審理して別の事情がなければ、罪人が死刑に当たる罪を犯していたのを勝手に殺した場合の条文に依って、杖一百。）

「父祖が殺されたならば、礼として必ず復讐する」と言うように（沈註）、父祖が殺された時に仇を討つのは経書に記された大義である。輯註は、父母の仇に出会ったら武器を取りに帰ることなくただちに闘うという『礼記《らいき》』檀弓《だんぐう》上の言葉を引用している。父母の仇はただちに討つのが、「礼」に適った行為なのである。まして親が殺されるのを目撃して、怒りのあまりその場で仇を討ったというのは、人情としても義理の上でも正しいことであり、何の罪にもならないと言う。

だが、「法は上で運用されるべきであり、下で操られるべきではない」（沈註）ので、親が殺された場合であっても、勝手に殺す（擅殺）ことは罪に当たる。官府に訴えず勝手に殺す「擅殺」の本規定は捕亡篇〈罪人拒捕〉にあり（沈註）、罪人を逮捕しようとして、抵抗されたため格闘して殺したり、逃げられたため追いついて殺したりした場合は免罪、そうでなければ罪人が死刑相当の罪を犯していても擅殺に当たるとしている。賊盗篇〈夜無故入人家〉や人命篇〈殺死姦夫〉でも、ただちに殺した場合は不問に附すが、そうでなければ何らかの罪に問われることになっている。ただし『大清律輯註』では、これらの条文で即時に殺した場合に免罪する理由として、我が身を守るための緊急避難という意味を強調している（〈夜無故入人家〉および〈殺死姦夫〉の解説を参照）。危険を回避するという理由でもない限り、私的制裁を許さない方針を示していると言えよう。一方、本条では正当な怒りの発露として即時の殺害を容認しており、この点が特徴的である。

そのように、父祖が殺されてただちに復仇した場合は免罪されるが、時間をおいて殺した場合は、擅殺として杖六十を科刑される。祖父母・父母が殺されて、官府に訴えず加害者と私的に和解したならば杖一百徒三年であり（人命篇〈尊長為人殺私和〉）、両者を比較すれば復讐がはなはだ寛大に扱われていることがわかる。これも人倫を涵養し世の秩序を維持するという意義があるのだという（沈註）。

親の仇を殺すのが「即時」でなければならないことは基本条件であり、たとえば父祖が暴行を受けて重傷を負い、辜限内に死んで、子孫がそれからただちに犯人を殺したといった場合も擅殺に当たるという（沈註）。辜限外に死んだ場合、暴行と死の因果関係はないとみなされるので、子孫が殺せば擅殺にさえならない。だが沈註は、その場合でも「復仇の心は許すべき」なので、上申して情状を酌量すべきだと述べている。

罵詈篇

前代には「闘殴」と「罵詈《ばり》」、すなわち暴力行為と暴言を同じ篇に一括していたが、明代に「罵詈」を分けて一篇とし、清朝はこれを受け継いだ（沈註）。

沈註によれば、面と向かって責めるのが「罵」で、あてこするのが「詈」であるとか、悪口を言って貶めるのが「罵」で、口汚くののしるのが「詈」であるとかいった説があるが、両者の字義は近いので区別する必要はないという。罵詈は基本的に微罪であり、その内容や状況はいちいち区分されない。罵詈篇の通則である〈罵人〉は、闘殴篇における〈闘殴〉とは異なり、ごく簡略な規定に止まっている。

〈罵制使及本管長官〉以下の各条は、いずれも闘殴篇の〈殴制使及本管長官〉以下で扱われた加害者―被害者関係を扱っており、量刑を定める論理は変わらない。『大明律附例』は、罵詈諸条の「律の意図（律意）」は闘殴と同じであり、ただ暴言は暴行より軽いので罪も軽くなるだけだと述べている。

実際のところ、罵詈篇の概要はこれに尽きているので、本篇の注釈は『大清律輯註』の中で最も分量が少なく議論も乏しい。

〈罵人（暴言）〉

およそ人を罵ったならば、笞一十。互いに罵り合ったならば、各々笞一十。

一方的に人を罵った場合は罵った者が、互いに罵り合った場合は双方が、笞一十となる。笞一十は最も軽い刑であり、それによって暴言（罵詈）の罪そのものの位置づけがわかる。闘殴篇〈闘殴〉第七節では、双方が手を出した場合に、理の曲直・手出しの先後を区別しているが、人を罵った（罵）場合は曲直を問題にせず、どちらが先に罵ったかも論じない（輯註）。

沈註が取り上げる問題は一点だけで、人を罵った場合に自首が認められるかどうかということである。この問題は『大明律附例』が取り上げており、すでに人を罵った後ではそれを改めることができないから、自首は認められないとする説があるが、賛成できないとしている。名例律には「人を損傷すれば自首の対象外となる」とあるだけであり、人を罵っても辱《はずかし》めるだけで損傷とは言えないからである。沈註もこれを受け継ぎ、罵った後で後悔し、心から謝罪すれば、何も罪する必要はないと言う。また、尊長を罵ることは倫理に関わるので罪が重いが、それさえ親告を要し、被害者が隠して告げないことが認められる。他人が訴えても罪にならないことを、自首して免罪されないはずがないと言うのである。しかし、実際にこうした罪を自首する者があったかどうかは不明である。

371 〈罵制使及本管長官（勅使または所管の長官に対する暴言）〉

およそ勅命を奉って出使し、官吏がこれに暴言を吐いた、[a]または民が所属の知府・知州・知県を、軍士が所管の指揮・千戸・百戸[b]を罵った、もしくは吏卒が[c]五品以上の長官を罵ったならば、杖一百。もし吏卒が六品以下の長官を罵ったならば、各々（六品から雑職に至るまでを指す。各々杖一百から三等を減じ、いずれも杖七十となる）[d]**三等を減じる。**（軍・民・吏卒が）（所属・所管・直属の）**佐貳《さじ》官《かん》・首領官を罵った場合、さらに各々一等を順次減じる。いずれも自ら聞いていて初めて罪する。**

本条で取り上げられる勅使（制使）と官吏、民と所属の地方官、軍士と所管の武官、吏卒と長官の関係は、闘殴篇〈殴制使及本管長官〉に見えるとおりである。吏卒については本文で「直属の（本部）」の語を欠くが、小註に記されているように「直属の」五品以上あるいは六品以下の長官を指す[1]。直属の長官を五品以上と六品以下で分け、六品以下は三等減となること、佐貳官・首領官については一等ずつ減等になることなど、本条の構造は〈殴制使及本管長官〉と類似している。ただ、暴行・傷害が傷害の程度による刑の差等も定めるのに対して、罵詈は内容や程度を区別しないので、それだけ単純になっている。沈註は、本条は「殴律」すなわち暴行の場合の規定（具体的には闘殴篇所収の〈殴制使及本管長官〉を指す）と科刑の方法は同じであると言う。

これら「所管（本管）」の関係にある上長を罵った場合、一般人の場合の笞一十から杖一百に刑が跳ね上がる。暴行・傷害の場合ほどではないが、大幅な加重と言うべきである。これらの人々を罵るのは「上を犯すこと甚だしい」からだと言うが（輯註）、なぜこれらの人々が特別な存在に当たるのかは、〈毆制使及本管長官〉の解説を参照されたい(2)。

本条の特徴は、「自ら聞いていて初めて罪する（親聞乃坐）」と定めている点である。すなわち罵詈の対象である上長が自ら聞いたのでなく、他人が訴えた場合は罪に問わない（沈註）。罵詈は証拠が残るものではないので、讒訴《ざんそ》する者が現れないようにするためである（輯註）。

〈佐職統属罵長官（佐貳官・首領官・統属官の長官に対する暴言）〉

およそ首領官または統属官が五品以上の長官を罵ったならば、杖八十。もし六品以下の長官を罵ったならば、三等を減じる（笞五十）。**佐貳官が長官を罵ったならば、さらに各々二等を減じる**（五品以上は杖六十。六品以下は笞三十）。**いずれも自ら聞いていて初めて罪する。**

同じ官庁の佐貳官・首領官、または所属官庁の統属官が長官を罵った場合、吏卒が罵った場合から二等減じるという構造は、やはり闘毆篇の〈佐職統属毆長官〉と類似し、減等の幅も同じである。沈註は、本条もまた「毆律」と科刑の方法は同じであると言う。

〈奴婢罵家長（奴婢の家長に対する暴言）〉

およそ奴婢が家長を罵ったならば、絞（執行猶予付き）。**家長の期親または外祖父母を罵ったならば、杖八十徒二年。大功ならば、杖八十。小功ならば、杖七十。緦麻《しま》ならば、杖六十。もし奉公人が家長**

を罵ったならば、杖八十徒二年。家長の期親または外祖父母を罵ったならば、杖一百。大功ならば、杖六十。小功ならば、笞五十。緦麻ならば、笞四十。いずれも自ら訴えて初めて罪する。（名分による関係であれば、おそらくは讒言《ざんげん》する者があろう。故に自ら聞いていなければならない。関係が親密であれば、庇《かば》って隠そうという意思もあろう。故に自ら訴えなければならない。(3)）

「所管」関係にある上長を罵った場合は杖一百であったが、奴婢が家長を罵った場合、徒・流を跳び越えて絞刑となる。奴婢は家長に対して「名分が至って重い」からと言うが（輯註）、奴婢が家長に暴力を振るえば斬に当たるので、殴っても罵っても同じ死罪ということになる。これは子孫が祖父母・父母を罵った罪と等しい。闘殴篇でも、奴婢と家長の関係はおおむね子孫と祖父母・父母の関係に相当するよう扱われており、同じ原則に従ったものと言えよう。子孫と父祖の関係において、「名分の厳しさは人倫の重さに等しい」（沈註）ことから、このような厳刑が定められたということである。

家長の期親・外祖父母を罵った場合、家長から四等減の杖八十徒二年、大功の親族を罵った場合は、期親からさらに五等減の杖八十と大きく減等され、「軽重が懸け離れている」（沈註）。輯註によれば、家はただ一人の家長の下に統括されるので（家統一尊）、家人はそれぞれ分際に差等があり、家長と期親、期親と大功以下では差がつくのだという。奉公人が家長以下を罵った場合、闘殴篇とは科刑の方法が異なり（沈註）、奴婢が家長の期親・外祖父母を罵った場合に相当する刑から始めて、期親で三等減、大功でさらに四等減、以下は一等ずつ減等していく。

なお、本条以下では「自ら訴えて（親告）初めて」罪となるよう定めている。名例律〈親属相為容隠〉では、奴婢・奉公人が家長のために隠すことは認めているが、逆は認めていない。本条では、例外として特に規定していることになる。

〈罵尊長（尊長に対する暴言）〉

およそ（父系・母系の）**緦麻の兄姉を罵ったならば、笞五十。小功**（の兄姉）[a]**ならば、杖六十。大功**（の兄姉）[b]**ならば、杖七十。尊属**（緦麻・小功・大功を兼ねる）**ならば、各々一等を加える。もし**（期親の同胞の）**兄姉を罵ったならば、杖一百。伯叔父母・姑《おば》・外祖父母ならば、各々**（兄姉を罵ったのに）**一等を加える。いずれも必ず自ら訴えて初めて罪する。**[c]

親族に対する罵詈は、闘殴篇に見える暴行・傷害と比べてごく簡略に済まされている。外祖父母を除き、基本的に服制と同世代か尊属かで刑が定まる。親族内の罵詈については、目下の者が目上の者を罵った場合のみ罪となり、逆の場合は取り上げられない。暴力行為とは異なり、目上の者が目下の者を罵るのは、何ら不当なこととみなされていなかったのである。

なお、弟が兄の妻を罵った場合については規定がないので、雑犯篇〈不応為〉を引いて笞四十とすべきだという説があったという。だが、闘殴篇〈妻妾与夫親属相殴〉によれば、弟妹が兄の妻に暴力を振るった場合、傷つけるに至らなければ一般人に一等を加えて笞三十なので、それでは罵った場合の方が殴った場合より刑が重くなってしまう。このことは『大明律附例』ですでに指摘されているが、沈註はその議論を受け継いだ上で、〈妻妾与夫親属相殴〉の規定を類推解釈（比照）して、一般人に対する罵詈の笞一十に一等を加えて笞二十とすることを提案している。

375 〈罵祖父母父母（祖父母・父母に対する暴言）〉

およそ祖父母・父母を罵った、または妻妾が夫の祖父母・父母を罵ったならば、いずれも絞。必ず自ら訴えて初めて罪する。

本人または夫の直系尊属を罵った場合は絞刑となり、[4]〈奴婢罵家長〉の解説で述べたように、暴行した場合の斬刑と実質的に同じである。闘殴篇〈殴祖父母父母〉では「みな斬（皆斬）」となっているのに対して、本条では「いずれも絞（幷絞）」となっているが、「皆」は首犯・従犯を区別しないことを意味するので、首犯も従犯もない罵詈については「皆」の字は用いない（輯註）。本条では子孫が祖父母・父母を罵った場合と妻妾が夫の祖父母・父母を罵った場合の両方を指すだけなので、「いずれも（幷）」と言うのである（沈註）。

沈註は本条において、〈奴婢罵家長〉以下に定める「親告」、すなわち被害者が自ら訴え出るという要件について総論を述べる。罵詈は証拠が残らないので親告を要する、あるいは被害者が恩義にほだされて庇うことが容認されるので、他人が訴えることはできないと考えられている。ただし、親告による訴えがなされた場合でも、実際に罪に当てるには「実情を解明する（得実）」必要がある。訴訟篇〈干名犯義〉によれば、祖父母・父母・外祖父母が子孫・外孫・子孫の婦《よめ》・妾または奴婢・奉公人を誣告《ぶこく》した場合は、罪を問われない。「誣告」と言う以上、誣《し》いられた子孫らに罪がないことは明らかである。こうしたケースもあり得るので、「親告して初めて罪する」といっても、「親告すればただちに罪する」という意味にはならないのである。

〈妻妾罵夫期親尊長（夫の期親の尊長に対する暴言）〉

およそ妻妾が夫の期親以下・緦麻以上の（父系・母系の）**尊長を罵ったならば、夫が罵ったのと罪は同じ。妾が夫を罵ったならば、杖八十。妾が妻を罵ったならば、罪はやはり同じとする。もし妻の父母を罵ったならば、杖六十。いずれも必ず自ら訴えて初めて罪する。**（律に妻が夫を罵ることに関する条文がないのは、夫婦が対等であるという義によって、これを許すのである。もし犯せば「なすべきでないこと」[5]の笞罪に当てればよい。）

妻妾が夫の親族を罵った場合についても、暴行・傷害の場合と比べて非常に簡略な規定になっている。基本的には夫自身が罵った場合と同じであるが、妾が夫と正妻を罵った場合についてのみ、本条独自の規定になっている。妾が夫を罵った場合と妻を罵った場合は、いずれも杖八十で同じである。妻が夫を罵ることに関する条文がないことについて、「夫婦が対等であるという義（閨門敵体之義）」に免じて許すのだと言うように（小註）、夫と妻は対等という原則によるものであろう。とはいえ、「対等（敵体）」というのが平等を意味するのでないことは、「婦人には夫に従うべき義がある」（輯註）と言うことから明らかである。ここに言う「対等」とは、妻は夫と同等の位置にあるものとして扱われるということなのである。

夫が妻の父母を罵った罪を本条で扱うのは、〈罵尊長〉で扱うのが父系（本宗）・母系（外親・外姻）の尊長、すなわち両親の一族内の尊長であって、妻の父母はその中に含まれないからである。夫が妻の父母を罵った場合は杖六十であるが、これは父系・母系の緦麻の尊属を罵った場合と同じである（輯註）。夫にとって妻の父母は緦麻の服に当たるが、暴行・傷害の場合の規定（闘殴篇〈妻妾殴夫〉第四節）では緦麻の兄姉相当とされ、緦麻の尊属相当とはされていなかった。〈妻妾殴夫〉第四節は雍正朝になって改正され、妻の父母は緦麻の尊属相当に改められるが（同条の解説を参照）、罵詈篇では最初から緦麻の尊属相当になっていたのである。雍正朝の改正は、この点について一貫性をもたせたと言うべきである。

なお、妾が妻の父母を罵った場合については明記されていないが、暴行した場合の規定（〈妻妾与夫親属相殴〉第一節の小註）に照らせば、夫と同じ杖六十を科すべきであるという（沈註）。

〈妻妾罵故夫父母（亡夫の父母に対する暴言）〉

第一節　**およそ妻妾が夫の死後に再婚して**（その義がまだ絶えておらず）**亡夫の祖父母・父母を罵ったならば、いずれも舅《しゅうと》・姑《しゅうとめ》**(6)**を罵ったのと罪は同じ。**（妻がもし夫の生前に離縁されて夫と義絶した、または姑と婦がともに再婚したならば、この条文を用いないと考えられる。また、子孫の婦が夫の死後も婚家に止まり、すでに再婚した姑を罵ったならば、現に仕えている姑[a]を罵ったのと同じ。もし嫡母・継母・慈母・義母がすでに再婚していたならば、姑を罵ったとして扱わない。）

第二節　**もし奴婢が**（人に転売されて、その義がすでに絶えており）**もとの家長を罵ったならば、一**

般人として論じる。[b]

夫の死後に再婚した妻妾が亡夫の父母を罵った場合と、転売された奴婢がもとの家長を罵った場合の科刑は、闘殴篇〈妻妾殴故夫父母〉と同じ原則に従う。

本条独自の注釈としては、夫の死後に妻が再婚せず、姑の方が再婚した場合に関する解説がある（沈註）。この場合、やはり妻と姑の関係は存続するとみなすのであるが、その理由は以下のとおりである。妻が夫の死後に婚家に止まったとすれば、それは姑の子のためである。姑が再婚したとしても、子には母と縁を切るという義はないから、子の妻にも姑と縁を切るという理はない。婦人は夫に従うものであるから、夫が母とする以上、妻は姑としなければならない。ただし、これは実母の場合であって、嫡母以下については再婚すれば縁が切れるとみなされている。

訴訟篇

訴訟に関する律の篇名としては、古くは三国魏の「告劾律」、晋の「告劾撃訊律」があった。北斉の時代には「闘律」に附して「闘訟律」と称し、北周ではまた「告言律」を独立させたものの、隋・唐では「闘訟」を篇名とするに至った。明律は「闘」と「訟」を分離し、清律はそれを引き継いだ（沈註）。このように、「訟」すなわち訴訟に関する篇と、「闘」すなわち暴力行為に関わる篇とは、時代によって分けたり合わせたりを繰り返されていたのである。

訴訟と暴力行為が一緒にされるというのは、あるいは奇妙に感じられるかもしれない。しかし、闘殴篇〈闘殴〉への小註にも見えるように、暴力行為は基本的に争いの結果として実力行使に及んだものとみなされており、争いの結果として合法的な裁判に持ち込んだのが訴訟だとすれば、「争い」に関わるという点で両者は共通している。

実際、人の非を訴え出ることは、その人を危険に陥れることにほかならないので、訴訟は原告の被告に対する攻撃と見ることもできる。そのため中国では古くから、相手によっては正当な理由があっても訴えること自体が悪事とみなされた。目上の親族を訴えた場合、たとえ訴えが正当であっても罪とされるのは、その見方に基づくものである（〈干名犯義〉の解説を参照）。親族関係のない赤の他人を訴える時も、人を訴える以上は相手に負わせたと同じだけの危険を被るのが当然と考えられた。唐律には、人の罪を訴えた者に対して、その訴えが偽りであった場合、訴えた罪に相当する刑罰を科す「反坐」の原則が定められている。この原則は、遅くとも晋律以来の伝統をもつものであり[1]、多少手を加えつつ明清律にも引き継がれた（〈誣《ぶ》告《こく》〉の解説を参照）。原告は訴えに際して、被告と同等の危険を覚悟しなければならないということであり、訴訟はいわば原告と被告が一つの刑罰を賭けて争う性格をもったとされる[2]。

とはいえ、こうした原則は犯罪の告発者を過大な危険にさらすことになるため、盗みや殺人など日常生活を脅かす顕著な犯罪については、被害者やその親族が訴え出る場合、訴えを「被害届け」的な性質のものとして扱うことも古くから行なわれていた。清代の現実の裁判では、結果的に誣告と判明しても、合理的な疑いがあったとされたり根拠薄弱であったとすぐに認めたりした場合には、〈誣告〉の条文を適用して反坐されることはまずなかった[3]。本篇冒頭の沈註は、「不正な抑圧（冤抑之事）を受けて訴えるのが「訴」であり、争い事（争論之事）があって訴えるのが「訟」である」と言う。同じ訴訟であっても、差し迫った侵害を受けた者が救済を求めることと、相互に言い分のある争いを官府に持ち込むことは、一応区別して捉えられていたのである[4]。

しかし、前近代中国の訴訟制度は、いわば犯罪の告発も「争い」の範疇に包括する形で成り立っていたので、訴訟の手続きは基本的に同一であった。重大な犯罪事件も相続や土地争いなど大小さまざまな民事的紛争も、同じ形式で人口二十万につき一人と言われる地方官のもとに持ち込まれた。官の方ではいちいち受理して審理する前に、訴状の内容に応じて区別せざるを得ず、民の方では少しでも有利に取り上げられるよう手を尽くした。そのため、法に定める規則と訴訟の実態には懸け離れた点が生じるようになった。形式的条件を満たした訴えを官が受理しないことや、借金などの紛争を解決してもらうために人を重罪で訴えることなど、本篇諸条が罰則付きで禁じていることが、訴訟の現場では尋常のこととして怪しまれてもいない。

成文法とその適用の実態に乖離が生じるのは、画一的な規則よりも個別の事情を重視するという伝統的中国法の基本的性格に由来し（本書「解説」を参照）、本篇に限らず清律の諸条に広く見られることである。本篇については、画一的に適用されて然るべき手続き上の規則が守られていない点で、我々の目にいっそう奇異に映るのであるが、律があくまでも法の骨格をなすものであり、手続きといえども実情に合わせて柔軟に運用されるものであったと考えれば不可解ではない。律の規定は、柔軟な対応の基礎となる原則を示すという点で十分な意味をもっていた。実際、〈誣告〉の条文などは文字どおりに運用されていない事例が非常に多いが、律の趣旨に適った事案においては厳正に適用されているのである。

なお、本篇は清代の訴訟に関する法の一部をなすにすぎない。中国では伝統的に訴訟の手続きについて体系的な法を立てるということがなく、律令（清代には令はない）のほか、各種の単行法規や行政命令、慣例などの集積によって裁判制度が成り立っていた。清律では、本篇で告訴とその受理に関して禁止対象となる行為を扱い、第2巻断獄篇で裁判そのものに関わる禁令を扱う。

〈越訴〉

第一節　**およそ軍・民の訴訟は、みな下級官から順に訴えなければならない。もし所管の官を跳び越えて、みだりに上司に赴いて申し立てたならば、**（たとえ事実であっても）**笞五十。**（必ず所管の官が受理しなかったか、あるいは受理しても審判が不当であって初めて上司に赴いて訴えるべきである。）

本節は、清代訴訟制度の基本原則の一つを示している。すなわち、訴訟はまず原告の「所管（本管）」の官に訴えるべきであり、そこで門前払いを食わされたか、あるいは審判結果が不服であった場合に限って、さらに上級の官に訴えることが許される。下級の官を跳び越えて、いきなり上級の官に訴えることは禁じられている。

一般人民は、犯罪に遭ったり紛争に巻き込まれたりした場合、まず所管の官である知州・知県（府の直轄地の住民は知府）に訴える。[5] 訴えがあれば、所管の官は必ず受理しなければならず、違反すれば罪に当たることが定められているが（〈告状不受理〉）、実際には訴えを受けた官はまず訴状（告状）を読み、その内容によって受理するかしないかを決めた（〈告状不受理〉の解説を参照）。[6]

訴えが受理されて審理が行なわれた結果、徒未満の刑に当たると判断された場合は、そのまま州・県で結審して刑を執行するが、徒以上の刑に当たると判断された場合は、犯人の身柄と一件文書を府に送る（府が初審の場合、この手続きはない）。府で審理し、州・県の判断が妥当と認められれば、また身柄と文書を省の按察司に送る。按察司でも審理を繰り返し、原案が妥当と認められれば、省全体の行政を統括する巡撫・総督に上申する。巡撫・総督が裁可すれば、徒刑についてはここで結審する。流刑以上に相当するか、徒刑であっても人命侵害に当たる案件については、さらに巡撫・総督から中央の刑部に文書を送って諮《はか》る。刑部が認可すれば、死刑に当たらない案件はここで結審するが、死刑に当たる案件については、刑部が審査した上で、都察院と大理寺に認可を求め、刑部・都察院・大理寺（「三法司」と言う）の間で異議がなければ、上奏して皇帝の裁可を取りつける。(7)

州・県から上級官庁へ移送された者は、州・県での審判に不服があれば、府でも按察司でもその旨を申し立てることができた。州・県で結審する案件については、不服のある者は府へ、さらに不服があれば按察司・巡撫・総督へと上訴することができた。各省の巡撫・総督に訴えてもなお不服であった場合は、中央政府に訴えることが認められていた。(8) このように行政の階層に沿って訴えを上げていくことが「下級官から順に訴える（自下而上陳告）」ということであり、州・県を跳ばして最初から府などの上級官庁に訴えた場合は「越訴」として罪に当たるのである。

沈註によれば、「訴訟を審理するのは下級官の職務」であり、訴えは当然下級官から始めなければならない。下級官に訴えてみなければ、その審判が必ず誤りであるとは決められないはずなのに、いきなり上司に訴える者は、「所管の官を蔑視し、上司の勢力を借りて、分を越えて思いどおりに事を運ぼうとするもの」であり、善良な民ではあり得ない。律が重んじるのは「(悪しき)意思を懲らしめる（誅心）」ことであるから、そのために越訴は罪とされるのである。(9)

越訴は受理しないのが原則であるから、その訴えが事実かどうかは問題にされない。訴え自体は、本来訴えるべきであった所管の官が審理することが許される。所管の官への訴えについては、むしろ後の〈告状不受理〉に詳しく、沈註は互いに参照するよう指示している。

第二節　**もし行幸を待ち受けて、または登聞鼓《とうぶんこ》を打って申し立て、事実でなかったならば、杖一百。**（誣告した事実無根の）**事が**（杖一百より）**重ければ、**（誣告の）**重い方**（の罪）**に従って論じる。事実と判明すれば、罪を免じる。**（もし儀仗の列に突入すれば、おのずから該当する条文がある。）

一方で、そもそも官に訴えても解決しないと考えた者が、皇帝の外出の際に直訴を試みることもあった。本節に言う「行幸を待ち受けて（迎車駕）」というのは、そのような皇帝に対する体当たり的な直訴を指す。「登聞鼓」というのは、重大な侵害を受けながら正当な処断が得られない場合に、上京して打ち鳴らすよう設けられたものである。登聞鼓を打ち鳴らした者は、ただちに皇帝に直訴することができるとされた(10)。

これらは官府を通した通常の訴訟制度から外れる訴えに当たるが、第一節に言う「越訴」とは別の扱いになる。沈註によれば、皇帝への直訴などという手段を取るのは、「必ず大いにやむを得ない事情があって、官が解決してくれない」場合に違いないからである。だから越訴とは違って、訴えが事実に反していれば罪になるが(11)、事実であれば罪にならない。これは下情を上達するために許された非常手段であり、越訴との関連で続けて扱われているとはいえ、本節と第一節とは意図するところが異なるのである。

ただし、行幸を待ち受けて直訴するには一定の制限があり、訴える者は皇帝の行列に従う儀仗の外で平伏していなければならず、儀仗の内に入り込めば、兵律〈衝突儀仗（行幸の擾乱）〉に従って絞（雑犯なので実際には徒五年）となった。したがって、本条に言うのは、儀仗の外で平伏して礼儀正しく訴えた者に限ることになる[12]（沈註）。

皇帝への直訴が認められているのは、官の不正や怠慢によって重大な侵害を受ける人民が万一にもいた場合、救済の道を開くためである。だが、最高権力者への直訴が叶うとなれば、重大な侵害とは言い難い案件を訴えたり、怨みをもつ相手に報復を図ったりする者も現れる。訴えが事実であれば罪にならないとはいえ、直訴を認める本来の意図には反している。また、皇帝の儀仗を冒すことはなくても、宮城の門内に入り込んだり、目立つ場所で騒ぎ立てたりといった不適切な行動に出る者もある。律に禁止を定めた明文はないが、こうしたことも問題である。そこで、皇帝への直訴に関しては、明代から条例によってさまざまな禁止条項が設けられ、清代にも引き継がれた。『大清律輯註』成立の時点で、本条には全十条の条例が附随し、なお「新例」があることにも言及されている。

〈投匿名文書告人罪（匿名の文書による訴え）〉

およそ（自己の）**姓名を隠した文書を投**（書）[a]**して、人の罪を告発したならば、絞**（執行猶予付き。事実であってもやはり罪する）。**見た者はただちに焼き棄てる。もし**（焼き棄てず）**官に送り届けたならば、杖八十。官が受け取って審理したならば、杖一百。告発された者は、**（事実を指摘されていたとしても）**罪しない。もし**（投じようとしている時に）（人を）**文書とともに捕えて官府に送ることができ**

たならば、官府は銀一十両を給付して賞与に当てる。（告発を受けた者は論じない。もし偽って他人の姓名を訴状に書いて、人の私事を暴き、罪人逮捕に当たる校尉[13]に渡して[b]人を陥れたり、あるいは白紙に公印を捺《お》して他人の文書を捏造《ねつぞう》し、駅卒を買収して送って行かせたり、偽って他人の姓名を木牌に書き記して内府に入り込み、名前を消さずに人を陥れて罪を得させたりしたならば[14]、みなこの条文に依って絞。）

人の悪事を告発すること自体は問題ないが、それには公然と名乗った上で事実を指摘することが必要である。本条に言う「（自己の）姓名を隠した文書（隠匿（自己）姓名文書）」とは、自分の姓名を秘匿するだけでなく、架空の名前を捏造したり、他人の名を借りたり、とにかく自分の正体を隠して人の罪を告発した文書のことである。こうした匿名の文書で人を告発した者は、告発の真偽にかかわらず絞という厳罰が定められている。それは「人を刑罰に陥れようとしながら、我が身を局外に置こうとするもので、その意思の陰険さは懲らしめるべきものだから（其心陰悪可誅）」である（輯註）。

こうした文書は、見た者がただちに焼き棄てるべきであり、官に送り届けた者も杖八十の罪に当たる。送り届けることによって、悪意ある言が上に通じてしまうからである（輯註）。ここに言う「送り届けた」者というのは、文書は見たがそれを投じた人は見ていない、つまり何も知らず誤って官に届けてしまった者のことであり、事情を知りながら代わりに投じた者のことではない（沈註）。文書を届けられた官は、当然そのようなものを受理してはならないが、受理して審理に及べば杖一百に当たる。受理することによって、悪意ある言が日の目を見るからである（輯註）。ただし、送り届けた者は法令を知らなかったのであろうからまだしも軽く、官の方は法令を執行する身であり、知らなかったでは済まされないから罪が重くなる（沈註）。

本条は匿名による告発を問題にしているので、『大明律附例』は街頭に匿名の貼り紙をするのもこれに当たるとしたが、沈註はこの説を否定する。条文に「投じる」とある以上、俗に言う「投書（投文）」を指すのであり、貼り紙はどう考えても「投じる」とは言えない。「送り届けたならば」とか小註の「投じようとしている時」とかいう表現を見ても、貼り紙には該当しないという。沈註はあくまでも条文に明記された行為だけを罪とし、拡大解釈を避ける方針を示している[15]。

匿名の文書を投じるのは重罪なので、沈註は現行犯で確実な証拠があって初めて罪するよう注意を促している。姓名を隠している以上、現行犯でなければ追及することは困難だからである。たとえ疑わしい人がいて筆跡を対照したとしても、確定することはできない。匿名で人を陥れようとするような輩は、必ずや狡猾極まりないので、自分の普段の筆跡で書くはずがなく、筆跡を変えたり、他人の手を借りたり、さらには人の筆跡をまねて罪をなすりつけようとさえする。極刑に当たる罪を断じるのに、臆断は禁物である。『書経』大禹謨《たいうぼ》にあるように、「無実の人を殺すよりは、不法に陥った方がよい（与其殺不辜、寧失不経）」のである。

犯人を捕えることについて、小註には「投じようとしている時に（於方投時）」とあるが、沈註はこの点に深い意味があると言う。まさに文書を官に投じようとしている時に捕えてこそ死罪に当たるのであり、匿名の文書が家にあっただけでは、後悔して中止しないとも限らないのだから、捕えて死罪に問うべきではないのである。となると、これを「捕えて官府に送る」のは、「まさに投じようとしていて、まだ投じていない（将投未投之間）」（輯註）という絶妙のタイミングでなければならないことになる。輯註によれば、匿名で人を告発することは極秘に行なわれ、摘発しにくく逃しやすいので、そこで賞を給付する法を設けているのだという。

末尾の小註は、匿名の告発文書を投じることと類似の行為を列挙しているが、沈註はこれも確実に符合する場合に限って類推適用（比照）するよう強調している。

〈告状不受理（訴状の不受理）〉

前条までのような問題がない場合、すなわち正しい手順を踏み、原告の身元を明らかにして訴えが起こされた場合、訴えを受けた官は受理して審理を始めなければならない。受理しなかった官は罪に問われることになるが、その罪の重さは事案の重大さによって、また単なる怠慢によるものか意図的であったかによって異なる。本条第一節はそうした点について定めるが、第二節以降は訴えを受理すべき官の所在地、監督官が果たすべき役割、他の官庁への委託など、訴訟の受理に関わる裁判機構内部の問題が取り上げられる。

清律を含む中国律では、一般に裁判機構や裁判の手続きに関する規定が少ないが、本条は〈越訴〉や断獄篇〈有司決囚等第〉と併せて、清律（およびその原型となった明律）が想定していた裁判機構の全体的なしくみを窺わせるものである。

第一節　**およそ謀反・謀逆・謀叛[a]を訴えて、官がただちに受理して（人を遣わして）未然に逮捕しな**

かったならば、（事なきを得たとしても）杖一百徒三年。（受理して未然に逮捕しなかったために）人々を集めて反乱を起こした、あるいは城市を攻略、または人民を劫掠したならば、（官の罪は）斬（執行猶予付き）。もし悪逆（子孫が祖父母・父母を謀殺するなどの類）を訴えて受理しなかったならば、杖一百。殺人または強盗を訴えて受理しなかったならば、杖八十。暴力行為・婚姻・土地家屋などの事を受理しなかったならば、各々犯人の罪から二等を減じる。いずれも罪は杖八十を上限とする。（被告の）財を受け取ったならば、贓《ぞう》を計って枉法《おうほう》として（罪し、不受理の罪と比べて）重い方に従って論じる。

謀反・謀逆（大逆を謀ること）・謀叛は、刑律全体の冒頭に掲げられているように、王朝国家にとって最も重大な犯罪に当たる。臣下たる者、これらを聞きつければ何を措いても対処しなければならない。訴えを受けた官が、ただちに受理して急襲・逮捕しなければ、その時点で杖一百徒三年となる。対応が遅れたために賊が勢いを増し、群れを成して反乱を起こしたり、都市を攻め落とし人民を侵害したりするに至った場合は、一足跳びに斬となる。

「悪逆」は人倫を蔑し教化を乱すことで、十悪の中でも通常の恩赦が適用されない重罪である。[16] 殺人と強盗は、害が人命に及び禍《わざわい》が一家に及ぶことで、民生にとって切実な事件である。暴力行為（闘殴）以下の比較的軽微な案件についても、原告には被害を受けた実情があり、裁かれれば罪を得るべき者がいる（輯註）。こうした理由から、謀反・謀逆・謀叛を除いて、訴えを受理しなかった場合に科される刑は、重い方から順に杖一百・杖八十・杖八十以下に区分されている。

なお、以上の罪はみな職務怠慢によるものを指し（輯註）、被告から賄賂を受けてことさらに受理しなかった場合は、受け取った財の多寡を計って、第2巻受贓《じゆぞう》篇〈官吏受財〉に定める「枉法」の罪に当てる。だが、「枉法贓」は一両以下であれば杖七十、二十五両で杖一百などとなっているので、賄賂の額によっては不受理の罪よりも刑が軽くなってしまう。そこで、両者を比べて重い方を適用するのである。

第二節　**もし訴訟の原告と論じられる者**（すなわち被告）**が別の州・県に属していたならば、原告が論じられる者の**（所管の）**官に対し訴えを起こし審判を受けることを許す。**（なお、各々の該当する官が自ら彼我を区別して、あるいは人の財を受け取って）**口実を設けて受理しなかったならば、罪はやはり同じとする。**（前節と同様に訴えた事情の軽重で、または「財を受けて法を枉《ま》げた」罪で重い方に従って論じる。）

訴訟は所管の官から始めると定まっているものの（〈越訴〉）、原告と被告（本条では「論じられる者（被論）」と称する）の所管が異なる州や県であった場合、どちらに訴えるべきかが問題となる。本節では、被告の所管の官に訴えることを原則としているが、その理由については解釈がまちまちであった。一般に原告は少人数で被告は多数だからとか、原告の所管の官が偏頗に裁く恐れがあるからとかいう説があったが、沈註はいずれも「律の意図（律意）ではない」と言う。被告が常に多数とは限らないし、被告の所管の官も必ず公平とは限らない。事件そのものが被告のいる所で起こったに違いないので、最寄りの官府で訊問・審理するのが、確かな証拠を得るためによいからだと言うのである。[17]
本節では「許す（聴）」とあって、必ず被告の所管の官に訴えなければならないとは言っておらず、原告が自分の所管の地方官によそ者の悪事を訴えても差し支えはなかった。[18] ただ、本節では被告の所管の官に訴えることを正当と認めているので、被告の所管の官が訴えを受理しなければ、不受理の罪に抵触することになる。その場合、「罪はやはり同じとする（罪亦如之）」、すなわち第一節で定めたとおりに科刑されるが、第一節では単なる不受理の場合と「財を受けて法を枉げた（受財枉法）」場合についてそれぞれ定めていたので、ここはその両方について「同じとする」ことを言う。以下の第三―五節でも同様である（沈註）。

391〈告状不受理（訴状の不受理）〉

第三節 **もし各部院**[b]**・監察御史・按察司**[c]**または分司が巡回した場所で受けることになる訴訟が、所管の官への訴えを経ていなかった、または**（訴えはしたが）**正規の裁判**[19]**がまだ結審していなかったならば、いずれも**（部院などの官が）**帳簿を立てて期限を切り、当該の官に送って審問させ、審判結果の報告書を取ってから抹消する。もし遅滞・錯誤があって、**（部院などの官が）**ただちに摘発・是正しなかったならば、当該の官吏と同罪。**（軽い場合は官文書遅滞の条項に依り、十日以上の遅滞であれば、吏典を笞四十とする。重い場合は「決裁せず公務に支障を来たした」場合の条項により、杖八十とする。）

第四節 **なお、すでに所管の官に訴えて受理されなかった、または正規の裁判は結審したが審判が不当であったとして、不正な抑圧を申し立てたならば、各**（部院などの）**官庁はただちに拘引・審問す**

って収監・審問させたならば、告状を受理しなかった場合の条文に依って罪を論じる。もし口実を設けて受理しなかった、または地方官に転嫁・委任した、あるいはなお原審の官に送る。

第三節以下は、訴訟を受理すべき所管の官とそれ以外の官の関係について扱う。第三節に挙げる「各部院・監察御史・按察司または分司」は、いずれも州・県など地方の官庁を監督する立場にある。「部」は六部、「院」は都察院を指すが、同時に地方では一般に兵部尚書・都察院右都御史の肩書を兼ねる総督と、兵部侍郎・都察院右副都御史の肩書を兼ねる巡撫を指す。清代の制度では、巡撫は各省、総督は一、二省の行政を統括する常設の地方長官である。監察御史は都察院に所属する官で、官僚を弾劾したり国政への建言をしたりするほか、各省の裁判案件の監査を職掌とする。按察司は一省の司法を統括する官庁で、長官は提刑按察使（略して按察使）であるが、官を指して按察司と呼ぶこともある。按察分司は、もともと明代に按察使の属官である副使・僉事《せんじ》に、数府を合わせた程度の領域を割り当て巡回させ、分巡道と称したものである。清代には、分巡道は布政司の属官であった分守道と並んで、府以下を監督する上級地方官となった。明代には、こうした監察業務を担う官が定期的に地方を巡回して、民間の訴えを拾い上げることが重んじられた。清代にはこうした巡回の制度は縮小されるが、分巡道・分守道に所属地方を巡回させる制度はなお存続した。[20]

明代の諸注釈では、このような監察官が巡回（巡歴）した地方で訴えを受けた場合、「所管の官への訴えを経ていなかった」のであれば、それは越訴であるから、「正規の裁判がまだ結審していなかった」のであれば、拘留中の未決囚は他の事件を訴えてはならない（〈現禁囚不得告挙他事〉）から、いずれも受理してはならないと解された。[21] つまり、所管の官に訴えたが審判に不服があるという場合に限って受理すべきであり、そうでなければ受理せず、所管の官に早急に審理させるという解釈である。

この説について、沈註は「正しいようで実は誤り」であると言う。監察官の巡回というものは、隠れた民情を察知して上に知らせるためにあるので、巡回先の土地では必ず訴えを受け付ける。だから「受けることになる訴訟（応有詞訟）」と言うのである。越訴は「みだりに上司のもとに赴いて申し立てる（輒赴上司称訴）」ことであり、「あるはずの（応有）」と「みだりに赴く（輒赴）」とでは意味が異なる。したがって、まだ所管の官に訴えていなくても、越訴の罪には当たらない。また本条に言う「正規の裁判」は同じ事件の裁判であり、〈現禁囚不得告挙他事〉で禁じられている「他の事件」の訴えとは全く違う。したがって、所管の官がまだ結審していなくても、巡回官への訴えは禁止対象とならない。

だが、こうした未告・未決の案件は、訴えを受けた巡回官自身が取り上げるのではなく、巡回官から所管の官に通知して審理させる。もともと所管の官が受理しなかったわけでもなければ、不当な審判を下すと決まったわけでもないのだから（輯註）、当然と言えば当然である。そうして所管の官には己の職分を尽くさせ、訴えた者には所管の官の頭越しの訴えはできないことを知らしめるのである。巡回官はさらに帳簿を作って期限を切り、所管の官に裁判の結果を報告させて、遅滞・錯誤があれば摘発・是正する。「遅滞（遅）」は期限に遅れること、「錯誤（錯）」は故意あるいは過失による誤審を指し、吏律の〈擅勾属官（属官の職務の侵害）〉〈照刷文巻（行政報告の監査）〉〈磨勘巻宗（行政文書の査察）〉などの各条で明確に区別されている。本条の小註では、吏律・公式篇〈官文書稽程（公文書処理の遅滞)〉を引いて遅滞についてのみ述べるが、これは遅滞を例として挙げただけであるという(沈註)。

巡回官への訴えが、所管の官に訴えて受理されなかったり、所管の官の審判を不当とするものであったりした場合は、巡回官自身が速やかに審理しなければならない。このような訴えを受理しないのであれば、監察官の巡回には何の意味もない。原審官以外の地方官に委任したら、その官は原審官の体面を立てようとするかもしれないし、原審官に差し戻しても、前非を認めようとしないに決まっている。だから、そうした場合は巡回官が受理しなければならず、受理しなければ不受理の罪に問われるのである(沈註)。

第五節　**もし**(所管の官庁が)**訴訟または大小の裁判**(自ら受理したもの、ならびに上司が委任したもの)**を審問するならば、必ずその官庁において審判を下さなければならず、転送・委託して**(不正な抑圧や侵害を生じて)**はならない。違反したならば、訴えた事柄の軽重に従って、その罪に当てる。**(もし訴えた事案が杖罪に相当すれば杖罪に当て、笞罪に相当すれば笞罪に当てる。死罪はすでに執行されていれば同罪とし、まだ執行されていなければ減等する。徒・流罪は、徒・流を当てる。)

本節では「訴訟(詞訟)」と「裁判(公事)」が併記されているが、沈註によれば「詞訟」は軍・民が己のことを訴えたものであり、「公事」は官府で行なわれる公務を軍・民が引き受け、その中で訴えることがあったものである。つまり、単なる民間の紛争と公務に関わる紛争とを並列しているというのであるが、少なくとも本条では両者の扱いに区別はない。

所管の官庁（衙門）が訴訟を受理したら、その官庁で審判を下さなければならない。どの「所管の官庁」にも通常複数の官がいるが、普通は長官（州・県ならば知州・知県）が自ら審理するものであり、本節はそのことを定めたものと見ることができる。ただ一説にはよれば、本節にいう「転送・委託」とは、州・県から巡検・駅丞など別の官庁に委託することを指し、同じ官庁の佐貳官・首領官などに委任するのは問題ないという。沈註は『大明律附例』がその説を採っていることに言及しているが、当否の判断は明らかにしていない。しかし、「当該の官が（当該官司）」ではなく「その官庁において（就本衙門）」という表現になっている点に注目して字義どおりに解釈すれば、確かにそのように理解せざるを得まい。

沈註によれば、本節にいう「転送・委託（転行批委）」と第四節にいう「転嫁・委任（転委）」には違いがある。第四節の巡回官による転嫁・委任は不正な抑圧を野放しにする可能性が高いが、本節の転送・委託は単なる職務怠慢である。しかし、前者は謀反・謀逆・謀叛以外は杖一百以下しか科刑されず、後者は訴えた罪の軽重によって科刑されるので死刑まで科される可能性があり、あまりに不公平である。沈註は小註に「不正な抑圧や侵害を生じて（致有冤枉擾害）」とあることを指摘して、転送・委託によって訴訟が不正な抑圧を、裁判が不当な侵害をもたらして初めて本節を適用すべきだという。

395 〈告状不受理（訴状の不受理）〉

清律は訴訟の受理について以上のように定めているが、清代の裁判の現場では、訴訟の手続き自体に問題がなくても、訴状（告状）の内容によって受理を拒まれることがしばしばあった。その場合、訴状の内容が明らかに矛盾しているとか、主張が筋違いであるとか、受理しない理由を明示して突き返されるので、訴状の不受理は一種の「簡易判決」として機能したと言われている。[22]このように受理しないこと自体が裁判制度の一環に組み込まれていたため、実際に官が不受理の罪に問われることはまずなかったと見られる。[23]清代に定められた条例を見ても、農繁期には婚姻・土地争い等の些細な訴えは受理しないなど、[24]むしろ無用の裁判を起こさせない方針が強く打ち出されている。

本条の目的は官の怠慢や不正を防ぐことであり、人民が裁判を受ける機会を保証することではないので、無用の裁判を省くといういわば正当な理由がある場合は対象外と考えられたはずである。「律の意図（律意）」と個別の事情を重視する当時の中国の法的思考に即して考えれば、本条の存在にもかかわらず訴状の不受理が通常の裁判の過程に組み込まれていることは、特に矛盾と見るべきことでもないのである。

〈聴訟廻避（審理の回避）〉

前条に定めるように、正しい手順に従って訴えが起こされた場合、官が受理しないことは原則として禁じられていた。だが、官の側に審理を避けるべき理由がある場合は、逆にそれを明らかにして、回避の手続きを取らなければならないことになっている。

およそ官吏が訴訟の当事者の中に、服喪義務のある親族、または姻戚関係のある家、もしくは教えを

受けた師（あるいはもとの上司や地方の上級官[a]）、**または平素から遺恨のある人がいれば、いずれも文書で通知して回避することを許す。違反したならば、**（罪を増減しなかったとしても）**笞四十。もし罪を増減することがあったならば、故意に人の罪を増減した[25]として論じる。**

訴えを受けた官が訴訟の当事者と個人的な利害関係にあった場合、審判に影響することが予想される。親族・姻戚・恩師などには肩入れしてしまうことが疑われるし、遺恨のある人には怨みを晴らそうとすることが疑われる（輯註）。そこで、自ら申し出て回避することが認められるのである。「許す（聴）」と言うが、違反すれば手心を加えても加えなくても罰則があるので、受理することは禁じられていると言うべきであろう。

ただし、本条もまた実際には用いられた形跡が稀薄である。清代の地方官には本籍地回避という制度があり、出身地やその近辺には赴任させないことになっていた[26]。また、数年おきに転任を繰り返して、任地の住民と癒着が生じないよう配慮されていたため、訴訟の当事者とあからさまな利害関係にあることは少なかったと見られる。もちろん、地方官と一部の住民の癒着や対立は皆無ではなかったし、特に地方官の子弟が現地の住民との間で悶着を起こすことはよく指摘されたが、そういった場合は裁判の回避以前に、住民と癒着・対立を生じたこと自体が問題になったはずである。

実際、本条には関連する条例が皆無であり、『刑案滙覧』などの判例集にも本条に関わる事案は見られない。前条とは違い、本条は行政上の予防措置によって、条文の必要性自体がなくなっていたと見るべきであろう。

〈誣告〉

前条までは訴えを受ける側の条件が問題となっていたが、本条からは訴える側の条件が問題となる。本条はその中でも最も重大視された誣告について定めている。「誣告」とは、「虚偽の事情を捏造して、人の罪を訴えること」を言う（輯註）。本条と似た科刑の構造を取る罪として裁判官の誤審があるが（断獄篇〈官司出入人罪〉）、誤審については故意であったか過失であったかを区別するのに対して、本条は故意に偽りを訴えた場合と誤解であった場合を区別していない。『大明律附例』では「人を訴えるのに事実をもってしないことを「誣」という（告人不以実曰誣）」と意図に踏み込まない説明に止まるのに対して、輯註は「捏造する」と明記しており、人を罪に陥れるために故意に偽りを訴えることという理解を示している。

明清律の基礎になった唐律では、「およそ人を誣告したならば、各々反坐する」（闘訟四十一条）という明快な原則を提示している。「反坐」とは、「誣告した罪に相当する刑を、誣告した本人にそのまま科すこと」を言う（輯註）。明清律では、単純な反坐ではなくやや手を加え、派生する問題についても細かく定めたため、〈誣告〉の条文は長文かつ複雑になっている。本条は全九節から成り、大量の註と具体例が附され、量的にも内容的にも訴訟篇の中心をなす一条である。

中国の伝統社会では、誣告は人を罪に陥れるためだけでなく、単に裁判に巻き込むことを目的として頻繁に行なわれた。被告が最終的に無罪放免されるとしても、審判が下るまで拘束され、経済的負担も被るので、嫌がらせとして有効だったからである。明清交替の際、中国に入って統治を始めた満洲人にとっては、殊に怪しからぬ悪習と感じられたらしい。順治十六年（一六五九）には、「誣告をする輩は、法を立てて厳しく懲らさなければ、悪しき風潮が止まないだろう」として、笞・杖・徒・流罪の誣告は「律のとおりに加等して処断」し、贖罪《しょくざい》を許さないこと、死罪の誣告は執行後であれば死刑、執行前であれば「辺境の衛に送って子々孫々充軍させる」など、厳しい罰則を定めている[27]。

だが、それでも誣告は止まなかったので、結局のところ、明らかに疑わしい訴えは最初から受理しない方がよいという方針に落ち着いたようである。〈告状不受理〉が空文化していながら、そのことが一向に問題視されなかったのも、多分にこの点によるものであろう。明清時代を通じて、条例や単行法規に見える誣告に関する規定は、冤罪で人を死に追いやったり多人数を巻き込んだりする悪質な誣告に関するものが中心である。そうした悪質な誣告には厳正に律文に従った刑罰を科す[28]が、偽りの訴えをいちいち罪に当てることはないというのが一般的な対応であったと言ってよかろう。

当時の訴状や裁判の手引書を見ると、他人を訴える際には実際以上に大袈裟に書くのが当たり前であり、訴えを受けた官の方でもいちいちそれを咎めだてしなかったことがわかる。そのため、人の罪を実際より重く訴えた場合に関する本条の第五節や、実際より多くの人を巻き込んで訴えた場合に関する第七節などは、実際にはほとんど適用されなかったと考えられる。

しかし以下に見られるように、そうした条文に対する注釈の量と精度は、おざなりで済ませたというには程遠いものがある。本条はもともと何種類もの場合分けを要する複雑な構造になっているので、ひととおりの解釈を施すだけでも紙幅を費やすことになる。しかも、他の条文の誣告に関わる規定は本条の規定を基準とするので、実際に適用されるかどうかはともかく、厳密かつ整合的な解釈を示しておかなければならなかった。そのため本条は、訴訟篇の中で最も詳細な注釈を備えている。

第一節　**およそ人の咎罪を誣告したならば、誣告した罪に二等を加える。流・徒・杖罪は、**（刑を執行したかどうかを論ぜず）**誣告した罪に三等を加える。各々罪は杖一百流三千里を上限とする。**（加等して絞刑にはしない。）**もし徒罪を誣告された人がすでに徒役に就き、流罪の人がすでに配流されていれば、誤りを正して放免したとしても、**（必ず）（その逮捕・送還の）**日を調べて、用いた路費を犯人の名義において徴収し**（誣告された人に）**還付する。もしすでに土地・家屋を質入れ・売却していたならば、犯人に代価を揃えて買い戻すよう責めを負わせる。誣告によって随行した服喪義務のある親族一人を死なせたならば、絞**（執行猶予付き。路費の補償・不動産の賠償以外に、なお）**犯人の財産の半分を、誣告された人に付与する。死罪に至り、誣告された人が刑を執行されていたならば、**（もとの絞・斬によって）（誣告した人を）**反坐して死罪とする。**（死罪に当てられても、なお補償・賠償はさせ、財産を付与して救済させる。）**まだ執行されていなかったならば、杖一百流三千里、**（配所において）**徒役三年を加える。**

第二節　**なお、犯人がもし本当に貧乏で、路費を補償し土地・家屋を買い戻すことができず、付与する財産もやはりなかったならば、その罪だけを科す。**

第三節　**なお、誣告された人が事実でないことを詐称し、逆に犯人を誣告したならば、やはり誣告した罪に当てる。犯人は本罪だけを反坐する。**（誣告された人が、もとより親族を死なせたことがないのに、偽って死なせたと言いなしたり、あるいは他人の屍体を親族のものと詐称したりして、犯人に偽りの罪を着せたならば、やはり絞罪に当てる。犯人は誣告の本罪だけを反坐し、加等、路費の補償、土地・家屋の買い戻し、財産の半分の付与の対象とはしない。)

誣告に対する反坐の法は古い淵源をもち、『晋書』刑法志によれば晋の泰始律には「謀反を誣告すれば反坐する」との規定があったという。唐律では、およそ誣告には反坐を科す「誣告反坐」の原則が確立している。この原則は明清律にも継承されているが、本条では誣告を行なった者に対して、訴えた罪に相当する刑を必ずしもそのまま科すことにはしていない。

第一節は、完全な誣告(全誣)に対する刑を定める。全体として、誣告された者が被るはずであった刑にさらに加等している。反坐の上になぜ加等するのかは、輯註・沈註ともに何も説明していない。笞罪を誣告した場合、陥れようとした罪がまだしも軽いので加えるのは二等、杖・徒・流に当たる罪を誣告した場合、陥れようとした罪が重いので三等を加えるのだという。流罪を誣告した場合、杖一百流三千里が上限となるのは、加等によって死刑にはしないという名例律〈加減罪例〉の規定による(輯註)。

誣告は初審の裁判の過程で明らかになるとは限らず、誤審によって無実の人が罪せられ、後から誣告であったとわかることもある。したがって、誣告が明らかになった時点で、無実の罪で訴えられた人は、①まだ罪に当てられていない、②誤って罪に当てられたがまだ刑を執行されていない、③すでに刑を執行されてしまっていたという三つの場合があり得る。いずれの場合も誣告した者が科せられる刑は変わらないが(死罪だけは①②と③を区別する)、無実の罪で徒刑・流刑を受けていた被害者は、ただちに解放された上で、徒刑・流刑のために被った経済的負担を加害者の責任において補償される。

補償の対象は「日を調べて（験日）」とあるが、これは誣告されて官府に逮捕・拘束されてから無罪放免された日までを指し、服役・配流の日数を指すのではない。また「路費」というのは、文字どおりの意味は旅費であるが、単に徒役場や配所に赴く路程で使った費用だけでなく、およそ逮捕以来要した費用はみな「路費」に当たる。最も重い負担が旅費なので、「路費」の一語で代表させているのだという。土地・家屋に言及しているのは、路費が多額に上って土地・家屋を売らざるを得なかったものについて言うのであり、土地・家屋を売っていなければ加害者から追徴する必要はない（沈註）。

ところで、「日を調べて」補償する方法については、律文では具体的に指示されていないため、一日当たりの賃金（雇工銭）によって計算するという説と、徒刑の贖罪銀を日割りにして計算するという説があった。だが、沈註は「どちらも路費の正しい意味ではない」と言う。「日を調べて」というのは、放免されるまでにどれだけ時間がかかったかを計るというにすぎず、一日いくらで計算するという意味ではない。実際にいくら費やしたかを調べて、官が適正な価格を定めて追徴すべきだと言うのである。なお、第二節に定めるように、こうした補償は加害者に負担能力がある場合に限り、無一文であれば実現しない。

徒刑・流刑に親族が随行し、放免される前に死んだ場合、そのような親族の死も誣告の加害者に責めを帰せられる。親族は誣告されたわけではないが、死んだ理由を突き詰めれば誣告のせいに違いないので、「よって死なせた（因而致死）」と言うのである（沈註）。

名例律では、流刑囚について「妻妾はこれに従い、父祖・子孫は随行を望めば許す」とし（〈流囚家属〉）、徒刑囚については何も定めていないため、本条に言う「随行した服喪義務のある親族（随行有服親属）」とは、流刑に処せられた者の随行家族、具体的には妻妾と父祖・子孫のみを指すというのが、明代以来の有力な説であった(30)。しかし、『大明律附例』はこれに異を立てており、沈註もそちらを引き継いでいる。律文が「随行した」とだけ言い、「流罪」と限定していない以上、配所まで同行した者も、しばらく見送りについて行った者もみなこれに当たり、どの親族と限定していない以上、緦麻《しま》以上の親族はみなこれに当たる(31)。服喪義務のない親族は、随行する義理はないものの、随行したいと言えば禁じる法はない。ただし、その親族が随行中あるいは配所で死んでも、本条に定める刑罰の対象とはならない。奴婢や奉公人が随行した場合も同様であるという(32)。

随行親族の死に対しては、誣告した者が死罪となり、路費を補償させられる上に、財産の半分を被害者に付与することとなっている。人を追い詰めて自殺に追い込んだ場合、刑が杖一百、葬儀費一十両を科されるだけ（人命篇〈威逼人致死〉）であることを思えば非常に厳しい。これは葬儀費とは違い、重篤な障碍を負わせた者などに対する「扶養（養贍）」と等しくしているのだという。見舞金ではなく補償金なのだという意味であろう。沈註は「誣告の厳なること、かくの如し」と述べている(33)。

ただし、ここで誣告の被害者の方が、随行親族が死んだと偽り、逆に誣告（反誣）することもあり得る。第三節に言う「誣告された人が事実でないことを詐称し、逆に犯人を誣告した（被誣之人、詐冒不実、反誣犯人）」場合とは、誣告とする審判が下った後で、その案件について逆に誣告することであるから(34)、具体的には随行親族の死に関する誣告以外に考えられない（沈註）。そうした場合は、反誣した方が死に当たる罪を着せようとしたことになるから、死罪を誣告したものとして扱われる(35)。最初に誣告した方は、誣告した罪に相当する刑をそのまま反坐されるだけで、加等もされず補償も行なわなくてよい。これは反誣した方の罪（死罪）が、最初に誣告した方の罪（徒刑・流刑）より重いからである（輯註）。

死刑に相当する罪を誣告して、誣告された人が処刑されてしまった場合、後から事実が判明すれば、誣告した者は被害者が絞なら絞、斬なら斬を反坐される。死をもって償った上で、経済的な補償も行なわなければならない。被害者が処刑前に無罪と判明して放免された場合は、誣告した者も死刑は免れるが、杖一百流三千里に加えて、配所で徒役三年を科せられる。[36]遠方に流した上で労役を強いるという、死刑にならない限りで最大限に重い刑を科すことになるが、これは人を死罪に陥れようとしたことを憎むためである（輯註）。

なお、誣告された人が取り調べ中や服役中に死んでしまうこともあり得るが、この場合の原告の罪は律文に明記されておらず、条例で補われている。本条の第一条例によれば、全誣された人が死んだ場合は随行親族の死に関する規定を類推適用（比依）して絞罪とし、軽い罪を重く誣告された場合、または全誣であっても病気になって外に出されて（第2巻断獄篇〈獄囚衣糧〉の解説を参照）死んだ場合は、ただ誣告の罪だけを当てるとし、いずれも上奏して裁可を得ることとなっている。[37]

以上は、無実の人を一人だけ、全くの偽りによって誣告した場合である。[38]

第四節　**もし二事以上を訴えて、重い事について事実を訴え、軽い事について虚偽と判明した、または数事について**（さまざまであって、およそ犯したとする）**罪が**（同じく）**等しく、ただ一事につい**

てだけ事実を訴えていたならば、みな免罪。（名例律には「罪が各々等しければ、一事について処断する」とあり、いちいちの事について罪に当てることはない。故に訴えたこと一事が事実であれば、ただちに免罪となる。）

本節と次節では、同じ相手を同時に二件以上の犯罪行為で訴え、事実と虚偽が入り混じっていた場合について扱う。同時に訴えたうち、偽りの告発が何件あっても、一件でも事実であれば「全くの誣告（全誣）」ではないので、前節までとは扱いが変わる可能性がある。

本節では、訴えた犯罪行為の中で最も重いものが事実であり、他の偽りの訴えはすべてそれより軽いか同等であった場合を扱う。そのような場合は単純であって、誣告はすべて免罪となる。理由は小註にあるとおりで、名例律〈二罪倶発以重論〉によれば、二件以上の犯罪が同時に明らかになった場合は、最も重い一件についてだけ科刑されるからである。どれだけ多くの罪を誣告されようと、最も重い罪が事実であれば、事実に基づく罪以外はどのみち罰せられない。誣告をしたことは事実でも、人の罪を増すことにはならず、次節のように一部でも反坐することはできないから、みな免罪となるのである（輯註）。

唐律（闘訟四十二条）には、「およそ小事の訴えが偽りであったが、裁判官がその訴えによって重い事または同等の事を調べ出し、もしその事と類似していれば、その罪を除く。その事と懸け離れていれば、本来の誣告に依って論じる」とある。『唐律疏議』によれば、この条文が意味するところは以下のとおりである。人が驢馬《ろば》を盗んだと訴えて、実は馬を盗んだことが明らかになれば、これは同じ家畜の窃盗なので「類似」であり、馬は驢馬より高価なので「重い事」である。人が甲家の馬を盗んだと訴えて、実は乙家の騾馬《らば》を盗んだことが明らかになれば、これも「類似」であり、騾馬は馬と値段が近いので「同等の事」である。これらの場合、訴え自体は偽りであっても誣告の罪を免じられる。一方、人が馬を盗んだと訴えて、贋銭の鋳造が明らかになったといった場合、「類似」とは言えないので、馬を盗んだ罪を誣告したことで罪せられるのである。

明清律では、このように誣告によって別の罪が発覚した場合については定めていない。だが、沈註は唐律のこの条文を取り上げて、誣告の内容が事実に「類似（類）」している場合と「懸け離れて（離）」いる場合という区分は、参考に値すると述べている。この注釈は、清代でもなお唐律が律学者の間で影響力をもっていたことを示している。

第五節　**もし二事以上を訴えて、軽い事について事実を訴え、重い事について虚偽と判明した、あるいは一事を訴えて、軽い事情を誣《し》いて重くしたならば、**（誣告された人が得るはずであった罪名以外は、みな「剰罪」と言う）[a]**剰《あま》ったところ**（の事実に反する罪）**を**（もって）**みな反坐する。もしすでに結審・執行されていれば、**（笞・杖・徒・流を問わず）**剰罪をすべて当てる。まだ結審・執行されていなければ、**（誣告した）**笞・杖は収贖《しゅうしょく》し、徒・流はただ杖一百だけで、余罪はやはり収贖を許す。**（軽い罪を重くして徒罪・流罪にしたならば、徒一等ごとに杖二十に換算する。もし徒から流に加重したならば、三等の流はいずれも徒四年に準じ、みな一年を剰罪として、杖四十に換算する。もし近地への流を遠地への流に加重したならば、流一等ごとに徒半年に準じて剰ったところの罪とし、やはり各々杖二十に換算する。収贖は、もし一人について二事を訴え、笞五十に相当する一事が虚偽で、笞三十に相当する一事が事実であれば、笞五十の上から事実を訴えた笞三十を差し引いて[39]、剰りが虚偽を訴えた笞二十に当たるので、贖罪銀は一分四厘八毫[b]となる。あるいは一人を訴えて、杖一百に相当する一事が虚偽で、杖六十に相当する一事が事実であれば、杖一百[40][c]から事実を訴えた杖六十を差し引いて、剰りが虚偽を訴えた杖四十に当たるので、贖罪銀は二分九厘六毫[d]となる。または一人を訴えて、杖一百徒三年に相当する一事が虚偽で、杖八十に相当する一事が事実であれば、杖一百徒三年の上から事実を訴えた杖八十を差し引いて、剰りが虚偽を訴えた杖二十と徒三年の罪に当たる。徒は五等で杖一百に換算され、総計で杖一百二十となるので、原告人に杖一百を反坐すると、残りは杖二十で、贖罪銀一分四厘八毫[e]となる。また、もし一人を訴えて、杖一百流三千里に相当する一事のうち、審問した結果、ただ杖一百だけ罪に服したならば、三等の流はいずれも徒四年に準じるので、総計で杖二百四十に換算され[f]、原告人に杖一百を反坐すると、残りは杖四十で、贖罪銀二分九厘六毫[g]となるといった類を言う。もしすでに結審・執行されていれば、いずれも剰罪をすべて科し、収贖の対象としない[h]。律の巻首の〈収贖図〉とこの註とでは計算方法が異なるが、趣旨は同じであろう。）**死罪に至っては、誣告された人がすでに刑を執行されていたならば、反坐して死罪とする。まだ執行されていなかったならば、ただ杖一百流三千里とする**（徒役を加えない）。

二件以上の犯罪行為を訴えて、少なくとも一件が事実であっても、それより重い虚偽の訴えがあった場合、あるいは軽罪を重罪として訴えた場合は、誣告した罪の方が実際の罪より重いことになる。

こうした場合は、実際より重く訴えた分が誣告とみなされ、罪に当てられる。

誣告された虚偽の罪から、被告が実際に犯した罪を差し引いた残りを「剰罪」と言う。実際より重く訴えた罪が流罪までの場合[41]、もし誣告が明らかになった時点ですでに刑が執行されていれば、誣告された人が剰罪に相当する刑を余分に受けたことになるから、剰罪をすべて反坐する[42]。全誣の場合、偽りとわかった罪に加等して反坐するのに対して、軽い罪を重く訴えた場合は、剰罪をそのまま反坐するだけで加等はしない。

まだ刑が執行されていなければ、誣告された人が剰罪を受けていないから、剰罪が笞・杖であれば収贖、徒・流であれば杖一百だけを科して残りは収贖を認める[43]。剰罪が笞・杖に止まるということは、事実を訴えた割合が高いことになるから、すべて収贖を許すが、剰罪が徒・流に至るということは、事実の訴えはわずかであったことになるから、すべてを収贖することは許さず[44]、懲罰を与えるのだという（輯註）。

本節で最も面倒な問題が、この剰罪の差し引き計算である。笞五十から笞三十を引くといった単純な差し引きで済む場合はよいが、杖罪から笞罪を引くとか流罪から徒罪を引くとかいった異なる刑種の差し引きは、計算方法が決まっていなければできない。小註の説明はややわかりにくいが、輯註によれば以下のとおりである。

杖罪から笞罪を差し引く場合、ただ数字のみを引き算して「杖」で表す。笞刑と杖刑では用いる刑具の規格が異なるので、笞一回より杖一回の方が重いのであるが、その点はわざわざ換算しない（軽重無煩折算也）。刑罰体系においては、打つこと一十回から五十回までが笞で、六十回から一百回までが杖であるが、差し引きした数は五十以下であっても杖一十・杖二十などと称する。笞から杖に上がった時点で、五十回までの笞はすべて杖になるので、差し引きした剰罪は「笞」と呼ぶことができないからである。[45] したがって、杖七十マイナス笞五十＝杖二十といった計算になるのである。

杖一百を超えて初めて徒罪となるが、杖罪から連続しているので、徒刑はすべて杖一百を含む（五徒皆包杖一百）と考える。その上で、徒一等は杖二十に相当するとする。これは徒の一等を杖の一等の二倍に相当すると考えるためである。[46] まず、杖一百から杖六十徒一年に上る段階で杖二十分増えるので、杖六十徒一年は杖一百二十となり、その内訳は杖六十＋杖六十となって徒一年分が杖六十に相当することになる。同様に、杖七十徒一年半は杖七十＋杖七十＝杖一百四十、杖八十徒二年は杖八十＋杖八十＝杖一百六十、杖九十徒二年半は杖九十＋杖九十＝杖一百八十、杖一百徒三年は杖一百＋杖一百＝杖二百となる。これで徒刑は杖一百から連続性をもって増加し、すべて杖数で表すことができる。（同様の計算は第2巻断獄篇〈官司出入人罪〉でも扱うので、詳しくは同条の解説および図解を参照。）

杖一百徒三年を超えて初めて流罪となるが、流罪はすべて杖一百徒三年＝杖二百を含む（三流皆包五徒之杖二百）。[47] 三流すなわち杖一百流二千里・二千五百里・三千里はいずれも徒四年に準じることになっているので、杖一百徒三年と流刑の差はすべて徒一年分となる。徒刑は一等で半年ずつ増え、一等が杖二十に相当するので、徒一年分は杖四十に当たることになる。三流は一等として扱うので、いずれも杖二百四十に換算される。したがって、流罪から徒罪以下を差し引く場合は、杖二百四十から引くことになる。

しかし、流刑は一等として扱うと言っても、「近地への流罪（近流）を遠地への流罪（遠流）に加重」した場合、たとえば杖一百流二千里の罪を杖一百流三千里の罪に加重して訴えた場合などは、やはりその差を反坐する必要があるから、剰罪を計算するためには三等に分けなければならない。この場合は流一等が徒半年に準じることになると言うが、その理由は本条の輯註には明記されていない。[48]断獄篇〈官司出入人罪〉への輯註によれば、流刑は杖一百徒三年から連続しているので、徒の等級に従って流一等を徒半年に換算するのだという。つまり、三流が徒四年に準じるから杖一百徒三年との差をすべて徒一年とするのとは別の基準で換算するということである。流一等が徒刑の半年分つまり杖二十とすれば、杖一百徒三年＝杖二百に続く杖一百流二千里が杖二百二十、杖一百流二千五百里が杖二百四十、杖一百流三千里が杖二百六十となる。このように換算すると、流刑と徒刑以下で差し引き計算する場合は三流とも杖二百四十だが、流刑どうしで差し引き計算する場合は杖二百二十・二百四十・二百六十に分かれることになる。これについて沈註は、名例律では絞・斬二等の死刑と三等の流刑を、減じる時にはそれぞれ一等として扱うが、加等する時には分けて扱うと定めているので（〈加減罪例〉）、ここではその方式を採っているのだと言う。

さて、このような差し引き計算によれば、笞罪から笞罪を引いた場合、剰罪はもちろん笞刑として求められるが、杖罪・徒罪・流罪から何らかの罪を差し引いた場合、剰罪はすべて杖刑で表される。だが杖刑は一百を超えて執行することはできないから、剰罪が杖一百を超えると徒刑に逆換算しなければならない。ここで問題が生じる。もし杖一百徒三年の罪を誣告して、杖九十に当たる罪だけが事実であったならば、剰罪は杖一百一十となる。これを徒刑に逆換算すると、杖六十徒一年では杖十回分が多すぎる。剰罪が杖百三十の場合、杖六十徒一年では今度は杖十回分が足りない。剰罪が百五十・百七十・百九十の場合も同様である。

この点について、明代にはあまり論じられていなかったようであるが、[49]『大明律附例』は贖罪銭と賃金（雇工銭）に換算することを主張している。明律の規定によれば、笞一十を贖罪するには銭六百文を納めることとなっており、賃金は一日六十文とされていた。[50]したがって、笞一回が一日分の労働、すなわち徒一日に当たることになる。『大明律附例』は、剰罪計算では笞一回と杖一回を同等としているので、杖一回が徒一日に当たるとする。そこで、剰罪が杖百三十であれば、杖六十徒一年と十日に換算されるというのである。

しかし沈註は、この説を「実にこじつけであって、従うことはできない」と酷評している。杖刑は百回を超えては人が受けるに堪えられないので、そこで杖六十徒一年というように、杖数を減らして徒役を加えるのである。徒を杖に換算し、杖を差し引いた後でまた徒に逆換算すれば、杖刑と徒刑の間で剰罪の差し引き計算が成り立つが、これは正規の科刑とは違うので（与本法不同）、杖六十徒一年とか杖七十徒一年半とかいった五等の徒の杖数にこだわる必要はない。徒と杖の差し引き計算で、徒の年限は増減できないが、杖の回数は百を超えない範囲で増減できるので、杖百三十は杖七十徒一年とすべきである。名例律〈五刑〉に定める正規の刑としては、杖六十徒一年と杖七十徒一年半はあっても杖七十徒一年はない。だが、このような剰罪については、正規の刑罰体系から外れた科刑もあり得るというのである。[51]

この解釈が『大明律附例』と比べて格段に合理的かどうかはさて措き、そもそも本節が最初からきちんと適用されていたならば、こうした計算は裁判の現場で必ず行なわれたはずであるから、清代に至るまで計算方法が確立していなかったのはおかしい。こうした技術的な問題が明末清初になってようやく論じられていること自体、本条がまともに適用されて来なかったことを示していよう。

実際のところ、人を訴える時にある事ない事取り混ぜて、あるいは多分に誇張して訴状に書くことは、明清時代を通じてよくあることであり、むしろ誇張のない訴状というものはあり得ないとさえ見られていた。現存する訴訟文書を見ても、たとえば借金の返済に関する紛争で訴えるのに、被告が暴力を振るって重傷を負わせたと主張し、検証して全くの無傷とわかった場合でも、暴行・傷害の誣告については問題にもされないといったことが珍しくない。[52]沈註や『大明律附例』の議論は現実的な必要よりも、むしろ理論上の要請に従って行なわれたものと見られる。

最後に、死罪を誣告した場合、すでに刑が執行されていたら、死罪をもって反坐する。被告が実際に徒罪や流罪を犯していても、全誣の場合と変わらない。人命は重いので、死罪に当たらない人を殺したならば、死をもって償わなければならないという「抵命」の原則に従う。執行前であれば、徒役を加えないだけで、[53]やはり全誣の場合と同じである。これも人を死に追いやろうとした事情が重大だから、差し引き計算の対象とはしないのである。[54]ただ、死罪を誣告された人も、実際に犯した罪は律のとおりに処断される。律文に明記していないのは、本条が誣告の罪のみを扱っているからであるという（沈註）。

第六節　もし律で罪の上限に当たっていれば、誣告がより多かったとしても、反坐しない。（たとえば人の不枉法贓二百両を訴えて、一百二十両[i]が事実であり、八十両[j]が虚偽であったならば、律に依って不枉法贓一百二十両以上[k]の罪は執行猶予付きの絞に当たるので、そのままその罪を免じる。）

本節は第五節の補足のようなものである。「律で罪の上限に当たる（律該罪止）」というのは、律文に「罪の上限」と明記されているという意味ではない。「罪の上限（罪止）」は律文中に散見される一種の術語であるが、犯した罪がそれ以上重く科刑できない限度を超えていれば、「罪の上限」と書いていなくてもやはり罪の上限に当たる（沈註）。

具体的な意味は、小註が挙げる例を見れば明らかである。実際に不枉法贓（賄賂を受けたが法を枉げなかった場合を指す。第2巻受贓篇〈官吏受財〉の解説を参照）百二十両を得た人は、その時点で不枉法贓に対する最高刑である絞（執行猶予付き）に当たるので、それ以上どれだけ多く取ったことにされても、科される刑に変化はない。その場合、二百両取ったと偽って訴えたとしても、絞（執行猶予付き）から絞（執行猶予付き）を差し引くことになり、剰罪は出ないから反坐することはできない。

413〈誣告〉

沈註によれば、小註の例が同じ不枉法贓の額の誇張なので、本節は同じ犯罪を重く訴えた場合に限って言うと解されやすいが、そうではないという。たとえば、窃盗百三十両と常人盗二百両という二件の犯罪を訴えて、前者が事実、後者が偽りであった場合も、前者がすでに絞罪に当たるので剰罪が生じない。このように、二件以上の罪を訴えて、事実の訴えより虚偽の訴えの方が重かった場合でも、差し引きして剰罪が生じない場合には、反坐は行なわれないのである。

第七節　**なお、二人以上を訴えて、ただ一人でも事実でない者がいたならば、罪が軽かったとしても、なお誣告として論じる。**（もしある人が三人を訴えて、二人の徒罪が事実であり、一人の笞罪が偽りであれば、なお一人の笞罪の上に二等を加え、原告に反坐するといった類を言う。）

複数の人を一度に訴えた場合、大部分の人について事実を訴えたとしても、一人でも事実に反する訴えをしていれば、その一人については誣告として処断される。他の人がどれだけ罪を犯していても、その一人が無実であれば、他の人の罪をどれだけ正しく訴えていても、誣告を許す理由にはならないからである（輯註）。無実の人の立場からすれば、当然のことであろう。

「罪が軽かったとしても」というのは、小註にあるように事実の訴えの方が重く誣告の方が軽かった場合を指すが、誣告した罪の方が重かった場合は言うまでもないとの含意をもつ。また、二人以上訴えた中に、完全に無実の者も軽い罪を重く訴えられた者もいるという場合や、全員が軽い罪を異なる度合いで重く訴えられたという場合もあり得る。そのような場合は、最も重い誣告（同等であれば一件）について罪を論じる。これは名例律〈二罪倶発以重論〉の規定によるものである（沈註）。

第八節　**もし各官庁の官が封印した上奏文を進呈して人を誣告した、または監察官が私心を抱いて弾劾して、事実でないことがあったならば、罪はやはり同じ**（人の笞・杖・徒・流・死罪を訴えて全くの誣告であれば罪する）**とする。もし**（重く誣告して）**反坐しても、または**（全くの誣告で）**罪を加**

等しても軽かった（杖一百徒三年に及ばなかった）**ならば、上奏文が偽りで事実に反していた場合の条項に従って論じる。**（杖一百徒三年を科す。）

本節は、現職の官が皇帝に進呈した上奏文の中で人を誣告した場合を扱う。各官庁（衙門）の官はともに重要なことを皇帝に上奏することができるし、特に監察官（風憲官）は官僚の悪事を弾劾することを職務とするが、彼らが職権を悪用して人を誣告するのは、一般人が官府に訴えるのとは別の扱いになる。誣告であると同時に、偽りを述べて皇帝を騙そうとした罪に当たるので、詐偽篇〈対制上書詐不以実〉によって杖一百徒三年の罪になる。したがって、実際より重く訴えて剰罪を反坐されたり、全誣で加等されたりしても、杖一百徒三年より軽かった場合は〈対制上書詐不以実〉の方を適用し、最低でも杖一百徒三年を科すのである。

小註は「罪はやはり同じとする（罪亦如之）」というのを、全誣に限って適用されるように書いているが、沈註は全誣でも軽い罪を重く訴えた場合でも、笞罪から死罪に至るまで、執行前でも執行後でも、すべてを包括して指すと言う。こちらの方が妥当であろう。

皇帝に直接訴えるという点では、官が上奏するのも民が直訴するのも同じであるが、民の直訴が事実に反していた場合は杖一百にすぎない（〈越訴〉第二節）のに対して、官が上奏文をもって誣告した場合は杖一百徒三年と格差がある。民は法を知らないが官は法を知っているはずであるから、民には軽く官には重く科すのであるという（沈註）。

第九節　**もし獄囚がすでに罪状を認めており、もとより不正な抑圧がないにもかかわらず、囚人の親族がみだりに反訴したならば、囚人の罪から三等を減じ、罪は杖一百を上限とする。もし囚人がすでに**（罪状を認め、笞・杖ならすでに）**刑を執行され**（徒・流ならすでに）**配所に送られたにもかかわらず、自らみだりに不正な抑圧を訴え、原審の官吏**（の過失）**を探し出し**（て訴え）**たならば、誣告した罪に三等を加え、罪は杖一百流三千里を上限とする。**（もし徒役の期間内にみだりに訴えたならば、「すでに徒刑となって、さらに徒罪を犯した」場合の条文に従うべきである。[55]）

ここに言う「獄囚」とは、すでに審判が下って、己の罪状を認めた者を指す。清代の裁判は、罪ありとされた者が罪状を認める文書（招状）に自署（多くの場合、十文字のしるしをつけるのみ）して初めて終了した。[56] こうした罪状自認の手続きは、裁判を完結させるために必須であったので、犯人が罪を認めようとしない時は拷問によって引き出すこともあった。そのため、一定以上の重罪について上級官庁で必ず行なわれる覆審の際には、いったん罪状を認めた囚人が「不正な抑圧（冤枉）」があったと訴えて、原審での自白を翻すこともあった。そうした場合、覆審に当たる上級官は、もう一度その囚人を訊問し、送られてきた書類と照らし合わせて再審理する。

したがって、本節に該当するには単に「罪を認めた」だけでなく、「不正な抑圧がない」ことが要件となる。不当に強いられたわけでもなく本人が罪を認めているのに、親族がでたらめな反訴（訴）を行なった場合は、本人から三等を減じた罪となる。杖一百を上限としているのは、親族の罪を免れさせたいだけで、人を陥れようとしているわけではないからである（輯註）。沈註は、親族に「容隠」すなわち罪を隠すことが認められている（名例律〈親属相為容隠〉）ことも、量刑が軽くなる理由として挙げている。

本人が罪状自認を翻すのも、裁判が完結して刑の執行段階に入ってからは許されない。また、ここでは特に「探し出す（摭拾）」という語を用いていることから、訴えが事実ではないという前提に立っていることがわかるという（沈註）。この期に及んで謂われもなく罪を否認すれば、単に認められないばかりではない。原審官の過失を言い立てるのは、怨みを抱いて巻き添えにしようとし、意図的に人を害することになるので、親族が反訴した場合と違い、遥かに重く科刑されるのである。

〈干名犯義（親族間の訴え）〉

「干名犯義」とは、「名分の尊い者を侵し、恩義の重い者を犯す」ことであるが（輯註）、本条では祖父母・父母などの尊属や、それに準じる者を官府に訴えた場合について扱う。一般に悪事を行なった者を官府に訴えることは、当然であるばかりかむしろ義務でさえあるが、訴える者との関係によっては逆に罪とされるのである。

己にとって名分が高く恩義が重い者は、たとえ悪事に手を染めていたとしても、己にはそれを庇って隠す義理がある。罪を訴え出たならば、倫理を絶やす（滅絶倫理）ことになるというのである（輯註）。このように人を庇ってその罪を隠すことを「容隠」と言う。名例律〈親属相為容隠〉は、同居もしくは大功以上の親族および外祖父母・外孫・妻の父母・女婿・孫の婦《よめ》・夫の兄弟および兄弟の妻について、謀反・謀大逆・謀叛を除き、犯した罪を隠していても免罪とし、奴婢・奉公人が家長のために隠しても、同じく免罪とする。

親族の容隠を認めることは、『論語』子路篇に見える孔子の教えが端的に反映されたものである。父の盗みを証言して公正さ（直）を称えられた者について、孔子は自分の知る公正さは違うと言う。父が子のために隠し、子が父のために隠すことにこそ、正義があるというのである。明清時代を通じて国家の公定注釈書であった朱熹の『論語集註』によれば、親子が庇い合うのは「天理・人情の極み（天理人情之至）」であり、それに従うことがおのずから正義を実現するのである。この教えによれば、親族の罪を隠すのは容認されるばかりでなく、むしろ積極的に奨励すべきだということになる。そこで律においても、〈親属相為容隠〉で隠すことを認めた上、本条では逆に訴え出た場合の罪を定めているのである。

第一節　**およそ子孫が祖父母・父母を訴えた、妻妾が夫を訴えた、または夫の祖父母・父母を訴えたならば、**（事実であったとしてもやはり）**杖一百徒三年。**（祖父母らは自首した場合と同じく罪を免じる。）**ただし誣告したならば、**（全くの誣告とは限らず、ただ一事でも誣告したならば、ただちに）**絞。もし期親の尊長・外祖父母を訴えれば**（または妾が妻を訴えたならば）、**事実であったとしても、杖一百。大功は**（訴えれば）（事実であってもやはり）**杖九十。小功は**（訴えれば）（事実であってもやはり）**杖八十。緦麻は**（訴えれば）（事実であってもやはり）**杖七十。なお、訴えられた期親・大功の尊長または外祖父母もしくは妻の父母**（または夫の正妻）**は、いずれも自首と同じく罪を免じる。小功・緦麻の尊長は、本罪から三等を減じることができる。もし誣告の罪が**（名分・恩義を犯した罪より）**重かったならば、各々誣告した罪に三等を加える。**（ただ一般人の誣告の罪に依って三等を加えれば軽きに失しないことを言う。）（罪を加えて絞とはしない。徒刑・流刑の執行・未執行、路費の補償、土地・家屋の賠償、財産の付与、加役などは、いずれも誣告の条文による。もし被告が服喪義務のない尊長であれば一等を減じることは名例律に依る。）

子が父母に、孫が祖父母に、妻妾が夫および夫の祖父母・父母に対しては、名分・恩義が最も重く、たとえ罪過があったとしても庇って隠さなければならない。それなのに罪を告発するというのは、倫理を絶やすものである。そこで、この規定を本条の冒頭に置くのだという（輯註）。

訴えた者は恩義に背くものとして罰するが、訴えられた方は自首した場合と同じく免罪とする（小註）。名例律〈犯罪自首〉は、〈親属相為容隠〉で容隠を認められた親族が出頭または訴えた場合、本人が自首したのと同様に扱うとしているので、それに準じた規定である。〈犯罪自首〉の沈註によれば、「出頭（首）[57]」は親愛の意によるもの、「訴え（告言）」は怨恨によるものであり、卑幼が尊長を「訴え」た場合は本条によって罪に問われるのだという。逆に言えば、「出頭」した場合は本条の対象外ということである。

容隠を許さなければ恩義を傷つけるが、通報するのを許さなければ結果的に親を救えない恐れがある。親の罪を通報するという点では同じでも、出頭するのは親の罪を免れさせたいからであり、親を訴えるのは親が罰せられるのを望む悪意による。そこで、名例律で容隠と出頭を認める法を定めた上で、本条で親を訴えるという名分・恩義の侵犯を厳しく律する。沈註はこのように解説した上で、

「まことに天理・人情の極みである」と、『論語集註』の朱熹の言葉を用いて締めくくっている。

期親の尊長と外祖父母を訴えた場合、量刑は祖父母・父母らを訴えた場合の杖一百徒三年から一気に杖一百に減じる。大功、小功、緦麻の尊長については、期親から一等ずつ減じられていく。同姓でも異姓でも、尊長であれば名・義に関わる点では変わりがない。ただ同じ尊長でも親疎はそれぞれ異なるので、名・義を犯した罪にも差が生じるのである（輯註）。妾が正妻を訴えた場合は、律の本文には定められておらず、小註で補われている。闘殴篇では、妾が正妻を殴った場合は夫を殴った場合と同罪であるが、正妻を訴えた場合は夫を訴えた場合とは同じとせず、期親の尊長を訴えた場合と同じとしている。これは、妾の正妻に対する服喪が期年であるため（夫は斬衰）、服制に従ったのだという（沈註）。

妻の父母を訴えた場合については明記されていないが、妻の父母は緦麻に当たるので、女婿が訴えたならば、緦麻の尊長の場合と同じく杖七十となる[58]。小功・緦麻の尊長が卑幼に訴えられた場合、三等を減じられるだけで免罪にはならないが、妻の父母については免罪とすると明記されている。妻の父母は、〈親属相為容隠〉で容隠を認められているからである（沈註）。

訴えた上にそれが誣告であった場合、子孫・妻妾はただちに絞となる。すべて死罪であるから、誣告した罪の軽重は問題にならない。期親以下の尊長を誣告した場合、誣告の罪より本条の罪の方が重ければ、本条に従って科刑するが、誣告であったために加重することはない。誣告の罪の方が本条より重ければ、誣告した罪に三等を加えるが、もともと杖以上の罪を誣告した場合は三等を加えることになっているので（〈誣告〉第一節）、親族関係にない一般人を誣告した場合と変わらない[59]。これは一見軽く扱っているようであるが、実はそうではない。一般人を誣告した場合、官が騙されたら無辜《むこ》の者が刑を受けることになるが、尊長の親族を誣告しても、訴えられた者は免罪あるいは三等減となる。だから、一般の誣告と同じ科刑であっても、軽んじたことにはならないのである（沈註）。

とはいえ、訴えられた尊長が免罪になるのは、犯した罪が自首して免罪になる罪であった場合に限る。自首した者を免罪とするのはあくまでも原則であり、名例律〈犯罪自首〉によれば、①人を損傷した、②賠償できない物を損なった、③犯罪が発覚して逃走した、④関所の無断通過、⑤姦淫、⑥天文の私的学習については自首を認めていない（「清律の基礎知識」を参照）。これらに該当する場合、訴えられた尊長はやはり刑を科されることになる。本節末尾の小註は、徒・流の誣告が明らかになった際、すでに徒役や配流が行なわれていたかどうか、被害者の補償や損害賠償、死罪未決の反坐で流刑に附加される徒役など、誣告により被害者が誤って罪せられた場合に関わる諸点に言及している。これらは誣告した罪が自首を認められず、訴えられた尊長が刑を科されてしまった場合を想定している（沈註）。

本条は「干名犯義」すなわち「名分・恩義を侵犯する」ことと題しているように、子孫・妻妾・卑幼らが訴え出た場合、それだけで罪となることを眼目としている。沈註によれば、「人心を育成し親族関係を厚くする（扶植人心、篤厚親親）」のが本条の目的なので、訴えられた尊長の罪が減免されることは述べても、減免されない場合があることを言明しないのだという。

ただ、減免されない場合について明記せず、諸注釈も積極的に論じて来なかったため、そこから当然生じる問題が解決されないままに残されていた。減免されなかった場合、訴えられた親や尊長が徒・流・絞・斬といった重い刑を科されながら、子孫や卑幼は徒・杖に止まることになるが、これは不適切ではないのか。また、祖父母らを誣告すれば絞とするが、尊長を誣告した場合は重くても誣告した罪に三等を加える（加重によって死刑にはならない）ことしか記されていない。一般人を誣告して死に至らしめた場合、死罪をもって反坐するが、尊長を誣告して死に至らしめた場合に言及しないのはなぜか。

沈註によれば、死罪に当たる罪で誣告した場合、これは謀殺人に他ならないのだという。誣告した段階では「計画して実行した（謀而已行）」ことになり、死刑が執行されてしまったら「計画して殺した（謀而已殺）」ことになる（人命篇〈謀殺人〉の解説を参照）。本来隠すべきものを逆に訴えるのは、必ずや別に理由があって殺したがっているのであり、死刑になる罪を暴いて法に触れさせ、快哉を叫ぼうというのであるから、謀殺でなくて何だと言うのか、このような人倫を踏みにじる行為は寛大に扱ってはならないと力説している。

流罪以下の減免を許されない罪で訴えて事実であった場合も、誣告して刑が執行された場合も、訴えた卑幼は重く罰すべきであって、本条に定める刑を科すに止まらず、別途上申して相応しい刑を求めるべきであると言う。ただし、これは沈之奇の私的な意見に止まるので、「今後の考察を俟つ（俟考）」としている。

第二節　なお、（尊長の）謀反・大逆・謀叛・間諜の隠匿、または嫡母・継母・慈母・生母が父を殺して、もしくは養父母が実の父母を殺して、または期親以下の尊長に財産を横領されて、あるいは自

分の身に暴行・傷害を受けて、（事実に基づいて）当然訴え出るべきことを訴えたのであれば、いずれも（卑幼が）訴えるのを許し、名分・恩義を侵犯したものとはしない。（なお、訴えられた事は、各々該当する条文によって処断し、名分・恩義を侵犯したものとはせず、また自首と同じく免罪にすることもない。[60] 訴えられた卑幼もこれと同じくする。また、姦淫または関所の無断通過、天文の私習、[a]人や賠償できない物の損傷についてもやはり同じ。）

祖父母以下の尊長の罪は、原則として容隠が認められているが、あらゆる罪についてではない。謀反・大逆・謀叛・間諜の隠匿は、国家の安寧に関わることであり、親の恩によって大義を晦《くら》ますべきではないので、親だからとて庇うことはできないのである（輯註）。謀反・大逆・謀叛は、〈親属相為容隠〉でも容隠の対象外とされているが、〈犯罪自首〉の小註は未遂（未行）であれば自首と同じく罪を免じるとしている（沈註）。間諜（姦細）については、兵律・関津篇〈盤詰姦細（間諜の検問）〉に定める。国内の情報を国外に知らせたり、国外から入り込んで情勢を探ったりした者は、国内に引き込んだ者・国外に出るのを企図した者ともども「みな斬（執行猶予付き）」とし、見逃した者や匿った者も同罪とする。本節ではなぜか隠匿（窩蔵）のみを取り上げるが、輯註・沈註とも何も言及していない。一般の裁判担当者にとって、こうした問題を実際に扱う可能性はほとんどなかったのであろう。

嫡母・継母・慈母（闘殴篇〈殴祖父母父母〉の解説を参照）は、生母と同じく三年の服喪を要する、つまり礼制上は生母と同列に扱われるのであるが、生みの親ではないので、実の父母を殺せば[61]訴えることが許される（沈註）。養父母についても同様である。生母が実父を殺した場合は、どちらも生みの親であるが、沈註は「天は高く地は低いので、父を最も重しとする（天尊地卑、以父尤重也）」と言う。「天尊地卑」というのは、『易経』繋辞伝の冒頭の句である。宇宙は陰陽の気によって成り立ち、陽の気が形を成したものが天、陰の気が形を成したものが地である。天は上にあって尊く、地は下にあって天より卑しい。ここから万物が生まれ、各々高く低く序列をなし、秩序を成り立たせていく。男は陽の気、女は陰の気から生まれるとされるので、父と母の関係もこれに照応することになる。したがって、生みの父と母では、父を優先すべきだというのである。これらは、同じ「父母」であっても、その中で重んじるべき者を比較考量した（権其所重）結果である（輯註）。

財産を奪われたり暴力を振るわれたりするのは、いくら相手が尊長であっても我が身に痛みを被ることであって、訴えるのもやむなしとされる（輯註）。小註の末尾に言う「姦淫」以下は、いずれも自首が認められない事項であるが、沈註は「姦淫と損傷は、いずれも訴えを許すべき事柄（応聴理訴之事）なので、特に小註に記している。関所の無断通過と天文私習は、自首免罪を許さない事柄として言及しただけである」と述べる。いずれにしても、この小註に従えば、尊長を訴えても名・義の侵犯に該当しない犯罪は、ほぼ自首免罪を認めない犯罪と重複する程度まで広がることになる。そうであれば、本節条文の厳密な例外規定は意味をなさなくなるように思われるが、その点については輯註・沈註とも何も論じていない。

第三節　**もし卑幼を訴えて事実であれば、期親・大功または女婿については、やはり自首と同じく罪を免じる。小功・緦麻もやはり本罪から三等を減じることができる。誣告したならば、期親は誣告し**

た罪から三等を減じ、大功は二等を減じ、小功・緦麻は一等を減じる（みな卑幼を指して言う）[62b]。もし（夫が）妻を誣告した、または妻が妾を誣告したならば、やはり誣告した罪から三等を減じる。（訴えられた子孫・妻妾・外孫および服喪義務のない親族は、名例律に依る。）（もし卑幼を死罪で誣告して、まだ刑が執行されていなければ、なお律によって減等し、軽い罪を重く誣告したとはしない。）[63]

本節は前節までとは逆に、尊長が卑幼を訴えた場合について扱う。しかし本節の条文は、目下の親族の中で最も近い関係にある子孫・妻妾・外孫を訴えた場合について述べていない。これは、期親・大功の卑幼を訴えても免罪であることから推せば、免罪であることは言うまでもないからだという（輯註）。小功・緦麻について三等を減じるのは、これらの親族の容隠は免罪ではなく三等を減じると定められているので（名例律〈親属相為容隠〉）、それに対応しているのである。同じく無服の親族の容隠については一等を減じると定められているので、訴えられて事実であれば一等を減じることになる。小註の「名例律に依る」というのは、それを指しているのである。

誣告した場合も、本来の罪から服制に応じて減等される。妻が夫を誣告した場合は祖父母・父母を誣告した場合と同じく絞であり（第一節）、夫と祖父母・父母は同列に扱われているが、祖父母・父母が子孫を誣告しても免罪になる（第五節）のに対して、夫が妻を訴えた場合は免罪にはならず、期親の尊長と同じく三等を減じられるだけである。理由については輯註・沈註とも何も言わないが、闘殴篇〈妻妾殴夫〉などの注釈に見える論理に照らして考えれば、夫婦は「義合」の関係にすぎないので、夫の方で義理を絶つような行為を行なった以上、免罪にすることはできないのであろう。夫の妻に対する服喪は期年であるから、ここは服制を同じくする期親の尊長に合わせたのではないかと見られる。

本節では全誣の場合のみ定めて、軽い罪を重く誣告した場合について明記しない。その場合は免罪とする説もあったと言うが、全誣の場合に期親でさえ三等を減じるだけで免罪にはならないことを思えば、一概に剰罪を免じるのは均衡を欠く。一方で、訴えられた卑幼が自首扱いで免罪になり、尊長が剰罪を免れないのも釈然としない。輯註は、期親・大功については、どのみち卑幼の罪が免じられるため剰罪の計算が成り立たないので免罪、小功・緦麻については、剰罪を計算してからなお一等を減じるべきだという(64)。

また、本節では尊長が卑幼を訴えて死罪にした場合について何も言わず、免罪・減等になる場合のみを指して言う。もし免罪・減等を許されない死罪であれば、各々本来の律に従って処断されるので、死刑になることもある。訴えが事実であれば、尊長はもちろん何の罪にも問われず、死に当たる罪を誣告して執行前に明らかになれば、一般人の場合（杖一百流三千里に徒役三年）から、期親は三等、大功は二等、小功・緦麻は一等減じる。全誣でなく軽い罪を死罪として誣告した場合も同じなので、小註では「軽い罪を重く誣告したとはしない」と言う（沈註）。

死刑が執行された場合については明記していないが、「まだ執行されていない」と言う以上、「すでに執行された」場合もあるはずである。沈註は以下のように言う。尊長は卑幼に親愛をもって当たるべきであるのに、誣告して死罪に陥れようとするのは謀殺と同じである。尊長が卑幼を謀殺した場合は、故殺の法に依ることになっている（人命篇〈謀殺祖父母父母〉）。期親の尊長が卑幼を暴行した場合、重篤な障碍を負わせても免罪、殴殺した場合でも杖一百徒三年に止まるが（闘殴篇〈殴期親尊長〉）、誣告した場合は三等を減じるだけであるから、誣告の罪は暴行の罪より重いことになる。殴殺は殺害を意図したわけではないが、死罪を誣告するのは意図的であるから、故殺すなわち殺意をもって殺した罪を類推適用（比照）するのが相応であるという。

なお、卑幼に対する誣告は全体に反坐される罪が一般人より軽くなるが、同居親族でなければ、補償・賠償・財産付与については誣告の一般規定（〈誣告〉第一節）に依る（沈註）。

第四節　**もし奴婢が家長または家長の緦麻以上の親族を訴えたならば、子孫・卑幼と罪は同じ。もし奉公人が家長または家長の親族を訴えたならば、各々奴婢の罪から一等を減じる。誣告であれば、減じない。**（また、奴婢・奉公人が訴えられて事実であれば、免罪にはならない。名例律によって庇って隠すことができないからである。）

本節の条文はやや舌足らずでわかりにくいが、奴婢が家長を訴えた場合は子孫が父祖を訴えたのと同じ罪に、家長の親族を訴えた場合は卑幼が尊長を訴えたのと同じ罪になるということである。「家長の親族」は尊属・卑属の両方を指す。奴婢から見れば、家長の親族は卑属であっても「尊い」、すなわち目上だからである（輯註）。奉公人は「奴婢と差がある（与奴婢有間）」ため一等減とするが（輯註）、誣告であれば減等しないということは、家長を誣告すれば全誣でなくても絞ということで、厳しい扱いになる。

名例律〈親属相為容隠〉は、奴婢・奉公人が家長のために隠すことは認めているが、家長が奴婢・奉公人のために隠すことは認めていない。したがって、奴婢・奉公人が家長を訴えれば、家長は免罪になるが、家長が奴婢・奉公人を訴えても、奴婢が子孫のように免罪になることはない。小註はその点を指摘しているのである（沈註）。

第五節　**なお、祖父母・父母・外祖父母が子孫・外孫・子孫の婦《よめ》・妾または己の妾もしくは奴婢または奉公人を誣告したならば、各々論じない。**（妻の父母が女婿を誣告した場合について言わないのは、緦麻の親族の中に入っているからである。）

第六節　**もし女婿と妻の父母が果たして義絶の状態にあれば、互いに訴えることを許し、各々常人の関係に依って論じる。**（義絶の状態とは、婿[c]が遠方にいて妻の父母が妻を改嫁させた、あるいは外に追い出して別の婿を迎えた、または外部の人を留めて姦通させた、また女婿が妻を暴行して折傷を負わせた、妻を強制して姦通させた、妻がいるのに妻がいないと詐称して騙してさらに妻を娶った、妻を妾とした、財貨を受け取って妻妾を貸し出した、姉妹と偽って人に嫁がせたといった類を言う。）

第五節に関わる問題は、第三節の注釈でほぼ論じ尽くされているが、一つだけ残っているのが、小註に言う女婿の問題である。第三節に定めるように、女婿が妻の父母に訴えられた場合、事実であっても免罪となる。妻の父母にとって女婿は緦麻の親族にすぎないが、〈親属相為容隠〉で容隠を認められているからである（輯註）。誣告した場合については明記されていないが、小註によれば服制に従って緦麻の親族として扱う、つまり一般人の場合から一等を減じるということになる。ただ輯註の解釈によれば、軽罪を重く誣告した場合、被告が免罪となる場合は剰罪の計算が成り立たないから原告も免罪ということになっていた（第三節の解説を参照）。その点の整合性についてはうまく説明できなかったようであり、輯註も「緦麻の卑幼を訴えた場合に照らして科刑すべき」であると言いつつ、「再考を俟つ」としている。

妻の父母と女婿の関係は、もとより夫婦の離縁によって解消される。もともと夫婦は「義合」であるから、義が絶えれば一般人（凡人）の関係になる（輯註）。小註が例示するのは、妻の父母か女婿かどちらかによって一方的に義が絶たれたとみなされる場合である。このような義絶の状態が生じたからといって、必ず離縁に至るとは限らない(65)が、少なくとも義が絶たれた以上、妻の父母と女婿の間に「名・義の侵犯」は成立しなくなるのである。

〈子孫違犯教令（子孫の不服従）〉

本条は訴訟に関わる規定ではなく、訴訟篇に入っているのはそぐわないように感じられる。だが、この条文のもとになった唐律の条文「およそ子孫が教令に違犯した、または扶養に欠けるところがあったならば、徒二年（闘訟四十七条）」も、親族を訴えた罪に関する条文（闘訟四十四―四十六条）の次に配列されており、明律・清律もそれに従ったに違いない。おそらく、親族間の恩義に基づいて取るべき行動として関連があるので、続けて配置されたのであろう。

およそ子孫が祖父母・父母の教令に違反した、または扶養に欠けるところがあったならば、杖一百。（教令が従うべきであるのに故意に背いたり、家計が扶養に堪えるのに故意に欠いたりした場合を言う。必ず祖父母・父母が自ら訴えて初めて罪する。）

子孫が祖父母・父母の言いつけに従い、また面倒を見ることは、中国の伝統的価値観からすれば、人間として最低限の義務である。したがって、故意に逆らったり（故違犯）、故意に面倒を見なかったり（故有欠）すれば、杖一百の罪となる（輯註）。

小註に言うのは、祖父母・父母の言いつけが道義として従えないものであったり、家が貧しくてどうしても不自由させてしまったりする場合は、罪に当たらないということである。道義的に従えない言いつけを受けたのなら、やんわりと諫めたとしても違反したとは言えないし、貧乏で養う力が足りなかったとしても、養う意思がなかったのでなければ、欠けるところがあったことにはならない（沈註）。

〈現禁囚不得告挙他事（告訴の制限）〉

本条の標題は「現に収監されている囚人は他の事を告発してはならない」であるが、それに合致する内容をもつのは第一節だけであり、第二節で扱う内容は標題と何の関わりもない。しかし、第一節は収監中の囚人について、第二節は年齢・性別といったより一般的な条件によって、人を訴えることに制約をかけている。つまり、どちらも個人的な条件によって訴えを起こすことが制限される場合を扱っているのである。
沈註によれば、本条の重点は「誣告の恐れがある」という点にある。収監中の囚人（第一節）も高齢者や婦人など（第二節）も、法を逆手に取って他人を誣告するのに都合のよい立場に置かれている。本条は、そのような法の悪用を防ぐことを目的として定められているのである。

第一節　**およそ収監されていれば、他（人の）事を告発してはならない。なお、獄官・獄卒に非道に虐待されたならば、訴えることを許す。もし収監されて訊問された際に、**(66)**さらに（己の）別事を申し出て、関連する人があれば、やはり申し出ることを許し、法に依って審問・処断すべきである。**

「他事」とは、他人が犯した自分とは関係のない事を言う。罪を犯して収監された人は、裁判が終わるまで自分と関係のない他人の罪を告発することはできない（輯註）。輯註によれば本条の趣旨は、すでに罪を犯して捕えられていれば、でたらめを訴えても誣告による反坐を加えることができないので、この際とばかりに人を陥れる者がないようにということである。

名例律〈二罪倶発以重論〉によれば、結審して刑を執行する（論決）より前に明らかになった複数の罪は、最も重いものだけが刑を科され、重ねて科刑されることがない。だが、断獄篇〈獄囚誣指平人〉では、収監中の囚人が無関係な人（平人）を誣告した場合は誣告として論罪し、本来犯した罪の方が誣告反坐の罪より重ければ、重い方に従って論罪するとしている。つまり、あまりに重い罪を誣告すれば、自分が現に犯した罪によるよりも重い刑を科される可能性があるが、誣告によって反坐される刑（〈誣告〉の解説を参照）の方が自分の犯した罪による刑より軽い場合は、どれだけでたらめを訴えても損をすることはない。反坐を恐れずいくらでも誣告できる者を抑えるため、本条の規定が必要になるのである。

このように、本条は囚人がみだりに他人の罪を訴えるのを禁じるのであるが、もし訴えた他人の罪が審理されて事実と判明すれば、当然ながら誣告の罪に問うことはできない。他人が犯した罪を告発することと自体は、本来的に罪悪とはみなし難い。そのため本条は告発の罪を記していない（不著告挙之罪）、つまり「告発してはならない（不得告挙）」と定めているだけで、告発した場合の刑罰を設定していないのである。本条の趣旨は、「ただ告発を許さず、それによって誣告の害を防ぐのみ」なのである（沈註）。

それでは逆に、「告発してはならない」ことになっていても、官の方で受理することは妨げないのかという問題が生じる。次節では、訴え出てはならないものを受理した官は笞五十と定めているが、これが本節までかかる規定なのかどうかは不分明である。次節に対する沈註は、「訴えてはならないのに訴えた者は無罪で、受理してはならないのに受理した者は笞五十であるのは、「訴える方は無知だとしても、官が受理するのはどういうつもりなのか（官司受理者何心耶）」ということである」と言う。この論理によれば、訴えてはならないことを知っているはずの官は、訴えを受理してはならないから、受理すれば罪に当たるということになる。したがって、本節でも受理した官は笞五十に当たると解釈するのが理に適っていよう。もっとも、官が訴えを受理するかどうかは、実際には多分に各官の裁量に任されていたので（〈告状不受理〉の解説を参照）、現実にこうした訴えの受理が問題になったとすれば、条文解釈ではなく裁量の適否の方が問われたに違いない。

　収監中に「他人の事」を訴えるのは禁止されているが、自分の身に関わることであれば、もちろん訴えても構わない。獄卒が囚人を虐待したり衣料・食糧を掠め取ったりした場合の罪は第2巻断獄篇〈凌虐罪囚〉に定められており、監督する獄官も知っていながら摘発しなければ同罪とされる。「非道に虐待（非理凌虐）」とは、身体的な暴力、衣食のピンはね、財物の要求など、自分に害のあったことはすべてこれに当たり、担当する裁判官に訴えて追及してもらうことが認められる（輯註）。虐待を受けた囚人に訴えを許さなければ、不正な抑圧（冤抑）を正すことができないからである（沈註）。

　また「(己の)別事」とは、「自分が犯した事で人と関連があるもの」を指す。現に何らかの罪で逮捕・収監されている人が、自分の犯した別の罪について自首した時、その事件に関連して訊問すべき人がいれば、拘引・審問して法に依って処断することが許される。この場合は、「他人の事」を告発したことにはならない（輯註）。これは自首に関連して生じることであって、人を訴える意思（告人之心）はないのだから、法として禁じる謂われはないのである（沈註）。

第二節　**なお、年齢が八十歳以上・十歳以下または重篤な障碍のある者、もしくは婦人は、謀反・謀逆[67]・謀叛[a]・子孫の不孝、あるいは己自身または同居家族の中で人から盗み・詐欺・財産の横領または殺傷を受けた類の場合は訴えを許すのを除き、それ以外はいずれも訴えてはならない。**（その罪が収贖可能なので、故意に誣告して人を害する恐れがあるからである。）**官が受理して審理したならば、笞五十。**（訴状は記録に留めるが取り上げない。）

名例律によれば、八十歳以上・十歳以下または重篤な障碍（篤疾）のある者は、殺人を犯して死刑に相当する場合でも、事情に応じて対応を考慮し、上奏して決定を仰ぐ。盗みと傷害は収贖を許し、それ以外の罪はすべて刑を免じる（〈老小廃疾収贖〉）。婦人は徒刑・流刑に当たる罪を犯した場合、杖一百だけ執行して残りは収贖とする（〈工楽戸及婦人犯罪〉）。また、八十歳以上・十歳以下または重篤な障碍のある者については、証人として喚問することも禁止されている（断獄篇〈老幼不拷訊〉）。弱者の保護を目的として定められた法であるが、証人とすることさえできないのであれば、まして他人を告発することが許されるのか（沈註）という発想は当然あるだろう。

しかし、本節の趣旨は、弱者に負担を負わせないことでもなければ、彼らに訴える能力を認めないことでもない。これらの人々は、罪を犯しても刑の減免や収贖が定められているので、やはりみだりに誣告を行なうことが疑われる。「故意に誣告して人を害する恐れがある」（小註）という点が問題なのであり、その点で第一節と同じ意図に基づいて定められているのである。

罪を犯しても自動的に刑を減免される老人・子供・重篤な障碍者および婦人には、条文に列挙されているような「事情が重大で、被害が切実である」場合に限って訴えることを許し、それ以外は認めないこととする（輯註）。謀反・大逆・謀叛は親族の容隠も許されない別格の重大犯罪であり（名例律〈親属相為容隠〉）、子孫の不孝は大義名分に関わる問題である。それ以外は己か家族の身体・財産に直接的な危害が加えられた場合であり、こうした場合は相手が尊長であっても訴えることを認めていた（〈干名犯義〉第二節）。

ただし、訴えることが許される場合でも、これらの人々が直接訴えるのは望ましくないと思われていた。沈註は、同居家族の中に成人男子（壮丁）がいないか、いても不在か拘束されている場合に限って自ら訴えさせるとしている。条例では「老齢または重篤な障碍のある人」について、謀反・叛逆・子孫の不孝以外の訴えを同居親族に代理で訴えさせることを許し、誣告は代理で訴えた者を罪するとしている。この規定に従えば、犯罪を放置することにもならず、誣告の罪を反坐することもできる。沈註はこれを「律の完備していない部分を補う」ものとして評価している。

〈教唆詞訟（訴訟の教唆）〉

中国の伝統社会では、裁判の当事者の代理人を務めたり助言を行なったりする職業は発達しなかった。実際には、「訟師」と呼ばれる職業的な助言者が広く存在したが[68]、こうした人々は官憲から非常に嫌われ警戒された。彼らが嫌われたのは、愚かな民を唆《そそのか》して無用の訴訟を起こしたり、まことしやかに嘘を連ねた訴状を代作して人を陥れたりすると見られたからである。本条はもっぱらそうした悪意の助言者・代理人を想定して定められている。

435 〈教唆詞訟（訴訟の教唆）〉

およそ訴訟を教唆して、または人のために訴状を作り罪状を増減して人を誣告したならば、犯人と同罪。（死刑に至れば一等を減じる。）**もし雇われて人を誣告したならば、自ら誣告したのと同じ。**（死刑に至っても減等しない。）**財を受けたならば、贓を計って枉法として、重い方に従って論じる。なお、人が愚かで抑圧を訴えることができないので、教えて事実を明らかにさせた、または人のために訴状**

いのであり、「事があり財をもって求めた」場合の条項に依って処断するのであろう。）

を書いて罪を増減させなかったならば、論じない。（姦夫が姦婦に教えてその子の不孝を誣告させたなら、謀殺人の首謀者についての条文に依る。）（律は人を雇って誣告させた場合の罪について言わないが、おそらく誣告の罪がすでに雇われた人に科されたならば、雇った人が重ねて罪せられる理はな

「教」とは導く（導引）こと、訴えることを知らない者に教えることであり、「唆」とはそそのかす（哄誘）こと、訴えようと思っていない者を焚きつけて訴えさせることである。「罪状を増減する（増減情罪）」とは、もともとなかった罪を増して入れたり、実はあった事情を減らし去ったりすることである（輯註）。誣告する以上、人の罪を増すことはあっても減らすことはないので、「増」は罪名を増すこと、「減」は実情を減じることを指すという[69]（沈註）。

訴訟を起こすよう唆したとしても、訴状を代作してやったとは限らず、訴状を代作したとしても、訴えるよう唆したとは限らない。しかし沈註によれば、「教唆」と「作状増減」は別個の条件（両項）であっても実は互いに関連している。唆すことの内には罪状を増減することが入っていなければならず、そうでなければ「教えて事実を明らかにさせた（教令得実）」だけである。また、唆さなければ事実を増減するはずがないから、代作して増減することの内には必ず教唆が入っているのだという。

このように人に手を貸して誣告させた者は、「犯人と同罪」である。つまり、実際に訴えた当事者が誣告の「犯人」であり、教唆・代作した者はその犯人と同じ刑を反坐されることになる。ただし、犯人が死罪になった場合は一等を減じられて杖一百流三千里となり（輯註）、路費の補償・財産の付与

等も犯人だけが行なう（沈註）。これは名例律〈称与同罪〉に定める「同罪」の定義に従うものである（「清律の基礎知識」を参照）。

以上のことから明らかなように、訴訟の教唆や訴状の代作が罪に当たるのは、結果として人に誣告をさせた場合だけである。愚かなあまり抑圧されるままになっている人を見かねて、事実を訴えるよう教えてやったり、無学な人に代わって事実のとおりに訴状を書いてやったりした場合は、誣告させたわけではないから罪に当たらない（輯註）。逆に言えば、正当な助言や事実を曲げない代作は否定しないのである。特に訴状の代作をする者は、識字率が低かった前近代の中国では必須であった。だが、官府は他人の訴訟に関わる民間人を概して信用しておらず、本書を含む諸注釈でも善意の手助けを特に称揚してはいない[70]。

上記のように他人を唆したり訴状を代作したりして誣告したという場合、訴え自体は当事者が自分の名前で行ない、教唆・代作した者は陰で糸を引いているだけである。これに対して「雇われて（受雇）」訴えるというのは、人に頼まれて当事者の代わりに名前を出して訴状を書き、自ら官庁に出向いて訴えることである。「雇われて誣告する」というのは、雇った者（つまり真の当事者）の名前を騙って当人になりすまして訴えることだとする説もあったというが、沈註はこれを「非なり」とする[71]。当事者になりすまして訴えるのは教唆と近く、頼んだ当事者が誣告の罪を負わなければならない。一方ここで言うのは、報酬目当てに自分の名前と身柄をさらして、何の怨みもない相手を誣告した場合である。教唆が陰でひそかに行なうことであるのに対して、雇われて代わりに訴えるのは公然と行なうことである。雇われたという理由があるとはいえ、実際に誣告の行為をなしている（実行誣告之事）のだから、自ら誣告したのと同じことになる。したがって、雇われた者が誣告の犯人そのものという扱いになり、当然死罪になっても減刑されないのである[72]。

「財を受けた」というのは、他人の誣告に手を貸す者と、他人の代わりに誣告する者の両方について言う。受け取った財の額を計って、受贓篇〈官吏受財〉の「枉法」の条項に照らして罪を論じるが、誣告の罪の方が枉法の罪より重ければ〈誣告〉の条文に依って論じる（輯註）。

それでは、人を雇って誣告させた者はどうなるのかと言えば、律の本文には明記されていない。これについては小註の後半部分が補い[73]、誣告の罪はあくまでも雇われて訴えた者が負うのであり、雇った者に科せられるものではないとしている。雇った者は誣告の罪ではなく、受贓篇〈有事以財請求〉に言う「事があって財をもって法を曲げてもらうよう求めた」罪に該当するという。雇った人に与えた金銭が「求めた」際に送った「財」に相当すると解釈するのである（輯註）。

〈軍民約会詞訟（軍・民の間の訴訟）〉

標題にある「約会」とは、行政上の範疇が異なる人々の間で裁判を行なう時に、双方の所管の官が合同で審理することを指す。約会の制度は、行政上の管轄区分が多岐にわたった元代に発達し[74]、明代に引き継がれた。

明代には、裁判を行なう上で問題になる所管の区分は「民」と「軍」だけであった。一般の民（民人）は所属の知府・知州・知県に管轄されるが、軍士（軍人）は指揮・千戸・百戸など衛所の官に管轄される。つまり、民は地方官（有司）の、軍士は管軍官の管轄となっていた（闘殴篇〈殴制使及本管長官〉の解説を参照）。したがって、民人の訴えは所属の地方官に、軍人の訴えは所管の管軍官に持ち込まれ、関係者が民人どうし、軍人どうしであれば、原則として地方官・管軍官が単独で審理することになる。民と軍の双方が関わる場合、どのように審理すべきかを定めたのが、明律の〈軍民約会詞訟〉の条文であった。

清律は明律のこの条文をそっくり受け継いだが、清代には行政上の管轄を異にする人民の範疇として、「軍」と「民」よりも八旗所属の「旗人」と一般の「民人」の区分の方が重要な意味をもった（「清律の基礎知識」を参照）。旗人の訴訟は八旗の官が担当したが、(75)人命に関わる重罪案件や民人との紛争については、刑部など中央官庁が担当したり、理事同知という専門の官が単独あるいは地方官と合同で審理したりするよう制度が整えられていった。(76)一方で、明の軍隊を再編した緑営の兵は各営の武官の管轄下にあったため、(77)また別の規則が設定されていた。(78)要するに、実際に運用された制度は本条が定めるより遥かに複雑で変更も多かったのであるが、所管の官が一方に肩入れしないようにさせること、重罪案件は文官に担当させ、武官の権限を制限することなど、本条の趣旨は条例や単行法規の随所に反映されている。

第一節　**およそ軍官[a]・軍人が人命に関わる罪を犯せば、管軍官庁が地方官と会合して検証し、審問に帰する。もし姦淫・盗み・詐欺・家族・婚姻・土地争い・暴力行為で民と関係する事案があれば、必ずともに会合して審問しなければならない。民と関係していなければ、所管の軍職官庁が自ら追究・審問するに任せる。なお、抱え込んで引き渡さなければ、首領官・吏は**（勅書[b]に違反したとして論じ）、各々笞五十。

第二節　もし管軍官が職分を越えてみだりに民の訴訟を受理したならば、罪はやはり同じとする。[79]

軍に所属する官（軍官）や兵（軍人。条文によっては「軍士」とも記す）が人命に関わる罪を犯した場合、たとえ一般の民が関わっていなくても、[80]管軍官は地方官（有司）と会合（約会）して検証（検験）し、事件を地方官の審問に帰さなければならない。つまり、検証だけは双方の所管の官が合同で行ない、その後の審理は民の方の所管に帰すのである。この「審問に帰する（帰問）」というのは、地方官とともに検証した後で、本来の所管である管軍官の審問に帰することだという説もあったが、[81]輯註・沈註とも地方官の方に帰すると明記している。「人命は重大なので、管軍官庁には処理できない」からであると言う（輯註）。

人命侵害に関する案件は、徒刑相当であっても中央の刑部に報告を要するほど重大視されており、死刑に相当する場合は何重にも精査された上で、最終的には皇帝の認可を要した（〈越訴〉の解説および「清律の基礎知識」を参照）。法に詳しい文官でなければ扱いかねるし、誤りがあった時の影響が大きすぎると考えられたのであろう。姦淫以下の犯罪や紛争は人命侵害とは重みが違うので、民に関わりがあった場合は管軍官と地方官が会合して審問する。これは審問する側が一方に肩入れ（偏護）しないようにするためである（輯註）。

本条に定めるのは、もっぱら軍官・軍人が罪を犯した場合のことであり、一般の民が罪を犯して軍官・軍人がそれに関わっていた場合のことではない。軍官・軍人が罪を犯した場合、民人と関わりがなければ、人命に関わる案件を除いて軍職の官が単独で審問するが、民人と関わりがあれば必ず地方官と会合して審問しなければならないというのが本条の趣旨である。「律の意図は全く地方官の側にある（律意全在有司一辺）」（沈註）と言うように、本条は管軍官と地方官を同列に扱っているのではなく、地方官が関わるべき場合について定めているのである。言い換えれば、「管軍官に任せておいてはならない場合」について定めているということになる。第二節で管軍官が一般の民の訴訟を受理することを禁じているのも、同じ趣旨によるものと言えよう。

地方官・管軍官が軍・民の訴訟を受理して、拘引・訊問しなければならない犯人がいる時に、地方官・管軍官が各々自分の考えに固執して、犯人を「抱え込んで引き渡さなければ（有占恡不発）」、首領官・吏典の罪となる（輯註）。沈註は、これを会合して審問する（約問）場合のこととしている。この部分については詳しい解説がないが、雍正律の総註によれば、やはり一方に肩入れして引き渡そうとしない場合を想定しているのだという[82]。軍・民ともに首領官と吏典が拘引・護送に当たるので、引き渡さないのは首領官・吏典の罪となるのだという（沈註）。なお、小註に言う「勅書に違反した（違制）」罪は、吏律・公式篇〈制書有違（勅書への違反）〉によれば杖一百であり、「笞五十」に当てるのはおかしい。沈註によれば、この「違制」は「違令」の誤りで、雑犯篇〈違令〉に依るとするのが正しい[83]。

〈官吏詞訟家人訴（官吏の家人による代訴）〉

高齢者・子供・重篤な障碍者・婦人は自ら訴えを起こすことを制限され（〈現禁囚不得告挙他事〉

第二節）、訴えが認められる場合でも、同居家族の中に壮年男子がいれば代わりに訴えさせるべきだとされていた（同条の解説を参照）。これらの人々のほか、官吏も自ら訴えを起こすことは避けるべきだと考えられていたが、その理由は高齢者らとは異なる。

およそ官吏に婚姻・債務・土地争い等の事で紛争があれば、家人をして官に訴えさせて答弁させることを許し、公文書で通知することを許さない。違反したならば、笞四十。

官吏も一私人である以上、婚姻・借金・土地などをめぐる紛争を生じることはある。そうした紛争は当事者自身が訴えるのが原則であるが、官吏は「その体面を守る（存其体）」ため、家人による訴えが認められる（沈註）。一方で、官吏自身の訴訟は私事であって公務ではないから、担当官庁に公文書で通知すること（公文行移）は許されない（輯註）。官吏の私益に肩入れされては困るからである。なお、本条では婚姻等の紛争についてだけ言うが、これより重大な問題については言うまでもないという（沈註）。

〈誣告充軍及遷徙（充軍または遷徙に当たる誣告）〉

誣告に関する通則は、〈誣告〉の条文に示されている。それによれば、全くの誣告の場合は誣告した罪に加等する、軽い罪を重く誣告した場合は余分に加えた罪（剰罪）を反坐する、死罪を誣告した場合は執行されていれば死刑を反坐し、執行前であれば死一等を減じる等、いずれも誣告した罪を基準にして刑を定めることになっている。これらの刑は原則として名例律に定める五刑、すなわち笞・杖・徒・流・死の刑罰体系に収まっているが、清律の中には一部この体系からはみ出す刑罰を定めた条文があるので、そうした罪で誣告した場合は〈誣告〉の規定だけでは対応できない。本条はそうした特殊な刑に当たる罪で誣告した場合、どのようにして反坐するかを定めており、いわば〈誣告〉の補足規定として位置づけられる。

第一節　**およそ充軍の罪を誣告したならば、民が訴えた場合は軍役に当て、軍人が訴えた場合は辺境の遠隔地に送って充軍とする。**（これは人を律内の充軍で誣告した場合のことである。もし人を例内の充軍で誣告したのであれば、ただ誣告の条文によって処断し、本条を用いない。[a]）

五刑以外の重要な刑罰の一つである「充軍」は、明代中期以降に制度が整えられ、清代に引き継がれた。これは受刑者を辺境の地に送って軍隊に編入し、軍役を課すというものであったが、軍務に服することはやがて有名無実化し、実質的に流刑と変わらない刑、いわば重い流刑という位置づけになった。[84]輯註は「充軍は流刑より厳しく、死罪に次ぐものであり、法の中で極めて重いものである」と言う。

だが、律文の中で定められた「充軍」は、本来このような流刑と死刑の間を埋める刑罰ではなく、主として軍官・軍人に対する一部の刑罰の代替措置であった。名例律〈軍官軍人犯罪免徒流〉は、軍官・軍人が徒・流に当たる罪を犯した場合、各々杖一百を執行した上、[85]徒罪はみな二千里以内の衛に送って「軍に充てる（充軍）」、流刑は二千里・二千五百里・三千里の各距離に当たる衛に送って「軍に充てる」とする。[86] 実際、兵律に見える軍士の犯罪は、杖一百を超えるが死罪に当たらない場合、おおむね「杖一百、辺境の遠隔地に送って充軍（発辺遠充軍）」とされている。[87] また、名例律〈殺害軍人〉は、軍人を殺害して死刑になった者は、親族を「軍に充て」て欠員を補わなければならないとしていた。[88] これらは、犯罪によって国家の兵力が減少することを恐れ、罪を犯した者自身やその親族によって補充するための措置であろう。

一方で、戸律・戸役篇〈人戸以籍為定（人民の戸籍）〉は、民籍にありながら軍籍と詐称して軍・民どちらの差役も逃れようとした者は、杖一百の上、辺遠に発して充軍とし、〈隠蔽差役（差役逃れ）〉は、豪民が子孫・弟姪を官の随員として差役逃れを図った場合、随員となった者は杖罪を免じて附近の衛で充軍としている。その理由として、〈人戸以籍為定〉への沈註は「すでに軍と詐称したのだから、軍に充てるのである」と言うが、〈隠蔽差役〉では何も説明していない。民に課される差役より軍役の方が重く、国家にとってより重要であったから、差役をごまかそうとした民への懲罰として軍役を課すよう定めたのではないかと推察される。

小註に言う「律内の充軍（律内充軍）」とは、このように律文中で定められた充軍のことである。しかし、軍人の充軍はおおむね徒・流相当の罪に対する一種の代替刑であって、独自の刑として充軍を科す条文は限られている。輯註は上記の〈人戸以籍為定〉〈隠蔽差役〉を例に挙げているが、これらは徒・流を科すことが可能な民を対象としているので、徒・流の代わりではなく充軍自体が本来の刑ということになる。したがって、とりわけ律の規定に固有の充軍として取り上げるに相応しいのである。

445　〈誣告充軍及遷徙（充軍または遷徙に当たる誣告）〉

一方「例内の充軍（例内充軍）」とは、律とは別に随時定められた「例」と総称される単行法規に見える充軍のことである（こうした「例」が整理されて、副次法典として編纂されたものが「条例」である）。明代には、死一等を減じるべき罪に充軍を科すという「例」が多く定められ、「重い流刑」として充軍を科す規定が、もっぱら「例」の中で蓄積・整備されていった。これらは軍人に対する徒・流の代替刑でもなく、民の差役逃れに対する独自の刑でもなく、五刑の体系中の死刑と流刑の間に位置づけられるべき新たな刑であった。

　清朝は中国支配の開始とともに、この「重い流刑」としての充軍刑を明朝から受け継ぎ、正規の刑罰体系に組み込むこととした。そのため、清律（順治律）制定の際に、名例律末尾に明律にはなかった〈辺遠充軍〉を附け加えた。だが、〈辺遠充軍〉は囚人の送り先を指定しているだけで、具体的な規則はもっぱら条例で定めていた。同条第一条例への沈註は、「充軍と辺外為民[89]は例の内に加えられた罪である」と言い、同条に言う充軍が「例内の充軍」であることを言明している。つまり、清律は名例律の中で「重い流刑」としての充軍について明記したものの、単にそのような刑の存在を記しただけであり、律の他の条文中に記された充軍（すなわち「律内の充軍」）は、すべて明律から引き継がれた「軍への編入という措置」を指していたのである。

　本節によれば、このような「律内の充軍」に当たる罪で誣告した場合、同じ充軍の刑をもって反坐される。すなわち、誣告した者が民であれば自身が軍に編入されて軍役を課され、軍人であれば現住地から離れた辺境の衛に移動させられるのである。ただし、これは全くの誣告（全誣）の場合であり、軽い罪を重く誣告した場合は差し引きして剰罪を反坐するというが（輯註）、五刑外の充軍をどのような計算方法によって差し引きするのかは記されていない[90]。小註によれば、「例内の充軍」に当たる罪を誣告した場合は、充軍がそのまま反坐されるのではなく、律の〈誣告〉に従って処断されるという。沈註は「律は前に定め、例は後で補うものであるから、例内の充軍の罪は、律に入れて一緒に論じることはできない」と言う。例は単独で適用されるものであり、敷衍して適用することは許されないのが原則であるから、例で定められた内容を律に当てはめることができないのは論理的に言って当然である。ただし、これも実際にどのように〈誣告〉の規定を適用するのか説明されていないので、「例内の充軍」を誣告した場合の定罪の方法はわからないままである。

このように、本節の意味するところが明らかなのは「律内の充軍」の罪を「全誣」した場合だけであり、他の場合はどうすべきなのかわからない。この点はさすがに不都合とみなされたらしく、雍正律制定の際には、本節は「**およそ充軍の罪を誣告したならば、誣告した距離の遠近に照らして軍役に当てる**」と書き改められた上で、以下のような総註（雍正律で加えられた条文全体に対する公定注釈）が附された。

> 充軍の罪は死罪を下ること一等で、流罪に比定される。首節（本節のこと＝訳者註）の言うところは、人を充軍の罪で全誣したならば、法として加等し難いので、誣告した「附近」「辺衛」「辺遠」「極辺」「烟瘴《えんしょう》」などの罪名に照らして軍役に当てること、すべて流罪を誣告して反坐する法のとおりにするということである。（中略）また、流以下の罪を誣告して充軍の罪としたならば、軽い罪を重く誣告して流罪に至らせた場合と同じであり、全誣によって充軍に当てる対象とはな

らない。

「全誣」の場合、加等できないので同じく充軍とするというのは、流罪で誣告した場合にも加等して死罪にはできない（〈誣告〉第一節）のと同じであり、本節の本来の趣旨にも合致する。軽い罪を充軍に当たる罪として重く誣告した場合は、流罪として重く誣告した場合と同じくするとの説を新たに打ち出している。雍正律では、名例律〈辺遠充軍〉も〈従軍地方〉と標題を改め、充軍の刑についてやや詳しく定めているが、それによれば充軍の「距離の遠近」は、「附近」が二千里、「辺衛」が二千五百里、「辺遠」が三千里、「極辺」「烟瘴」が四千里とされている。[91] したがって、軽い罪を充軍の罪として重く誣告した場合は、この距離を流刑の距離に読み替えて、〈誣告〉の条文に定める換算方法に当てはめて計算することになろう。

第二節　もし官吏が故意に無関係な人に他人の軍役を肩代わりさせたならば、故意に人の罪を増減して流罪にしたとして論じ、杖一百流三千里。[b]

本来軍役に当たるべき人がいて、それを無関係な人（平人）に肩代わりさせたならば、前者は軍役を逃れたことになり、後者は故なくして軍役に当てられたことになる。軍役に当てること自体は本来刑罰ではなかったはずであるが、第一節の解説で触れたように、一般の民にとっては実質的な刑罰となり、「律内の充軍」の刑が設定されていた。もともと軍役は民にとって重いものであり、だからこそ

「重い流刑」としての充軍の刑が生まれたのである。したがって、故なくして軍役に当てられることは刑罰を受けるに等しく、軍役に当たるべき人から無関係な人に肩代わりさせるよう取り計らった官吏は、意図的に前者の刑を軽くし（故出）、後者に謂われのない刑を科した（故入）に等しいことになる（輯註）。故意に肩代わりさせた官吏は「故意に人の罪を増減して流罪にしたとして」論罪されるが、ここでも充軍は流刑と同等に見られていることになる。

なお、雍正律では本節も「**もし官吏が故意・過失によって人の罪を増減させて充軍にしたならば、故意・過失によって人の罪を増減して流罪にしたとして論じる**」と改めている。「故意」だけでなく「過失」も取り上げているのは、過失の場合はどうなるのかという当然想定される疑問に対応したものであろう。さらに総註では、本節について「官吏が無関係な人に故意・過失によって充軍の全罪を着せた、あるいは充軍に当てるべき人を故意・過失によって完全に免罪したならば、官が故意・過失によって人の罪を増減して流罪にしたとして論じるということである。（中略）また官が故意・過失によって充軍の罪を増減させたならば、やはり流罪の杖への換算法のとおりにする」と解説している。

第三節　**もし人を贈賄の仲介の罪で誣告したならば、遷徙《せんし》を流になぞらえて半分に減じ、徒二年に準じた上で、誣告した罪に三等を加え、科された笞・杖を併せ入れて通論する。**[c]

「贈賄の仲介（説事過銭）」とは、第2巻受贓篇〈官吏受財〉に見える罪である。同条は贈収賄の仲介の罪を、収賄の罪から有禄者は一等、無禄者は二等を減じるとし、明律の段階では「杖一百を上限として、各々遷徙する」ことになっていた。清律の〈官吏受財〉ではすでに「杖一百徒二年を上限とする」と改められており、遷徙の規定は削除されたので、本節はいわば明律の規定の名残である。

「遷徙」は五刑の枠外にあるが、清律でも一応正規に定められた刑である。〈五刑之図〉にも附載され、「郷土から一千里以上離れた所に移すことを言う」とある。だが、清律で遷徙を科すと定めた条項はごくわずかで[92]、しかも本節と同様に徒二年に準じることを小註で定めている。おそらく、清代には遷徙が実際に適用されることはなくなっていたのであろう。輯註によれば、「流刑になぞらえて（比流）半分に減じ、徒二年に準じる」というのは、遷徙の実刑を免じる場合の定例である。遷徙を流刑になぞらえると、雑犯流刑はいずれも徒四年に準じるので、同じく徒四年に準じた上で半分にすると徒二年になるということである。

ただし、遷徙を読み替えた徒二年は、五刑の体系中の徒二年とは異なる。五刑中の徒二年は必ず杖八十とセットになっているが、「贈賄の仲介」の罪は杖一百以下の笞刑・杖刑に徒二年が附加される形になる（受贓篇〈官吏受財〉の解説を参照）。したがって、誣告の場合は笞刑・杖刑と徒二年とを別々に計算して反坐しなければならない。たとえば、有禄の官吏が一十両の賄賂を受け取り、無禄の人がそれを仲介したならば、金銭を受けた者は杖九十、仲介した者は二等を減じて杖七十となる。これを誣告した場合、本節に従ってまず徒二年に三等を加えて流二千里とするが、流二千里と通常セットになっている杖一百は用いず、杖七十を併せて杖七十流二千里に当てるということである（輯註）。「科された笞・杖を併せ入れて通論する」というのは、このように徒・流と通常一体になっている杖刑ではなく、別に計算して科された笞刑・杖刑を併せて科刑することを言うのである[93]。

遷徙の規定は他の条文にもあるのに、本条で殊更に「贈賄の仲介」だけを取り上げるのは、他の条文ではみな「杖一百」という固定した杖刑と組み合わせられているのに対して、「贈賄の仲介」だけは笞刑・杖刑が変動するので、特に取り上げて原則を示したのである（沈註）。

なお、本節は雍正律では「**もし人を遷徙にすべき罪で誣告したならば、流に比して半分を減じ、徒二年に準じた上で、誣告した罪に三等を加え、得るべき杖罪を併せ入れて通論する**」と改められている。総註によれば、「人を遷徙の罪名で誣告したならば、律で流になぞらえて半分に減じ徒二年に準じることとなっているので、徒二年の上に誣告した罪により三等を加えて流二千里とし、本来得るべき杖一百の罪を併せて論じ執行する。およそ徒二年は杖八十を要するが、流罪とそれを読み替えた徒四年はともに杖一百である。これは流になぞらえて半分に減じ徒二年に準じた罪なので、得るべきもとの杖一百は併せて入れるのである」という。要するに、清律の〈官吏受財〉から消えて意味をなさなくなった「贈賄の仲介」条項の遷徙に言及するのをやめ、遷徙の罪で誣告した場合の一般規定に改めたのである。

訳註

賊盗篇

（1）唐律の段階では、賊盗篇は謀殺人を始めとする凶悪な殺人の罪を扱う条文を含み（明清律では人命篇が立てられ、賊盗篇に入っていた凶悪な殺人と闘訟篇に入っていた故殺人以下の殺人が合わせられた）、本来は殺人のうち冷酷無残な性格のものは「賊」として扱われていた。

（2）もともと分かれていた「賊」と「盗」が合わせられた理由はわからないが、たとえば〈盗大祀神御物〉で扱う罪は「盗み」とはいえ単なる物的損害とはみなし難いし、強盗も被害額を問題にしない最凶悪犯罪として扱われており、両者に重なる部分が多いことが考えられる。

（3）原語は「社稷《しゃしょく》」。本来は帝王や諸侯が祭る国の土地神・穀物神であったが、後に国家の代称として用いられるようになった。

（4）君主自身に危害を加えることは憚って敢えて言わず、君主に属するものの破壊についてだけ記すのだという。「謀反」の小註で「国」を危うくすることを敢えて言わず、前注の「社稷」の語を用いるのも同じ趣旨によるという（輯註）。

（5）「同居の人」というのは「同居の親族（同居之親）」を指し、奴僕や奉公人（雇工人）は事情を知らなければ連坐の対象としない（沈註）。

(6) 正犯の財産は没収するが、連坐させられた者は罪に当てるだけで財産は没収しない（沈註）。

(7) 人臣は反逆の意があってはならず、その意があった時点で誅《ちゅう》されるべきなので（「人臣無将、将則必誅」。『春秋公羊伝』（昭公元年）に見える「君親無将、将而必誅」や『史記』叔孫通伝に見える「人臣無将、将即反、罪死無赦」などに基づいたものであろう）、謀議の段階で罪に当たるのだという（沈註）。

(8) 「重篤な障碍」の定義については、闘殴篇〈闘殴〉の解説を参照。

(9) この箇所の「いずれも（並）」について、沈註は「前条の謀反・大逆と同様に」という意味を表すと言うが、本条の「首犯・従犯を区別せずみな斬」に当たる家について言うという異説を併記する。こうした一字一句にすべて意味があると考えるのである。

(10) 他人が事情を知りながら通報しなかった場合だけは、杖一百流三千里で謀反・大逆と変わらない。

(11) 「広まっていなければ」の原文は「不及衆者」であり、名例律〈称日者以百刻〉の定義によれば「衆」とは「三人以上」を指すが、これは共犯について定めたものであるから、ここではその定義には当たらず、単に惑わされた者があまり多くないことを言う（沈註）。

(12) 「作った」者と「伝播させた」者の両者を合わせて「みな」と言っているのではないことを、沈註は特に指摘している。もしこの両者に同じ刑を科すと言いたいのであれば、「みな」ではなく「各々（各）」か「いずれも（並）」と書かれていなければならないのである。

(13) 公用馬・公用船の使用許可証については、雍正律で削除された。

(14) 正確に言えば、律文の「軍機」と「銭糧」は二項の並列であるが、「銭糧」は軍機に関わる銭糧に限ることを小註の「の（之）」の字が示しているのだという。

(15) 清代の首都北京は内城とその南に隣接した外城に分かれ、それぞれ城壁に囲まれていたが、内城の中にやはり城壁で囲った皇城があり、その中にさらに壁で囲った紫禁城があって、皇帝が居住しかつ政務を執る場となっていた。

(16)「夜間巡回の銅牌」は雍正律で小註ともども削除された。当時の現行制度では皇城・京城の警備担当官が自ら巡回することになっており、銅牌を用いることもなくなっていたからであるという（光緒『大清会典事例』巻七百八十・刑部・刑律賊盗・盗印信の註による）。

(17)暦日の作成と進呈・配布については、光緒『大清会典事例』巻一千一百四・欽天監に詳しく記す。なお、「暦」は乾隆帝の諱（弘暦）の一部に当たるため、乾隆律では「暦日」を「時憲書」に改めている。

(18)雍正律で小註の字句が改訂されたことに伴い、「条記」は事実上削除された（「改訂箇所一覧」を参照）。

(19)雍正律では小註の方の字句を改めて「条例に言う朝廷から給付された関防」としているが、律の本文に言う「関防の印記」の方が何を指すのかはやはり不詳である。

(20)「内庫」云々の意味するところはよくわからず、輯註・沈註とも何も言っていない。「内庫」は「内府」の「庫」であるから（雍正律では「内庫」を「内府」に改めている）、おそらく前文の「もしまだ庫に入っていなければ」に関して、それが内府の庫であるかどうかを明らかにする必要があると言っているのであろう。

(21)本条の第一条例は以下のとおりである。「およそ内府の財物を盗んだ場合、御用の乗物・衣服・御物であれば、なお真犯死罪とする。その他は管理責任者が銀三十両、銭・絹など銀三十両相当以上を盗んだならば、常人が銀六十両、銭・絹など銀六十両相当以上を盗んだならば、いずれも辺境の衛（辺衛）に送って子々孫々充軍（永遠充軍）とする。内府の官員も同じ」。なお、明律の小註にあってこの条例にない「御璽（御宝）」は、沈註によれば「御物」の中に含まれる。

(22)「いずれも（並）」は上記の三段階のすべてを指す（沈註）。

(23)ここに見える軍用品のうち、「火筒」はおそらく「噴筒」のことで、火薬を使って毒薬・砂などを噴射する兵器。「号帯」は「影帯《ひょうたい》」などとも言い、軍旗の旗竿や兜などにつける細長い布。

(24) 原語は「園陵」。帝王の陵墓には園があるものなので「園陵」という(輯註)。
(25) 監守盗・常人盗・窃盗は、いずれも「贓を併せて(併贓)」すなわち自分が手に入れた分も共犯者が手に入れた分も通算して贓を計り、量刑を定めることになっている。したがって、ここで「自分のものにした(入已)」との小註が挿入されているのは不可解であり、輯註は「後考を俟つ」としている。
(26) ただし、祖陵の樹木の盗伐を「大祀の神器の窃盗に類推解釈(比照)して斬罪とし、上奏して裁可を得て定める」という条例が明代には成立しており(嘉靖『問刑条例』)、清もそれを改定しつつ踏襲している(本条の第二条例)。
(27) 単なる器物の毀損については、戸律・田宅篇〈棄毀器物稼穡等(器物等の毀損)〉に定める。
(28) 流刑を実刑として妻妾が伴うことになれば、かえって雑犯死罪より重い罰になると沈註は指摘している。雍正律では、本条の三流はともに雑犯として徒四年とする小註が加えられた。
(29) ここに言う「などの物(等物)」が包括する範囲は広く、およそ管理されている官有物はみなこれに当たる(輯註)。
(30) 「官銭」とあるが、「四十両」と銀両建ての額が表示されているように、実際には「銭」ではなく(銭なら単位は「文」ないし「貫」である)銀を表している。おそらく明律の小註をそのまま引き継いだため(明律は財貨の額を銭建てで示していた)、この表現になっているのであろう。雍正律では「銀」に改めている。
(31) 管理責任者が離任したり退職したりしてから、もと管理していた物を盗んだ場合や、ある倉庫の番人が別の倉庫の物を盗んだ場合は、現に管理責任のある物を盗んだわけではない。また銭糧の徴収や輸送に携わった者が送達を終えてから盗みを行なった場合は、すでに監督する権限がなく、引き継ぎ前の新任の倉庫番が倉庫に詰めている者たちと盗みを働いた場合は、まだ管理の任に当たっていない。したがって、これらはいずれも常人盗として論じる(輯註)。つまり、現に官有物の保管を監督したり実際に管理したりする任にある者が、自分の管理下にある物を盗んだ場合に限って監守盗になるのである。

(32) 胡安国『春秋伝』巻二に「乱臣を誅し賊子を討つは、必ず先ず其の党与を治む」という語が見える。胡安国の伝は、明代の科挙では『春秋』の注釈として公式に指定されており、清朝も初めはそれを踏襲したので、康熙朝の士人にとっては馴染み深い書物であったと見られる。

(33) なお、監守盗を犯した者から分け前を受け取った者については、誰が（管理責任者ではないが捕り手など官庁に属する者であるか、一般人であるか）どのように受け取ったか（脅し取ったか、口止め料として与えられたか、盗品以外の財をもらったか、預かった物を流用したか、故買したか）によって該当する罪が変わる。どのような場合にどの罪に当てるべきか、またそれらを相互に、さらに強盗の分け前を受け取った場合の罪と比較して、刑罰の均衡が取れているかどうかについて、明代以来の議論の積み重ねがあった。輯註は諸家の解釈を引いて批判しているが、この議論はあまりに煩瑣に亘るので本書では省略した。

(34) もし犯人がすでに窃盗を犯して右臂に刺字されていたならば、左臂に刺字するわけにはいかないが、重ねて右臂に刺字することもできない。その場合は記録に留めるだけにすべきだという（沈註）。

(35) 正確には「充軍」ではなく「発遣」。実質的に重い流刑であるという点では同じであるが、「発遣」は最も僻遠の地に送られるということで、充軍よりも重い刑である。

(36) 常人盗の罪は、官の倉庫から盗み出した場合のみ成り立ち、官有物と知らずに盗んだ場合は窃盗の罪に当たる（沈註）。

(37) 雍正律の総註では、常人盗も「三犯もまた真犯の絞（実絞）に問う」とある。監守盗の小註と考え合わせても、清律編纂官としては監守盗・常人盗とも三犯で真犯死罪とする方針を取っていたと言うべきであろう。

(38) 盗みの対象となる財物の所有者が「事主」であり、要するに盗みの被害者であるが、律には「被害者」

に相当する概念が見られず、条文によっては「事主」が「被害者」として現れるとは限らないので、本条以下「被害者」の訳語は用いず、原則として財物の「持ち主」と訳すことにした。

(39) 唐律・賊盗篇三十四条の原註に「もし人に薬入りの酒または食物を与え、狂乱させて財を得たならば、やはりこれに当たる（若与人薬酒及食、使狂乱取財、亦是）」とある。

(40) 砒素などの毒薬を飲ませて財を奪った場合は、被害者が死ねば人命篇〈謀殺人〉の「謀殺人によって財を得た」罪に当て、死ななかったならば本節を適用する。被害者が死なず、財も得なかった場合は、〈謀殺人〉の「傷つけたが死ななかった」罪に当てる。砒素のような毒薬は飲めば必ず死ぬものなので、単なる麻酔薬とは区別するのである（沈註）。

(41) 〈強盗〉の第三条例。沈註によれば、強盗殺人三人以上や公然の武装強盗団などについて、この時点でさらに新たな単行法規（例）が定められていた。

(42) 第四節では、抵抗して人を殺傷した場合について定めていないが、それは捕亡篇〈罪人拒捕〉に規定があるからである（沈註）。

(43) 輯註によれば、正確には、ひそかに囚人を逃がした、ひそかに逃がそうとして逃がせなかった、それによって人を殺傷したという三項について言う。

(44) ここに言う「各々」は、本条の解説で区分した⑤から⑦までを通じて言う（輯註）。

(45) 以上は闘殴篇〈威力制縛人〉、捕亡篇〈罪人拒捕〉、闘殴篇〈拒殴追摂人〉の各条に定められている。

(46) 原語は「散行拘禁」。第2巻断獄篇〈囚応禁而不禁〉の小註に見える「散禁」に相当すると考えられる。いずれも明確な定義は記されていないが、ここでは「鎖杻拘禁」と対照させられていることから、「鎖杻」すなわち身体を拘束する道具（〈囚応禁而不禁〉の解説を参照）をつけずに監禁することを指すと考えられる。

(47) 監守が脱走させた場合は、捕亡篇〈主守不覚失囚〉に定める「故意に逃がした（故縦）」罪に当たる（沈

註）。

(48) 強奪の場合、それによって人を殺傷した罪について定めないのは、強奪だけですでにみな斬であり、加える余地がないからである（沈註）。

(49) 人命篇〈威逼人致死〉に言う「姦淫・盗みによって人を追い詰めて死なせた」場合と訴訟篇〈誣告〉に言う「それによって随行した親族を死なせた」場合が例に挙げられている。

(50) 沈註は、本条と人命篇〈闘殴及故殺人〉の「同謀共殴」のほか、闘殴篇〈威力制縛人〉の「威力をもって指図（威力主使）」の三条を比較して論じている。「威力主使」は人を制する力のある者が行なうことであり、人を従わずにはいられないようにさせている点で、本条と同じく「同謀共殴」とは異なるとする。

(51) 同居の人は、同姓でも異姓でも、服喪義務があってもなくても、みな「家人」だという（沈註）。

(52) 小註の「家長は斬に当て、従犯は流に当てる」を、沈註は人を殺した場合について註したのであり、人を傷つけた場合の注釈ではないとする。

(53) 従犯は各々一等を減じるというのは、本節のすべての場合について言う（輯註）。

(54) 明律では「一貫より上、一十貫まで」となっており、清律制定時に「一両より上、一十両まで」と改めるべきところを誤ったのであろう（〈監守自盗倉庫銭糧〉や〈常人盗倉庫銭糧〉は貫・文を両・銭に変えただけで明律の体例を踏襲している）。雍正律では「一両より上、一十両まで」に改めている。

(55) 本節は名例律〈軍官軍人犯罪免流徒〉ともども雍正律で削除され、それに従って乾隆版『大清律輯註』では以下の輯註も削除された。

(56) 兵律・廐牧篇の諸条では、馬・牛・駱駝《らくだ》・騾馬・驢馬が併記されているが、本条では駱駝に言及されていない。沈註は、〈宰殺馬牛（馬牛の屠殺）〉で馬・牛を屠殺すれば杖一百、駱駝・騾馬・驢馬を屠殺すれば杖八十としていることから、駱駝を盗んで殺した場合も騾馬・驢馬についての規定を類推適用（比照）すべきであるとする。
(57) なお、作物を強引に刈り取って行った場合は、条例によって〈白昼搶奪〉に依ると定められていたが(沈註)、金銀などの盗掘は本条に依ることになっていた(本条の条例)。
(58) 減等の際には、二死・三流を各一等として扱う(「清律の基礎知識」を参照)。
(59) これは窃盗を指す。同居親族が他人を引き込んで強盗を行なった場合についての規定はないが、もともと自分の物でもあるのだから、尊長の目を忍んで盗み取るぐらいのことはあっても、強盗はあり得ないと考えるからである。ただ人心は日々退廃しているので、後に条例が定められて、別居する親族の強盗の規定に依って上奏して処断することになったのだという(沈註)。
(60) 同様に沈註によれば、盗みだけで済めば他人は窃盗から一等を免じられるというのは、引き込んだ者の罪が軽いから、引き込まれた者の罪も軽くなるのである。
(61) 引き込まれた他人が複数おり、そのうちの一人が殺傷を行なった場合、殺傷に関わらなかった者はおのずから〈強盗〉第三節の規定に依る(つまり窃盗に依って論じる)という(沈註)。
(62) 正確には、「蓋し親族の減等の法に依るのであって、親族の盗みの律に依るのではない(蓋依親属之減法、非依親属之盗律也)」とある。
(63) 奴婢のほかに「楽戸」「丐戸《かいこ》」など一般の民戸と戸籍を異にする一種の賤民がいたが、後に雍正帝による一連の解放政策によって、法律上は差別が撤廃されていった(寺田隆信[一九五九])。
(64) 工部に属する「工匠」や教坊所に属する「楽戸」といった人々は、一般人と一部異なる扱いを受けているが(名例律〈工楽戸及婦人犯罪〉など)、賤人について扱った条項の中で問題にされているのは奴婢だけであるから、律ではこれらの人々を「賤人」の範疇には入れていないと考えられる。
(65) 奴婢の所有が禁じられているのは「庶民の家」であるから、功臣の家でなくても「士夫の家」であればよいとする説もあった。一握りの功臣の家だけが所有するものとしては、律文の「奴婢」に関する規定が多すぎるからであるという（戸律・戸役篇〈立嫡子違法（子の扱いに関する禁令）〉への輯註）。なお、闘殴篇註54も参照。

(66) 輯註に「毆殺・故殺を論ぜず」とある。利用する目的で誘拐・略取した以上、謀殺はなかろうから、暴行した結果の闘殴殺か咄嗟に殺意を抱いた故殺かどちらかということであろう。

(67) 流刑は加減の際、二千里・二千五百里・三千里の三等を一等として扱うので、杖一百流三千里から一等を減じたものが杖一百徒三年になる。

(68) 本節で「強制的に売る」と訳した原語は「略取して売る」と同じ「略売」であるが、近親を「略取」するというのは日本語として奇妙なので、訳語を変えた。

(69) 「弟妹」と並列されている点から見ても、姪《おい》・姪女《めい》の両方であった方が釣り合いが取れ、当該部分の輯註が「子孫・妹・姪」を売って人の妻妾とすることに言及していることからも、やはり「姪」は「姪女」を兼ねていると考えられる。

(70) 第五節に挙げた親族には大功以下の者も含まれるが、第六節に言う大功以下とは、それらを除いたものを言う（沈註）。

(71) 後述のように火葬や水葬もないわけではなかったが、儒教的見地からは「礼」に反すると見られていた。註76を参照。

(72) 「墳墓」の原語は「墳塚」。高く築いたものが「墳」、封じたものが「塚」、平らなものが「墓」であるという（輯註）。律文を解釈するに当たっては、この区別は特に問題にならないので、「墳塚」も第六節に見える「墳墓」も同じ「墳墓」の訳語を当てた。

(73) 棺槨や屍体を「現したならば」というのは、原語「見」を「現」と同じ発音で「あらわにする」の意とする沈註の解釈による。『大明律附例』などの諸注釈では、「見」を「視る」とし、「棺槨を見たならば」「屍体を見たならば」と解しているが、沈註はこれを誤りだと言う。ここで問題にされるのは、墓に封じられていた棺や屍体を曝すことであるから、墓を掘り起こし棺を開いて初めて罪に問われる。墓の煉瓦を一枚抜き取って中を覗いても棺は見えるだろうが、それをもって本条の罪に当てることができようかというのである。

(74)「霊柩」の原語「屍柩」は、「屍と柩」と読むことも可能であるが、沈之奇は「屍を納めた柩」という一語と解する。柩を盗めば売ることができるが、屍体だけを盗んでもどうしようもなく、屍体を損壊したり棄てたりした場合は、後の節に規定があるからだという。

(75)相手が尊長であれば、斬（執行猶予付き）で同じ。相手が卑幼であれば、緦麻の場合、一般人の杖一百流三千里から一等減じると、杖一百徒三年になり（減刑の際、斬・絞の二死と二千里・二千五百里・三千里の三流は、それぞれ一等として扱うため）、やはり同じである。子孫の場合、杖八十になるのも同じである。

(76)たとえ尊長の遺言があっても、礼制に従うべきであり、「乱命」に従うべきではないからであるという。ただし、遠方で死亡して、子孫に霊柩を故郷に運ぶだけの財力がないといった場合、火葬にして遺骨を持ち帰るのは、やむを得ないこととして認めるべきだとも言う（同条への輯註）。

(77)沈註は、墳墓で火を焚いた場合、延焼しなかったとしても「なすべきでない（不応為）ことをした」罪を免れないとする。

(78)陸柬『読律管見』は、清初には広く参照されたらしい注釈書であるが、清代中期以降には散逸したと見られている（張伯元［二〇〇四］）。

(79)実行して分け前を得なかった場合は明記されていないが、輯註によれば遺漏ではない。律は首謀者を重く扱うので、元締めであって首謀者でもあれば、自ら実行しなくても分け前に与っただけで斬となる。実行した場合は言うまでもないのである。「実行しなくても、およそ」という表現から、その意味するところがわかるのだという。

(80) 強盗二名以上・窃盗五名以上を匿い、家で分け前に与ったならば、いずれも辺境の衛に送って軍に編入する（発辺衛充軍）という条例がある。沈註はこれについて「強盗・窃盗を匿って、首謀せず、共謀せず、ともに実行せず、ただ家で分け前に与った者」としている。

(81) 〈窃盗〉では、複数による窃盗の場合、首犯・従犯を区別し、首謀者を首犯とすると小註に明記している。

(82) 「無罪の人（平人）」とは、「犯罪と無関係な人」を指す。第2巻断獄篇〈故禁故勘平人〉の解説を参照。

(83) 沈註は、盗みの贓があることを知って恐喝し、盗人が盗みの贓ではなく自分の物を渡して口止めしたならば、恐喝の罪に問うと言う。

(84) 「一人」は例として言うだけで、一人でなくても構わないという（沈註）。

(85) この二節はともに、共謀しながら実行に加わらなかった者が分け前に与ったならば、首謀者はいずれも「窃盗の首犯」、首謀者でない者はいずれも「窃盗の従犯」ということになる。沈註は、強盗を謀って窃盗の贓を得るのも、窃盗を謀って強盗の贓を得るのも、同じことだからであると言う。

(86) 沈註のこの部分は実は『大明律附例』の引き写しであるが、『大明律附例』はさらに続けて、窃盗を共謀して実行しなかった首謀者でない者が分け前にも与らなかった場合、〈盗賊窩主〉に依って笞四十に当てるとする説を「豈《あ》に律意ならんや」と批判している。悪事の始まりに厳しくし、意図しなかった結果には寛大にするというのが本条に込められた律の意図であるから、それに従って解釈すべきだという見方が示されているのである。

(87) 銭は小さい物で身に着けて隠すことができる物の範疇に入りそうであるが、ここでは隠せない普通の大きさの物として扱われている。あるいは一貫として銭差しに連ねた形の銭を想定しているのかもしれない。

(88) 原語は「木石重器」で「木石や重い器物」と解することもできるが、輯註は「樹木・磚石等重大之器」

と表現しているので、このように訳した。

(89) 馬一頭を盗んで他の馬がついて来たならば、それは偶然であって盗む意図があったわけではない、母を盗んで仔がついて来たならば、それは必然であるから盗む意図があったとみなすということである（沈註）。

(90) 軍人など刺字を施されないことになっている者は、ただ所定の役に就くだけであり、警邏には当てられない（輯註）。

(91) この言葉の出典は不詳。

人命篇

(1) 漢の高祖劉邦は秦の都咸陽を陥れると、秦の煩瑣・苛酷な法を廃止し、今後は法を最低限のものに止めると公約した。すなわち「人を殺せば死刑、人を傷つけることと盗みは罪に当てる（殺人者死、傷人及盗抵罪）」というものであり、これを「法三章」という（『史記』高祖本紀）。

(2) 「六殺」に「劫殺」を加えた「七殺」という区分もあるが、輯註・沈註とも六殺の区分を用いて解説している。

(3) この条例の全文は以下のとおりである。
およそ謀殺人の犯人を審問する際は、果たして陰謀を謀りめぐらした者にして初めて首謀者として斬に当て、暴行を助けて重い傷を負わせた者にして初めて直接加害者として絞に当てる。謀議して実行し、犯人と贓物を確保した場合にして初めて強盗と同じく極刑とする。一言に基づいて首謀したとしたり、加勢したことを指して直接加害者としたり、ありもしない贓物のために「財を得た」としたりして、一概に死罪として多数の命を傷つけることがあってはならない。

沈註は「この条例は律の中の令である」と言い、謀殺に関わる各条は、必ずこの条例を精読した上で適用するよう主張している。

（4）沈註によれば、第二・三節を適用するには特に慎重を要するという。「殺害を終えて」いない段階では、首謀者の殺人計画は完遂しておらず、直接加害者の殺人行為も成立していないからである。殺害を計画した実情があり、傷を負わせた事実があって、初めて「傷つけた」としなければならず、殺害計画を実行した確かな証拠があって、初めて「実行した」としなければならないという。

（5）正確には「初めに意図を生じた者（先造意者）を首犯とする」である。「造意」は本来的には犯罪の意図を生じたという意味であるが（賊盗篇〈盗賊窩主〉の解説を参照）、本書では「首謀者」の訳語を用いた。

（6）沈註は、小註や註3所引の条例に反して、殺害を完遂してから財を得た場合についてのみ適用すべきではないかと述べている。たとえば謀殺人を実行に移したが被害者が逃げてしまい、そこで財を窃取したといった場合、首犯・従犯を区別せずみな斬にするのは不適切ではないかというのである。輯註では『大明律附例』を引いて、たとえば人の財を狙って砒素を飲ませたが、相手が死ななかったという場合、財を得ればもちろん強盗であるが、財を得なかったならば強盗ではなく謀殺人の「傷つけたが死ななかった」場合として論じるとする（強盗が財を得なかった場合はみな杖一百流三千里であるが、謀殺人で傷つけたが死ななかった場合、首謀者は絞）。被害者が幸いにも死ななかったとしても、殺すことを目的としていたのであるから、〈強盗〉と〈謀殺人〉の両方の規定を比べ合わせて論じるのだという。

（7）つまり、「首犯・従犯を区別せず」というのは、謀殺人の共謀者の中で「財を得た」者に限って言うのである（沈註）。なお、小註は「分け前に与ったが、実行しなかった」者も「強盗」として論じる対象から除外しているが、これは雍正律で削除された。

（8）この点については、次の〈謀殺制使及本管長官〉の解説も参照。

（9）指揮・千戸・百戸は明代の武官職名であり、清朝の中国征服後に廃止された。順治律は本条を明律からそのまま引き写したため、この箇所は実際の官職と一致しなくなっていた。雍正律では、「所管の指揮・千戸・百戸」を「所管の官（本管官）」に改めている。詳しくは、闘殴篇〈殴制使及本管長官〉の解説を参照。

(10) この小註のここまでの部分は、雍正律では「傷つけたならば（首犯は）絞」の後の小註の末尾に移動させられている。「下記の斬」というのは、その位置になければ意味が通じない。

(11) 佐貳官は知府・知州・知県の補佐官、首領官は中央・地方各官庁の事務管理官。（詳しくは「清律の基礎知識」を参照。）

(12) 卑幼・外孫・妻妾も含む（輯註）。「子孫」だけを記すのは、それを例に挙げてその他のものも示しているのである（沈註）。

(13) 姑《おば》（父の姉妹）や姉妹が嫁したり、兄弟が人の継嗣となったりした場合、服制は期親から大功に下るが、闘殴篇〈殴期親尊長〉では、嫁した姑や姉、出継した兄を故殺した場合、出嫁・出継していない場合と同様に、みな斬または凌遅処死とするとしている。本条では明記していないが、やはり同様に扱うべきであるという。さもなければ、故殺の方が謀殺より罪が重くなってしまうからである（沈註）。

(14) 沈註は、緦麻以上の尊長を謀殺した場合の絞・斬について、「執行猶予付き」と注記していない以上、即時執行であるとしているので、ここに言う「みな斬」も即時執行ということになる。

(15) 「傷つけた」段階の首犯の絞、「殺した」段階の首犯・従犯を区別せずみな斬は、どちらも即時執行であるという（前註を参照）。なお、闘殴殺については、父系の小功・大功の兄姉または尊属を殺した場合は即時執行、その他は執行猶予付きとされているが（闘殴篇〈殴大功以下尊長〉への小註）、本節では母系も緦麻も同じく扱う。これは謀殺の情状が重いからであるという（沈註）。

(16) 「父系」の原語は「本宗」。「母系」の原語「外姻」は母親の一族（母党）のことで、妻の親族は含まれないという（沈註）。

(17) 本条は唐律には見えず、元代に「殺死奸夫奸婦」の範疇を設けて「夫が奸所で奸夫あるいは奸婦を殺した」場合は免罪とした法（『元典章』刑部巻之四・諸殺）を受けたものと見られる。姦淫に対する秩序観は、唐から明までの間に大きく変化したようであり、そのことは犯姦篇の諸条に見える刑罰に反映されている（第2巻犯姦篇冒頭の解説を参照）。

(18) したがって、夜に正当な理由なく人の家に入った者と同様、すでに拘束された後で殺すことは許されない（沈註）。

(19) 明代中期の張楷の『律条疏議』は、この点について「抵抗して害されるのを防ぐだけでなく、また淫乱の行ないを罰するものであるから、その罪を咎めず、その心が抑えられなかったことを許すのである」としている。つまり、危険回避と私的制裁の容認の両方を理由として捉えているのであり、輯註・沈註はその両方の見方を引き継いだと言える。

(20) 律文には「殺した」場合についてしか明記されていないが、姦夫については「傷つけた」「実行した」段階では当然一般の謀殺人の条項に依る。姦婦が事情を知らなかった場合、「殺した」ならば絞であるが、「実行した」段階であれば姦淫の罪を科すだけでよい。「傷つけた」段階であれば、類推適用（比照）して従犯として一等を減じることとして、上級機関に認可を求めるべきであろうと言う（沈註）。

(21) 本節に該当するのは、姦通によって殺人が起こった場合であり、かつて姦通の事実があったとしても、後に別の理由によって本夫を殺した場合はこれに当たらない（沈註）。

(22) これらの小註は雍正律ですべて削除され、改編して条例とされた。

(23) 兄弟や親族には捕えるべき義理があり、捕り手には悪事を防ぐ責任がある（沈註）。

(24) これらの人々が姦婦を殺した場合も本夫と同じであろうが、後考を俟つという（沈註）。

(25) 尊属の名分を考えれば、姦通は軽く殺害は重いからである（沈註）。

(26) 姦夫と本夫は一般人の関係であるから、本夫が姦通によって殺されたとしても、姦夫が事情を知らなければ姦通の罪だけを科すのだという（沈註）。
(27) 原語は「満流」。すなわち杖一百徒三年である。
(28) 夫の父母は夫と同じだからであるという。姦夫が別の親族を殺して往来の便を図った場合は、この規定を適用することはできない（沈註）。
(29) 兄弟の妻との姦通は絞に当たる（犯姦篇〈親属相姦〉）。
(30) 律では一般に夫の父母は「夫之父母」と称し、「姑」は父の姉妹を指す語として用いるが、ここでは「舅姑」の語が用いられている。
(31) 「傷つけた」段階なら「殺した」場合から一等を減じ、「実行した」段階ならさらに一等を減じる。闘殴殺・故殺の場合の規定（闘殴篇〈殴祖父母父母〉）から推して、妾の場合は妻の場合から各々一等を減じる（沈註）。
(32) ただし、本条に定めるのは亡き夫の祖父母・父母だけであり、別の親族とは一般人の関係になるという（沈註）。
(33) 逆に舅・姑の方で亡き子孫の再婚した妻妾を謀殺した場合も、同じくまだ義理が絶たれていないため、子孫が存命中の場合と同じ扱いになる（輯註）。
(34) 雍正律の総註で「身を贖った場合は主僕の恩義がなお存在する」とされ、乾隆律の小註に引き継がれたので、乾隆版『大清律輯註』ではこの部分の沈註は削除された。
(35) 一般に「子」と言えば男女をともに指すが（名例律〈称期親祖父母〉）、連坐に関しては娘の扱いは異なる（賊盗篇〈謀反大逆〉の解説を参照）。したがって、ここでは妻と息子だけを指し、他家の継嗣となった息子もやはり連坐しない（沈註）。

(36)　沈註によれば、この小註は一家三人についてだけ言うが、一つを挙げて例としたのであり、ばらばらにした場合も同じである。
(37)　同居して家計をともにしている者を指し、戸籍が同一かどうかは無関係である。具体的には、小註に見える人々がみなこれに当たる（輯註）。
(38)　明律の小註は「直接加害者・非直接加害者を問わず」としている。
(39)　下文で実行したが傷つけるに至らなかった段階のみ定め、「傷つけた」段階に言及していないので、ここは「殺した」「傷つけた」場合を兼ねて言うことがわかるのだという（沈註）。
(40)　孔穎達『春秋左伝正義』（昭公元年）には、「毒薬を人に盛って本人に知られないようにすることを、今の律では蠱毒と言う」とあり、単なる毒薬と区別していないが、本条は両者を明確に区別している。なお、蠱毒は物理的な毒性をもつ物というより、霊的な作用によって人を害するとの見方があったというが（川野明正［二〇〇五］）、輯註は蠱毒を食物に入れて食べさせるというように、一般の毒物と変わらない用法を想定している。
(41)　『唐律疏議』は「事は左道に関わる」、すなわち邪術に関わることとしている。
(42)　〈殺死姦夫〉第二節でも同様の説明がなされていた（同条の解説を参照）。
(43)　沈註はここで、「「殺人の意思（殺人之心）」も「殺人の行為（殺人之事）」もないからである」と謀殺人を解釈する際の概念を持ち出しており、本条を基本的に謀殺人の系統にある条項と見ていたことがわかる。
(44)　伝統的中国律における「殺人」と「致死」の区別は、現代日本で用いられる区別と異なる。〈威逼人致死〉および賊盗篇〈劫囚〉の解説を参照。
(45)　致命傷の認定については、第2巻断獄篇〈検験屍傷不以実〉の解説を参照。
(46)　唐律（闘訟七条）は「もし大勢で暴行して傷つけ、前後・軽重がわからなかったならば、主導した者

（謀首）または最初に争った者（初闘者）を重罪とし、その他は各々二等を減じる」と明記する。『唐律疏議』によれば、共謀の上での暴行であれば謀首、共謀の上でなければ初闘者を重罪とするという。

(47) この者が致命傷を与えたならば、「その他の者」ではなく「下手者」として絞に当たる（沈註）。

(48) 共謀せずに複数人で一人を暴行した場合について、唐律闘訟七条は規定しているが、明清律にはなぜか引き継がれていない。

(49) だが両者を比較した場合、下手者以外の暴行参加者の扱いに不公平が生じてしまうのは事実である。そこで、共謀の上での集団暴行についても、絞刑に当たる下手者以外の「その他の者」のうち、凶器を使用したり致命傷に当たる傷を与えた痕跡がある者は、辺境の衛に送って軍に編入する（発辺衛充軍）という条例が立てられた（沈註）。

(50) 〈闘殴〉では、障碍を与えた場合の刑は杖一百・杖六十徒一年・杖八十徒二年となっており、重い障碍・重篤な障碍を与えた場合は、それぞれ杖一百徒三年、杖一百流三千里となっている。本節で「障碍」が「重い障碍」と同じく杖一百徒三年となっているのは、加重されたものである。

(51) 沈註によれば、「共謀の上での暴行（同謀共殴）」から誤った殺傷については明記されていないが、下手者は当然、闘殴殺傷の条項に依って論じられる。主唱者（元謀）は、傷つけた場合は闘殴の罪から一等を減じ、殺した場合は〈闘殴及故殺人〉の規定に従って杖一百流三千里とし、その他の者（余人）は同じく杖一百にするという。ただ、暴行を共謀したには違いなくても殺傷したのは狙った相手でなく、誤った下手者は罪に当てられるのだから、また謀殺から誤った場合の首謀者でさえ謀殺の条項に依らないのだから、いずれも傷害の罪を科すか、「なすべきでない」ことをした罪（雑犯篇〈不応為〉）に当てるか、斟酌して判断するべきだとしている。

(52) 収贖は律に定められた法であるが、収贖の方法については律に明文がない。条例によって過失殺人の収贖銀は十二両四銭二分と定められたが、過失傷の収贖については規定がなく、附録の〈在外納贖諸例図〉を参照する以外なかった。だが、この図に見える収贖銀の額では治療費には足りないとして疑義も呈されており、輯註は傷の軽重や犯人の財力に応じて斟酌して決めるべきであるとしている。

(53) 薛允升《せついんしょう》『読例存疑』巻三十四・戯殺誤殺過失殺傷人律第二十二条例への按語。

(54) 第二節の後に附せられた小註は、実は本節を解釈するものである（沈註）。

(55) 小註は第二節の後に附されているが、内容的に第一節に関わるので、本書では誤解を生じないように改行した。

(56) 専論として、三木聰［一九九五］がある。

(57) 「屍体（身屍）」というのは、まだ柩に納めていない（未殮）遺体を指す（輯註）。

(58) 「言いがかりをつける」ことと「詐取・強奪」についてだけ述べるが、沈註によれば「各々重い方に従って処断する」は上記の全体について言う。誣告した後で財物を詐取するといったこともあり得るからである。

(59) 奪い取れずに壊してしまった場合は、その罪を論じた上で賠償させる（沈註）。

(60) 本条の「故意に（故）」は雍正律で「無」字を加えて「故なく（無故）」と改められ、それに従ってこの小註も削除された。

(61) 市街地でない無人の場所については禁じておらず、もし偶然にも殺傷することがあれば、過失殺傷として論じるという（沈註）。

(62) ただし、ここで言う「傷つけた」場合というのは、内臓損傷以上でなければならない。さもなければ、暴行・傷害から一等を減じた結果、笞四十より軽くなってしまう可能性があるからである（輯註）。この点については、闘殴篇〈闘殴〉の解説を参照。

(63) 人に買収されて故意に死なせた場合、買収した人は〈謀殺人〉の条文を適用するが、買収されて故意に死なせた医者は〈謀殺人〉に定める直接加害者（絞）とはせず、本条に従って斬とする。人を活かす術（活人之術）をもって殺人を行なうのは憎むべきことであるから、本条がわざわざ定められているのであるという（沈註）。

(64)「詐り（詐）」は「未熟（庸）」と対立し、「故意に（故）」は「誤って（誤）」と対立する。未熟のゆえに誤り、詐りのゆえに故意に違えるのである（沈註）。

(65) なお、人を傷つけた時、傷害から二等を減じるという刑を科すのは、内臓損傷以上の傷害を与えた場合（杖八十以上）に限る。理由は前註62と同じである。なお、殺傷した相手が親族であった場合は、犯行時に親族と知らなかった場合の規定（名例律〈本条別有罪名〉。「清律の基礎知識」を参照）に従う（沈註）。

(66) 雍正律では、小註の「殺傷」の前に「弓箭」の語を挿入し、〈弓箭傷人〉に特定している。

(67) 律における「致死」の概念については、賊盗篇〈劫囚〉の解説も参照。

(68) 子孫が祖父母・父母を、妻妾が夫の祖父母・父母を追い詰めて死なせた場合は斬、妻妾が夫を追い詰めて死なせた場合は絞とし、いずれも上奏して認可を得た上で審判を下す（本条の第四条例）。

(69) ここに言う「なお（仍）」の意味については、闘殴篇の註5を参照。

(70) 沈註はこのように述べるが、乾隆朝以降の判例を見ると、盗みを働いた弟を助けるために被害者を誣告して自殺に追いやったとか、埋葬時に着せてもらうため用意していた衣服を奪われた老婦人が自殺したとか、「盗みによって人を死に追い込んだ」とされる事案が実際にあったことがわかる（『刑案滙覧』巻三十六）。

(71) 薛允升『読例存疑』巻三十四・威逼人致死律第二十五条例への按語。

闘殴篇

(1) 沈註はまた「二人が争って対等に殴り合えば（敵殴）、これを「闘殴」と言い、もし一方的に殴れば（殴人而不敵)、これをただ「殴」と言う」とも言う。この定義によれば、双方が手を出して争えば「闘殴」、一方的に暴力を振るえば「殴」ということになるが、条文中の「闘殴」は必ずしも双方が暴力行為に及んでいることを含意していない。

(2) 明代中期の『読律瑣言』は、明律の同じ条文に対して、汚物をかけるのは暴行(殴)であって傷害(傷)ではない、暴行の罪は傷害より重いことがあるのだと言う。

(3) 明律の代表的な注釈書である『読律瑣言』と『大明律附例』が、ともにこの説を載せる。

(4)『大唐六典』巻三十に「三疾」の語が見え、「残疾・廃疾・篤疾を謂う」と注記されている。『唐律疏議』には、残疾・廃疾・篤疾について具体的な基準の一端が示され(闘訟四条など)、規則化されていたことが窺われる。

(5) 条文に言う「なお(仍)」とは、上記の規定を受けてなお不十分であることを示す語である。ここでは、人に重篤な障碍を負わせた罪は杖一百流三千里で尽きているが、重篤な障碍を負ってしまった人は終身不自由することになるので、罪を問うた上でなお財産の半分を与えるということである(沈註)。

(6) これはあくまでも便宜的な措置であったと見られるが、清末の薛允升は、それならば人命篇を独立させる必要がないと主張する(『唐明律合編』巻二十一)。

(7) 沈註によれば、謀議に加わっていた者はその場で手を下さなかったとしても雑犯篇〈不応為〉を適用すべきであり、ここに言うのはたまたまその場に居合わせた者を指すという。

(8) 具体的には、人命篇〈闘殴及故殺人〉第三節および〈同行知有謀害〉を指す。

(9) 複数の者が行なっても、計画性がなく単になりゆきで喧嘩になったという類の場合は、主唱者を問わず、各人が傷に応じて科刑されるだけである(輯註)。

(10)「主唱者」の原語「元謀」について、沈註は「元」とは「始なり、首なり」という。つまり「元謀」とは謀議を始めた者で、語意としては「首謀者（造意）」と区別しがたい。両者の違いはもっぱら法律用語としての定義によって設定されたものである。ただし、「主唱者」は犯罪のきっかけを作った者にすぎず、どの程度の傷を負わせるかといった犯罪の全体まで計画・主導したわけではない。「殺す」という結果まで含めた犯罪の全体像を計画・主導した謀殺人の「首謀者」などとはその点で違いがあるので、両者の含意にはやはり差異があると言うべきである。

(11) この場合、もう一人は従犯として一等減じ、杖一百徒三年となる。

(12) 刑そのものは減等されるが、財産付与については本来の規定に従う。このように法を適用することを「なお本来の法を尽くす（仍尽本法）」と言う（輯註）。

(13) 清末の薛允升は、『漢書』功臣表の記載と後漢の何休が『春秋公羊伝』（襄公七年）に附した註から、漢律に保辜の制度があったと考証する（『唐明律合編』巻二十一）。

(14) 王肯堂「慎刑説」（佘自強『治譜』続集所収）。

(15) 「風」は中国医学で病因の一つとされたものであるが、ここに言う「傷風」は傷口から入り込んで死因をなしたものであるから、今日言うところの感染症を指すのであろう。

(16) 名例律〈犯罪得累減〉に定める「累減」である。「清律の基礎知識」を参照。

(17) ただし、辜限内の完治が認定された後で被害者が別の理由で死んだ場合は、ここに定める減等は適用されない。たまたま官の検証の際に傷が治癒していたとしても、その人が死んだ以上、治療の功を認めることはできないのだという（沈註）。

(18) 『大明律附例』。

(19) 沈之奇が参照したのは、清代に復刻された『王肯堂箋釈』であろうが、本書では原刊本の書名を記す。

(20) 〈同姓親属相殴〉への註。

(21) 沈註によれば、「午門より内側」すなわち紫禁城の中は「宮」と同じく論じられる。行幸に伴う臨時の御座所である「行宮」も同様に扱うという。
(22) この標題は、乾隆律で「宗室覚羅以上親被殴」に改められている。清朝ではヌルハチの父タクシの直系子孫が「宗室」、傍系子孫が「覚羅」とされ、一定の特別待遇を受けた。乾隆律では清朝の制度に合わせて表現を改変したのであるが、皇帝の父系の親戚を指すという点に変化はない。
(23) この部分の小註に問題があるのは後述のとおりであるが、ここでは一応字義どおりに訳出する。
(24) この部分は、後述の解釈によれば「(初めて二等を加えた時点で)杖一百徒三年となる」とでも訳すべきであろう。
(25) 喪に遇えば、肩脱ぎになり(袒)冠を脱ぐ(免)だけという遠戚である(輯註)。
(26) 衷貞吉・張養蒙・郭惟賢『大明律集解附例』(万暦二十四年刊)纂註に、「蓋し君を敬いて以て其の親に及ぶ」という。
(27) 人命篇〈謀殺制使及本管長官〉の解説および「清律の基礎知識」を参照。
(28) 住民が府・州・県を管轄する布政司・按察司の官に対して暴力行為に及んだ場合については明記されていないが、沈註はこれらの官には「統属の分」があるので同じように論じるべきだとする。
(29) 勅使に対する暴行が特別に重く科刑されるのは、加害者が官吏の場合のみであり、一般庶民である軍・民が勅使に暴行しても、「所管」でない官に対する暴行として扱われるだけである。勅使は「王命」によって重い地位を得るが、それは軍・民が与り知らないことだからである(沈註)。
(30) 康熙『大清会典』巻八十三。一部の衛所は存続したが、官名は守備・千総に改められた。
(31) 実際には、軍戸制は後に募兵制に取って代わられたが、戸籍上の区分は明代を通じて存続した。
(32) 羅爾綱[一九八四]。もっとも本条は明律をそっくり継承したものであり、「代々統括する官である」との解説も明律の注釈書（『大明律附例』）の引き写しである。
(33) 民が軍営に送り込まれたり隣の府・州・県から来て働いたりすることもあるため、「直属」関係は「所属」「所管」と一致しないこともある（沈註）。
(34) 知府は初め正四品、乾隆十八年より従四品。知州は初め従五品、乾隆三十五年より正五品。知県は正七品（『清史稿』巻一百十六・職官志三）。
(35) 所属の人民・所管の軍士が吏卒になっていた場合は、吏卒ではなく民・軍として論じる（沈註）。
(36) 逆に本来減刑すべきなのに二次的な加重措置によって通常より重く、または等しくなってしまうことは「重くなる」と言う。いずれも「軽く」「重く」と言いながら、等しい場合を含む（沈註）。
(37) これは後段の「所管」でない五品以上（三品未満）の官への暴行・傷害で「罪を減じて軽く」なった場合「一般の暴行・傷害に二等を加える」のと比べて、軽重が不均衡である（軽重不倫）とする説（『大明律附例』）があった。だが沈註によれば、折傷以上は重篤な障碍に重点が置かれているのであり、ここでは重篤な障碍を負わせれば絞、死なせれば斬と一律に定められているのに対して、後段ではこれらが一般人の場合と同じとされる（重篤な障碍を負わせれば杖一百流三千里、死なせれば絞）のは、もとより十分に差がつけられていることになるという。
(38) 『清史稿』巻一百十六・職官志三。
(39) 在京弁事官は正規の官職をもたずに中央官庁に属する下級官を指したようである。吏律・職制篇〈擅離職役（職務放棄）〉の条例には、在監・在歴の監生と並んで「各衙門弁事官吏」が挙げられており、吏役や下述の歴事監生に近い見習い的な官であったと見られる。明代には「弁事官」が官庁の使者として派遣された例がしばしば見られる。歴事監生は国子監の学生が一定期間在籍の後に中央官庁に派遣されて行政実務の講習を受けたものである（『清史稿』巻一百六・選挙志一）。

(40) 同等の場合は「軽くなった」として扱う。註36を参照。
(41) 参議・僉事は乾隆十八年に廃止された（『清史稿』巻一百十六・職官志三）。
(42) なお沈註は、統属官が自分より官品の高い上司の佐貳官を暴行した場合については明文規定がないが、〈九品以上官殴長官〉を参照すれば一般人と同じく論じることはできないとする。『大明律附例』は、佐貳官が長官を暴行した場合、統属官が長官を暴行した罪から二等を減じる（〈佐職統属殴長官〉という条項を類推適用（比依）する案を提示しており、沈註はそれを紹介しつつ「後考を俟つ」とする。
(43) 重篤な障碍と死なせた場合については、一般人に対する場合の法がすでに重いので、品級の差によってそれ以上加えることができないのだという（沈註）。
(44) 原語は「勾摂公事」。岩井茂樹によれば、「勾摂公事」は「催辦銭糧（税糧の徴収・運搬）」と並んで明初に里長の主要な職責として定められたが、具体的にはもっぱら裁判の関係者（犯罪者を含む）を召喚することを指した（岩井茂樹［二〇〇四］三二七—三四三頁）。
(45) 底本の「如」字を国会図書館本によって「加」に改めた。底本の「如」字は字体がやや不自然であり、あるいは後から手を加えたものかと思われる。
(46) 儒学の師というのは経書の教えを直接受けた師を指す。生員（公立の学校の学生）が教官を暴行した場合はこれに当たらず、官職のある者を暴行したとして論じる（沈註）。国子監や府学・州学・県学など公立の学校は、そこに所属することで社会的地位を得たり科挙の受験資格を得たりするために利用され、学問を学ぶ場ではなかったので、教官も「師」であるよりは「職官」と認識されたのであろう。
(47) 『読律瑣言』。
(48) 『大明律附例』。同書を完成させた王肯堂は儒者であり、かつ医術にも造詣が深かった。
(49) 小註も、儒学以外の師については「学業を終えていなかった、あるいは別の業種に換えていたならば罪しない」とし、儒学とそれ以外について若干の差を設けている。

(50) 雍正律総註。

(51) 正確には、輯註のこの部分の議論は少々問題がある。輯註の原文は、「共謀してともに暴行した場合、手を下した者には人を暴行する意思がもともとあったのだから、それで手を下した者に命を償わせ、主唱者は流刑とするのである」というが、〈闘殴〉でも人命篇〈闘殴及故殺人〉でも「暴行する意思」は問題にされていない。意思が問題にされるのは主唱者に限ってのことであり、それも暴行・傷害の程度だけを問題にすると主唱者が実行に加わらなかった場合に罰することができないからである。

(52) 同様の問題が、賊盗篇〈刧囚〉でも扱われている。

(53) 子孫を売って奴婢とすれば罪に問われ、もとの家族に戻すよう定められている（賊盗篇〈略人略売人〉）ことから、売られた人は無罪の良人であり、父祖といえども子孫を売って賤人とすることはできないので、身売りされた人を「奴婢」とすることはできないのだという（沈註）。

(54) 「庶民の家」でなく「士夫の家」であれば奴婢を所有してもよいとの説は、戸律・戸役篇〈立嫡子違法（子の扱いに関する禁令）〉の輯註に見える。なお、「士夫」とはいわゆる「士大夫」で、儒学の教養を身につけた社会の支配階層であり、肉体労働に従事しないことが他人を使役できる根拠とされた。賊盗篇註65も参照。

(55) ただし、雍正朝に定められた条例により、その後「奴婢」は人身売買の対象となった人を含むことになる（〈奴婢殴家長〉の解説を参照）。嘉慶朝以降の判例には、売買された「他人の奴婢」との間の暴行案件に本条が援引された例も見られる（『刑案滙覧』巻三十九）。

(56) 奴婢が良人を故殺した場合については明記されていないが、闘殴殺の場合の斬にさらに加えることができないので、やはり斬になるという（沈註）。

(57)『大明律附例』は、暴行には貴賤の分があるが、財物には貴賤がないからだと言う。
(58)したがって、連坐によって奴婢となった後で良人身分の親族との間で暴行・傷害事件が起こったら、「おのずから親族の該当する法に依る」ことになる（沈註）。
(59)万暦十六年正月二十二日左都御史呉時来等題准。明末の律例およびその注釈書の各種刊本に載録されている（黄彰健編『明代律例彙篇』八三六頁）。
(60)雍正『大清律集解附例』の本条に附載。この条例はその後も引き継がれるが、字句には多少の変動がある。
(61)『読例存疑』巻三十六・奴婢殴家長律第四条例への按語。
(62)小註には記されていないが、『大清律附』によれば即時執行である（沈註）。『大清律附』は順治二年に奏定された規則であり、刑種別に該当する罪が列記されているので、律の本文に明記されていなくても即時執行か執行猶予付きかがわかる。
(63)外祖父母は小功にすぎないが、期親と同等に重く扱われる。これは「服制関係は軽いが恩は重いから」（沈註）である。
(64)人命篇〈闘殴及故殺人〉を参照。
(65)前述のように、沈註はこの旧例全体について「引用することはできないが、その意味するところは採るべきである」と言っているので、奴婢だけでなく奉公人についての解釈もこの条例に従っていると見られる。
(66)量刑自体が軽減されている上、奴婢の場合と違って「みな（皆）」と言わないので、名例律に定める首従法に従って首犯・従犯が区別される（輯註）。
(67)清朝は当初、奴婢の所有を守る意識が強く、雍正律制定時に定めた条例には、殺された奴僕の父母・妻子が「なおその主家にいることを願えば留まることを許し、願わなければ担当の官の下に引き渡して、売った代金を主家に給付する」とある。つまり、現在の主家からは逃れられても、奴婢の身であることに変わりはないことにしたのである。しかし、この条例も乾隆年間には、「願わなければ」以下が「すべて解放する」と改められた（呉壇『大清律例通考』巻二十八）。

(68)〈妾為家長族服之図〉註には、「妾は「側」であり、側に侍ることができることを言う」とある。

(69) 離縁できる条件「七出」とは「子がない・淫蕩・舅姑に仕えない・おしゃべり・盗み・嫉妬・悪い病気」である。「七出」は、『孔子家語』などにも見える伝統的な基準であるが、清代には条例（戸律・婚姻篇〈出妻（離婚）〉への条例）で明確に定めている。

(70) 本節だけについて言うとする説によれば、妻妾が夫を、妾が正妻を過失殺した場合は、〈殴期親尊長〉の過失殺傷についての規定に従い、闘殴殺傷の罪から二等を減じるべきであるという（沈註）。

(71) 原語は「尊卑名分」であるが、沈註に「尊は長を兼ねて言い、父の世代・祖父の世代と兄姉はみなこれである。卑は幼を兼ねて言い、姪《おい》の世代・孫の世代と弟妹はみなこれである」とあるのに従って、「尊属・卑属の名分」ではなく「尊長・卑幼の名分」と訳した。

(72) 沈註によれば、謀殺について服喪義務のない親族に関する規定がないのは、謀殺の事情が非常に重いため、疎遠な親族まで特別扱いすることができないからであるという。

(73)『大明律附例』。

(74) 呉壇『大清律例通考』巻二・諸図・喪服図。

(75) 順に父の兄弟とその妻・父の姉妹および母の兄弟・母の姉妹。

(76)「各々（各）」「順次（逓）」にはそれぞれ二つの意味があり、「各々」は兄姉と尊属についてと折傷以上の罪についてそれぞれ分けて扱うことを言い、「順次」は緦麻・小功・大功の順に加えることと兄姉・尊属を類別して加えることを言う（沈註）。

(77)　服制図にあるように、嫁した女性親族は未婚の時と比べて服が軽くなるが、これは他家に養子に行った（過継）男性親族についても同じである。なるほど兄弟姉妹のような近親は、養子や嫁に行ったからといって服を軽くすべきではないし〈殴期親尊長〉への小註）、族兄姉はやや疎であるとはいえ、服制の埒外にしてしまうべきではない。だが、小註では「族兄姉」とだけ言っており、「族弟妹」はどうなるのか明記されていない。その他の父系親族で緦麻に当たる者は数多いが、すべて族兄姉と同様に扱うのであろうか。もし養子や嫁に行って服が軽くなるのであれば、逆に養子に来た者については服が重くなるのであろうか。沈註は、こうした点について律は何も定めておらず、これについて議論する者もないが、養子や嫁に行ってもみな本来の服に従うことにすべきではないかと言う。

(78)　原文は「同堂（大功）弟妹・（小功）堂姪及（緦麻）孫」。最後の「孫」が「堂姪」を受けており「堂姪孫」を表すことは、沈註に明記されている。雍正律では、「孫」の前に「姪」の一字が挿入された。

(79)　〈妻妾与夫親属相殴〉および〈殴期親尊長〉を指す。

(80)　輯註も、これらの親族は「卑幼の中で最も「親」なる者である」と言う。

(81)　伯叔父・姪《おい》・姪孫《おいのこ》が養子に出た場合と姑《おば》・姪女《めい》が嫁した場合については明記されていないが、沈註はやはり本来の服制に依るべきであろうとしている。ただし姑については、〈殴大功以下尊長〉の小註が「父の嫁した姉妹」を大功の尊属としていることから、軽くなった服に従うとしている。律文に明記されていない場合、小註のあるものとないものがあるので、斟酌して論じるべきであるという。

(82)　過失による傷害は、折傷未満と折傷とで区分し、刃による傷害から失明までは折傷に入れる。その場合、過失によって失明させたら絞罪から二等を減じて杖一百徒三年となり、過失殺と区別がなくなってしまうという反対論があるが、〈殴祖父母父母〉では祖父母・父母に対する過失傷害を杖一百徒三年としているので、期親に対する過失傷害をそれ以上重くすることはできないのだという（沈註）。

(83) この点は、謀殺についても同じである〈人命篇〈謀殺祖父母父母〉の解説を参照〉。謀殺人の場合、外祖父母は祖父母・父母・期親の尊長・夫・夫の祖父母・夫の父母と同列に扱われている。

(84)『儀礼《ぎらい》』喪服・小功・外祖父母に対する賈公彦《かこうげん》の疏でも「母の生まるる所、情重し」とするように、母を生んだ故に重視するというのは常識的な見解であるが、それを礼は伝統的に小功相当とするのに対して、律は期親相当と評価するのである。なお、外祖母は離縁または再嫁していてもやはり外祖母として論じるが、これも己の母を生んだ恩を消すことはできないからである（沈註）。

(85) 正確には条文にあるとおり、姪・姪孫を殺害する主体は「伯叔父・姑」だけであって「伯叔母」を含まない。伯叔母については〈妻妾殴夫親属〉に定められており、量刑が異なるのである（沈註）。

(86)『読律瑣言』。

(87) もし弟妹や姪が別の親族や外部の人と共謀して暴行したならば、一概に弟妹らを主唱者とする。片目を失明させるに至れば、弟妹が手を下した場合、弟妹は絞、外部の人は杖一百徒三年から従犯として一等を減じ杖九十徒二年半、別の親族は服制に従って科刑する。別の親族や外部の人が手を下した場合、下手者はそれぞれの条文に従って科刑し、弟妹は絞から従犯として一等を減じる。もし別の親族や外部の人が死なせてしまったならば、下手者を絞、弟妹らをみな斬とする。別の親族や外部の人が故殺したならば、下手者を斬、弟妹らをみな凌遅処死とする。本条で絞以下の罪に「皆」の字が附せられていないのは、「共謀してともに暴行した」場合の法に依るべきであり、斬と凌遅処死に「皆」の字が附せられているのは、本条独自の法に依るべきことを示しているのである（沈註）。

(88)『貞観政要』（上海古籍出版社校点本）には「臣子之於尊極、不得称誤」とあるが、輯註は「臣子於君父、不得称誤」とする。

(89)『疑獄集』は五代の和凝《かぎょう》・和㠓《かもう》父子の撰、明の張景の増補。『折獄亀鑑』は宋の鄭克の撰。『棠陰比事』は宋の桂万栄の撰、明の呉訥《ごとつ》の刪補。いずれも古今のすぐれた審判に関するエピソードを集めた読み物である。

(90)「子孫の婦」というのは、実子の婦も養子の婦も同じということ。婦は外から娶った人であるから、夫が実子でも養子でも立場に変わりはないのである（沈註）。

(91) 子孫の婦と異姓の養子については、教令に背く罪がなかったことではなく、意図的に殺したことをもって故殺とする（沈註）。後述のように、恩・義によって結びついた異姓の人は、生まれながらの肉親とは異なるからである。

(92) 沈註によれば、嫡母・継母は、離縁されたり再嫁したりして父との義が絶えれば母ではなくなるが（無復母道）、慈母・養母は養育の恩があるため一概には論じられない。律文は明確に定めていないが、その時々に事情を酌んで対処すべきだという。

(93) もし嫡母・継母が父を殺せば、父との関係は絶たれたことになるので、子にとってはもはや母ではなく、ただの一般人（凡人）となる。したがって、父を殺した嫡母・継母を殺したとしても、母を殺したとして論じることはできない。一方、父を殺した生母を殺せば、やはり母を殺したとして論じられるという（沈註）。

(94) 輯註・沈註とも明記してはいないが、あくまでも嫡母らに限定して議論しており、沈之奇も参照した明代の『律条疏議』は、嫡母以下のみが対象であり祖父母・父母は対象にならないと言明している。

(95) 嫡母・継母・慈母・養母が子孫を暴行すれば、生母の場合より一等加重するが、子孫の婦《よめ》・養子にした子孫・子孫の妾を暴行した場合は差をつけない。子孫の婦らはいずれももとを糺せば外部の人（外合之親）であり、子孫とは異なるからである（沈註）。

(96) 夫が妻の父母を暴行した場合、緦麻の兄姉を暴行した場合と同等の罪に当たり、尊属に対する暴行として論じられない（〈妻妾殴夫〉）。ここでは妾が妻の父母を暴行した場合も、妻の父母を夫の緦麻の尊長と同じく扱わない。これは外祖父母を小功の尊長と同じく扱わないのと同様であるという（沈註）。

(97) 夫が自分の期親の尊長を故殺した場合は凌遅処死であるが〈〈殴期親尊長〉〉、それと同じにはならないということである（輯註）。

(98) 沈註によれば、この小註の意味するところは、第五節で妻が夫の弟妹を暴行した場合の罪を一般人より一等減じるだけとしている以上、妾が一般人として論じられるのは言うまでもないということである。

(99) 輯註は「倫叙之同」を「倫類之重」に改めている。

(100) 弟妹は「幼」であって「卑属」のうちには入らない（輯註）。

(101) 律文では弟が兄の妾を暴行した罪を定めていない。これは同じ小註の下文に見える「弟妹が兄の妾を暴行した」云々に当たる。

(102) 第四節の小註によれば、夫の兄の妻に対する暴行の罪は夫と同じであり、「夫と同じくすることができない」とする沈註と矛盾するようであるが、以下の沈註の論理に沿って考えれば、夫と同じになったのは夫の兄の妻に対する暴行を一般人に一等加重するとしたことから結果的に生じたことであり、夫と同罪とするべくしてしたわけではないということになろう。

(103) 夫が暴行したのに加等するのは、正妻の兄弟に対して犯した場合であり、妻が暴行したのに加等するのは、夫の姉妹の夫に対して犯した場合である（沈註）。

(104) 『大明律附例』は「妾が妻より賤であることを明らかにしている」と言う。

(105) 沈註が提示する案を一応紹介すると、以下のとおりである。①孫と祖父の妾の間の暴行は、やはり嫡子・庶子を区別して、子と父の妾と同じく論じる。子孫の妻妾と父祖の妾の間の暴行は、一般人の間の暴行として論じる。②条文に即して見る限り、妾に子があるかないかを区別していないので、その点は論じないようである。子がなくても父の妾である以上、父を尊ぶためであろう。ただ、子のある妾は実子以外の子にとって斉衰に当たるのに、一般人に一等・三等を加えるだけであったり、死なせた場合は一般人と同じになったりする点には疑問が残る。③夫の嫁母・出母は、夫の父母と同列に扱うことはできない。夫の伯叔父母を暴行した場合の条項を類推適用（比依）するという説があるが、これが適切ではなかろうか。①―③ともに「後考を俟つ」としている。

(106)『律条疏議』は、彼らは親族ではないので別に法を立てた（此非親党、特立異制也）と言っている。

(107)〈三父八母服図〉では、大功親のない同居継父は「期年」、従継母嫁は「斉衰杖期」となっているが、同じく巻首附録の服制一覧では両者ともに「斉衰不杖期」に分類されている。いずれにせよ期年の服に当たることに違いはない。

(108)ただし、母が継父に離縁された場合は、以前同居していたとしても継父と称することはできず、一般人と同じく論じるとするが（沈註）、その理由は明記されていない。

(109)一般に律では夫の父母は「夫の父母（夫之父母）」と記し、「姑」は父の姉妹の、「舅」は母の兄弟の意味で用いられているが、本条では「舅」「姑」をもって夫の父母を表している（人命篇〈謀殺故夫父母〉も同じである）。

(110)ただし、婦と姑がともに再婚した場合は、どちらも夫の家と義理が絶えたことになり、「もとの姑」と称することはできない。姑が離縁されたり再婚したりしても、婦が婚家に留まっていれば、母と子の関係は絶たれないので、婦との関係も絶たれないという（沈註）。

(111)『大明律附例』。

(112)『読律瑣言』。夫婦が「倫理」によって結びつくのと異なり、奴婢はただ「義」によって一緒にいるだけであるから、外に出て行けば（出居在外）義は絶たれ、一般人として論じることになるのだと述べている。

(113)雍正律では小註中の「逃走」を「贖身」に改めている。奴婢が身を贖うのは奴婢の側から関係を絶ったことになるから、沈註の論理には適合する。ただし輯註は、身を贖ったのなら良民となったのだから一般人の条項に依ると述べており、沈註の論理と齟齬が見られたが、乾隆版『大清律輯註』では小註の改訂に合わせて、身を贖った奴婢は「なお主僕として論じる」と書き改められた。

(114) 『礼記』曲礼上。『律条疏議』が「律意」として引用し、輯註もそれを引き継いでいるが、『律条疏議』は「父之讐」を「父母之讐」とし、輯註は「父母之讐、弗与共天下」とさらに字句の異同を生じている。

(115) 『大明律附例』では、「暴行して死に至らしめたならば」として闘殴殺に限って論じている。このように、明代には故殺を含まない解釈が一般的であったと見られる。

(116) これは父祖が暴行されて救護した場合という本条の規定と無関係であり、別の条文で扱われる問題である（沈註）。

(117) 本条は「祖父母・父母」「子孫」と特定しており、他の親族は同様に扱うことができない。ただ、奴婢・奉公人は家長が殺されて私的に和解した場合は罪になることから（人命篇〈尊長為人殺私和〉）、沈註は家長が殺されて報復した場合も親族と同様に扱うべきではないかと述べている。

罵詈篇

(1) 輯註は「本部」の語を補って解説している。

(2) 本条の輯註は、官吏が勅使を罵るのは「朝命を辱める」ことになり、所属の地方官は「父母の尊」があるから、所管の武官は「統馭の分」があるから、直属の長官は「相臨の義」があるから、これらを罵るのは「上を犯すこと甚だしい」と簡略に述べる。

(3) 一応このように訳出したが、文意を損なわないように簡潔に翻訳するのは難しい。原文は「以分相臨、恐有讒間之言、故須親聞。以情相与、或有容隠之意、故須親告」であり、前半が前条までで「親聞」を要する理由、後半が本条以下で「親告」を要する理由である。「分をもって相臨む」というのは、勅使と官吏、人民と地方官、軍士と武官、長官と部下の官吏などの関係を指す。いわゆる「所管（本管）」の関係（闘殴篇〈殴制使及本管長官〉の解説を参照）であり、本来的な統属関係である。そのような関係においては、定まった名分（分）による結びつきは重く設定されているが、日常的に直接の接触があるとは限らない。間で讒言する者が現れる恐れがあるので、訴えるには「親聞」を要する。一方、「情をもって相与にす」というのは、奴婢と家長以下親族内の関係を指す。「情」は一般に「事情」と「人情」の両方の意味で用いられるが（「情」については滋賀秀三［一九八四］第四章に詳しい）、ここではいずれにせよ家庭内での親密な関係を示していよう。そのような関係においては、罪を犯した者を庇おうという意思が働くこともあるので、訴えるには「親告」を要するのである。

（4）「絞」に「執行猶予付き（監候）」と注記されていないので、即時執行を指す（沈註）。これらはいずれも「悖逆《はいぎゃく》の甚だしき者」だからである（輯註）。

（5）「なすべきでないこと」の罪は、事情が軽い場合の笞四十と重い場合の杖八十に分けられるが（雑犯篇〈不応為〉）、ここでは軽い方を指す。

（6）ここに言う「舅・姑」が「夫の父母」を指すことは、闘殴篇〈妻妾殴故夫父母〉と同じ（闘殴篇の訳註109を参照）。

訴訟篇

（1）『晋書』刑法志所載の張斐（原文では「張裴」とする）の上表に見える。

（2）唐代の律令では訴訟に対するこの姿勢が徹底しており、被告が身柄を拘束されれば原告も同程度の拘束を受け、被告が一定の拷問を受けて自白しない時は原告も同じだけの拷問を受けなければならないとされた（滋賀秀三［一九八四］六四頁）。

(3) 以上、滋賀秀三［一九八四］六四―六五頁。

(4) 前近代中国では刑事訴訟と民事訴訟の区別はなかったが、殺人や重い傷害、強盗や重窃盗など顕著な犯罪は刑罰が重くなるという理由で必ず覆審が行なわれ、「戸婚・田土・銭債の案」などと呼ばれる民事的な事案は軽微な案件として州・県で完結することが認められていた（滋賀秀三［一九八四］三―三九頁）。刑罰の重さで分けているとはいえ、刑罰はおおむね事案の性格にも対応しており、その点について言えば、訴訟案件の性格の違いが制度に反映されていないわけでもなかった。裁きの性格もそれに応じて違いが生じ、覆審を要する重罪案件は必ず律例を援引しなければならないが、民事的案件を主とする軽微な案件は律例の規定に関わらない柔軟な解決が認められていた。前者を「断罪」、後者を「聴訟」として区分する捉え方もある（寺田浩明［二〇一八］一六二頁）。

(5) 州・県のほか、やや特殊な行政区分として庁もあり、最初に庁に訴える場合もある。一般人民（民人）の範疇に入らない八旗所属の人々（旗人）については、〈軍民約会詞訟〉の解説および訳註を参照。

(6) 笞・杖および五刑に含まれない枷号《かごう》を含む。

(7) 滋賀秀三［一九八四］一一―二九頁。

(8) 滋賀秀三［一九八四］三一―三六頁および五一頁註133。

(9) とはいえ、現実には越訴が受理されることはしばしばあったので、下級官を跳び越えて上級官に訴える者は後を絶たなかった。そのため、清朝は康熙二十二年、乾隆六年、嘉慶五年と同様の禁令を繰り返し発しているが（光緒『大清会典事例』巻八百十六）、下級官に訴えた証拠がなければ上級官は一切受理しないといった機械的な措置は講じていない。

(10) 清代の登聞鼓は、初め科道官（六科給事中と都察院所属の監察御史）を輪番で派遣して管理させ、次いで通政司の管轄とされた。雍正八年以降は参議一名を専従させて、鼓を打つ者がいれば供述を取った上で上奏し、皇帝の指示を仰ぐこととした（光緒『大清会典事例』巻八百十六）。

（11）訴えが事実でなければ、最低でも杖一百、偽りの訴えが杖一百より重い罪に当たる場合は〈誣告〉に従って反坐の対象となる。その際、〈誣告〉第八節の「封印した上奏文を進呈して人を誣告した」条項に当てる者がいるが、これは誤りであると沈註は言う。〈誣告〉第八節では、誣告の罪が偽りの上奏の罪より軽かったならば、「上奏文が偽りで事実に反していた（詐偽篇〈対制上書詐不以実〉）」ものとして、最低でも杖一百徒三年として論じる。誣告の罪が軽かった場合に上奏の偽りを重く論じることを趣旨としており、直訴の罪が軽かった場合に誣告の罪を重く論じるとする本条とは「律の意図（律意）」が全く異なる。官が上奏文に偽りを書くことは君主を欺くという点が重視され、軍・民が直訴して偽りを言うことは人を誣いるという点が重視される。根本的に趣旨を異にしていると言うのである。

（12）こうした体当たり的な直訴は、実は康熙七年に禁止されて登聞鼓に一本化されていたのであるが、その後も実際に行なわれることは間々あり、皇帝もそれらを一概には退けず、審理を命じることがあった（滋賀秀三［一九八四］三三―三四頁）。

（13）ここでは京城の警察業務に当たる衛士を指す。明代には近衛に当たる錦衣衛所属の衛士に「校尉」の名称があったが、清代には錦衣衛自体が廃止された。雍正律の小註からは、「罪人逮捕に当たる校尉に渡して（遞与緝事校尉）」が削除されている。

（14）兵律・宮衛篇には、宮殿への出入りに関する規定が集められている。皇城の門、宮殿の門に勝手に入った者はそれぞれ杖一百、杖六十徒一年であり、御膳所または御在所に勝手に入った者は絞（執行猶予付き）で、「門籍」に名がない者が他人の名を借りて入った場合も同じとする（〈宮殿門擅入（宮殿門内への侵入）〉）。内府に用のある工匠や使者（行人）は、みな通行証（牌・牌面）を受け取って、それを携えて中に入る（〈内府工作人匠替役（内府に出入りする職人の交替）〉およびその輯註）。宦官が出入りする際には、防犯の通行証〈関防牌面〉を身に着け、門の帳簿に記入して、身体検査を受けることとなっている〈関防内使出入〈宦官の出入り〉〉。いずれにせよ、内府への出入りには通行証を必要とし、厳しい検査を受けた。ここでは通行証に勝手に他人の名を書いて内府に入り込み、他人に侵入の罪を着せようとすることを指す。

(15) 匿名の貼り紙について、沈註は「新例」すなわち近年の単行法規の制定を指摘しているが、これは雍正律制定の際に条例となった。なお、本条の「投(書)して」と訳した部分の原文は「投(帖)」であるが、雍正律では「投(貼)」と改めており、小註によって条文自体が貼り紙も対象とする含みをもつことになった。

(16) 名例律〈十悪〉への小註。なお、〈常赦所不原〉では「十悪」全体を通常の恩赦で赦されないとするが、〈十悪〉への小註は十悪の中でも「不睦」は赦免の対象になるとしている。

(17) 輯註も同様の理由を述べる。つまり、単に人の所属を問題にしているわけではない(非止以人論也)ということである(沈註)。

(18) 事件が原告の出身・居住地で起こった場合には、わざわざ被告の所管の官に訴えさせる利点がない。『巴県檔案《はけんとうあん》』などに見える当時の実際の裁判例を見ても、こうした場合に原告が自分の所管の地方官に訴えることはごく普通であった。

(19) 原語は「本宗公事」。条文の文脈と沈註の解説から、所管の官に訴えて審理の過程にある同じ案件を指すことは確かなので、このように訳した。「公事」の語については、後の解説および闘殴篇の訳註44に言うように、「公務」の意味を含みながらも具体的には「裁判」を指すことが多く、ここもそれに該当する(なお、本条第五節の解説も参照)。ただし、小註の「決裁せず公務に支障を来たした」の「公務」は、やはり原語が「公事」であるが、引用している吏律・公式篇〈官文書稽程(公文書処理の遅滞)〉の原文が「裁判」に限って言っていないと解されるので、訳語を変えた。

(20) 滋賀秀三[一九八四]三七―三八頁。

（21）『読律瑣言』がこの説を唱え、『大明律附例』もそれを引き継いでいる。
（22）滋賀秀三［一九八四］一五四―一五九頁。
（23）『刑案滙覧』などの判例集を見ても、該当する判例は皆無である。実際、地方官が理由のない不受理を繰り返せば、上司に対する上訴が増えて勤務評価が下がったり指導が入ったりするはずなので、むしろこの問題は官僚制内の監督制度によって規制されていたと考えられる。
（24）康熙二十七年に単行法規として定められ、雍正律制定の際に条例に昇格した（『大清律例通考』巻三十）。
（25）断獄篇〈官司出入人罪〉。
（26）清朝は中国統治開始の直後に、明朝が施行していたこの制度を不合理として廃止する政策を採ったが、順治十二年には総督・巡撫から雑職に至る地方官は本省出身者を避けることとし、後には本籍地から五百里以内への赴任を禁止するよう定めた（光緒『大清会典事例』巻四十七）。
（27）『清世祖実録』順治十六年閏三月辛未（十一日）。
（28）中村茂夫［一九七六］など。
（29）原文は単に「因而致死」であるが、「それによって死に至らしめた」と訳したのでは「それ」の意味が不明瞭になってしまうので、敢えて「誣告によって」と意訳した。
（30）『読律瑣言』など。沈註はこれに反対する『大明律附例』を引き継ぎながら、なおこの説を引き合いに出している。
（31）誣告を受けて死罪に当てられた者の親族が、解審（重罪犯が州県から府へ、府から省へと送られて覆審を受けること）に随行して途中で死んだ場合も事情は同様であるが、律文に明記されていないので、酌量して対処すべきであるという（沈註）。
（32）沈註は、服喪義務のない親族や奴婢・奉公人が随行して死んだのを服喪義務のある親族（有服親属）が死んだとして反誣した場合、ただちに反誣の罪に当てるべきではないという説を紹介している。人が死んでもいないのに死んだとして罪を着せるのとは違い、実際に人が死んでいて、ただ有服親属でなかったというだけであれば、その点を斟酌して論じるべきだというのである。

(33) なお沈註によれば、お互いに誣告し合った場合は刑を加等せず、路費の補償、不動産の買い戻し、財産の給付も科さないという。

(34) 最初に誣告された案件について、審判が下る前に双方が誣告し合った場合は、ここに言う「誣冒反誣」に当たらないという（沈註）。

(35) 具体的には、死刑が執行されていれば絞（誣告によって随行親族が死んだ場合の刑である）、執行前であれば杖一百流三千里で徒役を加えない。『大明律附例』などの先行諸注釈は徒役三年を加えるとするが、沈註はそれに異を唱える。反坐した杖一百流三千里に徒役を加えるのは、流・徒・杖刑を反坐して加等するのと同じだからである。最初に誣告した犯人が反誣されたことで加等や補償を免除されることを思えば、最初に誣告された者が寛大に扱われないのは不当である。また第五節によれば、軽罪を重く誣告して死罪にした場合、死刑の執行前であれば杖一百流三千里で徒役を加えないが、これは全誣でなかったからである。最初に全誣を被って反誣したのであれば、やはり寛大に扱うべきであると言う。

(36) ここに言うのは真犯死罪を誣告した場合である（真犯と雑犯の違いについては「清律の基礎知識」を参照）。雑犯死罪を誣告して、誣告された人の刑（徒五年に準じる）が執行されていた場合、同じく徒五年に準じて反坐する。刑が執行される前であれば、雑犯流罪に当たる徒四年に準じて反坐するが、真犯死罪の場合と違って三年の徒役は加えない。本当は雑犯死罪の場合も徒役を加えるべきなのであるが、徒刑に徒刑を加えた場合は通算して四年を過ぎてはならないという規定（名例律〈徒流人又犯罪〉）に抵触するからである（沈註）。

(37)　この条例は、明代嘉靖朝の問刑条例から引き継がれたものである。

(38)　なお、収贖が認められる罪を誣告した場合は、反坐もすべて収贖が許される。これは次節以下の誣告の場合も同じである（沈註）。

(39)　原語は「准」で「徒四年に準じ」「徒半年に準じて」などの「準じる」に当たる字と同じであるが、ここでは「準じて」と訳すとわかりにくいので、「差し引いて」と意訳した。以下、この小註の中で「差し引いて」と訳した箇所はすべて同じである。

(40)　「二百」は原文で「百二」となっているが、明らかな誤りなので改めた。

(41)　条文には明記されていないが、後述の死罪に至った場合の規定により明らかである。沈註によれば、誣告されたのが死罪であった場合、条文では「すでに刑を執行されていた・いなかった（已決・未決）」と記すのに対して、ここでは笞罪から流罪までに限るので「結審・執行されていた・いなかった（已論決・未論決）」と記すのだという。

(42)　実際には、杖一百徒三年の刑を科された人が、一年の徒役を終えた時点で誣告とわかったといった場合、三年の徒役を満了した場合と比べて余分に受けた刑が違ってくるわけであるが、誣告した原告はそれでも剰罪をすべて反坐される。誣告された罪がすでに「結審・執行されていた」以上、まだ執行されていないかのように扱うことはできないからである（沈註）。

(43)　沈註は、剰罪から杖一百を差し引いた余罪の収贖は、すべて杖罪として収贖するものと理解しており、余罪が杖一百を超えた場合はどうするのか、また徒罪・流罪の剰罪を杖に換算して収贖すると、徒罪・流罪をそのまま収贖するより軽くなることがあるがそれでいいのかといった問題を提示している。

(44)　ここで「徒・流はただ杖一百だけで、余罪はやはり収贖を許す」の一文だけは、「剰罪」ではなく「余罪」という語が用いられているが、「剰罪」が個々の場合に応じて不定数から不定数を引いた残りであるのに対して、「余罪」の方は定数（ここでは「杖一百」）を引いた残りを指すのだという（沈註）。

(45) ただし収贖する場合は、五十以下は笞罪として収贖させるという（輯註）。収贖の規定に五十以下の杖罪がない以上、他にしようがあるまい。

(46) 沈註は、杖一が笞二に当たるとし、杖一等は笞一等の倍になり、徒一等は杖二十に当たるから杖一等の倍になり、流刑は徒一年に当たるから徒一等の倍になるとする。これは刑罰体系の構造としてはわかりやすいが、差し引き計算においては杖一等を笞一等と同等とみなす説に従うなど、徹底してはいない。

(47) 名例律〈五刑〉への沈註に「五刑の外になお流罪は徒四年に準じ、雑犯死罪は徒五年に準じる法がある」「三流は一等とし、徒に準じるにはみな四年とする」とある。

(48) 沈註は「もし杖四十を一等とすれば重くなりすぎるから」と言うが、これは根拠薄弱と言うべきである。

(49) 沈註は「諸家未だ此に論及する者あらず」とし、『箋釈』すなわち『大明律附例』の説を例外として紹介する。

(50) 名例律〈五刑〉への小註。清律では贖罪の形態によって額が異なるので、〈五刑〉の小註からは削除され、巻首の図に移された。本条に関する贖罪は〈誣軽為重収贖図〉に銀建てで示されている。

(51) 同様に、流からの差し引き計算で剰罪が杖二百を超えた場合、たとえば剰罪が杖二百一十であれば、徒半年が杖二十に当たるので、杖九十徒三年半となるのだという（沈註）。

(52) たとえば、乾隆三十三年に四川省重慶府近郊に住む屠殺業者の梁文才は、客の明仕府が掛け売り代金不払いによる諍いから、梁の共同経営者（夥計）の舒燦章を暴行し、舒は顔が腫れて目が開かず、肋《あばら》が痛んで飲食も進まず、病床で呻吟していると訴えた。検証したところ特に傷痕はないとされ、実際には不払い代金の取り立てが目的だったとわかるのであるが、誣告が問題にされることはなく、明は梁に代金を支払って和解するという結果になっている（四川省檔案館蔵『巴県檔案』（乾隆朝）6-1-1849）。これと類似の例は他にもいくらでもある。
(53) 条文に「ただ杖一百流三千里とする」とあるが、「ただ(止)」とは徒役を加えないことを指すのだという(輯註)。
(54) ただし誣告された人も軽罪を犯していたのは確かなので、刑の執行後であれば補償の対象とはせず、刑の執行前であれば徒役を加えないのである(輯註)。
(55) 名例律〈徒流人又犯罪〉の規定に従って科刑されることを言う(「清律の基礎知識」を参照)。徒刑についてのみ言及しているが、流刑でも同じことであろう。
(56) 滋賀秀三[一九八四]六九頁。
(57) 親族の出頭を本人が知らなければ「為首」、知っていれば「代首」である〈犯罪自首〉への沈註)。前者は「本人のために出頭する」、後者は「本人に代わって出頭する」の謂である。
(58) 闘殴篇によれば、妻の父母に対する暴行は杖一百で〈妻妾殴夫〉)、緦麻の尊属に対する暴行(杖六十徒一年)に及ばず、緦麻の兄姉に対する暴行と同じである(〈殴大功以下尊長〉)。本条では尊属と兄姉を「尊長」と一括しており、妻の父母について特に定めていないので、緦麻の尊長に当てはめる(沈註)。
(59) 本条では、期親以下の尊長に対する誣告について、全誣の場合のみ規定して、訴えが真偽をともに含んでいた場合に言及しない。『大明律附例』は、たとえ一件でも偽りの訴えがあれば全誣と同様に加等し、死罪に至る場合のみ、全誣でなければ一般人と同様に科刑し、杖一百流三千里で加徒役を科さないという。輯註はこの説を引いて、一件でも偽りの訴えがあれば全誣と同じとするのは過重であるとする。なるほど祖父母・父母らを誣告した場合は、全誣でなくてもすべて絞であるが、訴えが事実であった場合は、祖父母・父母を訴えた者は杖一百徒三年、期親の尊長を訴えた者は杖一百と、五等もの差がつけられており、全誣の場合も期親以下は一般人と同じ刑に当たるので、全誣でない場合も祖父母・父母と同列に論じるべきではないとする。輯註によれば、数事を訴えて最も重い罪が事実であれば、事実であった訴えについてのみ名・義を侵犯した罪に問う。軽い罪を重く誣告したならば、期親・大功の尊長と外祖父母（免罪になる場合）については、差し引きする罪がないので、重く訴えた罪をすべて剰罪として反坐するが、全誣ではないので加等はしない。小功・緦麻の尊長（減等になる場合）については、減等した罪から差し引きして剰罪を計算し、剰罪が名・義を侵犯した罪より重ければ、剰罪を反坐する。以下、これに倣って処断すれば、干名犯義の法も徹底し、情理も均衡を得られると言う。ただ、重く誣告して死罪で訴えた（刑が未執行の）場合は一般人と同じく徒役三年を加えないという点は、『大明律附例』の説に同意し、「再考を俟つ」としている。

(60) 原文は「不在干名犯義之限、幷同自首免罪之律」とあり、意味が取りにくい。沈註は「不在」の二字が下までかかり、全体を一句として読むと解しており、それに従った。

(61) 条文は「嫡母・継母・慈母・所生母殺其父」となっており、輯註もそのとおりに解説しているが、沈註は「嫡・継・慈母、…殺所生父母」としている。条文の解説としては不正確であるが、嫡母・継母・慈母が生母を殺すという事態もあり得ることを考えれば、その点も含めた解釈と見ることができる。

(62) 以上の減免はいずれも訴えられた卑幼について言うことを指す。以下の減等は卑幼を誣告した尊長の反坐の罪について言う（沈註）。

(63) 意味の取りにくい文であるが、意味するところについては解説を参照。

(64) その際、小功・緦麻の卑幼は犯した罪から三等を減じられるという規定に従って、三等を減じた上で剰罪を計算すると、一般人よりも剰罪が重くなってしまうことがあるので、輯註は差し引き計算してから三等を減じるよう注意を喚起している。

(65) 闘殴篇〈妻妾殴夫〉の解説を参照。

(66) 原文は「若応囚禁被問」で「応」字の解釈に迷うが、「囚禁被問に応じて」と解してこのように訳した。

いずれにせよ、意味は「囚禁された人が審問を受けて」（輯註）ということである。

(67)「殺傷」は人と己の両方を兼ねて言う（沈註）。

(68) 夫馬進［一九九三］。

(69) 一方、後段の「罪を増減させなかった（罪無増減）」は、誣告するつもりがないのだから罪を増すこともなく、不正な抑圧を訴えたいのだから罪を減じることもないことを指しており、それで「罪」とだけ言って「情罪」と言わないのだという。

(70) 雍正七年には各省府州県の官庁（衙門《がもん》）に公設の代書を置くことが命じられ、十三年には裁判を扱う在京衙門にも代書を置くこととなって、乾隆五年にはそれに関する条例が定められた（『大清律例通考』）。これらの例は康熙版『大清律輯註』出版の後に出たものであるが、沈註は代書について「新例あり」としているので、康熙年間にはすでに代書に関する単行法規があり、雍正年間に発展させられたと見るべきであろう。

(71)『大明律附例』に従う。

(72) これは「罪は同じ（罪同）」と記される場合と同じである。「清律の基礎知識」を参照。

(73) 小註の前半は姦夫が姦婦にその子の不孝を誣告させるという非常に特殊な場合を取り上げているが、これは極端に悪質な場合の特別な措置を指示したものであるという（沈註）。

(74)『元典章』刑部巻十五・訴訟・約会は、約会に関する多くの事例を載録する。

(75) 雍正十一年には、八旗の官から刑部に報告して、あるいは刑部と合同で審理して完結するよう定められたが、重罪案件については雍正十三年に刑部の専管となり、乾隆五年には「調べたところ、八旗の笞・杖の軽罪は従来その旗で完結していた」といい、刑部との合同審理は規定自体が削除された（『大清律例通考』）。

(76) 光緒『大清会典事例』巻八百十九。

(77) 光緒『大清会典事例』巻六百二十五に見える諸事例では、「営兵」の訴訟や逸脱行為は「該管官」「専管官」が責任を負うべきこととされている。条例では、謀反・大逆など一部の大罪を除き、一般の訴訟は「所管の官庁（該管衙門）」である「軍衛・有司」の長官に訴えるべきであるとされていた（初めは「通政司に赴いて、法司に送って審理させる」となっていたが、実際には行なわれていなかったので、雍正三年に実態に合わせて改定された。『大清律例通考』による）ので、営兵の訴訟は所管の管軍官に持ち込むことになっていたと見ることができる。

(78) 営兵が人命に関わる罪を犯した場合、ただちに捕えて地方官（有司）に引き渡すべきことや、営兵が民事的紛争によって民を訴える場合、「該管官」に報告した上で文職官に訴えるべきことなどが単行法規によって定められている（光緒『大清会典事例』巻六百二十五）。

(79) 第一節の「抱え込んで引き渡さなかった（占恡不発）」場合と同じく笞五十となる（輯註）。

(80) 民人が関わっているかどうかを論じないという点は、輯註・沈註とも明記している。

(81) 『大明律附例』。沈註は特に典拠を記さず引用した上で、「非なり」と断定している。

(82) 明代の『律条疏議』は、管軍官が民人を、地方官が軍人を拘引する時に、ただちに審問に送り出さなかった場合としており、やはり地方官が民人に、管軍官が軍人に肩入れすることを想定している。

(83) 雍正律では「違令」に改められた。

(84) 滋賀秀三［二〇〇三］三二六―三二八頁。明代と清代の充軍の違いについては、尤韶華［二〇〇三］に詳しい。

(85) 清代には、実際には配所に送ってから杖刑を執行した。「清律の基礎知識」を参照。

(86) また名例律〈文武官犯私罪〉は、軍官が私益を目的とする罪（私罪）を犯し、徒刑・流刑に当たる場合、「各衛に発して充軍」せしめることと定める。

(87) 軍政篇〈擅調官軍（無許可の出兵）〉〈主将不固守（城塞の失陥）〉〈私売軍器（軍用品の私売）〉・関津篇

〈逓送逃軍妻女出城（逃亡兵の妻女の脱逃）〉など多数見える。

(88) 〈殺害軍人〉は、雍正律で条文全体が削除された。

(89) 「辺外為民」も「例」の中で整備されていった律外の刑で、「もと辺外ならびに辺境の民人であった者を別の極辺に送る」というものであった（名例律〈辺遠充軍〉第二条例）。

(90) 輯註はただ「最も重くても満流（杖一百流三千里）に至らない」とするが、充軍が死罪未満の罪であることは明らかであるから、どのような罪を差し引いても死一等を減じた杖一百流三千里に達するはずはない。この記述はむしろ充軍を誣告した場合の剰罪計算が真面目に考えられていなかったことを示すように思われる。

(91) ここに言う距離は原籍地からの距離を言い、具体的にどこに送るかは〈充軍地方〉の条文に定められた。「烟瘴」はマラリアなどの風土病が発生しやすい西南部の高温多湿な土地を指し、該当する距離に「烟瘴」の地がない場合は「極辺」の地を代わりにするとされた（雍正律〈充軍地方〉への総註）。

(92) 清律で遷徙の刑を定めた条文は二条だけである。役所の事務員である吏典等を定額以上に設けた場合（吏律・職制篇〈濫設官吏（官吏の額外採用）〉）と、官設の里長・甲首以外の「主保」「小里長」などと称する役職を勝手に名乗った場合（戸律・戸役篇〈禁革主保里長（里長らに関する禁令）〉）、いずれも「杖一百遷徙」とし、小註で「流になぞらえて半分に減じ、徒二年に準じる」と定めている。

(93) 輯註は「これはいわゆる「徒を加えて杖を加えざるの法（加徒不加杖之法）」である」と言う。

谷井俊仁《たにいとしひと》

1960年生まれ。京都大学大学院文学研究科博士後期課程中退。元三重大学教授。専攻、中国近世史。2007年歿。共訳書に、フィリップ・A. キューン『中国近世の霊魂泥棒』(平凡社)。

谷井陽子《たにいようこ》

1962年生まれ。京都大学大学院文学研究科博士後期課程中退。現在、天理大学教授。専攻、中国近世史。著書に『八旗制度の研究』(京都大学学術出版会)。

大清律 刑律1――伝統中国の法的思考(全2巻)　東洋文庫893

2019年1月10日　初版第1刷発行

訳解者　谷井俊仁
　　　　谷井陽子

発行者　下中美都

印刷　創栄図書印刷株式会社
製本　大口製本印刷株式会社

発行所　電話編集 03-3230-6579　〒101-0051
　　　　営業 03-3230-6572　東京都千代田区神田神保町3-29
　　　　振替 00180-0-29639　株式会社 平凡社

平凡社ホームページ http://www.heibonsha.co.jp/

ISBN 978-4-582-80893-3
NDC 分類番号322.22　全書判(17.5 cm)　総ページ500

《東洋文庫の関連書》

- 20 明夷《めいい》待訪録《たいほうろく》〈中国近代思想の萌芽〉　黄宗羲 著／西田太一郎 訳
- 130 天工開物　宋應星 撰／藪内清 訳注
- 144 148 中国思想のフランス西漸 全二巻　後藤末雄 著／矢沢利彦 校訂／島田謹二 解説
- 151 中国社会風俗史　尚秉和 著／秋田成明 編訳
- 245 清代学術概論〈中国のルネッサンス〉　梁啓超 著／小野和子 訳注
- 329 道教　アンリ・マスペロ 著／川勝義雄 訳
- 460 漢書五行志《かんじょごぎょうし》　班固 撰／冨谷至・吉川忠夫 訳注
- 470 科挙史　宮崎市定 著／礪波護 解説
- 485 東洋文明史論　桑原隲蔵 著／宮崎市定 解説
- 493 古代中国研究　小島祐馬 著／本田濟 解題
- 497 中国神話　聞一多 著／中島みどり 訳注
- 500 中国古代の祭礼と歌謡　M・グラネ 著／内田智雄 訳
- 508 東洋における素朴主義の民族と文明主義の社会　宮崎市定 著／礪波護 解説
- 515 魏《ぎ》書釈老志《しょしゃくろうし》　魏収 撰／塚本善隆 訳注／竺沙雅章 解説
- 518 詩経国風《しきょうこくふう》　白川静 訳注
- 557 559 支那史学史 全二巻　内藤湖南 著／吉川忠夫 解説
- 618 619 中国小説史略 全二巻　魯迅 著／中島長文 訳注
- 635 636 詩経雅頌《しきょうがしょう》 全二巻　白川静 訳注
- 661 中国人の宗教　M・グラネ 著／栗本一男 訳
- 686 688 689 列女伝 全三巻　劉向 著／中島みどり 訳注
- 701 日本談義集　周作人 著／木山英雄 編訳
- 716 718 中国における近代思惟の挫折 全二巻　島田虔次 著／井上進 補注
- 754 755 制度通 全二巻　伊藤東涯 著／礪波護・森華 校訂
- 764 増補 明代詩文　入矢義高 著／井上進 補註
- 839 明史選挙志1〈明代の学校・科挙・任官制度〉　井上進・酒井恵子 訳注